이 연구는 에클레시아라는 용어에서 출발하는 하나의 광범위한 사회사다. 우선 저자는 고대 그리스에서 시작하여 헬레니즘과 로마 제국, 그리고 70인역의 세계에 이르기까지 에클레시아라는 단어와 얽혀 움직이던 사회적·정치적 역동을 세밀하게 추적한다. 그리고 이렇게 역사적으로 축적된 의미의 무게가 초기 기독교 및 에클레시아 세우기로 요약되는 바울의 선교와 목회에 어떤 식으로 반영되는지 치밀하게 살핀다. 이 과정에서 저자는 공적인 에클레시아 개념이 예루살렘과 바울의 선교 사이의 갈등을 이해하는 실마리가 된다거나, 단일한 공적 에클레시아 개념과 개별적 가정 공동체라는 이중성이 바울의 사역과 신학 이해에 결정적 함의가 있다는 인상적인 주장을 내놓는다. 더욱이 바울 공동체의 지역적 다양성을 강조하며, 상이한 사회적 상황을 바탕으로 한 "고린도 모델"과 "마케도니아 모델" 사이의 구별 또한 흥미롭다. 무엇보다 이 연구는 신학의 언어가 사회의 구체적 현실과 맞물려 작동한다는 사실을 생생하게 보여준다. 그런 점에서도 저자의 촘촘한 사회사적 텍스트 읽기는 한국 신학계를 위한 소중한 공헌이 될 것이다. 방법론이나 논의 내용 모든 측면에서 배울 것이 많은 훌륭한 연구다.

권연경

숭실대학교 신약학 교수

본서는 에클레시아가 당대 그리스-로마 문화, 구약과 고대 이스라엘에서 어떤 의미와 기능을 했고, 바울이 기독교인들로 이루어진 첫 모임을 어떤 의미에서 "교회"로 불렀는지를 여러 문헌 증거와 해석에 기반해서 꼼꼼하고 세밀하게 보여준다. 이러한 세밀한 작업 가운데 다루어지는 저자의 바울 서신을 비롯한 성경 본문 풀이는 우리의 인습적인 이해에 도전하는 새로운 시각과 깨달음으로 가득하며 1세기 교회의 사회적·경제적 배경에 대해서도 풍성한 정보를 제공한다. 그뿐 아니라 에클레시아가 정치적 함의를 강하게 지녔다는 것, 그리고 오이코스가 사적 성격을 지니는 반면 에클레시아는 공적 특징을 지닌다는 본서의 주장은, 오늘날 교회와 그리스도인이 세상 속 시민으로서 어떻게 공적 삶을 살아갈 것인가에 대한 논의를 위해서도 매우 중요하고 유익하다. 세상과 거리를 두고 갈수록 폐쇄화되고 개교회화되는 오늘 우리네 교회 현실에서, 이 책은 첫 교회를 통해 오늘의 교회 현상을 근본적으로 재고하게 하며 개별 지역 교회를 넘어선 "공교회" 개념의 중요성도 엿볼 수 있게 한다. 초기 교회에 대한 막연한 환상을 품고 있지만 실제로는 그 실상을 제대로 알고 있지 못한 우리에게 이 책은 탄탄한 학문적 논의의 기반 위에서 첫 교회에 대한 매우 실질적인 설명을 전한다.

김근주

기독연구원 느헤미야 연구위원

"교회"(敎會)라는 단어는 그리스어 "에클레시아"의 번역인데, 그 번역의 기원과 연유를 알기 어렵다. 중국인들이 불교, 유교를 말하듯이 기독교를 말했는데, 왜 기독교인 모임을 단순히 교회라고 했는가 하는 것이다. 그들은 이 서양 종교의 핵심을 인생에 대한 가르침(敎)이라고 보아서 이런 번역을 했으리라. 실상 교회라는 그리스어 원어 "에클레시아"에는 가르침이라는 뜻이 조금도 없는데 말이다. 본서는 바울이 이해한 "에클레시아"를 신학적 맥락보다는 정치·문화적 맥락에서 보아 그리스 철학자들에서부터 그 기원을 추적하여 바울이 각 서신에서 말하는 의미를 찾아보려 했다. 교회의 본질을 신학적으로만 규명하려고 했던 기존의 연구 관행을 넘어, 본서는 보다 넓은 지평에서 교회를 이해하도록 인도해줄 것이다. 교회의 본질을 새롭게 이해하려는 신학자, 목회자, 신학생들에게 필독서로 권한다.

김동수

평택대학교 신약학 교수, 한국신약학회 회장

이 책은 바울의 "에클레시아" 쓰임을 살피기 위해 고대 그리스부터 바울에 이르기까지를 연구한 결과물이다. 성서학과 고전학의 주류 방법론을 모범적으로 사용하여 탄탄하고 유익한 결과를 독자에게 도전적으로 보여준다. 역사의 실증을 허투루 하면서 신학이나 이념으로 서둘러 내달리는 서툰 연구들과는 확연히 다른 정교하고 수준 높은 아카데미즘의 본보기다. 이제 에클레시아를 언급하고 연구할 때 이 책을 에둘러 갈 수 있는 길이 없어졌다. 기존의 주장에 새로운 증거를 더하거나 설득력 있게 반박하는 것으로 가득한 이 연구를 기반으로 오늘 우리의 "에클레시아"의 위치와 역할을 가늠해볼 수도 있다.

김학철

연세대학교 학부대학 교수

이 책은 지적인 깨달음과 영적 감동을 동시에 안겨주는 수작이다. 매우 학문적이면서도 동시에 영적인 자극을 제공한다. 저자는 교회를 지칭하는 그리스어 에클레시아의 용례를 역사적으로 분석하며 바울 사도가 의도했던 에클레시아의 본질을 귀납적으로 추적한다. 저자는 바울이 명명한 초기 기독교 공동체의 호칭인 에클레시아가 처음에는 예루살렘 원시 기독교 공동체 중심의 보편교회를 지칭하다가 바울이 개척한 이방 도시 소재의 작은 신앙 공동체를 지칭하는 데까지 확장되는 과정을 면밀하게 추적한다. 이 분석 과정이 흥미진진하다. 바울은 이방 거대도시 한복판에 소재하던 작은 신앙 공동체를 에클레시아라고 부르면서 품었던 하나님 나라 이상을 전개했기 때문이다. 저자는 사도 바울이 시민정치 참여의 차원에서 교회를 이 세상의 대응결사체(폴리스, 노동조합, 회당 등 기타 인간 결사체)와 비교하면서 교회가 얼마나 웅장한 하나님 나라 비전을 품었는가를 잘 보여준다. 교회는 직능인 길드나 노조 심지어 유대인 회당조직 등과 비교해볼 때 아주 특이하다. 에클레시아는 감히 재판권까지 가지려고 했던 대안적 정치 공동체의 면모를 가졌기 때문이다. 이런 에클레시아 이해를 가지고 고린도 교회의 분쟁 문제에 대한 사도 바울의 권면을 읽으면 그의 의도가 아주 분명하게 납득된다. 바울은 교회 송사를 세상 법정에 가져가는 것을 수치라고 여겼다. 왜냐하면 그는 세상 법정을 더 차원 높게 대체하는 것이 교회의 법정이라고 보았기 때문이다. 교회는 이미 그리스-로마 사회의 에클레시아를 대체하는 새로운 에클레시아─도시나 국가의 운명을 결정하는 가장 중요한 자유 시민 회의체─였다. 이 책을 읽으면서 우리는 바울이 꿈꾼 에클레시아는 그리스-로마 문명의 에클레시아보다 한층 더 발전한 에클레시아임을 깨닫는다. 주님이 다스리는 에클레시아는 그리스-로마 문명의 에클레시아가 배제한 노예, 여자, 어린이, 이방인들까지 다 에클레시아를 구성하는 당당한 자유민으로 받아들이기 때문이다. 책을 읽는 내내 교회의 신비와 교회의 위엄에 대한 감미로운 상상이 연달아 펼쳐졌다. 이 책은 모든 그리스도인이 필독할 고전이 될 것이다.

김회권

숭실대학교 구약학 교수

우리가 "성경적"이라고 느끼는 교회관들이 있다. 세상으로부터 부름 받아 구별된 공동체, 가정마다 작은 그룹으로 모여서 예배하고 또 그 가정들이 모여서 함께 예배하는 공동체,

아버지와 같은 목사가 자녀 같은 교인들을 돌보며 다스리는 가족 같은 공동체, 개별 교회들이 모여 지역 조직을, 지역 조직이 모여 좀 더 큰 조직을, 마침내 전국적인 조직을 이루는 위계적 공동체. 이런 우리의 생각은 바울과 처음 그리스도인들의 교회관과 사뭇 다를 수 있다. 편리하고 편안한, 하지만 실은 오류와 욕망으로 점철된 우리의 에클레시아 이해가 이 책 이후 보다 "성경적"으로 교정될 것이다.

조재천
전주대학교 선교신학대학원 신약학 교수

박영호 교수의 시카고 대학교 박사학위 논문을 번역한 이 책은 생성기 기독교회의 생동했던 층층면면을 다양한 각도에서 조명한다. 고작 "가정교회" 모델로 바울과 초기 교회의 신앙 공동체를 이해했던 기존의 연구 수준에서 한 단계 상승하여 이 정밀한 연구서는 그 역사적 모형이 단일하지 않았고 각 지교회마다 특수성이 있었음을 조명한다. 아울러, 외부 사회와 소통하는 공동체로서 초기 "에클레시아"의 개방성과 공공성의 역사적 실상도 섬세하게 탐구한다. 그리스-로마 사회사 전문 연구자의 10년 공부가 스며든 이 역작은 늘 교회가 문제라며 탄식하고 비판하는 한국교회의 현실에 비추어서도 반드시 살펴봐야 할 교회의 원초적 기원을 담고 있다. 교회론의 갈증에 시달리는가? 교회론의 빈곤을 탄식하는가? 이 책을 천천히 독파하다 보면 거기서 대안의 길을 찾을 수 있으리라 확신한다.

차정식
한일장신대학교 신약학 교수

Paul's Ekklesia as a Civic Assembly
YOUNG-HO PARK

Copyright © 2015 Mohr Siebeck GmbH & Co. KG
Originally published by Mohr Siebeck GmbH & Co. KG as
Paul's Ekklesia as a Civic Assembly
by Young-Ho Park
Translated and printed by permission of Mohr Siebeck GmbH & Co. KG Postfach 2040, D-72010, Tübingen, Germany
www.mohr.de
License arranged through rMaeng2, Seoul, Republic of Korea.

This Korean Edition Copyright © 2018 by Holy Wave Plus, Seoul, Republic of Korea.

이 한국어판의 저작권은 알맹2 에이전시를 통하여 Mohr Siebeck과 독점 계약한 새물결플러스에 있습니다. 신저작권법에 의하여 한국 내에서 보호받는 저작물이므로 무단 전재와 무단 복제를 금합니다.

한국 신약학 시리즈 02

에클레시아

에클레시아에 담긴 시민공동체의 유산과 바울의 비전

박영호 지음

한국어판 서문

이 책은 제가 2012년에 시카고 대학교 인문학부에 제출한 박사학위 논문 *Paul's Ekklesia as a Civic Assembly*에 기초를 두고 있습니다. 2015년에 모어 지벡(Mohr Siebeck)의 WUNT 시리즈로 출판되었고, 이번에 새물결플러스의 '한국 신약학 시리즈'의 두 번째 책으로 한국인 독자들을 만나게 되었습니다. 제가 신학공부를 시작했던 1990년대 초에 비하면, 한국인 학자층이 두터워졌을 뿐 아니라, 세계 신약학계의 최전선에서 학문의 지경을 넓혀가는 학자들이 속속 등장하고 있습니다. 반갑고 감사한 일입니다. 이에 맞추어 새물결플러스가 기획한 이 시리즈가 한국 신학의 잠재력을 현실의 힘으로 연결하는 데 쓰임 받기를 바랍니다.

에클레시아에 대해 논문을 썼다고 하면 많은 분들이 "교회론을 전공하셨군요"라는 반응을 보입니다. 저는 한사코 아니라고 손사래를 칩니다. 신학교에서 가르칠 때도 논문을 쓰는 학생들에게 어떤 복음서의 구원론, 기독론 등의 주제는 가급적 피하라고 했습니다. 그렇다고 성서가 우리 신앙을 체계화하는 각종 교리의 자료가 되어야 한다는 사실을 부인하는 것은 아닙니다. 그러나 성서는 너무 오랫동안 교리의 텍스트로만 읽혀왔습니다. 엄마가 해준 요리에서 자기가 좋아하는 것만 빼먹고, 나머지에는 관심 없는 어린이처럼 우리는 성서를 사랑 혹은 오용해왔습니다. 성서를 전체적으로 읽는다는 것은 성서가 교리의 텍스트이기 이전에 삶의 텍스트임을 의식하는 데서 출발합니다.

이 책은 에클레시아라는 한 단어가 가로지른 삶의 긴 역사와 다양한 층위를 살피고, 그 속에서 바울이 사용한 에클레시아의 의미와 쓰임을 찾아보려는 노력의 일환입니다. 이상사회의 현실적 모습을 고민했던 아리스토텔레스나 플라톤 같은 이론가들, 에클레시아 연단에서 하는 연설로 시민사회를 이끌고자 했던 정치인들, 현실정치의 장에 자신들의 목소리를 반영하고자 했던 그리스 민중들의 열망이 이 단어에 실려 있습니다. 바울은 이 단어가 지니는 풍부한 의미를 그리스도를 따르는 지역 공동체의 삶에 적용시켰습니다.

바울은 자신의 "교회론"을 지역 공동체에 일방적으로 이식하지 않았습니다. 오히려 현실의 삶에서 일어나는 다양한 삶의 역학을 복음이라는 기준으로 해석하며, 복음의 원리와 삶의 현실을 조율하는 과정에서 교회가 세워지고 교회론이 정립되어갔습니다. 기원후 1세기 중반에 그리스도를 예배하는 공동체들이 어떤 공간에서 모였고, 누가 밥값을 냈는지, 누가 영향력을 행사했는지, 또 그 공동체의 사회적 역학은 바깥 사회의 문화와는 어떤 접점을 갖고 있었는지 하는 질문으로 접근해갈 때, 신학적 질문만으로는 가까이 갈 수 없는 공동체의 실체에 바짝 접근할 수 있다는 것이 이 책의 입장입니다.

학위 논문이라는 것이 일반적인 독자들보다는 학자들 간의 학문적 대화라는 차원에 맞추어 쓰인 것이기에 그대로 번역하여 출판하는 것이 망설여지기도 했습니다. 그러나 한국 신학계가 최근 국제 신학의 흐름에 노출될 필요가 있다는 새물결플러스 김요한 대표님의 확고한 의지가 한국어판 출판을 가능하게 했습니다. 최근 한국 독자들의 신학책 수용 수준이 확연히 달라지고 있다는 설득도 주효했습니다. 수준 있는 독자들이 전문서적의 출판을 가능하게 하고, 또 좋은 책의 출판이 좋은 독자층을 창출해낸다는 생각을 해봅니다. 저의 부족한 연구가 이런 선순환에 조금이라도 도움이 되길 바랍니다.

이런 바람으로, 번역은 최대한 한국인 독자의 가독성을 배려하려고 노력했습니다. 각주는 고대 세계의 여러 비문을 포함하여 전문적인 자료가 많은데, 하나도 빼지 않고 그대로 담았습니다. 뒤이어 연구하는 분들에 대한 책임이자, 이 책이 다루는 내용 중 특정 분야에 관심을 가진 분들에 대한 배려이기도 합니다.

여기저기서 교회에 대한 걱정이 많습니다. 걱정이 많다는 것은 문제를 느끼는 분들도 많지만, 그만큼 교회에 대한 애정과 기대가 많다는 말이기도 합니다. 성서의 증언에 기초하여 교회에 대한 고민을 진지하게 해보려는 독자들에게 본서가 도움이 되기를 기대합니다. 그래서 이 땅에 건강한 교회를 세워나가려는 발걸음에 새로운 자극을 줄 수 있기를 바랍니다. 꼼꼼한 성실성과 탁월한 실력으로 책을 만들어주신 새물결플러스 편집진들에게 감사드립니다.

영문판 서문에서 많은 분들에게 감사를 표했습니다. 그 후에 또 사랑의 빚을 많이 졌습니다. 2015년부터 섬겼던 한일장신대학교 오덕호 전총장님, 구춘서 총장님, 차정식 교수님을 비롯한 여러 교수님들, 학생들, 동문들의 사랑을 잊을 수 없습니다. 과천교회에서 함께 울고 웃으며 하나님 나라를 꿈꾸었던 30플러스 지체들과 주현신 목사님에게 감사의 마음을 전합니다. 저를 다시 목회의 자리로 불러주시고 하나님의 사랑 안에 있는 공동체의 따뜻함을 알게 해주신 포항제일교회 교우들께 사랑의 마음을 전합니다.

사람이 꽃보다 아름답다고 합니다. 그 사람들이 함께 살아가는 공동체는 더욱 아름답습니다. 그 안에 하나님의 사랑이 깃들 때, 그 아름다움은 말로 다할 수 없을 것입니다. 그 아름다움이 오늘 우리를 살아가게 하는 힘입니다. 오늘도 주님의 몸된 교회를 세워가는 일에 힘쓰시는 하나님의 사람들에게 감사와 존경의 마음을 보냅니다.

2018. 10. 22
해 뜨는 동네, 포항에서
박영호

서문

이 책은 2012년 겨울에 시카고 대학교 대학원 인문학부에서 승인한 저의 박사학위 논문을 약간 수정한 것입니다. 시카고 대학교에서의 시간은 저에게 학문과 진정한 우정의 기쁨을 경험하게 해준 소중한 시기였습니다. 함께 공부한 동료들과 선생님들께 감사의 마음을 전하기에는 어떤 말로도 부족할 것 같습니다.

먼저 한스 요세프 클라우크(Hans-Josef Klauck) 교수님의 세심한 지도와 따뜻한 격려에 특별한 감사를 표하고 싶습니다. 제가 처음 클라우크 교수님에게 논문 지도를 요청드렸을 때만 해도 저는 교수님의 학문적 넓이를 다 헤아리지 못하고 있었음을 고백합니다. 그러나 에클레시아라는 주제를 따라 고대의 역사와 문헌의 정글을 탐험하면서, 그 깊은 정글의 곳곳에 교수님의 발자취가 먼저 닿아 있음을 발견하고 놀라지 않을 수 없었습니다.

마가렛 미첼(Margaret Mitchell) 교수님의 수업과 제 논문에 대한 세밀한 조언들은 저에게 소중한 축복이었습니다. 제가 시카고 대학교에서 공부하는 동안 교수님은 학생인 저뿐 아니라 저희 가족의 안부도 세심히 살펴주셨습니다. 아내와 저는 교수님의 깊은 관심에, 또 저희들에게 좋은 선생의 모범을 보여주셨음에 감사드립니다. 로마 사회사 분야의 대가인

리처드 샐러(Richard Saller) 교수님은 시카고 대학교의 프로보스트로서의 바쁜 일정 가운데서도 저를 정기적으로 만나서 개인 지도를 해주셨습니다. 파피루스와 비문 등의 권위자인 데이비드 마르티네즈(David Martinez) 교수님의 전문성은 이 연구를 진행하는 데 필수적인 지식과 기술을 전수해주었습니다. 전설적인 학자의 반열에 오른 한스 디터 베츠(Hans Dieter Betz) 교수님에게서 배운 바울 서신에 대한 통찰은 이루 말할 수 없이 값졌습니다. 지금은 예일 대학교에 계신, 시카고 대학교에서 저의 첫해 지도교수이셨던 아델라 야브로 콜린스(Adela Yarbro Collins) 교수님의 따뜻한 환영과 친절은 제가 새 학문 공동체에 적응하는 데 큰 도움을 주었습니다.

예일 대학교에서 공부하는 동안 웨인 믹스(Wayne Meeks), 해롤드 애트리지(Harold Attridge), 리앤더 켁(Leander Keck) 교수님들로부터 배울 수 있었던 것도 큰 축복이었습니다. 서울에 있는 장로회신학대학교에서 함께 공부했던 동료들과 교수님들께도 감사를 표하고 싶습니다. 특별히 신약학 분야의 나채운, 박수암, 김지철, 성종현, 박응천 교수님께 감사드립니다. 제가 이 학교 신대원에서 공부하는 동안 순교자 주기철 목사님 기념 장학금을 받았습니다. 이는 제가 감당할 수 없는 큰 영광이었으며, 또한 제 인생에서 벗을 수 없는 거룩한 부담이기도 합니다. 두레연구원은 시카고에서의 제 학업을 신실하게 지원해주셨습니다. 이러한 도움은 저의 학문적 성취가 한국교회와 그 성도들의 기도와 희생으로 가능했음을 끊임없이 되새기게 만듭니다.

논문을 책으로 출판하는 일은 쉬운 일이 아닙니다. 헤닝 지브리츠키(Henning Ziebritzki) 박사와 모어 지벡(Mohr Siebeck)의 편집진들은 이 일을 훌륭하게 수행해주셨습니다. 훌륭한 팀과 일할 수 있어 무척 기뻤습니다. 권위 있는 WUNT II 시리즈에 이 책을 포함해준 편집위원회에도 감사의 마음을 전합니다. 내 친구 이정재 목사와 레베카 루미오티스 (Rebecca Loumiotis)는 원고 교정에 큰 도움을 주었습니다.

박사과정 공부를 하면서 저는 아내와 함께 "약속의교회"를 개척하였습니다. 이 교회의 사역을 통하여 저희는 하나님의 말씀이 이끌어가는 공동체의 진정한 복을 경험할 수 있었습니다. 사랑하는 부모님께도 충심으로 감사드리고 싶습니다. 아버님이신 박두상 장로님으로부터 받은 많은 유산 중 가장 귀한 것은 하나님의 말씀에 대한 사랑입니다. 제 인생에 가장 큰 소망은 아버님이 보여주신, 말씀을 따라 사는 삶을 본받는 것입니다. 장인 장모님이신 김명우 목사님 내외분으로부터 받은 후원과 사랑은 잊을 수 없습니다.

1997년 여름, 유학을 떠날 당시는 저의 미국 체류가 그렇게 길어질 줄 몰랐습니다. 아들을 위해서 밤낮으로 기도하시는 어머니께서 세상을 떠나시기까지 귀국하지 못할 줄은 꿈에도 생각하지 못했습니다. 2008년 11월 8일 토요일 저녁, 한국에서 걸려온 전화를 한 통 받았습니다. 어머님 임갑순 권사님께서 당신의 영원한 집으로 부름을 받으셨다는 소식이었습니다. 미국에서 목회하고 있어 장례식에 참석하지는 못했지만, 저는 어머님께서 평생을 섬겨온 사랑하는 주님과 이제 함께 계실 것이라는 확신으로 위로받을 수 있었습니다. 은혜로우신 하나님께서 2년 후에 사랑스러운 딸 청이를 저희 가정에 보내심으로 다시 저희를 위로해주셨습니다. 결혼 생활 13년 만에 받은 선물입니다.

마지막으로 아내 김수영 박사에게 사랑과 존경의 마음을 표하고 싶습니다. 아내의 한결같은 격려와, 진심 어린 지원, 현명한 조언과 저를 위한 신실한 기도 앞에 이 책을 바칩니다.

시카고에서
박영호

차례

한국어판 서문 9
서문 13
서론 21

제1장
그리스-로마 정치 세계에서의 에클레시아 29
  1.1 고전 시대 아테네의 에클레시아 31
    1.1.1 연구의 대상과 기본 개념 31
    1.1.2 에클레시아의 의제와 권한 34
    1.1.3 에클레시아의 유형과 회집 장소 43
    1.1.4 시민의 정치 참여로서의 폴리스 46
    1.1.5 발언의 자유: 이디오테스의 문제 52
    1.1.6 누가 시민이 되어야 하는가?: 바나우소이의 문제 57
    1.1.7 폴리스적 동물의 유산 66
  1.2 헬레니즘 시대와 로마 제국의 에클레시아 70
    1.2.1 에클레시아는 불레의 결정을 추인하는 고무도장이었나? 70
    1.2.2 로마 제국이 그리스의 데모스를 이해하는 방식 76
    1.2.3 그리스가 로마의 지배를 받아들인 방식 89
        1.2.3.1 폴리비우스 90
        1.2.3.2 플루타르코스 94
        1.2.3.3 디온 크리소스토모스 100
    1.2.4 문화적 배경: 명예의 제국 109
    1.2.5 에클레시아가 자발적 조합의 명칭으로 사용되었는가? 121

제2장
70인역과 제2성전기 유대교에서의 에클레시아   131

  2.1 서론   133
  2.2 히브리어 구약성서와 70인역에 나타난 에클레시아   136
  2.3 헬레니즘 시대와 로마 시대 이스라엘의 데모스   145
    2.3.1 논의의 상황   145
    2.3.2 "조상들의 정치체제"와 신정정치   152
    2.3.3 마카베오서에 나타난 유대인들의 데모스   164
    2.3.4 로마 치하에서의 유대인 데모스   168
  2.4 이스라엘의 공동체적 기억 속에서의 에클레시아   172
  2.5 예루살렘의 중심성   183
  2.6 요약   192

제3장
바울의 에클레시아 사용   195

  3.1 논의의 상황   197
  3.2 바울이 에클레시아를 사용하는 다섯 가지 맥락   206
    3.2.1 문안 인사   207
    3.2.2 지역교회들 간의 관계   223
    3.2.3 가정 모임과 대별되는 한 지역 그리스도인 전체 집회   231
    3.2.4 신적 기관에 대한 인간의 침해: 하나님의 교회   232
    3.2.5 교회 직분의 명칭으로 쓰인 경우   241
    3.2.6 결론   246
  3.3 가정교회의 문제   247
  3.4 예루살렘과 보편교회의 문제   263

3.4.1 사도행전의 에클레시아에서 에클레시아들로의 발전　267
  3.4.2 로마서 본론에 에클레시아 단어가 등장하지 않는 이유　272

제4장
고린도 교회의 갈등에 대한 바울의 처방과 에클레시아　293
  4.1 집회의 물리적 환경　297
  4.2 갈등의 사회적 성격에 대한 중요한 질문　305
    4.2.1 어떤 종류의 식사인사? 누가 식사비를 지불했는가?　306
    4.2.2 주의 만찬에서 해당 주택 소유자의 지위와 역할　313
    4.2.3 바울이 고린도를 떠난 후에 무슨 일이 일어났을까?　317
    4.2.4 배고파야 했던 사람들?: 갈등의 사회적 양상　320
  4.3 고린도 교회에서 가정교회의 문제　325
  4.4 성찬의 무질서에 대한 바울의 처방　329
  4.5 남는 문제: 가정 모임의 지위　335

제5장
바울 교회들의 지역적 다양성   341

   5.1 바울 교회들의 사회사와 고린도 교회   343
   5.2 바울 교회들의 사회적 계층   349
      5.2.1 경제적 등급 4의 중요성   352
      5.2.2 전체 집회의 공간 제공자   354
      5.2.3 공동체의 리더십과 가정교회   358
      5.2.4 사도행전에 있는 자료 사용의 문제   359
   5.3 데살로니가 교회의 사회적 구조   362
      5.3.1 재정 후원자 없는 공동체   362
      5.3.2 공동체의 모임 장소 문제   369
      5.3.3 공동체의 조직   378
   5.4 빌립보 교회의 사회적 구성   387
      5.4.1 공동체의 조직   387
      5.4.2 가난했지만 모금에 성공했던 빌립보 교인들   392
   5.5 마케도니아의 교회들은 자발적 조합이었나?   398
   5.6 후대의 발전: 공동 자금이 있는 교회와 없는 교회   410

결론 414
참고문헌 425

서론

네이밍(naming), 이름 짓기는 중요하다. 한 집단이 어떤 이름으로 불리는가는 그 집단의 정체성 형성에 결정적인 요소다. 신약성서에서 발견할 수 있는 예수의 제자들을 지칭하는 이름은 많다. 대표적으로 갈릴리 사람들, 나사렛 도당, 그 길, 형제들, 그리스도인, 하나님의 가족 혹은 하나님의 집, 제자들, 믿는 자들, (그리스도의 것으로) 부름 받은 자들, 성도, 그리고 에클레시아(ἐκκλησία) 등을 들 수 있다.[1]

또 "세상의 빛, 소금" "그리스도의 편지" 등과 같이 이 집단을 가리키거나 묘사하는 많은 은유와 이미지가 있는데, 이들을 합한다면 이 목록은 더욱 늘어날 것이다. 은유와 이미지가 반드시 호칭과 엄밀히 구분되는 것은 아니기 때문에 이런 고려는 의미가 있다.[2] 이 모든 것을 합쳐서 신약성서에는 그리스도 신앙 공동체를 가리키는 용어, 은유, 호칭들이 100개 이상이 된다고 헤아리는 학자도 있다.[3] 이렇게 많은 어휘가 동원되었다는 사실은 그 공동체의 정체성 형성 과정이 복잡했다는 사실을 보여주는 방

---

1) James D. G. Dunn, *Beginning from Jerusalem*, Christianity in the Making 2 (Grand Rapids, MI: William B. Eerdmans, 2009), 4-17.
2) Paul Sevier Minear, *Images of the Church in the New Testament* (Philadelphia: Westminster Press, 1960).
3) P. T. O'Brien, "Church," *DPL* 123.

증일 수 있다.

그 이름이 기존의 어휘에서 선택되거나 그 공동체를 위해 조어되었을 수도 있고, 공동체가 스스로 이름 지었거나 외부인들이 붙여준 것일 수도 있다. 어느 경우이든 명명은 공동체의 자의식 형성 과정일 뿐 아니라, 외부 세계와 상호작용하는 중요한 방법이다. 그러므로 그리스도 신앙 운동의 명명에 대한 연구는 그 운동의 자의식을 규명하는 데 필수적인 과정이며, 그 그룹 내에서 또 그 그룹과 바깥 사회의 사회적 역관계를 들여다보기 좋은 창구이기도 하다.

보통 교회라고 번역하는 에클레시아(ἐκκλησία)는, 흔히 쓰이는 원시 "교회" 혹은 초기 "교회"라는 표현이 암시하듯이, 그리스도 신앙 운동의 초기부터 주도적인 명칭으로 쓰였다고 전제되는 경향이 있다.[4] 이는 이 운동의 역사를 제대로 반영하지 못한 해석이다. 에클레시아는 1세기 말 혹은 2세기 초에 가서야 중요한 명칭이 되었을 뿐, 그 이전에는 수많은 명칭 중 하나에 불과했다고 보아야 한다.[5] 본 연구는 신약성서 저자 중에 에클레시아라는 용어를 가장 자주 사용한 바울이 어떤 의도를 가지고 이 단어를 사용했는지 밝히고, 그 의도가 처음 그리스도인들에게 어떤 의미로 이해되었는가를 규명하는 것을 목표로 한다. 처음 그리스도인들이란 말로 바울의 영향권 아래에서 기독교의 메시지를 접한 사람들뿐 아니라, 그에 대해 반대하고 그와 긴장관계에 있던 이들도 포괄할 것이다.

이 책의 처음 두 장은 바울이 사용한 에클레시아 용어의 배경에 대한 연구라 할 수 있다. 사도 바울의 시대에 이 단어는 문화적·정치적·사회적

---

4) Dunn은 이 표현이 시대착오적일 수 있다고 지적한다. *Beginning from Jerusalem*, 6n9.
5) Adolf von Harnack and James Moffatt, *The Expansion of Christianity in the First Three Centuries*, Theological Translation Library (New York: Putnam, 1904), 408-10.

·경제적으로 다양한 흐름이 교차하는 영역에 위치하고 있었다. 아테네의 고전 민주주의 시절 에클레시아는 "아테네의 남자 시민들이 아테네인들의 생활에 영향을 미치는 모든 주제에 대해서 듣고, 토론하고, 법령을 통과시키기 위해 정기적으로 모이는 집회"[6]라고 정의할 수 있다. 바울의 시대는 이 민주주의의 전성기 이후로 400여 년 이후다. 따라서 에클레시아라는 단어가 로마 제국 초기까지 고전 민주주의 시대의 함의를 그대로 유지하고 있었는가 하는 것은 중요한 주제다. 이 주제는 그리스의 민주정치 전통과 로마의 지배와의 관계라는 더 큰 주제의 일부다. 또한 로마 제국의 그리스 도시들[7]에서 유력한 엘리트들과 일반 백성들(δῆμος) 간의 정치적인 역학 관계라는 주제와도 관련이 깊다. 제1장은 이런 주제를 다루면서, 헬레니즘 시대와 로마 시대에도 그리스 문화권의 민주주의 제도는 완전히 사라지지 않았음을 논증할 것이다. 정치 이념의 차원에서 민주주의의 이상은 바울의 시대에도 여전히 시민사회의 핵심적인 특징으로 자리 잡고 있었음을 함께 보일 것이다.

신약성서가 에클레시아 용어를 사용하는 것에 대한 어떤 연구도 신약성서의 용례가 유대 문헌에 빚진 바에 대한 고찰을 피해 갈 수 없다. 제2장은 에클레시아 용어가 70인역과 제2성전기의 다른 유대 문헌에 사용된 용례들을, 그 문헌들의 정치-문화적 배경과 함께 다룰 것이다. 이런 고찰을 통해 에클레시아 용어의 70인역으로부터의 영향을 그리스적 영향과

---

6) Christopher W. Blackwell, "The Assembly," in *Dēmeos: Classical Athenian Democracy*, ed. C.W. Blackwell (A. Mahoney and R. Scaife, eds., *The Stoa: a consortium for electronic publication in the humanities* [www.stoa.org] edition of March 26, 2003), 1.
7) 그리스어를 쓰는 그리스 문화권의 도시들을 말한다. 로마 제국을 양분하여 흔히 Greek East와 Latin West라 표현하기도 한다. 그리스(아카이아), 마케도니아, 소아시아, 시리아, 이집트까지 포괄적인 지역을 일컫는 말로, 바울의 사역지 대부분이 여기에 속한다. 팔레스타인 지역도 범주적으로 the Greek East의 한 부분으로 볼 수 있다.

대비시키면서, 유대적 배경이 신약에 사용된 에클레시아의 주도적 의미를 결정했다고 보는 입장을 반박할 것이다.

무엇보다 이 시기 유대인들이 헬레니즘 세계와는 절연된 세상에서 살았던 것처럼 보는 시각이나, 이에 기초해 유대주의/헬라주의(Judaism/Hellenism)라는 이원론적인 입장에서 당시 세계를 설명하려는 시도의 허점을 지적하려 한다. 당시의 유대인들은 그리스-로마의 정치 세계에 충분히 노출되었을 뿐 아니라, 그 정치적 세계의 일원으로서 능동적으로 참여하고 있었다. 무엇보다 70인역이라는 성서의 존재 자체, 히브리어 성서를 그리스어로 번역한 작업 자체가 그리스적 정치 세계에서 일어난 과정임을 보게 될 것이다.

제3장은 처음 두 장의 결론을 바울의 에클레시아 사용례에 구체적으로 적용하는 작업을 수행할 것이다. 먼저, 유대 문헌과 그리스도교 문헌에 나타난 에클레시아 용례에 대한 이해에서 학자들 간에 심각한 불일치와 혼란이 있음을 살펴보려 한다. 이 혼란의 상당 부분은 앞의 두 장에서 살펴본 바, 바울 당시의 에클레시아 용어에 시민정치적 함의가 강했다는 사실만으로도 해소할 수 있다. 바울이 사용하고 있는 에클레시아 용례 전체를 분석하여, 당시에 그리스도인 공동체를 가리키는 많은 용어가 있었음에도 불구하고, 그가 에클레시아라는 용어를 선택한 이유를 추적할 것이다. 이 추적은 바울이 전형적으로 에클레시아라는 용어를 쓰고 있는 문맥을 5개 유형으로 분류한다. 이 분류는 바울의 에클레시아 용어가 갖는 시민정치적 내포가 중심이라는 점을 분명하게 확인해준다. 시민정치적 용례는 한 도시를 대표하는 하나의 에클레시아—고린도의 에클레시아, 데살로니가의 에클레시아 등—용법이 중심이라는 말이다. 바울의 에클레시아 용어 사용이 이 용례를 중심으로 하지만, 여기에만 한정되는 것은 아니다. 이 단어는 가정에서 모이는 소규모 모임에서 전 세계를 아우르는

보편적 교회까지를 모두 지칭할 수 있는 탄력성 있는 용어이기도 했다는 사실도 함께 강조할 것이다.

예수 운동 초기에 에클레시아 용어는 예루살렘을 중심으로 하면서, 온 세계 교회를 대표하는 하나의 교회를 지칭하는 단수 명사로 쓰였던 것 같다. 본 연구는 이 용어를 다수의 지역 교회들, 대다수가 이방인으로 이루어진 교회들에 적용한 이가 바울이었다는 점을 논증하려 한다. 여태까지 신약의 교회론은 지역 교회의 현상에서 시작했다가 후대로 가면서 보편적 교회 개념이 등장한다는 도식이 지배적이었는데, 본 연구는 이런 도식을 교정하여 오히려 바울 이전의 교회론을 예루살렘 중심의 원시적 보편주의로 보아야 한다는 주장을 내놓을 것이다.

바울의 이방 선교와 예루살렘 중심의 유대주의적 교권과의 갈등에서 에클레시아라는 용어 사용 역시 중요한 갈등 요인이었다는 주장도 제기할 것이다. 이러한 분석은 소위 "가정교회 이론", 곧 바울의 교회들의 사회적 역동을 규명하는 데서 예배 장소로 사용된 개인 주택이라는 공간의 중요성을 강조하는 이론의 부적절성을 지적한다. 초기 기독교의 사회사 연구에서 가장 잘 확립된 사실은 그리스도인들이 기원후 3세기까지는 예배 전용 공간을 만들거나 소유하려 한 흔적이 없다는 점이다.[8] 예배 공간에

---

8) Hans-Josef Klauck, *Hausgemeinde und Hauskirche im frühen Christentum*, Stuttgarter Bibelstudien (Stuttgart: Verlag Katholisches Bibelwerk, 1981), 11; L. Michael White, *Building God's House in the Roman World: Architectural Adaptation among Pagans, Jews, and Christians*, ASOR Library of Biblical and Near Eastern Archaeology (Baltimore: Published for the American Schools of Oriental Research by Johns Hopkins University Press, 1990), 1-25; *Richard Krautheimer and Slobodan Curcic, Early Christian and Byzantine Architecture*, 4th ed., Pelican History of Art (Harmondsworth, UK; New York: Penguin, 1986); Bradley B. Blue, "Acts and the House Church," in *Book of Acts in Its First Century Setting*, Vol. 2 (Grand Rapids, MI; Carlisle, UK: Eerdmans, Paternoster, 1994), 119-222; Peter Richardson, "Architectural Transitions from Synagogues and House

대한 고고학적 연구와 함께, 바울이 수차례 사용한 어구인 "ἡ κατ' οἶκον [소유격 대명사] ἐκκλησία"[9]가 가정교회론의 중요한 근거로 사용되어왔다. 본 연구는 이러한 근거들의 부적절성을 지적한다.

제4장에서는 가정교회론을 고린도 교회라는 구체적인 상황에서 점검해볼 것이다. 특별히 고린도전서 11장에 나오는 주의 만찬 자리에서 빚어진 갈등과 혼란에 대한 바울의 권면에 대한 분석이 초점이 될 것이다. 이 만찬을 위해 고린도의 전체 회중이 누군가의 개인 주택에서 모였는데, 모임의 장소인 주택은 예배의 물리적 공간으로만 머무르지 않고, 공동체의 사회적 성격에도 상당한 영향을 끼쳤음이 분명하다. 고린도 회중 전체가 모였다면 꽤 큰 규모의 주택이었을 것이고, 그런 주택의 소유자라면 부유층에 속했을 것이다. 이런 유력자라면(혹은 유력자들이라면) 고린도 회중의 생활과 공동체 운영에 상당한 발언권을 갖고 영향을 끼쳤을 것으로 보인다. 그런 영향력은 당시 사회의 가부장적인 오이코스(οἶκος, 집, 가정)의 위계적 질서를 모태로 하여 작동되었을 것으로 추정된다. 바울이 주의 만찬의 오용을 지적하면서 오이코스와 에클레시아를 구별하는 것은 오이코스의 사적인 성격과 에클레시아의 공적인 본질을 날카롭게 대비하는 것이다. 이런 대비의 구도에 에클레시아라는 용어의 시민정치적 함의가 의도적으로 사용되고 있다.

마지막 장은 부유한 가부장이 주도하던 고린도 교회의 상황 분석이

Churches to Purpose-Built Churches," in *Common Life in the Early Church*, eds. Graydon F. Snyder, Julian V. Hills, and Richard B. Gardner (Harrisburg, PA: Trinity Press International, 1998), 373-89; Robert J. Banks, *Paul's Idea of Community* (Peabody, MA: Hendrickson, 1994), 26-36.

9) 롬 16:3, 로마의 브리스가와 아굴라; 고전 16:19, 에베소의 아굴라와 브리스가; 몬 1-2, 골로새의 "빌레몬과 자매 압비아와…아킵보…", 골 4:15, 라오디게아에 있는 눔바. 네 경우 모두 여성의 이름이 포함된 것이 흥미롭다.

바울의 다른 교회들에도 그대로 적용될 수 있을까 하는 질문을 제기한다. 바울이 보기에 문제투성이였던 고린도 교회를, 상대적으로 긍정적 평가를 받았던 데살로니가와 빌립보의 교회들과 비교할 것이다. 고린도 교회의 중심축은 부유한 교인들이었다. 이들은 교인이 한자리에 모이는 집회를 개인 주택에서 가질 정도로 큰 주택을 소유한 교인으로 볼 수 있다. 그런데 빌립보와 데살로니가의 교회에서는 그 정도로 부유한 교인들이 존재했을 가능성이 희박하다. 이 장에서는 로마 제국 전체의 경제 상황을 분석하고 빌립보와 데살로니가, 두 마케도니아 교회가 남긴 구체적인 자료를 점검함으로써 이런 결론을 도출할 것이다. 이러한 결론은 바울 교회에 대한 사회사적 연구들이 갖고 있던 경향, 다수의 지역 교회들이 똑같은 사회적 구성으로 이루어졌을 것이라는 전제에서 수행되는 연구에 도전한다. 이로써 지역 교회들이 나름대로의 상황에 맞는 교회 조직과 직제를 발달시켜갔으며, 이에 따라 교회의 사회윤리적 지향도 편차를 보였으리라는 추정을 내놓을 것이다.

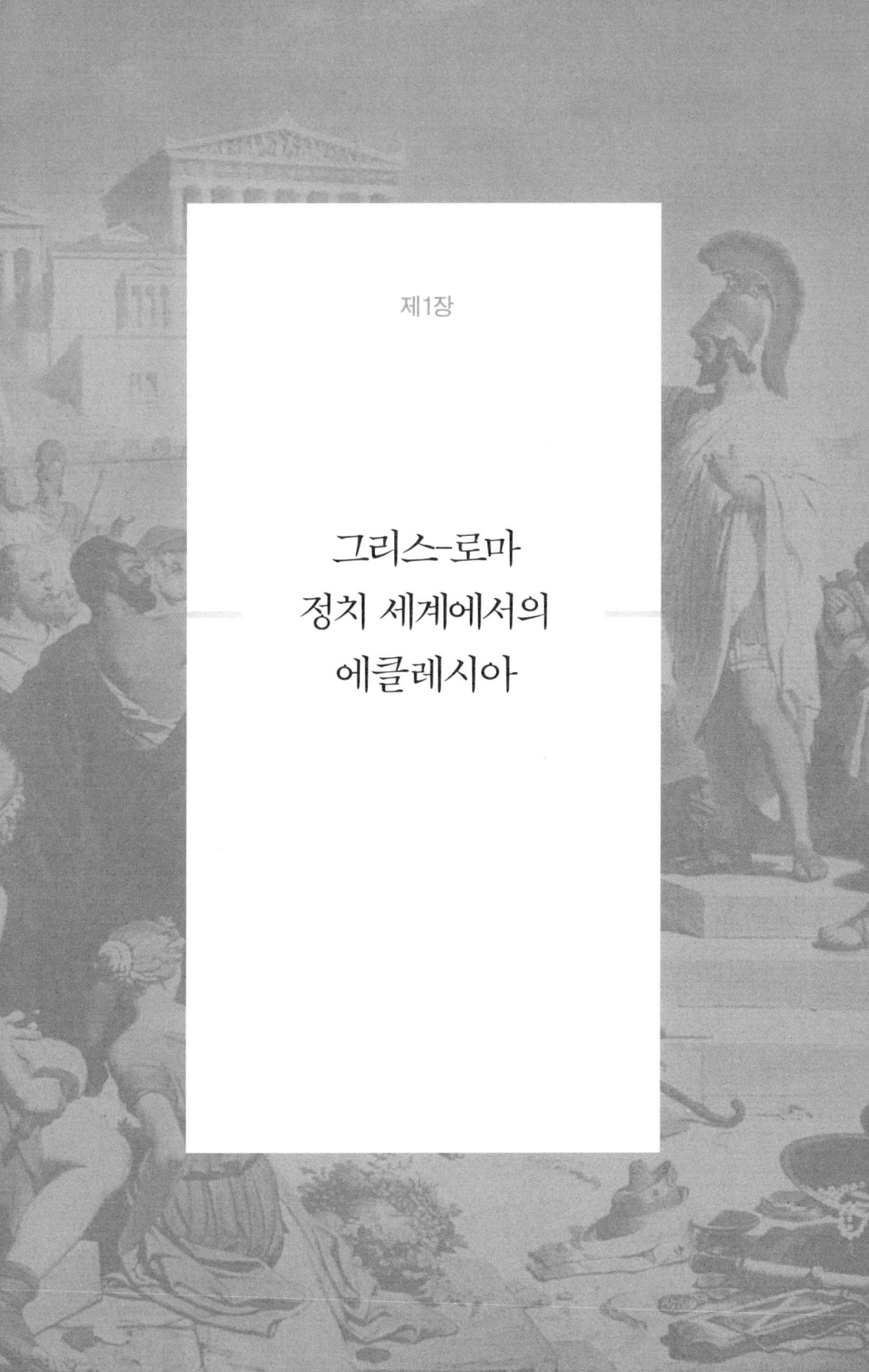

제1장

그리스-로마
정치 세계에서의
에클레시아

1.1 ── 고전 시대 아테네의 에클레시아

1.1.1 ── 연구의 대상과 기본 개념

모든 연구의 출발은 대상을 명확히 하는 데 있다. 에클레시아라는 단어의 고전적 의미를 살펴보기 위한 가장 적합한 대상은 민주정치 시대의 아테네다. 아테네의 민주정치가 꽃핀, 이른 바 전성기는 기원전 5세기와 4세기 정도로 볼 수 있다. 이 시기에 구체적인 정치 형태는 적잖이 변화했기 때문에 연구를 위해서는 기준점이 필요하다. 본 연구에서는 기원전 355-32년 기간의 정치체제와 문화를 중심에 놓고 고찰할 것이다. 이 시기가 데모스테네스, 아이스키네스, 히페레이데스, 리쿠르고스, 데이나르코스, 이소크라테스와 같은 정치 연설가들이 왕성하게 활동하며 많은 자료를 남긴 시기라는 점은 연구자로서는 행운이다.[1] 또한 역사상 가장 탁월한 정치이론가 중 한 사람인 아리스토텔레스의 『정치학』과 『니코마코스 윤리학』, 그리고 저자 논란이 있긴 하지만 『아테네의 정치체제』에 나타난 정치 이론은 이 시기를 중심으로 고대 그리스의 민주정치 전반을 연구할 수 있는 중요한 자료다.

---

1) 고전 민주정치 시대 아테네 정치 연설의 목록은 다음을 참조하라. Josiah Ober, *Mass and Elite in Democratic Athens: Rhetoric, Ideology and the Power of the People* (Princeton, NJ: Princeton University Press, 1989), 341-48.

이 시기는 이러한 문헌자료 외에도 비문(碑文)이나 파피루스 등의 비문헌 자료(documentary evidence)를 많이 남기고 있다. 특히 에클레시아에서 이루어진 결정을 발표하는 포고문(decrees)은 유용한 자료다.[2] 당시의 포고문은 결정사항을 "에클레시아가 동의했다"(ἔδοξε τῇ ἐκκλησίᾳ)라는 식으로 표현했다. 실제로는 에클레시아보다 회집한 군중을 뜻하는 단어인 δῆμος(데모스)를 써서 "데모스가 동의했다"(ἔδοξε τῷ δήμῳ)라는 말이 더 빈번하게 등장한다. 이 공식 문구를 포함하여 다른 여러 곳에서 에클레시아와 데모스는 상호 호환적으로 사용되고 있기에,[3] 고대 그리스의 에클레시아에 대한 연구는 에클레시아라는 한 단어의 용례에 제한되어서는 안 되며, 데모스가 동시대의 정치·문화적 상황에서 실제로 어떻게 사용되었는가로 확장되어야 한다.

데모스는 원래 고대 그리스의 행정구역(deme)을 가리키는 말로 "관할 지역", "시", "구"로 번역할 수 있고 그곳에 거주하는 사람들까지 포함하는 말이다. 아테네의 에클레시아는 각각의 행정구역에서 온 사람들로 구성

---

2) 민주정치의 시대는 수많은 포고문을 남겼다. 공적 결정사항을 공개하는 것이 "민주정치의 필수요소"로 여겨졌기 때문이다. Mogens Hansen, *The Athenian Assembly in the Age of Demosthenes*, Blackwell's Classical Studies (Oxford: B. Blackwell, 1987), 112, 156. 아울러 에클레시아 회집의 장소였던 프닉스의 고고학적 발굴 역시 이 시기 에클레시아에 대한 소중한 자료를 제공하고 있다.

3) *IG* VII 4256.5-6 (Boeotia, 322-313 BC, 322-313 BC), VII 4257.6-7 (Boeotia, 322-313 BC), and so on. Cf. John S. Kloppenborg and Richard S. Ascough, *Greco-Roman Associations: Texts, Translations, and Commentary: Attica, Central Greece, Macedonia, Thrace*, Beihefte zur Zeitschrift für die Neutestamentliche Wissenschaft und die Kunde der älteren Kirche 181 (Berlin; New York: de Gruyter, 2011), 28; *LSJ s.v.* δῆμος, 386-87. Sakellariou는 "πόλις ἐκκλησία, δῆμος, κοινόν, πολῖται 등의 단어들, 또 시민들의 민족 이름(예. Ὀλούντιοι) 등과 교환 가능한 단어로 쓰였다"고 주장한다. 적절한 해석이다. M. V. Sakellariou and Archaiotētos Kentron Hellēnikēs kai Rōmaikēs, *The Polis-State: Definition and Origin*, Meletēmata 4 (Athens; Paris: Research Centre for Greek and Roman Antiquity, National Hellenic Research Foundation; Diffusion de Boccard, 1989), 200.

되었기 때문에, 데모스는 본래 에클레시아를 구성하는 행정구역의 대표성을 띤 말이었다. 이러한 본래의 의미 외에 아테네인들은 데모스를 다음의 다섯 가지 의미로 사용했다.

1) "폴리스에 속한 모든 사람"을 뜻한다. "백성"이라 번역할 수 있는 의미다.
2) 폴리스에 거주하는 모든 성인 남성을 가리키기도 했다.
3) "평민"이라 번역할 수도 있는데, 이는 "가난한 사람들" 혹은 "귀족이 아닌 사람들"이라는 의미다.
4) 에클레시아(민회)와 동의어로 빈번히 쓰인다.
5) "시민의 지배"(데모크라티아)라는 정치 형태를 말하기도 한다.

한센(Hansen)은 데모스의 다섯 가지 용례 모두가 에클레시아와 필수불가결하게 연결되어 있다고 주장한다.[4] 고대 그리스 사회에서 평민들은 개인적으로는 영향력이 전혀 없는 존재들이었지만, 그들이 "시민"으로 집단을 형성할 때는 최고의 권력을 행사했다. 이런 점에서 고대 그리스 사회는 명실상부한 "시민사회"였다. 무력한 개인을 최고의 주권자인 시민으로 만드는 것이 그들이 함께 모이는 집회, 즉 에클레시아였다. 에클레시아는 고대 그리스 사회의 정치뿐 아니라 인간 이해에 있어서도 핵심적인

---

4) Mogens Herman Hansen, *The Athenian Assembly in the Age of Demosthenes*, 210. 그는 첫 번째 그룹과 두 번째 그룹을 하나로 묶고 있다. 그러나 이 둘은 명백히 다른 함의를 갖고 있다. 참조. *LSJ*, s.v. δῆμος, 386-87; R. K. Sinclair, *Democracy and Participation in Athens* (Cambridge; New York: Cambridge University Press, 1988), 15; Christopher W. Blackwell, "Athenian Democracy: a brief overview," in C.W. Blackwell, ed., *Dēmos: Classical Athenian Democracy* (A. Mahoney and R. Scaife, eds., The Stoa: a consortium for electronic publication in the humanities[www.stoa.org] edition of February 28, 2003), 3.

주제라 할 수 있다.

이 장은 에클레시아라고 하는 정치제도 및 이와 관련한 정치 문화 전반을 함께 살피고, 이러한 문화들이 그리스인들의 인간 이해와 어떻게 관련되어 있는가 하는 철학적 질문까지 포괄하여 다룰 것이다. 민주적 정치제도 자체는 헬레니즘 시대와 로마 시대에 와서 상당히 약화되었다고 할 수 있지만, 그러나 민주정치를 낳은 문화와 철학적 사고는 그 정치제도가 와해된 이후에도 상당한 영향력을 행사하였다. 이 연구의 궁극적 관심이 기독교 태동기인 로마 제국 초기에 있기 때문에, 민주적 정치 문화와 철학이 그 제도의 수명을 넘어 영향력을 끼칠 수 있었다는 통찰은 중요한 의미를 갖는다.

1.1.2 — 에클레시아의 의제와 권한

아테네의 정치체제 변화를 설명하면서 아리스토텔레스는 민주주의의 확립은 "집단으로서의 시민이 절대 주권을 갖게 되는 것"이라고 설명한다.[5] 이 권력의 전환에 대해 아리스토텔레스는 이렇게 서술하고 있다.

> 시민은 모든 일의 주인이 되었고, 시민은 투표와 시민법정을 통해 지배 권력이 되어 모든 것을 관할하며, 평의회의 결정도 시민으로부터 나온다.
> Ἁπάντων γὰρ αὐτὸς αὑτὸν πεποίηκεν ὁ δῆμος κύριον καὶ πάντα διοικεῖται ψηφίσμασιν καὶ δικαστηρίοις ἐν οἷς ὁ δῆμός ἐστιν ὁ κρατῶν καὶ γὰρ αἱ τῆς βουλῆς κρίσεις εἰς τὸν δῆμον ἐληλύθασιν.[6]

---

5) Aristotle, *Const. Ath.* 41.1.
6) Aristotle, *Const. Ath.* 41.2.

데모스가 퀴리오스(κύριος)다! 이는 민주정치에 대한 가장 간결한 정의다. 여기서 퀴리오스는 형용사로 쓰이며, 영어의 sovereign, 곧 "절대주권을 가진"이라는 의미로 이해할 수 있다. 왕이 모든 주권을 갖고 있는 절대왕정에 어울리는 단어다. 모든 시민이 절대주권을 갖는다는 것이 현실적으로는 구현이 쉽지 않기 때문에, 데모스의 절대주권이라는 말이 이론적 서술에 머물렀는지, 실제로 작동하는 현실이었는지에 관한 논쟁이 적지 않다. 아리스토텔레스의 이 문장 해석이 이 논쟁의 주요 전장이다.[7]

데모스테네스는 "아테네의 데모스는 최고의 권위(κυριώτατος, 퀴리오타토스)를 가지고 있고 원하는 모든 일을 할 수 있는 권력이 있다(ἐξὸν αὐτῷ ποιεῖν ὅ τι ἄν βούληται)"[8]고 말한다. 재미있는 것은 데모스테네스가 형용사 퀴리오스의 최상급[9]을 쓰고 있다는 사실이다. 이는 퀴리오스라는 형용사가 절대적인 의미가 아닌, 정도의 차이를 표현하는 뜻으로 쓰였음을 시사한다. 퀴리오스의 이런 쓰임은 데모스가 절대주권을 가졌느냐, 아니냐를 흑백의 문제로 접근하는 현대의 시각과 그리스인들의 사고에는 차이가 있음을 보여준다.

블랙웰(Blackwell)은 에클레시아를 "아테네 민주주의의 정점에 있는 최종 결정기관"이라고 정의하였다. 이 정도의 정의가 "절대주권 여부"의 이분법적 접근보다는 아리스토텔레스와 데모스테네스의 세계에 훨씬 더 가깝다고 할 수 있다.[10]

에클레시아가 정말로 절대주권을 가지고 있었는가와 관련한 세부적 정치제도에 대한 논의와는 별도로, 폴리스의 주권이 에클레시아에 있다

---

7) Aristotle, *Const. Ath.* 96; Ober, *Mass and Elite*, 20-23.
8) [Dem] 59.88; R. K. Sinclair, *Democracy and Participation in Athens*, 67n91; cf. Andok. 2.19-20, Aristotle, *Pol.* 1298a3-11.
9) 최상급 κυριώτατος의 다른 예는 Aristotle, *Pol.* 1275a29을 보라.
10) Blackwell, "Athenian Democracy," 2.

는 사상이 민주정치 시대 아테네의 지배적 가치였다는 사실은 중요하다. 이런 민주주의 이념의 영향력은 정치 형태로서의 직접민주주의의 시대가 끝난 이후에도 잔존하고 있었다고 보아야 한다. 싱클레어(Sinclair)는 절대주권을 가진 에클레시아는 아테네 민주주의의 핵심 전제라고 말한다.[11] 이 주제는 고대 그리스와 로마 제국 그리스어권의 정치 지형을 논하면서 다시 다룰 것이다. 에클레시아의 절대주권에 의심을 제기하는 학자들은 현대의 의회와 비슷한 불레(βουλή, 평의회)가 실제적인 권력을 가진 기관이었다고 주장한다.[12] 아테네에서 불레는 500인 평의회로, 에클레시아에서 심의할 의안을 발의하는 기구였다. 그러나 의안에 대한 최종 결정권은 여전히 에클레시아가 가지고 있었다.[13] 더구나 기원전 4세기 아테네의 500인 평의회는 남자 성인 500명을 추첨에 의해서 결정하였고 임기를 1년으로 제한하였기 때문에 일부 귀족에 의해 운영되는 것이 아니라 전체 평민에 의해 운영되는 기구였다고 보아야 한다.[14] 이러한 평의회 구성은 그리스 도시국가에서만 나타난 독특한 제도였다. 이는 지역의 유지들로 구성되어 있고 임기가 종신제였던 로마와 이탈리아, 그리고 라틴화된 지역들의 평의회와는 결정적인 차이가 있다.[15]

---

11) Sinclair, Democracy and Participation in Athens, 67.
12) 예를 들면 R. A. de Laix는 에클레시아는 불레의 하위 협력 기관으로서 불레가 먼저 심의한 내용(*probouleumata*)을 추인하는 기능만 수행했다고 한다. Roger Alain De Laix, *Probouleusis at Athens: A Study of Political Decision-Making*, University of California Publications in History (Berkeley: University of California Press, 1973), 21, 139-42, 191-94. 고전 민주정치의 시대에 관해서는 이런 견해가 소수다. 그러나 헬레니즘 시대와 로마 시대에 관해서는 이 견해가 거의 도그마 수준으로 지배적이다. 이 책의 1.2에서 이 문제를 집중적으로 다룰 것이다.
13) Aristotle, *Pol.* 1317b.
14) Aristotle, *Const. Ath.* 62.1, Ober, *Mass and Elite*, 139-40; P. J. Rhodes, *The Athenian Boule* (Oxford: Clarendon Press, 1985), 3-6.
15) J. A. O. Larsen, *Representative Government in Greek and Roman History* (Berkeley: University of California Press, 1976), 12; 18-19. 그는 아테네뿐 아니라 광

그리스	로마
모든 시민 중에서 추첨	지역 귀족들
1년 임기	종신제

〈그리스와 로마 지역 평의회의 차이〉

　민주정치 이전 아테네의 아레오파고스 평의회(the council of Areopagus)는 소수의 귀족들에 의해 운영되던 로마의 원로원과 유사한 기구였다. 그러나 500인 평의회는 "데모스의 통치(δημοκρατία, 데모크라티아)를 위하여" 제사를 지내면서 회의를 시작하는 민주주의적 정치기구였다.[16] 불레의 권한은 에클레시아의 권력에 부속되어 있었다. 이 500인 평의회는 헬레니즘 시대와 로마 제국 시대에 그리스어권의 폴리스에 존재하던 평의회의 원형이 되었다. 이러한 비교는 그리스와 로마에서 각각 비슷한 이름으로 불리는 기관을 쉽게 동일시하지 말 것, 또한 한 문화권이라 하더라도 각 기관의 성격은 시대에 따라 다를 수 있음을 상기시킨다.

　그리스 민주주의의 또 다른 특징은 선출된 공직자를 소환[17]할 수 있는 시민의 권력이었다. 국민발의, 국민투표, 탄핵소추는 현대 정치학에서 직접민주주의의 세 중심축으로 여겨진다.[18] 로마에서는 코미티아에서 선출된 관료들이 종신직이었던 데 반해, 그리스에서는 시민이 필요에 따라 선출된 관료를 감찰(δοκιμασία)하거나 탄핵할 수 있는 권리(εἰσαγγελία εἰς τὸν

범위한 그리스 도시에서 나타나는 민회의 증거를 제시하고 있다.

16) Antiphon, 6.45; cf. Mogens Herman Hansen, *The Athenian Democracy in the Age of Demosthenes: Structure, Principles, and Ideology*, Blackwell's Classical Studies (Oxford; B. Blackwell, 1991), 70.

17) Εἰσαγγελία εἰς τὸν δῆμον, 종종 "탄핵"으로 번역되지만, 정확히는 시민의 소환(recall)을 다루는 단어였다. Δοκιμασία("감찰")은 관료를 그 임기 동안에 감찰하는 제도를 가리켰다.

18) Thomas E. Cronin, *Direct Democracy: The Politics of Initiative, Referendum, and Recall* (Cambridge, MA: Harvard University Press, 1989).

δῆμον)를 보유하고 있었다.[19] 그리스인들에게 권력이란 관료를 선출하는 것뿐만 아니라 선출된 관료들의 재임기간 동안 그들의 활동에 관여할 권리까지 포함했다. 사법권은 디카스테리온(δικαστήριον)과 같은 사법기관이 관장하였지만, 이 사법기관의 권력은 기본적으로 데모스가 부여했다고 인식되었다.[20]

이 에클레시아가 어떤 의제를 다루었는지 살펴보자. 한센(Hansen)은 에클레시아와 불레가 발표한 현존하는 포고문들(decrees)을 법령(ψηφίσματα), 판결문(κρίσεις), 선거(αἱρέσιαι)의 세 가지 범주로 구분한다.[21] 한센에 따르면, 포고령에 나타나는 많은 의제 중 가장 빈번한 두 가지 주제는 외교정책에 관한 것, 그리고 명예와 시민권의 수여(grants of honors or citizenship)에 관한 것이다.[22] 한센은 폴리스의 재정과 같이 일반적으로 중요한 공공정책의 영역으로 간주되는 문제를 다룬 포고문은 "놀랍도록 적은 분량"이라고 분석한다.[23]

우리는 이 분석의 적절성을 검토해볼 필요가 있다. 포고문이 쓰여 있는 비문들 외의 많은 문헌 자료가 에클레시아의 의제 중에서 외교정책이 차지하는 중요한 비중을 증언해주고 있다. 군주국가에서 외교관은 군주를 대리해서 파견된다. 민주적 폴리스에서의 외교관(πρέσβεις, πρεσβευταί)

---

19) Sinclair, *Democracy and Participation in Athens*, 79; Hansen, *Athenian Assembly*, 212; Mogens Herman Hansen, *Eisangelia: The Sovereignty of the People's Court in Athens in the Fourth Century B.C. And the Impeachment of Generals and Politicians*, Odense University Classical Studies (Odense, Denmark: Odense University Press, 1975); Mogens Herman Hansen, "Eisangelia in Athens: A Reply," *Journal of Hellenic Studies* 100 (1980): 89-95.
20) Hansen, *Athenian Assembly*, 116, 118-120.
21) Hansen, *Athenian Assembly*, 107.
22) Hansen, *Athenian Assembly*, 113d18.
23) Hansen, *Athenian Assembly*, 116.

은 에클레시아를 대신하고 대표해서 파견되며,[24] 다른 폴리스에서 오는 외교관을 상대하는[25] 권리도 에클레시아에 속해 있었다. 외교관을 파견하면서 구체적인 지침을 결정하는 것도 에클레시아였으며,[26] 임무를 완수하고 돌아온 외교관의 보고를 받는 것도 에클레시아였다.[27] 에클레시아에 모인 시민들은 외교관의 보고를 듣고, 그 활동에 대한 승인, 거부, 평가, 처벌 문제를 투표로 결정하였다.[28]

에클레시아는 다른 폴리스들이 보내온 외교관을 접견하며 보고를 받고, 보고받은 사안에 대한 대책을 결정했다.[29] 또한 에클레시아는 핵심적인 외교정책을 결정했을 뿐만 아니라, 자국이나 타국의 외교관들이 연설할 수 있는 연단(platform)을 제공하는 기능을 하였다. 오랜 기간 동안 민주적 정치체제를 유지하면서 에클레시아에 시민들이 지속적으로 참여할 수 있도록 유도하기란 쉬운 일이 아니었다. 모든 에클레시아에 시민들이 고르게 참여하지도 않았다. 대중의 관심을 끄는 의제가 논의될 때는 평소보다 많은 시민이 모여들었을 것이라 충분히 예상할 수 있다. 대표적인 예가 타국이 파견한 외교관이나, 타국을 다녀온 자국의 외교관이 제출한 의제가 전쟁과 관련이 있는 경우였다. 특히 전쟁과 관련한 논의와 결정은 에클레시아에서 가장 중요하게 여겨지는, 가장 많은 시민이 모이는 주제였다. 전쟁에 대한 백성들의 비상한 관심은 고전적 민주주의의 시대를 지

---

24) Aristotle, *Const. Ath.* 43.6; Demosthenes 18.29, 18.75, 19.13; Aeschines 2.13.
25) Aeschines 2.83, 2.109, 3.72; Demosthenes 7.19, 19.111; Blackwell, "The Assembly," 14.
26) Demosthenes 53.5, 19.6.
27) Aeschines 2.60, 2.121, 3.67, 3.125; Demosthenes 19.19.
28) Aeschines 2.53; Demosthenes 19.276; Aristophanes, *Ach.* 60; cf. Blackwell, "The Assembly," 13.
29) Aeschines 2.83, 2.109, 3.63, 3.72; Demosthenes 7.19, 19.111, 19.234; Blackwell, "The Assembly," 16.

난 후, 즉 폴리스의 일상적인 의제들이 에클레시아의 수중을 벗어난 후에도 계속되었다.[30]

고대 그리스에서 전쟁을 할지 말지에 대한 결정은 외교정책에서 핵심적인 부분이었고, 이와 관련한 정치적인 토론은 가장 중요한 일로 여겨졌다(κύριον δ' ἐστὶ τὸ βουλευόμενον περὶ πολέμου καὶ εἰρήνης καὶ συμμαχίας καὶ διαλύσεως).[31] 고전 시대 아테네에서 민주주의로 분류되는 정치체제 가운데도 구체적인 차이가 많았지만, 전쟁이냐 평화냐 하는 결정이 에클레시아의 수중을 벗어난 적은 단 한 번도 없었다.[32] 그리스에서 전쟁은 일상의 현실이었고, 평화는 민의가 실린 정치적 결정이 있을 때에나 가능한 일이었다고 해도 과언이 아니다. 그 결정권이 고대 그리스에서는 에클레시아에 있었다. 역사적으로 따져보면, 에클레시아라는 정치제도 자체가 군사적인 문제를 논하기 위한 집회에서 출발했다고 볼 수 있다. 본래 에클레시아는 전사(戰士)들의 모임이었다.[33]

시민권 개념도 민주정 시기 이전에 군인들이 갖던 권리에서 시작되었다.[34] 이런 배경이 있기 때문에, 에클레시아가 선출했던 다양한 관직 중에서 군사직은 특별히 중요했다. 아테네는 많은 관직을 추첨으로 뽑았지만, 군사 지도자만은 추첨으로 뽑지 않는 예외적인 직책이었다.[35] 흔히 사자(使者, messenger)로 번역하는 케뤽스(κῆρυξ)도 군사적 직책이었다. 에클레시아에서 개회를 알리고 질서를 유지하는 이 직책은 군사들을 통솔하던 장교가 하던 역할에서 유래했다.[36] 재정관의 역할도 중요하게 여겨졌는

---

30) Polybius 38.12.5.
31) Aristotle, *Pol.* 1298a.
32) Aristotle, *Pol.* 1298a. 10-33.
33) 호메로스에 나오는 ἐκκλησία는 대부분 군사집회를 가리킨다.
34) Aristotle, *Const. Ath.* 4.2.
35) Hansen, *Athenian Assembly*, 121-22.

데, 이들이 군사자금(ταμίας στρατιωτικός)을 관리하고 운용했기 때문이다.[37]

고대 그리스어에는 현대의 "정치인"[38]에 상응하는 단어가 존재하지 않았다. "폴리튜테스"(πολιτευτής)는 "정치인"이 아닌 "시민"이나 "자유민"을 지칭했다. "정치 지도자"에 가장 근접한 표현은 "연설가와 장군"(orators and generals)[39]이며, 이는 에클레시아에서 연설과 군사 임무가 매우 중요했음을 말해준다. 대표적인 민주주의 정치가인 페리클레스를 예로 들면, 그의 공식 직위는 선출된 10인의 장군 중 한 사람일 뿐이었다. 페리클레스가 시민을 이끌 수 있었던 것은 그의 군사적 재능에 더하여 탁월한 연설 능력 때문이었다. 연설가들에게 가장 많은 관심이 집중되는 순간은 폴리스가 전쟁이냐 평화냐 하는 갈림길에 서 있을 때였다. 고대 그리스의 에클레시아에서 전쟁과 평화가 핵심 의제였다는 것은, 후에 로마 제국 하에서 그리스어권 폴리스의 에클레시아와 비교할 때 결정적인 차이다. 로마 제국 시대는 전쟁이냐 평화냐 하는 결정이 에클레시아의 권한에 있을 수 없는 시기였기 때문이다.

외교, 군사 문제와 더불어 "명예"도 에클레시아의 핵심적인 의제 중 하나였다. 에클레시아의 군사적 측면, 즉 전쟁과 평화에 대한 토론 유무는

---

36) LSJ, s.v. κῆρυξ, "messengers between nations at war." cf. Thucydides 1.29; Aeschylus, *Supplices*, 727; Plato, *Leges* 941a, Demosthenes 12.4. 이 단어는 ἀπόστολος와 동일한 의미로 상호교환 가능하게 사용되었다. 둘 다 신약의 교회에서 중요한 용어로 쓰였다.

37) Aristotle, *Const. Ath.* 43.1; Hansen, *Athenian Assembly*, 120.

38) LSJ, s.v. πολιτευτής, 1434.

39) Aristotle, *Rhet.* 1388b15-20; Demosthenes 23.184, 18.170; Hansen, *Athenian Assembly*, 50. 기원전 5세기에는 ῥήτωρ가 "법령 제안자"를 제안했던 것으로 보인다. R. Browning은 στρατηγός를 "장군"으로 번역하는 것을 반대한다. 시인 소포클레스도 이 직위에 선출되었다는 예를 근거로 들고 있다. Browning, "How Democratic was Ancient Athens," in John A. Koumoulides, ed., *The Good Idea: Democracy and Ancient Greece* (New Rochelle, NY: A.D. Caratzas, 1995), 59. 그러나 이런 어원적 설명이 이 직위의 군사적 성격을 부정하지는 않는다.

고대 그리스 시대와 로마 제국 시대의 차이를 확연히 드러내는 반면, 명예는 고대 그리스 시대와 로마 제국 시대의 에클레시아의 공통점을 보여준다는 점에서 중요하다. 고전 민주주의 시대 에클레시아의 정치 토론에서 "가장 중요한 논쟁은 아테네에 대한 위협에 관한 것과 명예(τιμή)에 관한 것"이었고,[40] 이 점은 현존하는 에클레시아의 포고문들에서 외교 문제와 명예 수여가 압도적으로 많다는 사실과 정확하게 일치한다. 여기서 중요한 점은 외교와 명예 수여가 완전히 분리되는 의제는 아니었다는 사실이다. 그리스의 많은 외교 활동은 명예를 마치 유형자산처럼 주고받는 것이었기 때문에 이 두 영역은 광범위하게 중첩된다고 할 수 있다.

아리스토텔레스는 정치의 궁극적인 목적이 시민의 미덕(ἀρετή)을 배양하는 것이어야 한다고 주장했지만, 정치의 목적을 "명예"(τιμή)라고 생각하는 편이 좀 더 보편적이고 현실적인 사고였다.[41] 데모스테네스는 명예에 대한 열망이 아테네의 번영과 민주주의를 이끌었다고 보았다.

> 데모스의 목표는 경제적 부가 아니다. 그들은 어떤 물질적 소유보다 영광을 탐한다. 여기에 증거가 있다. 한때 그들은 그리스의 어떤 사람들보다 더 거대한 부를 소유했지만, 명예에 대한 사랑(φιλοτιμίας), 하나를 위해서 그 모든 부를 탕진했다.[42]

모든 공적인 모임은 명예를 과시하고 수여하고 획득하고 교환하는 장소였다. 명예를 위하여 면류관이나 특별석, 연설자에 대한 관중들의 환호 등 다양한 방법과 형식이 동원되었다. 공적인 명예가 과시되는 수많은 방

---

40) Sinclair, *Democracyand Participation in Athens*, 57; cf. Thucydides 2.44.
41) Aristotle, *Eth. Nic.* 1095b20.
42) Demosthenes 24.184.

법이 있었지만, 에클레시아는 그중에서 가장 효과적인 장이었다.[43]

> 들으십시오. 동료 시민 여러분, 법 제정자가 어떻게 명령했는지를. 백성들 가운데서 면류관을 쓸 사람은 백성들 가운데서, 곧 프닉스에서 열리는 에클레시아에서 선포되어야 하며[ἐν τῷ δήμῳ ἐν Πυκνὶ τῇ ἐκκλησίᾳ ἀνακηρύττειν τὸν ὑπὸ τοῦ δήμου στεπανούμενον], 다른 곳에서는 안 된다고 했습니다.[44]

명예를 중시하는 문화는 고전적 민주주의의 중심축이었고 현실 정치에서 민주정치 제도가 사라진 이후에도 계속 유지되었다. 이 장의 끝부분에서는 로마 제국에서 명예 정치(honor politics)가 어떻게 강화되었는지를 살펴볼 것이다.

한센은 에클레시아의 결정사항에서 명예와 관련된 일들, 실질적인 중요성이 적은 의제가 대다수라고 주장한다. 그러나 그는 명예의 수여가 고대 그리스 사회에서 가장 중요한 의제였다는 사실을 간과하고 있다.

1.1.3 —— 에클레시아의 유형과 회집 장소

그리스의 고전적 민주주의 시대에 에클레시아는 추상적인 공동체나 제도라기보다는 일정한 시간과 장소에서 이루어지는 실제적인 모임을 의미하였다. 예를 들어 에클레시아의 복수인 에클레시아이(ἐκκλησίαι)는 같은 지

---

43) 명예 수여의 또 다른 중요한 방법은 비석에 그 사람의 이름을 새겨 넣는 것이었다 (Hansen, *Athenian Assembly*, 123). 대부분의 경우에 누군가를 존중해서 비석을 세우는 것은 에클레시아에서 결정되거나 선포되었다.
44) Aeschines 3.34; 참조. 3.32.

역에서 열린 수차례의 회집을 말한다. 비슷한 예는 현대 교회들이 교단 총회를 general assembly라고 하는 데서 찾을 수 있다. 총회는 상시 기관이라기보다는 모였다가 헤어지는 회의다. 복수의 총회는 여러 개의 교단을 말하는 것이 아니라, 복수의 회집을 말하는 것이다. 원칙적으로 총회장은 회의의 사회자(moderater)이며, 회기가 아닐 때에 집회(assembly)는 없다. 이는 본래의 에클레시아가 상시 기관이 아닌 모임 그 자체였다는 중요한 유비를 제공한다. 집회의 종류는 에클레시아와 에클레시아 퀴리아(ἐκκλησία κυρία, 주요 에클레시아) 두 가지였다. 에클레시아 퀴리아는 중요한 의제를 다루기 위해 모이는데 국방, 고위 관리나 정치 지도자의 감찰이나 탄핵, 식량 공급, 재산 압수 등을 다루었고 사회의 관심을 끄는 중요한 재판의 결과를 발표했다.[45]

고대 아테네인들은 1년을 10개의 프리타니(Prytany)로 나누고, 각각의 프리타니마다 한 번의 에클레시아 퀴리아와 세 번의 에클레시아를 열었다. 40회의 정기집회 외에도 몇몇 엉클레토이 에클레시아(σύγκλητοι ἐκκλησίαι)가 해마다 소집되었다. 엉클레토이 에클레시아라는 단어는 명확한 의미가 알려지지 않았지만, 일반적으로 소집된 집회(the called-together assemblies)[46]로 번역되며 긴급하게 소집되는 집회를 가리키는 것으로 생각된다.[47] 에클레시아 퀴리아 엉클레토스(ἐκκλησία κυρία σύγκλητος)라는 표현도 발견되는 것으로 볼 때 이 집회의 권위가 작지 않았다고 볼 수 있다.[48] 신약성서의 에클레시아를 "부름 받아 소집된 공동체"라는 어원에 기초하여 해석하는 경우가 많은데, 에클레시아를 그렇게 해석하면 엉

---

45) Hansen, *Athenian Assembly*, 25-27; Blackwell, "The Assembly," 7.
46) Blackwell, "The Assembly," 7; Hansen, *Athenian Assembly*, 28-30.
47) Aeschines 2.63, 72, 3.68; Demosthenes 18.73.169; 19.123.
48) *IG* II² 359.

클레토이 에클레시아는 동어반복이 된다. 에클레시아라는 단어에 담긴 "소집된 공동체"(a community called out)라는 어원적 뉘앙스는 고전 시대에 이미 많이 약해졌다고 보아야 한다.

이 에클레시아들에는 얼마나 많은 시민이 참여했을까? 정확한 추정은 불가능하다. 실제 회집 인원에 대한 기록으로서 현존하는 유일한 자료는 펠로폰네소스 전쟁(기원전 431-404) 중에 한 번 집회할 때 5,000명이 모였다는 투키디데스의 언급이다.[49] 투키디데스가 통상적으로 시민의 참여를 축소하는 경향이 있었다는 점, 그리고 전시이기 때문에 많은 사람이 참여할 수 없었다는 점을 고려하면, 일반적인 참여 인원은 이보다 많았을 것이다. 현존하는 권위 있는 문헌들에 나오는 규정에 의하면 특정한 결정을 위해 6,000명 이상의 집회 참석 인원이 요구되었다고 한다.[50] 한센은 4세기에 전체 인구 21,000명 중 3분의 1이나 4분의 1 정도가 참석하였을 것으로 추산한다.

에클레시아는 주로 아테네의 프닉스 언덕에서 열렸다.[51] 가끔씩 디오니시오스 극장이나 파레아스 항구의 광장에서 열리기도 하였으나 이는 디오니시오스 축제 이후 곧바로 열릴 때나 아니면 축제와 관련한 종교적인 사안을 다룰 때에만 한한 것이었다.[52] 아테네 사람들이 "집회하러 올라가자"라고 말할 때는, 프닉스 언덕에서 열리는 에클레시아를 염두에 둔 표현이었다. "에클레시아에서"(ἐν τῇ ἐκκλησίᾳ)와 "프닉스에서"(ἐς τὴν Πύκνα)는 종종 동의어로 사용되었고,[53] 프닉스는 에클레시아와 민주주의

---

49) Thucydides 8.72.
50) *IG* II² 103; Demosthenes 24.45; 59.89-90; Andocidea 1.871, cf. Hansen, *Athenian Assembly*, 124-29; Blackwell, "Assembly," 2.
51) Thucydides 8.97, Aeschines 3.34. cf. Hansen, *Athenian Assembly*, 12-14.
52) Demosthenes 21.8; Hansen, *Athenian Assembly*, 14; Blackwell, "Assembly," 6.
53) *LSJ*, s.v. πνύξ 1425; *Docum. ap.* Demosthenes 18.55; Aeschines 3.34.

의 상징으로 받아들여졌다.[54]

헬레니즘 시대에 와서는 아테네의 에클레시아가 디오니시오스 극장에서 열렸다. 대부분의 헬레니즘 도시와 지방에서 에클레시아를 위해 지정된 장소는 주로 극장이었다. 아테네의 특정 장소에서 에클레시아로 모인 사람들은 비록 그들이 아티카 전체 인구의 한 부분일 뿐이라 하더라도 아테네와 전체 아티카를 대표한다고 간주되었다. 에클레시아로 모이는 장소의 대표성은 그리스-로마 시대를 관통하는 정치 문화의 핵심적인 요소였다.[55] 이는 현대 한국 사회의 광화문 광장이 상징하는 바를 떠올리면 쉽게 이해할 수 있다.

1.1.4 — 시민의 정치 참여로서의 폴리스

흔히 "인간은 정치적 동물이다"라고 번역하는 아리스토텔레스의 명제는 "인간은 폴리스적인 동물이다"($πολιτικὸν\ ζῷον$)라는 뜻이다. 폴리스를 통해서만 좋은 삶(good life)이 가능하다는 아리스토텔레스의 인식이 집약된 말이다.[56] 폴리스를 떠나서는 인간다운 삶이 불가능하다는 것은 그리스인들이 보편적으로 공감하는 공리에 해당했다. 아리스토텔레스는 이 공리를 특유의 논리로 설명해간다. 그는 우선 전체가 부분보다 중요하기 때문에, 폴리스가 개인보다 중요하다고 주장한다.[57] 여기서 "전체-부분으로 범주화할 수 있는 다른 사회집단들과 폴리스의 차이는 무엇인가"라는 질문이 대두된다. 왜 폴리스만이 좋은 삶을 위해 필수불가결한 절대적인 "전

---

54) Hansen, *Athenian Assembly*, 14.
55) 로마 쪽의 자료는 타키투스를 들 수 있다. 그는 "경기장과 극장은 군중들이 특별한 권리를 누렸던 곳"이라 말한다. Tacitus, *Hist*. 1.72.
56) Aristotle, *Pol*. 1253a.
57) Aristotle, *Pol*. 1253a19-29.

체"인가? 아리스토텔레스는 다른 사회적 관계들, 예를 들면 결혼관계, 친족, 종교단체, 오락단체 등은 단지 "함께 살아가기"(συζῆν) 위해 필요한 것이지만, 폴리스는 좋은 삶(τὸ εὖ ζῆν)을 살기 위한 것이라고 한다. 좋은 삶을 위한 단편적인 재료는 다른 집단도 제공해줄 수 있지만, 이 중에서 폴리스만이 자족적(αὐτάρκης)이다.[58]

그리스-로마 시대를 통틀어서 폴리스는 인간 삶의 가장 중요한 단위로 인식되었을 뿐 아니라, 자신과 인간관계, 사회, 우주를 이해하기 위한 인식론적 틀로서 기능하기도 했다.[59] 아리스토텔레스는 폴리스의 독특한 위상을 몸과 지체(μέρος)의 유비로 설명한다. 폴리스에 소속되지 않은 인간은 인간이라고 할 수 없는데, 그것은 손이 몸에 붙어 있지 않다면 손 그 자체로는 아무 소용이 없는 것과 같은 이치다. 조각품에 붙어 있는 돌로 만든 손은 손처럼 보일 뿐, 진정한 의미의 손이라고 할 수 없다. 왜냐하면 "만물은 그것이 하는 행위와 능력으로(πάντα δὲ τῷ ἔργῳ ὥρισται καὶ τῇ δυνάμει) 정의되기" 때문이다.[60]

아리스토텔레스가 여기서 "행위와 능력"을 강조하는 것은 그의 사회 이해에 결정적인 대목이다. 개인을 폴리스의 한 부분으로 만드는 것은 고정된 자격이나 법적인 지위가 아니라 개인의 행동과 능력이다. 이 능력은 무엇보다 참여할 수 있는 능력(δυνάμενος κοινωνεῖν, 뒤나메노스 코이노네인)이다. 참여할 능력이 없는 존재는 짐승과 다를 바 없으며, 참여할 필요가 없이 자족할 수 있는 존재는 신적인 존재일 것이다. 그렇다면 그는 폴리스의 일부(μέρος)일 수가 없다.[61] 신은 스스로 자족하지만, 인간은 폴리스

---

58) Aristotle, *Pol.* 1280b.
59) 이런 사상은 후에 스토아 사상으로 완숙에 이른다.
60) Aristotle, *Pol.* 1253a.
61) Aristotle, *Pol.* 1253a19-29.

를 통해서만 자족할 수 있다. 결국 참여의 능력은 폴리스의 일부가 되는 조건, 다시 말하자면 "인간의 조건"이다.

코이노네인(Κοινωνεῖν)과 코이노니아(κοινωνία)는 아리스토텔레스 『정치학』의 핵심 단어다. 이 책은 "우리가 주지하듯이 모든 폴리스는 일종의 코이노니아다"라는 명제로 시작한다. 코이노니아를 일반적으로 "공동체"(community)라고 번역하는데 이러한 번역은 라틴어의 코무니타스(communitas)에서 왔다.[62] 명사 코이노니아에 있는 동사적 의미가 퇴색된 연유다. 아리스토텔레스 시대에 이 단어는 공동체라는 사회적 실체를 의미하기도 했지만, "다른 사람과 나누는 행위"라는 의미가 더 강했다.[63] 사켈라리우(Sakellariou)는 폴리스와 연관된 단어에 대한 광범위한 연구에서 정치적 맥락에서 등장하는 코이노니아를 "참여"(participation)로 번역했다.[64] 이러한 번역은 동사형인 코이노네인과 명사형인 코이노니아를 연결할 수 있게 해준다. 동사 코이노네인은 아리스토텔레스의 폴리스에 대한 개념을 이해하는 데 결정적으로 중요한 단어다. 아리스토텔레스는 폴리스를 이렇게 정의한다. "폴리스는 일종의 코이노니아이므로, 폴리스는 사실상 **코이노니아 폴리톤 폴리테이아스**(κοινωνία πολιτῶν πολιτείας)"이다. "**코이노니아 폴리톤 폴리테이아스**"는 번역하기 까다롭다. 사켈라리우는

---

62) 이 단어는 "partnership"이나 "계약"(contract)을 의미하기도 한다. 그리스어 코이노이아가 라틴어로 *societas*로 번역된 이후의 영향이다. 그러나 이런 번역은 기원전 2세기 이후의 경향일 뿐, 아리스토텔레스 시대와는 관계가 희박하다. J. Paul Sampley, *Pauline Partnership in Christ: Christian Community and Commitment in Light of Roman Law* (Philadelphia: Fortress Press, 1980), 12.
63) *LSJ*, s.v. κοινωνέω, 969; cf. J. Y. Campbell, "Κοινωνια and Its Cognates in the New Testament," in *Three New Testament Studies* (Leiden: E. J. Bril, 1965), 352-58.
64) Sakellariou가 폴리스라는 코이노이아는 "참여"(participation)로 번역하고, 사회적 클럽이나 가정을 코이노니아라 할 때는 "나눔"이라 번역하여 구분하고 있다. 코이노니아가 신약성서에서도 중요한 단어이기에, Sakellariou의 연구는 성서에 나타난 이 단어의 연구에도 중요한 통찰을 줄 수 있다.

이 세 명사를 "시민의 정치참여"(participation of citizens in a government)라고 번역한다.[65] 코이노니아에 있는 동사적 의미를 살린 좋은 번역이다.

이 번역을 받아들인다면, 폴리스는 참여라 할 수 있다. 인간은 오직 폴리스에 참여함으로써 "좋은 삶"(τὸ εὖ ζῆν)을 살 수 있다. 이 그리스적 가치를 가장 잘 이해한 현대의 정치 철학자는 한나 아렌트다. 아렌트는 "사적인 삶(privacy)만 살아가는 사람이나 노예처럼 공적 영역에 들어갈 수 없는 사람, 혹은 야만인처럼 공적 영역에 들어가기를 원하지 않는 사람은 완전한 인간이 될 수 없다"는 그리스 사상에 주목한다.[66] 현대인들은 프라이버시를 확보하고 존중받는 삶을 인간다운 삶의 조건이라 여기지만, 고대 그리스인들은 정반대였다. 로마인들의 프라이버시 이해는 어떤 면에서 현대인과 유사하다. 로마인들에게 사적생활(privacy)이란 공적생활(res publica)의 업무에서 일시적으로 면제된 상태다. 아렌트는 그리스어의 "바보 같은"(ἰδιώτης, 이디오테스)이라는 단어가 "사적인"(ἴδιος, 이디오스)이라는 의미를 내포한다는 점을 강조한다.[67] 아렌트에 의하면 아리스토텔레스는 폴리스의 일부가 되는 것이야말로 인간이 최고의 성취를 달성할 수 있는 유일한 방법이고, 개인생활의 무상함을 극복할 수 있는 길이라고 생각했다.[68] 폴리스가 아닌 나라에 살던 야만인들에게는 정치적인 참여의 길이

---

65) Sakellariou, *The Polis-State: Definition and Origin*, 227; cf. Aristotle and William Lambert Newman, *The Politics of Aristotle*, Philosophy of Plato and Aristotle (New York: Arno Press, 1973), 152.

66) Hannah Arendt, *The Human Condition* (Chicago: University of Chicago Press, 1998), 38; cf. 23-69. 『인간의 조건』(한길사 역간, 2017).

67) 데모스테네스는 법을 두 종류로 나누면서 περὶ τῶν ἰδίων, 주의 법과 πολιτεύεσθαι (24.192-93)에 관한 법으로 구분한다. 이는 "사적"의 반대는 "정치적"(the political)이었음을 보여준다. 이런 구도는 빌 1:27의 해석에도 중요한 통찰을 줄 수 있다. cf. De Laix, 189.

68) Arendt, *Human Condition*, 56. Arendt는 Aristotle, *Eth. Nic.* 1117b31을 인용하고 있다. 이런 통찰은 정치적 언어와 성서적 구원론의 상관관계를 규명하는 데 도움을 줄 것이다.

막혀 있었기 때문에, 이들은 노예와 다를 바 없는 삶을 산다고 생각했다. "폴리스가 없는 사람들"(ὁ ἄπολις)이라는 그리스어 단어에는 이런 뉘앙스가 짙게 배여 있다.[69]

현대적 관점에서는 이러한 공적 참여가 민주주의적 정치체제 하에서만 가능한, 정치제도의 문제로 보일 것이다. 그러나 고대 그리스 지성인들의 시각에서는 공적 영역에의 참여는 민주주의라는 정치제도를 초월하는 "자유"라는, 근본적인 가치의 문제였다.[70] 자유민과 노예로 나누어진 사회에서 "자유롭다"(ἐλεύθερος)는 말의 기본 의미는 "노예 상태가 아닌 것", 말하자면 타인의 통제로부터의 자유를 의미했다.[71] 그러나 외부의 통제로부터의 독립은 반쪽짜리 자유에 불과하다. 궁극적으로 개인이 혼자 사는 것과 자급자족하는 것은 가능하지도 않지만 바람직하지도 않다. 개인이나 가정은 자족적이지 않고, 폴리스만이 자족이 가능한 유일한 공동체 혹은 사회적 실체다. 따라서 인간다운 삶과 자유는 스스로의 삶에 대한 통제권을 행사하는 유일한 방법인, 폴리스를 통한 정치적 참여를 통해서만 가능하다. 다스리지 못하고, 다스림을 받기만 하는 삶은 노예적 삶이다. 유일한 탈출구는 함께 다스리는 행위에 참여하는 것이다. "시민들이 돌아가면서 통치를 하기도 하고, 통치를 받기도 하는 것이 자유를 실현하는 방법이다."[72]

---

69) Aristotle, *Pol.* 1252b7-11, 1253b4.
70) 사실 아리스토텔레스는 민주정치를 최선의 정치체제라 여기지 않았다. 민주주의에 대한 플라톤의 경멸은 잘 알려져 있다. Aristotle. *Pol.* 1317b2; ἰσονομία(동등한 권리), εὐνομία(적절한 질서), ἰσηγορία(평등한 표현의 자유) 등은 비슷한 의미로 쓰였다. 참조. Oswyn Murray, "Liberty and the Ancient Greeks," in *The Good Idea: Democracy and Ancient Greece: Essays in Celebration of the 2500th Anniversary of Its Birth in Athens*, ed. John T. A. Koumoulides (1995), 36.
71) Aristotle, *Pol.* 1317b.
72) Aristotle, *Pol.* 1317b.

통치(ruling)의 주체가 되는 가장 근본적인 방법은 에클레시아에 참여하는 것이다. 아리스토텔레스의 시민 개념은 이런 맥락에서 이해해야 한다. 그는 이렇게 말한다. "여기서는 엄밀한 의미에서의 시민에 대한 개념 규정을 시도하고자 한다.…시민이라면 재판 업무와 공직에 참여해야 한다(μετέχειν κρίσεως καὶ ἀρχῆς)."[73] 신약성서에 자주 등장하며 주로 통치자로 번역되는 아르케(ἀρχη)는 전통적으로는 몇몇의 핵심적인 공직을 의미하는 단어였다.[74] 그러나 아리스토텔레스는 이 개념을 배심원과 에클레시아의 회원(ὁ δικαστὴς καὶ ὁ ἐκκλησιαστής)을 포함하는 모든 종류의 정치 행위를 지칭하는 의미로 확장한다.[75] 이러한 개념의 확장은 완전히 새로운 것이었다기보다는 에클레시아의 주권(sovereignty)에 대한 당대의 합의를 논리적으로 적용한 것뿐이다. "국가에서 가장 영향력 있는 사람들(τοὺς κυριωτάτους)의 공식 직책을 부인하는 것이 불합리하게 보인다"[76]는 말에서 알 수 있듯이 아리스토텔레스의 논리는 단순하다. 당시 아테네에서 절대주권을 가진 것이 에클레시아라면, 에클레시아의 구성원들이 담당하고 있는 직책이 당연히 중요한 공직일 수밖에 없다는 것이다. 500인 평의회나 배심원, 혹은 다른 위원회에서 일할 수 있는 자격은 에클레시아의 회원(ἐκκλησιαστής)의 지위에서 파생되었다. 그리고 이런 중요한 공직에 피선된 사람들은 여전히 에클레시아의 회원인 일개 시민으로 간주되었다. 시민들 위에 위치한 어떤 존재라는 개념은 없었다. 아리스토텔레스는 키를 잡고 배를 운항하는 선장(κυβερνήτης)도 엄밀한 의미에서 선원 중 한 사

---

73) Aristotle, *Pol.* 1275a19-21; Frede의 번역. Dorothea Frede, "Citizenship in Aristotle's Politics," In *Aristotle's Politics*, eds. Richard Kraut & Steven Skultety (Lanham: Rowman & Littlefield, 2005), 170.
74) Frede, "Citizenship," 183n18; *LSJ, s.v.* ἀρχη, II.3,4.
75) Aristotle, *Pol.* 1275a26-32.
76) Aristotle, *Pol.* 1275a28-29.

람일 수밖에 없는 것처럼, 모든 지배자는 동시에 지배를 받는 사람이라는 논리를 들어 이 원리를 설명한다.[77] 선장과 배의 은유는 그리스-로마 세계의 정치 담론에서 중요한 유비로, 뒤에서 다룰 플루타르코스(Plutarch)와 디온 크리소스토모스(Dio Chrysostom)의 저작에서 다시 나타난다.[78]

1.1.5 ── 발언의 자유(freedom of speech): 이디오테스(ἰδιώτης)의 문제

에클레시아에 참석하는 것과 더불어 정치 참여의 또 다른 중요한 수단은 공공장소에서의 연설이었다. 아리스토텔레스는 정치적 동물이라는 인간의 본성을 인간의 언어 능력과 관련해서 이해한다. 그는 "인간이 벌이나 다른 사회성이 강한 동물보다 훨씬 더 정치적인 동물이라는 것은 명백하다"고 단언한 후, 그 이유를 인간의 언어 능력에서 찾는다. 다른 동물들도 소리를 통해서 의사를 전달하지만, 단지 고통이나 기쁨의 감각을 표현할 뿐이다. 그러나 인간의 언어는 유익한 것(τὸ συμφέρον, 토 쉼페론)과 유해한 것(τὸ βλαβερόν, 토 블라베론), 그리고 옳은 것(τὸ δίκαιον)과 옳지 않은 것(τὸ ἄδικον)을 구분하게 해준다.[79] 우리가 『국가론』이라 부르는 플라톤의 저작은 두 가지 제목으로 알려져 있다. 곧 폴리테이아(πολιτεία, 정치제제)와 페리 디카이온(περὶ δίκαιον, 정의에 관하여)이다.[80] 이 둘은 서로를 설명하는 개념이다. 즉 정치의 목적은 부정의(τὸ ἄδικον)를 정의(τὸ δίκαιον)로 만드

---

77) Aristotle, *Pol.* 1279a4-5.
78) Dio Chrysostom 13.18-19; Plutarch, *Pericles* 33.6; cf. Plutarch, *Prae. ger. reip.* 807b10.
79) Aristotle, *Pol.* 1.1253a.
80) 디오게네스 라에르티우스는 두 전통적 제목을 결합하고 여기에 "정치적"이란 말을 덧붙였다. Πολιτεία ἡ περὶ δίκαιον, πολιτικός. Cf. Raymond Polin, *Plato and Aristotle on Constitutionalism: An Exposition and Reference Source*, Avebury Series in Philosophy (Aldershot, UK; Brookfield, VT: Ashgate, 1998), 43.

는 것이다.

아리스토텔레스에 의하면 정치 연설의 목적은 블라베론(τὸ βλαβερόν, 유해한 것)과 쉼페론(τὸ συμφέρον, 유익한 것)을 구별하는 것이다.[81] 인간이 구사하는 언어 능력의 진면목은 일상적인 대화가 아니라 정치적 연설에서 실현된다. 인간을 "말하는 동물"이라고 정의한다면, 참다운 인간은 정치적 연설로 자신의 소신을 펼칠 수 있는 사람이다. "정치적으로 참여할 수 있는 능력"을 "인간의 조건"으로 본다면, 에클레시아의 회원권만으로는 그 조건이 완전히 충족되지 못하며, 에클레시아에서 발언할 수 있는 자격과 능력을 갖추었을 때만이 완전한 인간으로 여겨질 수 있다고 결론지을 수 있다.

이런 인간관에 의하면 모든 시민이 평등하게 발언할 수 있는 권리(ἰσηγορία, 이세고리아)는 아테네 에클레시아의 핵심적인 원리다.[82] 아테네에서 에클레시아의 토론은 케륙스가 "누가 발언하기를 원합니까?"라고 질문하면서 시작했다.[83] 발언할 수 있는 권리는 이론적으로 사회적 지위나 직업과 상관없이 모든 시민에게 열려 있었다.[84] 그러나 집회에 참석한 인원이 너무 많아서 실제로 모든 시민이 연설할 수 있는 것은 아니었다. 연설할 수 있는 권리는 모든 시민에게 있었지만 논의 중인 사안에 대해 전문 지식을 갖춘 사람들이 발언하는 것이 일반적이었다. 플라톤의 저서 『프로타고라스』에서, 소크라테스는 "도시의 건물에 관해 논의하기 위

---

81) Aristotle, *Rhet.* 1358b.
82) G. T. Griffith, "Isegoria in the Assembly at Athens," in *Ancient Society and Institutions, Studies Presented to V. Ehrenberg on His 75th Birthday* (1966), 115-38; J. D. Lewis, "Isegoria at Athens: When Did It Begin?," *Historia: Zeitschrift für Alte Geschichte* 20, no. 2/3 (1971): 129-40.
83) Demosthenes 18.191; Aeschines 1.26; Aristophanes., *Ach.* 46.
84) Plato, *Prot.* 319d; Blackwell, "Assembly," 2.

해 소집될 때는 건축업자에게 짓게 될 건물에 대한 조언을 요청한다"[85]고 말한다. 어떤 사람이 자신의 전문성을 벗어나는 문제에 대해 발언하려고 (συμβουλεύειν) 하면 시민들은 "비웃거나 소리를 질러서 연설을 방해하기도 했는데",[86] 이런 일은 연설자의 외모나 사회·경제적 지위와 무관하게 일어났다. 같은 책에서 소크라테스는 폴리스의 현안에 관해(τι περὶ τῶν τῆς πόλεως) 논의할 때는 발언의 기회가 직업과 관계없이 모든 시민에게 열려 있다고 주장한다.[87] 그러나 현실적으로 연설의 기회는 대체로 말을 유창하게 하고 수사학으로 훈련된 주요 연설가들에게 주어졌다.[88] 한센은 어떤 특정한 시기에 활동한 주요 연설가들은 10-12명 정도였을 거라고 추산한다. 오버(J. Ober)는 기원전 402-322년 사이에 아테네에서 활동하던 직업 정치 연설가의 수가 100명을 넘지 않았을 것이라고 추정한다.[89] 한센의 계산보다는 많은 숫자이지만, 전체 회원 수에 비해서는 여전히 소수다.

에클레시아에서 발언할 만한 전문성이 결여된 사람들은 이디오테스 (ἰδιώτης)라고 불렸는데, 에클레시아에서 직위가 없거나 발언을 자주 하지 않는 사람들을 일컫는 말이었다.[90] 아리스토텔레스의 관점으로, 공적 영역에서의 발언 능력이 인간됨의 조건이라고 보면, 그들은 인간됨의 가장

---

85) Plato, *Prot.* 319b.
86) Plato, *Prot.* 319b.
87) Plato, *Prot.* 319cd.
88) Hansen, *Athenian Assembly*, 59.
89) Ober, *Mass and Elite*, 11; Mogens Herman Hansen, "The Number of 'Rhetores' in the Athenian Ecclesia, 355-322 B.C.," *Greek, Roman and Byzantine Studies* 25, no. 2 (1984): 123-56.
90) *LSJ*, *s.v.* ἰδιώτης; Lysias (5.3.)는 ἰδιώτης를 ἄρχων과 대조시킨다. Lycurgus (1.79)는 πολιτεία가 "통치자, 배심원 그리고 이디오테스"(ὁ ἄρχων, ὁ δικαστής, ὁ ἰδιώτης)의 세 부분으로 구성되어 있다고 한다. Aeschines는 ὁ ἰδιώτης를 투표를 통해서만 권리를 행사할 수 있는 사람이라고 정의한다(34.233); 고후 11:6, "ἰδιώτης τῷ λόγῳ."

중요한 자격을 갖추지 못한 사람들이었다. 에클레시아는 개인들의 개별적인 발언이 이어지는 형식으로 진행되었고, "이전 발언자의 발언에 대해 언제든지 언급할 수 있었다는 것을 제외하면 발언자들 사이에는 어떤 소통도 없었다."[91] 그러나 이디오테스가 에클레시아에서 전혀 목소리를 내지 않는 것은 아니었다. 이디오테스들은 "환호하거나 야유하거나 큰 소리로 웃는 행위 등으로"[92] 원할 때는 언제든지 자유롭게 발언에 반응하였고, 혹은 발언을 방해하기도 하였다. 발언하는 중간에 끼어들어 발언하는 사람과 짧은 대화를 시도하기도 하였는데, 이러한 청중의 반응은 발언의 내용에 실질적인 영향을 미쳤으며, 연설을 끝나게 만들기도 하였다.[93] 이러한 방해는 원칙적으로 불법이었으나, 실제로 제지를 당하는 경우는 거의 없었다.[94] 플라톤의 말처럼 연설가가 발언할 수 있는 기회 자체가 전적으로 군중의 반응에 달려 있었다.

지금까지의 데모스의 권력에 대한 학술적 논의에서는, 에클레시아에서 시민은 배심원이 되거나 의회에 속하는 소수의 경우 외에는 오직 투표를 통해서만 권력을 행사한다고 간주되었다. 이러한 생각은 고전적 민주주의 시대조차도 데모스의 권력이 매우 제한적이어서 민주주의는 명목상의 제도에 지나지 않으며 평의회에 의해서 사전에 조율된 의제를 형식적으로 승인하거나, 살펴보지도 않고 인가하는 고무도장에 지나지 않

---

91) Hansen, *Athenian Assembly*, 70.
92) Hansen, *Athenian Assembly*, 70. 환호에 대해서는 Demosthenes 8.30, 77; 21.14; Ar. *Eccl*. 213를 보라. 야유는 Lysias 12.72와 Demosthenes 19.15를, 조소는 Demosthenes 19.23, 46를 보라. 참조. Ober, *Mass and Elite*, 138n87; Ober는 Plato, *Euthyphro* 3b-c; Demosthenes 6.31; Aeschines 2.4를 인용하고 있다.
93) Hansen, *Athenian Assembly*, 71.
94) Aeschines 3.2; Hansen, *Athenian Assembly*, 71. "그러나 여러분은 고함을 쳤고 의장단을 연단으로 불러내었습니다. 그리고 의장은 그럴 의사가 없었지만, 여러분은 그 안건을 투표에 부치게 했습니다"(Aeschines 3.63).

왔다는 가정을 뒷받침해왔다. 그러나 군중의 자연발생적인 환호나 야유는 강력한 권력 행사의 도구였고, 단지 이디오테스에 불과한 일반 군중이 이러한 집단적 표현을 통해 에클레시아에서 실질적인 주도권을 행사했다는 사실을 간과해서는 안 된다.[95] 이런 맥락에서 집단으로서의 이디오테스들은 "주권적"이었다. 혹은 에클레시아의 토론과 정책 결정에 상당한 영향을 미치는 권력을 가지고 있었다고 말할 수 있다. 연설가는 군중이 원하지 않으면 연설을 시작할 수도 없었고, 군중의 구미에 맞도록 연설의 내용을 수정해야 했다. 더욱이 연설가의 제안이 현실화되려면 대부분 이디오테스인 데모스들의 지지를 투표로 확인하는 방법밖에 없었다.[96]

따라서 고대 아테네에서 "이세고리아"(ἰσηγορία, 동등한 발언의 권리)는 단순히 발언의 자유를 의미하는 것이 아니라, 정치적 토론의 전 과정을 통해서 데모스가 주도권을 쥘 수 있도록 해준 이데올로기로 보아야 한다. 오버(Ober)는 이세고리아가 아테네에 도입되어 "군중이 수동적으로 승인이나 거부를 하는 것이 아니라, 정치적 토론을 들으면서 반응하는 것으로, 또한 복잡하고 경쟁적인 주장들의 가치를 판단하는 것으로 집회의 집단 경험을 바꾸었다"고 주장한다.[97] 이세고리아는 고대 그리스에서 정교한 수사학이 번성할 수 있는 환경을 조성하였다.[98] 고전적 민주주의

---

95) Danielle S. Allen, *The World of Prometheus: The Politics of Punishing in Democratic Athens* (Princeton, NJ: Princeton University Press, 2000), 245-91.
96) 아이스키네스(34.233)는 δῆμος의 권력은 오직 투표에 있다고 말한다.
97) Ober, *Mass and Elite*, 78; A. G. Woodhead, "Ἰσηγορία and the Council of 500," *Historia: Zeitschrift für Alte Geschichte* 16, no. 2 (1967): 131-33.
98) Salmeri는 디온 크리소스토모스 시대의 소아시아에서는 "새로운 유형의 지성인들, Dio, Metrodorus of Scepsis, Hybreas of Mylasa, Athenaeus of Seleuceia 등과 같이 지역 정치에 깊이 헌신한 이들의 발흥"을 볼 수 있었다고 한다. 참조. Strabo, *Geography*, 13-14. 지역 정치의 활동 무대가 에클레시아였기 때문에 이런 현상이 가능했다. 결국 이런 지식인 그룹의 괄목할 만한 성장은 1세기 말 2세기 초의 에클레시아가 "도시들이 정

의 진수는 정교하게 다듬어진 연설에 있지만, 연설은 바람 부는 대로 바다를 떠다니는 배처럼 군중의 반응에 부응해야 했다. 이런 측면에서 볼 때, "아테네의 민주주의에서 가장 중요한 정치적 관계는 정치인들과 장군들 사이의 관계가 아니라 대중 연설가와 청중 사이의 관계다"[99]라는 오버(Ober)의 평가는 설득력이 있다.

요약하면, 한편으로 그리스의 폴리스에서 데모스는 에클레시아에 참석함으로써 통치에 참여하는 자유로운 시민이었다. 이런 점에서 그들은 "공인"이며, "사적인 영역에 한정된 사람, 이디오이(ἴδιοι)"가 아니었다. 그러나 에클레시아의 회원 대부분은 공적인 연설의 기회를 갖지 못한 사람들이기도 했다. 공공장소에서의 발언은 정치 참여의 가장 중요한 부분일 뿐만 아니라, 인간의 잠재력이 실현되는 최선의 창구였기 때문에, 그들은 "이디오테스들"(ἰδιῶται)이었다. 이러한 데모스의 이중성이 만들어내는 긴장은 고대 그리스 민주주의의 중요한 특징이 된다.

1.1.6 —— 누가 시민이 되어야 하는가?: 바나우소이(βάναυσοι)의 문제

이디오테스는 좋은 정치체제(good constitution)를 구성하는 조건을 이해하는 과정에서 파생된 문제였다. 고대 그리스의 정치체제는 "집합적 지혜"(collective wisdom)[100]가 개인의 지혜보다 우월하다는 신념 위에 세워

치 생활에서 단순한 요식행위 기관으로 전락하지 않았음을" 보여주는 증거다. Salmeri, "Dio, Rome, and the Civic Life of Asia Minor," 65, 71.
99) Ober, *Mass and Elite*, 123.
100) Aristotle, *Pol.* 1281a-b; Larsen은 이러한 생각이 아리스토텔레스 자신의 것이 아니라 민주정치의 전제 조건으로 선대로부터 물려받은 것임을 보였다. 참조. Thucydides 240.2; Aeschylus, *Supplices*, 942-45 외 다수 본문. 일반적인 의미에서 인간의 능력에 관해서 Larsen은 Aristotle, *Rhetoric* 1355a15를 인용한다. 법을 능가하는 인간 이해력(ἐπιστήμη)의 탁월성에 대해서는 다음을 보라. Plato, *Leg.* 874e-875d; Aristotle,

졌다. 이러한 구도(scheme)에서 "자유롭다"는 것은 발언의 자유가 있을 뿐 아니라, 지배할 만한 지혜와 덕(virtue)을 가지고 있다는 의미였다. 시민이 되는 조건은 엄밀한 의미에서는 "코이노네인(κοινωνεῖν, 참여하는) 능력"이었다.

고대 그리스의 민주주의에서 교육을 특별히 중요하게 생각했던 이유가 여기에 있다. 자유교육(liberal education)은 문자 그대로 "자유로운 시민"(free men)을 위한 교육을 의미하였고, 교육의 목적은 폴리스에서의 삶을 영위하기 위한 자유를 행사하게 하는 것이었다. 플라톤에 의하면 "도덕교육"은 인간으로 하여금 완벽한 시민이 되는 이상을 추구하게 한다. 이 이상은 인간이 돌아가면서 통치를 하기도 하고 또 통치를 받기도 하는 (ἄρχειν τε καὶ ἄρχεσθαι) 방법을 배움으로써 실현된다.[101] 플라톤에게 시민의 자격을 갖추기 위한 교양 교육이 아닌 직업훈련은 "저속하고 자유인에게 어울리지 않는"(βάναυσόν τ' εἶναι καὶ ἀνελεύθερον) 것이었다. 직업훈련은 엄밀한 의미에서의 교육(παιδεία)이 될 수 없으므로, 직업훈련만 받은 사람들은 교육을 받지 못한 사람들(ἀπαίδευτοι)이었다. 이러한 논리 구도에서 에클레시아는 적절하게 교육받은 사람들이 자신들이 받은 교육을 실습하는 장(playground)이었다.[102] 아리스토텔레스도 자유로운 시민은 자유인에게 어울리지 않는(τῶν ἀνελευθερίων) 저속한(βαναύσους) 교육을 받아서는 안 된다는 교육관을 가지고 있었다.[103] 아리스토텔레스는 "민주주의

    Pol. 1284a-13; J. A. O. Larsen, "Judgment of Antiquity on Democracy" and *Representative Government*, 1-2, 14-15. 또한 R. Polin, 200-1을 보라. 그는 Aristotle, *Pol.* 1282a-b에서 플라톤의 흔적(*Republic* 10,601ce)을 발견한다.

101) Plato, *Leg.* 643b-644a.
102) John Stuart Mill, *On Representative Government*, World's Classics (1859), (Oxford: Oxford University Press, 1991), 196-98. 『대의정부론』(아카넷 역간, 2012).
103) Aristotle, *Pol.* 1337b5-9.

의 정신은 민주주의를 촉진하고, 과두제의 정신은 과두정치를 촉진하기 때문"이라고 그 이유를 설명한다.[104]

자유에 대한 이러한 이해에 의하면, 진정한 의미의 자유를 향유하기 위해서는 육체노동에서 자유로운 시간, 철학적 삶을 통해서 시민으로서의 교양을 배양하고 또 폴리스를 통해서 시민으로서의 미덕을 행사하는 정치적 삶을 향유할 충분한 시간이 필요하다.[105] "상인과 농부"는 "저속한 사람들"(βάναυσοι)[106]이었고 이들이 에클레시아에서 배제되는 것은 당연한 논리적 귀결이었다. 이디오테스가 정치 참여의 능력을 결여한 사람들을 지칭하는 개념이었다면, 바나우소이는 특정한 직업과 연결된 개념이었다. 이는 생계를 위한 노동에 묶여 있기 때문에 정치 참여 능력을 배양할 시간을 가질 수 없는 사람들을 가리키는 개념이었다. 이러한 딜레마는 누가 도시국가의 구성원(body)[107]이 될 것인가에 관한 논란으로 이어졌다. 누가 에클레시아에 참석할 수 있고 누가 참석할 수 없는가 하는 것은 그리스-로마 시대를 관통하여 지속적으로 제기된 문제였다.[108] 사실 고전 시대의 아테네는 에클레시아의 참여를 촉진하기 위하여 시민들에게 참여 수당을 지급하기도 했다. 에클레시아에 참여하는 것만으로 수당을 지불했다는 것은 데모스의 정치 참여 열정이 떨어져서 참여 인원이 현격하게 부족할 때도 많았다는 문제를 보여준다. 이와 더불어 더 근본적인 문제, 민주주의의 주체인 시민이라면 당연히 에클레시아에 참여할 시간뿐 아니

---

104) Aristotle, *Pol.* 1337a13-18.
105) Aristotle, *Pol.* 7.1323-1324b, 1334a; *Eth.Nic.* 1095b; cf. Fred D. Miller, Jr., "Aristotle on the Ideal Constitution," in *A Companion to Aristotle*, ed. Georgios Anagnostopoulos (Chichester, UK: Wiley-Blackwell, 2009), 549.
106) Aristotle, *Pol.* 1323b.
107) Aristotle, *Pol.* 1326a.
108) Dio Chrysostom 34.21. 필론의 신 23장 인용은 똑같은 주제를 다른 각도에서 다루고 있다. 디온 크리소스토모스는 이 장에서, 필론은 다음 장에서 고찰하기로 한다.

라, 시민으로서 필요한 교양의 함양을 위한 시간을 가질 수 있는 계층이어야 한다는 이상과 그런 여가가 모든 시민에게 주어지기는 힘들다는 현실 간의 충돌을 보여준다.[109]

아테네의 민주정치는 자유인인 남성 시민들에게만 정치 참여가 허용되었고 그렇기 때문에 모든 사람이 참여하는, 진정한 의미에서의 민주정치는 아니었다고 일반적으로 비판받아왔다. 여성, 아이들, 노예, 외국인 거주자(metics)는 참여할 수 없었으며 따라서 그들은 "인간의 조건"[110]을 갖출 수 없는 존재들이었다. 이러한 비판에 맞서 브라우닝(Browning)은 가장 진보적인 현대 민주주의 체제에서도 20세기까지 여성의 선거권이 확보되지 않았다는 사실을 상기시킨다. 그리고 성차별에 대한 현대의 시각으로 2000년도 더 지난 과거의 현실을 재단하는 것은 역사를 이해하는 올바른 태도가 아니라고 지적한다.[111]

고대 그리스의 민주주의에 대해 다룰 때, 특히 그리스의 민주주의와 바울의 공동체(the Pauline communities)나 유대교 문헌의 집회(assemblies)를 비교할 때에는 과거의 현상을 평가하는 이러한 시각을 염두에 두어야 한다. 바울 공동체의 사회적 에토스를 현대의 시각으로 보면 가부장적이라고 비판할 수 있는 요소가 있기는 하지만, 에클레시아라고 불리는 1세기 그리스도인들의 집회에서 여성들이 존재하였고 상당한 리더십을 행사하였다는 것은 부인할 수 없다. 느헤미야 8:3에서도 에클레시아는 "남자나 여자나 알아들을 만한 모든 사람"으로 구성되었다.[112] 바울이 에클레시아라고 부른 공동체나 유대의 에클레시아가 여성과 아이들

---

109) Aristotle, *Pol.* 1293a; *Const. Ath.* 29.5, 33.1. Cf. Hansen, *Athenian Assembly*, 46-48; Blackwell, "Assembly," 5.
110) Browning, "How Democratic was Ancient Athens?," 62-63.
111) Browning, "How Democratic was Ancient Athens?," 62.
112) 또한 수 8:35(LXX 9:6); 유딧 6:16을 보라.

까지 포함했던, 혹은 의도적으로 배제하지 않았던 것으로 보인다. 최소한 이 대목에서는 유대-그리스도교 전통 안에 고대 그리스 민주정치를 넘어서는 평등이 구현되었다고 볼 수 있다. 아테네 시민이 1년에 40여 개의 에클레시아에 참여했다는 사실 자체가 그들이 유한 계층이었음을 보여주며, 이는 여성과 노예에 대한 착취를 통해서만 가능했다.[113]

자유민, 남성, 성인만이 시민의 범주에 들었을 뿐 아니라, 이 시민들 역시 엄밀한 의미에서의 정치 참여를 향유하지 못했다는 점도 주목하여야 한다. 이는 위에서 이디오타이와 바나우소이의 문제를 통해 살펴본 바와 같다. 이러한 역설은 고대 그리스 민주주의에 내재한 모순을 보여준다. 그리스 전통에서는 한편으로 시민 통치에의 참여로 표현되는 자유의 열망과 집단적 지혜에 대한 신뢰가 강력한 도그마로 확립되어 있었다. 다른 한편으로는 데모스에 대한 깊은 불신과 플레토스(πλῆθος, 군중)의 발흥에 대한 불안감이 끊이지 않았다.

헬레니즘 시대와 로마 시대에 데모스라는 단어는 이중적인 의미를 가지고 있었다. 비문에 남아 있는 포고령들에서, 그리스어의 데모스와 라틴어의 포풀루스(populus)는 폴리스의 정당하고 명예로운 주체로서 종종 국가 자체와 동일시되었다. 앤도(Clifford Ando)는 "로마 평민(populus Romanus)의 주권(sovereignty)이라는 관념은 제국 시대에 와서도 중심 이데올로기로 유지되었고, 기원후 3세기까지 선거권이라는 제도 역시 존속했다"고 한다.[114] 그러나 비문의 포고령 등을 제외한 엘리트 문헌에서는

---

113) G. E. M. De Ste. Croix, *The Class Struggle in the Ancient Greek World: From the Archaic Age to the Arab Conquests* (Ithaca, NY: Cornell University Press, 1989), 283-300; R. K. Sinclair, *Democracy and Participation in Athens*, 196-202.

114) Clifford Ando, *Imperial Ideology and Provincial Loyalty in the Roman Empire*, Classics and Contemporary Thought 6 (Berkeley: University of California Press, 2000), 28.

데모스와 플레토스는 대체로 부정적인 의미로 나타난다.[115] 특히 바나우소이는 항상 에클레시아의 합리적인 결정을 방해하는 불순한 세력으로 간주되었다. 바나우소이는 상층 계급의 평민에 대한 불신과 에클레시아에 대한 불안감을 정당화하는 키워드로 작용하기도 했다.

이상에서 분명해진, 모든 시민에 의한 지배라는 폴리스의 이상과 평민에 대한 엘리트의 불신 사이의 긴장은 투키디데스의 연설 중 페리클레스 정권에 대한 묘사에서 가장 잘 드러난다.

> 페리클레스는 그의 사회적 신분과 능력, 많은 사람들에게 알려진 진실성으로 군중(τὸ πλῆθος)으로부터 독립적인 통제력을 행사할 수 있었다. 요약하면, 군중에 의해 이끌리기보다 군중을 이끌었던 것으로…. 그래서 명목상으로는 민주주의였지만, 실제로는 제일시민에 의한 지배였다(ἐγίγνετο τε λόγῳ μὲν δημοκρατία ἔργῳ δὲ ὑπὸ τοῦ πρώτου ἀνδρὸς ἀρχή).[116]

"제일시민"(the first citizen)은 공식적인 지위는 아니었고, "에클레시아에서 성공적으로 정책을 추진해서 가장 큰 영향력을 행사하게 된" 에클레시아의 구성원을 가리키는 숙어였다. 이 시기를 "이름뿐인" 민주정치라고 규정하는 것은 분명 과장이다.[117] 그러나 이 연설은 투키디데스가 페리클레스의 지도력을 중요시하며, 민주정치 제도 자체는 불신하고 있었다는 점을 보여준다. 투키디데스가 당대의 철학자와 역사가들 중에서 민

---

115) 로마 시대에는 플루타르코스가 이런 입장을 보여주는 대표적 문필가다. 아래의 1.2.3.2에서 다룰 것이다.
116) Thucydides 2.65.
117) David Cartwright, *A Historical Commentary on Thucydides: A Companion to Rex Warner's Penguin Translation* (Ann Arbor, MI: University of Michigan Press, 1997), 121.

주주의를 불신한 유일한 사람은 아니었다. 오히려 민주주의를 이룬 아테네인의 강점에 주목하고 그리스의 탁월성을 민주주의에서 찾으려 했던 헤로도토스가 당대의 엘리트 중에서는 예외적이었다고 해야 할 것이다.[118] 당대 역사가들과 철학자들은 대부분 대중의 지배에 대해 다소간 비판적(critical)인 입장을 취했다. 역사가들이나 철학자들은 민주주의를 안정적인 정치체제라기보다는 쉽게 민중선동(demagoguery)으로 바뀔 수 있는 불안정한 과도기적 단계로 보았다. 이런 맥락에서, 투키디데스가 기록하고 있는 전몰장병을 위한 페리클레스의 장례연설에서 민주주의의 가장 이상적인 이미지를 발견할 수 있음은 아이러니다. 이 연설의 어조와 내용을 통해 드러나는 민주주의에 대한 평가가 투키디데스의 입장과 명백한 차이가 있기 때문에, 투키디데스가 보도하는 연설 내용의 역사성을 신뢰할 수 있게 한다. 존스(A. H. M. Jones)는 아래와 같이 말한다.

> 투키디데스가 기록한 페리클레스의 장례연설도 시사하는 바가 많다. 어휘의 특성이나 일반적 어조가 투키디데스 자신의 관점과 다르다는 것은, 그가 페리클레스가 실제로 말한 것을 충실하게 옮겨 적었음을 시사한다.[119]

존스에 의하면, 대다수의 아테네인들이 자신들의 민주정치를 어떻게 느꼈는지 알 수 있는 가장 믿을 만한 역사 자료는 페리클레스의 연설과 같은 송가다. "현재 남아 있는 엘리트의 문헌들이 아테네인들의 민심을 대표하지 않는 것은 확실하다. 대다수의 아테네 사람들은 자신들의 정

---

118) A. H. M. Jones, "The Athenian Democracy and Its Critics," *Cambridge Historical Journal* 11, no. 1 (1953): 2.
119) Ibid.

치제도를 자랑스러워했고, 자신들의 민주주의 정치체제에 애착을 가지고 있었다."[120] 그러나 이러한 대중적 관점은 투키디데스의 엘리트주의와는 절대로 양립할 수 없다. 그렇지만 우리는 이 연설에서 페리클레스의 입을 통해 민주주의에 대한 간결하고 명료한 정의를 발견할 수 있다.

그리고 우리의 정치체제는 정부가 소수(ἐς ὀλίγους)가 아니라 전체 시민(ἐς πλείονας)에 의해 운영되기 때문에, 이를 데모크라티아라는 이름(ὄνομα, 오노마)으로 부릅니다. 개인적인 분쟁을 해결하기 위해 법 앞에 설 때는 모든 사람이 평등합니다. 한 사람의 가치가 인정받는 것은 그 사람의 개인적 평판에 달려 있습니다(ὡς ἕκαστος ἔν τῷ εὐδοκιμεῖ). 누가 공직을 수행할 것인가는 그 사람이 특정 계층에 속해 있기 때문에(οὐκ ἀπὸ μέρους) 미리 결정되는 것이 아니라 그 사람이 가진 실제적인 능력의 탁월함(ἀπ ἀρετῆς)에 달려 있습니다. 어떤 사람이 공직을 맡을 만하고 폴리스를 위해 공헌할 능력이 있다면 출신의 미천함이나 가난 때문에 배제되지 않습니다.[121]

민주주의가 최고의 가치로 찬양되는 연설에서조차 민주주의는 본질적으로는 엘리트가 영향력을 행사하는 국가운영체제다. 민주정치를 과두정치, 귀족정치, 금권정치와 구분하는 것은 정치적인 엘리트의 존재 여부가 아니다. 통치 엘리트가 현실적으로 존재하지 않는 체제는 상상하기 힘들다. 요는 어떤 기준에 의해서 엘리트를 선별하는가다. 민주주의는 엘리트의 지위가 상속된 계급(class)이나 신분(order)에 의해 부여되는 것

---

120) Ibid.
121) Thucydides 2.37.1. 영어 번역은 다음을 참조하라. Josiah Ober, *Political Dissent in Democratic Athens: Intellectual Critics of Popular Rule*, Martin Classical Lectures (Princeton, NJ: Princeton University Press, 1998), 86.

이 아니라 개인의 능력의 탁월함(ἀρετή)에 달려 있는 것이다. "능력에 의한 통치"(meritocracy)는 엘리트 정치의 한 유형이라고 볼 수 있지만, 메리토크라시에서는 공공 영역에서 공헌할 지도자를 결정하는 기준이 오로지 개인이 가진 평판이다. 다시 말하면, 평민정치가 민주적인 이유는 공공 영역(public)에서의 공헌에 의해 평민(people) 중에서 지도자가 선발되고, 선발의 기준이 개인의 탁월함이며, 이 탁월함이 오로지 평판에 의해서 평가되기 때문이다.[122] 국가 운영에서의 엘리트의 역할과 엘리트의 선별 과정에서 나타난 이러한 특성은 아리스토텔레스가 이상적인 정치체제를 논하면서 왜 민주정과 귀족정 사이에서 오락가락하고 있는지를 설명해준다. 대부분의 고대 그리스 사상가들은 그들이 가진 다양한 관점에도 불구하고, 민주정과 귀족정을 절충하려는 유사한 태도를 보여주고 있다.[123]

직접 민주주의의 이상은 소통 가능한 적정 인구라는 문제와 관련되어 있다. 이상적인 폴리스의 인구는 얼마나 될까? 사회 경제적인 필요와 군사력의 측면에서 보면, 규모가 큰 폴리스가 유리하다.[124] 그러나 아리스토텔레스는 단순히 크기가 큰 것보다는 정치적 효율성(δύναμις, 뒤나미스)에 가치를 두었다.[125] 정치적 효율성에 대한 아리스토텔레스의 기준은 "외국인들과 외국인 거주자들이 시민들의 권리를 침해"[126]하지 않도록 전체 시

---

122) Murray, "Liberty and the Ancient Greeks," 33-55; Ober, *Political Dissent in Democratic Athens*, 87.
123) The "liberty" had "an almost aristocratic connotation"; Murray, "Liberty and the Ancient Greeks," 43; Ober, *Political Dissent*, 340-42; Aristotle, *Poitics* 1293a; *Const. Ath.* 29.5; 33.1, cf. Hansen, *Athenian Assembly*, 46-48; Blackwell, "Assembly," 5.
124) Hansen, *Polis*, 73-76.
125) Aristotle, *Pol.* 1326a11-13.
126) Aristotle, *Pol.* 1326b21-22.

민을 한눈에 볼 수 있는(εὐσύνοπτος)[127] 크기다. 더욱이 "정의에 대한 질문에 답하고 자질(merit)에 따라 공직을 배분하기 위하여 시민들이 서로 개인적 인격을 알아야 한다."[128] 네이걸(Nagle)은 "아리스토텔레스의 이상적인 도시국가는 500-1,000가구가 사는, 약 60km²의 영토를 가진 폴리스로, 아테네의 2-3% 정도의 크기였을 것"이라고 추정한다.[129] 정확하게 계산하기 불가능하다 하더라도, 4세기 중반의 아테네가 효율적인 직접민주주의를 기대하기에 지나치게 큰 규모였음은 명백하다. 이것은 우리가 헬레니즘 시대와 로마 시대뿐만 아니라 고전적 민주주의 시대를 논함에 있어서도 민주주의에 대한 이상과 민주주의의 실제를 조심스럽게 구분해야 하는 이유다.[130]

1.1.7 — 폴리스적 동물의 유산

지금까지의 논의를 통해 그리스 민주주의의 정치체제와 관련 사상을 고찰하였고, 정치체제와 이상 사이에 상당한 차이가 있음을 논증하였다. 이런 차이는 "아테네의 정치체제는 과연 직접 민주주의라 할 수 있을까" 하는 근본적인 질문을 제기한다. 공적인 집회에 대한 유례없는 열망과 정교한 정치제도에도 불구하고 직접 민주주의는 실행하기 쉬운 정치체제가

---

127) Aristotle, *Pol.* 1326b25.
128) Aristotle, *Pol.* 1326b14-17.
129) D. Brendan Nagle, *The Household as the Foundation of Aristotle's Polis* (New York: Cambridge University Press, 2006), 312.
130) εὐσύνοπτος의 원칙을 적용해보자면 바울의 선교 대상이었던 많은 도시들은 직접 민주주의가 가능했던 크기를 훨씬 상회했다. 로마 제국 초기의 급속한 인구증가와 거대도시의 출현에 대해서는 다음을 보라. L. Michael White, "Urban Development and Social Change in Imperial Ephesos," in Helmut Koester ed., *Ephesos: Metropolis of Asia* (Valley Forge: Trinity, 1995), 27-79.

아니었다. 직접 민주주의의 드문 예로 간주되는 아테네에서도 대의 민주주의(representative democracy)가 먼저 발전하였고, 직접 민주주의는 대의 민주주의 체제를 보완하려는 방편으로 추구되었다. 민주정 시대에도 다양한 대표성의 장치가 정치제도로 자리 잡고 있었다.[131] 민주주의라고 명명되는 체제가 항상 민주적이지는 않음을 인지한 사람이 투키디데스 한 사람만은 아니었다. 라슨(Larson)은 "아테네처럼 큰 도시국가에서 모든 성인 남성이 에클레시아에서 역할을 담당한다는 원칙은 현실에서보다는 이론적인 면에서 더 큰 가치가 있다"[132]라고 한다.

예를 들어, 발언할 수 있는 균등한 기회는 이론적으로는 존중되었지만, 이를 실제로 적용하는 것은 다른 문제였다. 그러나 이론이 한 사회의 다수 구성원의 생각을 대변한다면 "이론적으로는"(in theory)이라는 말이 현실적으로 의미가 없다는 뜻은 아닐 수 있다. 사상은 종종 실제적인 체제보다 더 큰 영향을 미치기도 하며, 체제가 수명을 다한 뒤까지 살아남는 경우도 있다. 고전적 민주주의 시대가 끝난 이후에도, 그리스인들은 그들의 사상 속에 남아 있던 자유에 대한 이상을 버리지 않았다. 그들에게 자유는 자신들의 정치체제에 대한 자부심과 불가분의 관계에 있는 것이었다.[133] 이 정치체제는 그리스인들이 에클레시아로 모일 때, "데모스가 최고의 권위를 가지고 있다"는 명제에 가장 잘 반영되어 있다.

---

131) Larsen, *Representative Government*, 121.
132) Larsen, *Representative Government*, 2. 이 대목은 본 연구의 주안점과 연관되어 있다. 로마 제국의 에클레시아의 중요성에 대한 학자들의 논의에서 로마 시대의 민주정치는 실제가 아닌 이론적으로만 남아 있었다고 보는 경향이 강하다. 그러나 고전 시대의 민주정치도 사실은 상당 부분 이론의 차원에서만 기능했다고 볼 수 있는 여지가 많다. 본 연구는 고전 시대는 민주정치가 실제적으로 행해졌고, 헬레니즘 시대와 로마 시대의 민주정치는 전적으로 이론상으로만 존재했다는 과도한 이분법적 시각은 극복되어야 한다고 주장한다. 참조. Plutarch, *Praec. ger. reip.* 802c; Thucydides 2.65.8; 또한 이 연구의 1.2.4.2를 보라.
133) Sinclair, *Democracy and Participation in Athens*, 21.

분명히 그리스인들은 정치적 동물이었다. 정치역사학자인 레이(Paul Rahe)에 의하면, 로크나 몽테스키외, 또 미국 건국의 아버지들과 같은 근대의 민주주의 옹호자들은 개인의 안전과 사회적 지위와 경제적 번영을 위한 수단으로서 정치의 필요성을 역설했지만, 고대 그리스인들에게는 정반대였다. 그리스인들은 "생명과 자유와 번영을 위해 정치적 자유를 추구하지 않았다. 그들에게는 정치적 자유를 위해 생명과 자유와 번영이 중요했다."[134] "그리스인들에게는 정치적 자유 그 자체가 목적이었다."[135] 폴리스의 적정 크기에 대한 위의 토론에서 드러난 것처럼, 아리스토텔레스가 경제보다 정치를 우선시한다는 점은 명백하다. 이런 사고를 사상가들의 문헌에만 나오는 교과서적 이론으로 축소시켜 생각해서는 안 된다. 예를 들어, 사회구조상 외국인 거주자들은 아티카에서 토지나 집을 살 수 없었다.[136] 이것은 정치적 지위가 경제 활동을 근본적으로 제약하였다는 것을 의미한다. 정치를 우선시하는 그리스적 사고는 에클레시아에 모이기를 원하는 시민들의 열망에서 가장 잘 나타난다. 앞에서 추산했던 대로, 대략 1/3에서 1/4가량의 시민들이 연간 40회 이상의 에클레시아에 참석하였다. 정치 참여에 대한 이러한 열정은 근대 민주주의 사회가 경탄하고 부러워할 만한 것으로 인류 역사에서 유사한 예를 찾아볼 수 없다.[137] 그리스인들은 자신들이 자유라는 가치에, 그리고 자유를 추구할 수 있는

---

134) Paul A. Rahe, "The Primacy of Politics in Classical Greece," *The American Historical Review* 89, no. 2 (1984): 279.
135) Paul A. Rahe, "The Primacy of Politics in Classical Greece," 277.
136) Sinclair, *Democracy and Participation in Athens*, 29. 로마인들은 비시민들과 노예들에게도 경제 활동의 기회를 넓게 부여했다.
137) John A. Koumoulides, ed., *The Good Idea: Democracy and Ancient Greece; Essays in Celebration of the 2500th Anniversary of its Birth in Athens* (New Rochelle, NY: A.D. Caratzas, 1995). 아테네 민주정치를 기념하여 출판된 이 책은 현대 정치학의 이론과 실제 정치에 끼친 아테네의 기여를 역실히 보여주고 있다.

최고의 정치체제에 걸맞은 특별한 사람들이라고 생각하였다. 다음에 살펴볼 것은 민주주의 정치체제 자체는 시간이 흐르면서 퇴색하였지만, 고전 시대의 자유와 민주주의의 이미지는 퇴색하지 않고 더욱 강하게 살아남았다는 사실이다. 자유와 민주주의의 이상은 마케도니아 제국 시대에서는 "자유와 민주주의"라는 말이 주요 정치 슬로건이 될 정도로 강해졌고, 이런 경향은 로마 제국 시대의 그리스 도시국가 내에서도 지속되었다.

고대 그리스의 민주주의 전통에서 에클레시아는 민주주의 정치체제에서 가장 중요한 제도였고 종종 데모스나 폴리스와 동일시되었다.[138] 에클레시아가 중요한 것은 에클레시아의 구성원이 되는 일이 통치에 참여하는 존재로서의 인간 개념과 밀접하게 연관되어 있기 때문이다. 결국 그리스인들의 정체성과 자부심에서 가장 중요한 것은 에클레시아에 참여함으로써 통치에 참여하는 것이었다. 그리고 이것이 시인 알카이오스가 유배 기간 동안 가장 열망하였던 인간의 조건이었다.

> 아겔실라이다스여, 나를 불쌍히 여겨다오. 나는 허름한 시골 땅에서, 집회와 평의회 소집 소식을 사모하며 지낸다. 나의 아버지와, 그 아버지의 아버지가 모두 시민의 한 사람으로 누리던 그 행복을⋯.[139]

---

138) 포고령들에서 ἔδοξε ἐκκλησίᾳ는 일반적으로 ἔδοξε πόλει와 동일시되고 있다. "πόλις, ἐκκλησία, δῆμος, κοινόν, πολῖται 같은 단어들 그리고 시민들의 민족 명칭(예. Ὀλούντιοι)은 대체로 교환 가능하게 쓰였다"; Sakellariou, *The Polis-State*, 200.

139) Alcaeus fr. 130, line 17. C. M. Bowra, *Greek Lyric Poetry from Alcman to Simonides* (Oxford, UK: Clarendon Press, 1961), 145-47. Ἀγορά는 ἐκκλησία를 의미하는 경우가 빈번하다. 참조. *LSJ*, s.v. ἀγορά.

1.2 —— 헬레니즘 시대와 로마 제국의 에클레시아

1.2.1 —— 에클레시아는 불레의 결정을 추인하는 고무도장이었나?

많은 학자들이 로마 제국 시대의 그리스 도시국가들의 에클레시아는 고전 시대에 가졌던 정치적 비중을 잃어버렸고 "평의회의 제안을 형식적으로 승인하는 고무도장(rubber-stamp)에 지나지 않았다"고 결론 내린다.[140] 존스(A. H. M. Jones)는 고무도장 이론의 대표적인 논자다. 존스는 로마 시대에는 에클레시아의 포고령 선포권은 "평의회의 결정을 그저 승인하는 형식적인 것에 지나지 않았고", 고위 공직자를 선출하는 역할도 "점차적으로 감소하여 평의회가 주는 후보자 목록을 만장일치로 통과시키는 역할에 그쳤다"고 주장한다.[141] 매기(D. Magie)는 에클레시아가 "그저 평의회의 결정을 확정하는 기구"[142]였다고 하며, 폭스(R. Lane Fox)는 에클레시아가 "고위 공직에 출마하는 후보자들에게 박수갈채를 보내고, 평의회나 회의를 주재하는 주요 공직자들(presiding magistrates)이 제안한 의제를 추인하는 기능을 하였다"고 보았다.[143]

이러한 견해는 그리스 도시국가의 정치 체제를 금권정치(timocracy)로

---

140) Richard Wallace and Wynne Williams, *The Three Worlds of Paul of Tarsus* (London; New York: Routledge, 1998), 111.
141) A. H. M. Jones, *The Greek City from Alexander to Justinian*, 177; 또한 그의 논문, "The Greeks under the Roman Empire," *Dumbarton Oaks Papers* 17 (1963): 119를 보라; cf. Rogers, "The Assembly of Imperial Ephesos," *Zeitschrift für Papyrologie und Epigraphik* 94 (1992): 224.
142) D. Magie, *Roman Rule in Asia Minor* (Princeton, NJ: Princeton University Press, 1950), 1:640-641.
143) R. Lane Fox, *Pagans and Christians*, 51. C. P. Jones는 타협적 입장을 취하고 있다. Jones, *Roman World*, 96-97.

보는 것이다.[144] 금권정치를 규정하는 요소는 (1) 가난한 다수를 지배하는 소수의 부자, (2) 에클레시아보다 우위를 점하는 평의회, (3) 재산 등급에 따라 평의회와 에클레시아 구성원의 자격요건을 부여하는 제도, 이 세 가지다. 로마 시대 그리스 지역 폴리스들이 귀족정치체제로 움직였다는 이론의 주창자들도 대부분의 폴리스들이 최소한 이론적으로는 민주정치를 실행하는 자유 국가로 인정받고 있었으며, 로마 제국이 이들 폴리스들의 전통적 관습과 정치제도를 존중하는 모양을 취했다는 사실에는 동의하고 있다. 이 사실은 로마 제국 시대 그리스 폴리스들의 정치체제를 논의하기 위한 중요한 전제다. 예를 들어 매기(D. Magie)는 "에클레시아는 이론적으로는 최고의 권위를 가지고 있었다"고 평가하고 있고, 존스(A. H. M. Jones)도 "에클레시아는 이론적으로는 여전히 최고 주권을 가진 기구였다"고 인정한다.[145]

어떤 역사가도 로마 제국하의 그리스어권 도시국가가 이론적으로 민주적 정치제도를 가지고 있었음을 부인하지는 않는다. 그러므로 로마 제국 시대의 그리스어권 폴리스들에서 명백하게 드러나는 민주주의적 장치가 명목상으로만 남아 있었는지, 아니면 도시국가의 삶에 실질적인 영향을 미쳤는지에 대해서는 검토가 필요하다. 이 폴리스들의 정치 상황과 관련한 가장 중요한 증거는 수많은 포고령에서 발견되는 "평의회와 데모스

---

144) 아리스토텔레스는 *timocratia*를 "재산에 의해서 정치 참여가 결정되는" 정치체제로 규정하면서, 이를 최악의 체제로 평가했다(*Eth.Nic.* 8.10). *Timocratia*는 "명예에 의한 통치"를 의미하기도 하지만(Plato, *Republic* 8,545b), 아리스토텔레스의 정의가 더 일반적이다. 이 책에서는 아리스토텔레스의 정의에 따른다. 맥락에 따라 금권정치 혹은 귀족정치로 번역한다.
145) Jones, *Greek City*, 177. 정확성을 기하기 위해, 고전 시대 아테네에서의 에클레시아가 "절대적 권한을 가진"(sovereign) 기관이었는가에 대해서도 논란의 여지가 있음을 기억해야 한다. 1.1.2를 보라.

가 결정했다"(ἔδοξε τῇ βουλῇ καὶ τῷ δήμῳ)라는 공식문구다.[146] 전술한 바와 같이 여기서 데모스는 에클레시아와 동의어다. 어떤 포고령은 평의회가 단독으로, 또 어떤 포고령은 에클레시아가 단독으로 승인하기도 하였다.[147] 하지만 평의회와 에클레시아가 공동으로 승인하는 경우가 수적으로 가장 많았을 뿐 아니라, 가장 안정적이며 표준으로 여겨지는 형식이었다.

에클레시아가 승인한 포고령의 중요성을 경시하는 기존 학계의 경향이 있지만, 존스(A. H. M. Jons)조차도 "몇몇 포고령은 면책 특권이나 연금 수여 등 중대한 사안을 다루고, 이러한 사안은 시민들이 동의하지 않으면 법적 효과를 갖지 못했을 것이며, 어떤 포고령은 재정 문제를 다룬다"고 인정한다.[148] 로저스(Guy Rogers)는 에베소에서 발견된 기원전 1세기부터 3세기 초기까지의 비문들을 광범위하게 연구한 후, 에베소에서는 많은 주요 도시계획과 재정 문제를 결정하는 데 있어 데모스가 중요한 역할을 하였음을 증명하였다.[149]

대부분의 그리스어권 폴리스에서는 기원후 3세기까지 주요 공직자들을 선출할 권리를 에클레시아가 행사했다.[150] 이것이 단순히 명목상의 절

---

146) Sviatoslav Dmitriev, *City Government, in Hellenistic and Roman Asia Minor* (New York: Oxford University Press, 2005), 275-76nn165, 167. 또한 *IE* III 614b21 (mid-first century A.D.), 449 (c. A.D. 88-96), 1024 (A.D. 105-120), 1380 (A.D. 161-192)을 보라. Rogers cites hundreds of inscriptions from Ephesus alone; Rogers, "The Assembly of Imperial Ephesos," 225n7; Sakellariou (*The Polis-state*, 200n2) presents some variations: τῇ πόλει, τῇ ἐκκλησίᾳ, and τοῖς πολίταις, or the citizens like Ἀθηναίοις.
147) *IE* 1405 (third century B.C.), 1422 (after 306 B.C.).
148) Jones, *The Greek City*, 177.
149) G. M. Rogers, "The Assembly of Imperial Ephesos," *Zeitschrift für Papyrologie und Epigraphik* 94 (1992): 226nn10-13; *IE* 1233, 2018, 419, 405b, line 5.
150) Donald W. Engels, *Roman Corinth: An Alternative Model for the Classical City* (Chicago: University of Chicago Press, 1990) 17; Dmitriev, *City Government*, 275; Aristides, *Sacr. Tales* 4.88. Magie도 에클레시아에서 선거가 행해졌다는 사실은 인

차는 아니었다. 시민들이 그들이 선출한 공직자들을 에클레시아로 소환하는 경우도 많았다.[151] 이러한 관행은 고전적 민주주의 시대와 마찬가지로 위임을 받은 공직자들은 에클레시아에 보고할 의무가 있다는 관념에서 비롯했다. 이러한 관념은 디온 크리소스토모스가 활동하던 기원후 1세기 말에도 그대로 남아 있어서, 디온 크리소스토모스는 그의 고향인 프루사의 에클레시아 앞에서 프루사의 공직자를 "에클레시아가 세운 통치자"(τὸν ἄρχοντα ὃν πεποιήκατε)라고 표현하기도 하였다.[152]

평의회와 에클레시아의 의견이 다른 경우도 종종 발생했지만, "항상 에클레시아가 양보했을 것이라고 단정해서는 안 된다."[153] 살메리(Salmeri)는 평의회와 에클레시아 간의 갈등이 있었다는 사실을 민주정치 제도가 "실제로 작동하고 있었다는 뚜렷한 징후"로 보면서, 프루사, 타르수스, 니코메디아, 니케아, 그리고 소아시아 여러 도시국가의 사례를 제시한다.[154] 평의회의 입장에서 에클레시아는 호락호락하지 않은 정치 파트너였다. 이를 뒷받침하는 가장 설득력 있는 증거는 불레와 데모스의 화합(ὁμόνοια)이 정치가들의 연설[155]과 로마 시대 그리스어권 폴리스들의 화폐

정한다. 물론 그는 그것이 형식적 절차일 뿐이라고 본다(Magie, *Roman Rule in Asia Minor*, 640-41). 그리고 A. H. M. Jone도 정확히 같은 생각을 한다(Jones, *Greek City*, 174-75).

151) Dmitriev, *City Government*, 87, 295.
152) Dio Chrysostom, 48.17; c. 102 AD; 이 연대는 von Arnim의 추정을 따른 것이다. 또 Dmitriev, *City Government*, 70을 보라.
153) C. P. Jones, *The Roman World of Dio Chrysostom*, Loeb Classical Monographs (Cambridge, MA: Harvard University Press, 1978), 97.
154) Giovanni Salmeri, "Dio, Rome and the Civic Life of Asia Minor," in *Dio Chrysostom: Politics, Letters and Philosophy*, ed. S. Swain (Oxford: Oxford University Press, 2000), 73nn101-4.
155) Margaret M. Mitchell, *Paul and the Rhetoric of Reconciliation: An Exegetical Investigation of the Language and Composition of 1 Corinthians*, Hermeneutische Untersuchungen zur Theologie (Tübingen: J. C. B. Mohr Paul Siebeck, 1991),

에 가장 빈번하게 등장하는 주제였다는 점이다.[156] 플루타르코스가 당대 정치인들의 가장 중요한 업무가 화합인 것 같다고 불평을 토로할 정도로 화합의 중요성이 강조되었다.[157]

또한 에클레시아와 불레가 합동회의를 개최했다는 사실을 보여주는 많은 증거가 있다.[158] 기원후 104년 에베소의 살루타리스(C. Vibus Salutaris)의 초석에 새겨진 유명한 비문을 보면, 에클레시아가 열렸던 극장의 좌석 중에 평의회 전용석이 마련되어 있었다는 것을 알 수 있다.[159] 고전적 민주주의 시대인 아테네의 500인 평의회 시대부터 평의회는 데모크라티아(δημοκρατία)의 핵심이었고, 헬레니즘 시대에도 평의회는 데모크라티아의 옹호자로 평가되는 것을 명예롭게 생각했다.[160] 로저스는 헬레니즘 시대와 로마 제국 초기의 에베소에서 발견된 200개 이상의 비문에

60-64를 보라. 그가 도시 간의 갈등과 한 도시 내의 갈등의 구분에 대해서 크게 신경 쓰지 않는 부분은 아쉽다. 참조. Dmitriev, *City Government* 327; C. P. Jones, *Roman World*, 90.

156) *Homonoia/concordia*를 주제로 한 동전들은 로마 제국 시대의 동전들 중 뚜렷한 한 부류를 형성하고 있다. 이 동전들의 사진과 관련 정보들을 다음의 웹 사이트에서 확인할 수 있다. http://www.provincial-romans.com/provincial/Themes/HomonoiaConcordia.htm. 참조. British Museum Department of Coins and Medals; Barclay V. Head and Reginald Stuart Poole, *Catalogue of the Greek Coins of Ionia: A Catalogue of the Greek Coins in the British Museum* (Bologna: A. Forni, 1964), 250, no. 131; John Paul Lotz, "The Homonoia Coins of Asia Minor and Ephesians 1:21," *Tyndale Bulletin* 50, no. 2 (1999): 173-88.
157) Plutarch, *Prae. ger. reip.* 823f-825f.
158) Dio Chrysostom 41.1; cf. Jones, *Roman World*, 93; *I. Priene* 246.9-10: ἐπὶ Βουλεκκλησιῶν (second-third century A.D.); Pliny, *Ep.* 10.110.1: *bule et ecclesia consentiente*; *IGR* III 74-75 (Claudiopolis, imperial period). Cf. Dmitriev, *City Government*, 327n189.
159) *IE* 27, lines 202-7; Guy MacLean Rogers, *The Sacred Identity of Ephesos: Foundation Myths of a Roman City* (London; New York: Routledge, 1991), 162-63; 또한 Rogers, "The Assembly of Imperial Ephesos," 227n17을 보라.
160) Dmitriev, *City Government*, 16n15; *I. Ilion* 23.114-116 (early third century BC).

기록된 포고령을 조사한 후, 에클레시아가 개최될 때 일반적으로 평의회가 함께 참석했었다고 결론짓는다.[161] 로저스는 평의회나 평의회 소속 위원회가 에클레시아에 참석하여 평의회가 사전에 심의한 안건을 제출하는 것이 일반적인 입법 절차였다고 주장한다. 또한 로저스는 로마 제국 시대에 스파르타의 극장에서 "평의회 위원들을 위해 별도로 마련된" 좌석배치에 대한 고고학적 증거를 제시한다.[162] 이러한 일련의 증거를 통해 평의회와 에클레시아가 언제나 조화로운 관계를 유지하지는 못했을지라도, 기본적으로 서로를 폴리스 정치의 파트너로 인정했음을 확인할 수 있다.

평의회가 입법 제안을 하기는 하지만, 에클레시아의 추인을 얻어야 했으므로, 평의회는 초안을 준비하는 과정에서부터 대중들의 반응을 고려하며 안건의 내용과 절차를 만들어야 했다.[163] 에클레시아가 평의회에 특정한 포고령의 초안을 준비하라고 요구하기도 했었다는 것은 잘 알려진 사실이다.[164] 어떤 경우에는 의제들이 평의회를 거치지 않고 직접 에클레시아에 상정되기도 하였다.[165] 디온 크리소스토모스는 이러한 관행을 대중 선동적이라 보아 비판하였다.[166] 존스(C. P. Jones)는 이를 불법적인 것으로 추정하지만, 근거를 제시하지는 못하고 있다.[167] 물론 이런 경우가 흔

---

161) Rogers, "The Assembly of Imperial Ephesos," 228.
162) Rogers, "The Assembly of Imperial Ephesos," 225; Paul Cartledge and A. J. S. Spawforth, *Hellenistic and Roman Sparta: A Tale of Two Cities*, States and Cities of Ancient Greece (London; New York: Routledge, 1989), 161.
163) Plutarch, *Prae. ger. reip.* 813b.
164) Dmitriev, *City Government*, 104n217; *BÉ* 1954, no. 209, pp161-62; Louis Robert, *Hellenica: Recueil d'épigraphie de numismatique et d'antiquitiés grecques* (Amsterdam: A. M. Hakkert, 1972), 11-12, 208n4.
165) *IE* 8.17-22 (86-86 BC); *SEG* 37, 883.4-6 (reign of Tiberius); *IE* 1396 (imperial period). Cf. Dmitriev, *City Government*, 276n167; 또한 67, 70을 보라.
166) Dio Chrysostom 56.10.
167) Jones, *The Roman World of Dio Chrysostom*, 97.

한 일은 아니었고 비상 상황에서 이루어진 일로 보인다. 그러나 통치자들의 입장에서 에클레시아에 직접적으로 호소하는 것이 평의회의 지지를 확보하기 어려울 때 활용했던 한 방편이었다는 사실은 에클레시아 권력의 유효성을 충분히 보여준다.

이러한 분석을 통하여 우리는 에클레시아가 단지 불레의 결정을 형식적으로 승인하는 고무도장이었다는 이론이 잘못된 통념(myth)에 불과했다는 로저스의 의견에 동의할 수 있게 되었다. 에베소에서 발견된 제국 시대의 에클레시아에 참석했던 많은 다른 시민 단체들에 대한 자료를 통해서, 우리는 로마 제국 시대의 그리스어권 폴리스의 데모스가 정치적으로 무관심하고 무력한, 불레의 결정을 단순히 비준하는 기구였다는 데모스에 대한 잘못된 오랜 통념을 수정할 수 있게 되었다.[168]

1.2.2 —— 로마 제국이 그리스의 데모스를 이해하는 방식

"이론적으로는 민주정치, 실제로는 귀족정치"라는 시각의 이면에는, 로마 제국이 귀족정치를 선호하고 피정복지 도시의 상류층을 지배의 파트너로 삼고자 했다는 인식이 깔려 있다. 존스(A. H. M. Jones)는 "로마인들은 민주주의를 불신했다. 그들은 정부가 보다 나은 종류의 시민들, 즉 부유한 사람들에게 더 많은 권한을 준다면 더 안정적인 정부가 될 것이라 믿었다"고 말한다.[169] 로마 제국이 귀족정치를 선호했고, 그것이 금권정치(timocracy) 형태를 띠었다는 것은 공공연하게 알려진 사실이다. 그러나 로마 제국이 얼마나 일관성 있게 금권정치를 추구했는가, 그리고 금권

---

168) Rogers, "The Assembly of Imperial Ephesos," 228.
169) A. H. M. Jones, "The Greeks under the Roman Empire," *Dumbarton Oaks Papers* 17 (1963): 67.

정치의 의도가 얼마나 효과적으로 지역에서 관철되었는가 하는 것은 별개의 문제다. 그리스의 데모스를 바라보는 로마의 시각은 카시우스 디오(Cassius Dio)의 『로마사』에서 마이케나스(Maccenas)가 옥타비아누스에게 주는 충고에 잘 요약되어 있다.

> 첫째로, 데모스는 그 어떤 권위도 가져서는 안 되고, 어떤 종류의 에클레시아도 허용되어서는 안 됩니다. 그들이 하는 토론을 통해서는 어떤 좋은 결론도 나오지 않을 뿐 아니라, 데모스는 항상 많은 혼란을 초래하기 때문입니다.[170]

이것은 옥타비아누스가 지배체제를 구축하는 동안 전달받은 조언이기 때문에 중요한 원칙이다. 이 충고는 로마의 원로원 멤버였던 카시우스 디오가 속해 있던 로마의 지배계층이 그리스 도시국가들의 데모스와 에클레시아를 이해하는 기본적인 태도를 잘 요약하고 있다.[171] 그러나 카시우스 디오에 의하면, 마이케나스의 이러한 조언이 즉각적으로 또 철저하게 실행되지는 않았다.[172] 어떤 정책을 수행할 때 명확한 방침을 즉각적으로 시행하기보다, 상황에 맞게 적용의 폭과 속도를 조절하는 것은 옥타비아누스 통치의 특성이었다. 또한 로마 제국이 합병된 지역을 통치하는 일반적 방식이기도 했다.[173] 마이케나스 자신도 적어도 초기 단계에는 새로운 동맹의 충성을 확보하기 위하여 통치과정(governance)을 모든 시민과 공유해야 한다는 점을 인정한다.[174]

---

170) Cassius Dio 52.30.2.
171) A. H. M. Jones, *The Greek City from Alexander to Justinian* (Oxford, UK: Clarendon Press, 1940), 340n42.
172) Cassius Dio 52.41.12.
173) Ando, *Imperial Ideology and Provincial Loyalty in the Roman Empire*, 49-70.
174) Cassius Dio 52.19.6.

로마 제국하의 그리스어권 폴리스들의 정치 현실을 가늠하기 위해서는 헬레니즘 시대의 민주주의의 배경을 충분히 이해해야 한다. 점령지의 주민들은 정복자인 알렉산드로스 대왕을 그리스식 폴리스의 창시자로 환영했고, 그렇게 기억하였다. 플루타르코스의 말을 들어보자.

> 플라톤은 이상적인 국가에 대한 책을 썼지만, 그 어마어마함 때문에, 그는 그 내용을 채택하라고 단 한 사람도 설득해내지 못했다. 그러나 알렉산드로스는 야만적인 부족들 가운데 70개가 넘는 도시국가를 세움으로써, 아시아 전역에 그리스적 행정체계의 씨를 뿌렸다. 이렇게 그는 그 지역들의 미개하고 야수적인(θηριώδους) 삶의 방식을 바꾸어놓았다. 우리 중에 플라톤의 『법률』을 읽은 사람은 거의 없지만, 수십만 명의 사람들이 알렉산드로스의 법을 사용해왔고 또 앞으로도 사용할 것이다.[175]

그리스인들의 시각으로는 한 국가가 군사, 인구, 경제 면에서 아무리 막강하여도 폭군의 지배 아래 살고 있다면 실제로는 노예나 다름없었다. 고대 아테네에서 민주주의가 긍정적인 반향을 불러일으킨 단어가 아니었다는 점은 주목할 만하다. 아리스토텔레스도 다른 정치체제에 비해 특별히 더 민주주의를 선호한 것은 아니었다. 플라톤이 민주주의를 싫어했다는 것은 널리 알려진 사실이다. 전술한 바와 같이 고대 그리스 문헌을 읽는 현대의 독자들은 "민주주의"를 기대할 법한 대목에서 "자유"를 발견한다. 노예처럼 살아가는 다른 종족들과 다르다는 고전 시대 그리스인들의

---

175) Plutarch, *De Alex. fort.* 328e. 아리아누스(Arrianus)는 알렉산드로스가 그의 장군들에게 지시한 내용을 다음과 같이 말한다. "가는 곳마다 과두정치를 박멸하고 민주적 형태의 정부를 세우라. 각 도시국가들에 그들의 법을 회복해주라. 그들이 외국인들에게 바쳐왔던 공세를 면제해주라"(1.18.2). B. Boulet, "Is Numa the Genuine Philosopher King?" in *The Statesman in Plutarch's Works*, ed. L. de Blois et al. (Boston: Brill, 2004), 254.

자부심의 핵심은 민주정치라는 제도가 아닌 자유라는 가치였다. 아리스토텔레스는 "민주주의적" 원칙을 견지하였지만, 민주주의적 정치체제를 전폭적으로 찬성한 것은 아니었다. 아리스토텔레스는 그의 "민주주의적" 원칙에 대한 선호와 민주적 정치체제에 대한 비판적 입장 사이의 긴장을 잘 유지하였다. 그러나 헬레니즘 시대에는 그 긴장이 깨어졌다. 자유와 민주주의는 동의어가 되었고, 함께 묶여 정치적 슬로건이 되었다.[176]

본래 자율(autonomy)의 가장 중요한 표현은 자신의 나라를 스스로 지킬 수 있는 국방력이다. 자국의 영토에 외국 군대가 주둔한다면 자율이라 볼 수 없다. 그러나 헬레니즘 시대에 와서 외국 군대가 주둔하고 있는 도시가 "자율적 도시국가"라고 주장하는 예들이 속출한다. 이 시기에는 자율이라는 말이 고전적 의미를 상실했다고 보인다.[177] 정기적으로 타국에 조공(tribute)을 바치는 도시들이 자유도시국가라고 주장하는 등, 자유라는 단어에서도 그 고전적 의미는 퇴색했다.[178] 마찬가지로 "민주주의"(δημοκρατία)도 더 이상 특정한 정부 형태를 표현하는 단어가 아니었

---

176) Jones, *The Greek City from Alexander to Justinian*, 157; David Magie, *Roman Rule in Asia Minor to the End of the Third Century after Christ* (Princeton, NJ: Princeton University Press, 1950), 57; Dmitriev, *City Government*, 292.

177) Diodorus 20.103.3; Erich S. Gruen, *The Hellenistic World and the Coming of Rome* (Berkeley: University of California Press, 1984), 1:135-36; Martin Ostwald, *Autonomia: Its Genesis and Early History*, American Classical Studies (Chico, CA: Scholars Press, 1982), 128-30; Jones, *The Greek City from Alexander to Justinian*, 157; *I Priene* 1-6; cf. Dmitriev, *City Government*, 78; Ernst Badian, "Alexander the Great and the Greeks of Asia," in *Ancient Society and Institutions: Studies Presented to Victor Ehrenberg on His 75th Birthday*, ed. Victor Ehrenberg and E. Badian (Oxford: Blackwell, 1966), 47-48. 어떤 도시가 자신의 법을 사용할 경우 αὐτονομία를 주장하기도 했다. Dmitriev, *City Government*, 309-10. 로마에 대한 정치적 복속이 반드시 행정적 독립의 상실을 의미하는 것은 아니었다.

178) Gruen, *Hellenistic World*, 1:137-38. Gruen은 대표적인 예로 데메트리우스와 안티고노스에 의한 아테네의 "해방"(기원전 307)을 든다. Diod. 20.46.1-3; Plutarch, *Demosthenes* 8-9; *Syll.*³ 374, lines 10-14, 30-35; *Syll.*³ 371.

다.[179] 구체적 실체를 지칭하는 기능이 약해진 반면에 이데올로기적 기능이 강해진 "자유"와 "민주주의"는 압도적인 가치를 담는 기호가 되었고, 어떤 지도자도 폭군이라는 오명을 각오하지 않으면 무시할 수 없는 강력한 정치적 구호가 되었다. 엘류테리아(ἐλευθερία, 자유)와 데모크라티아(δημοκρατία)의 이상은 일반적으로 아우토노미아(αὐτονομία, 자율) 및 파트리아 폴리튜마(πάτρια πολίτευμα, 조상들의 정치체제)와 함께 사용되었고, 자유와 민주주의는 폴리스들의 견고한 가치가 되었다.[180]

플라톤과 아리스토텔레스 시대에 민주주의는 결함이 많은 제도로 여겨졌지만, 헬레니즘 시대에 와서는 자유에 대한 이상(理想)과 결합되어 영광스러운 과거를 호출하는 단어로 기능했다. 이러한 유산은 그리스 도시국가가 로마 제국에 종속되고 민주적 정치제도가 퇴락할 때까지 그 힘을 발휘했고, 그리스와 헬레니즘 문화의 영향을 받은 세대들에게 광범위하게 승계되었다. 이 과정은 본 연구에서 로마 제국 시대의 에클레시아의 중요성을 논하는 중요한 배경이 된다.

로마인들이 정복한 땅은 이런 정치적 세계였다. 로마인들은 그리스 도시국가들의 해방자이며 동시에 그들의 핵심 가치의 복구자로 인식되어 귀족들과 데모스 양쪽으로부터 환영을 받는 경우가 많았다.[181] 리비우스

---

179) Gruen, *Hellenistic World*, 1:139n41; *OGIS*, 222 (= *IvErythrai und Klazomenai*, II, no. 594, lines 15-18), *Syll.*³ 442 (= *IvErythrai und Klazomenai*, I, no.29, lines 12-13). Cf. Maurice Holleaux et al., *Études d'épigraphie et d'histoire grecques* (Paris: E. de Boccard, 1938), 1:43-44; contra F. Quass, "Zur Verfassung der griechischen Städte im Hellenismus," Chiron 9 (1979): 37-52.
180) Polybius 2.70.1; 2.70.4; 5.9.9; 9.31.4; 9.36.4; Pausanius, 2.9.2; Plutarch, *Cleom*. 30.1; Josephus, *A.J.* 13.245; *BCH* 48 (1924), 2-3 = *SEG* II 663, lines 9-10; Gruen, *Hellenistic World*, 1:140-41n51, 156n147.
181) Livy 34.50.9; Plutarch, *Flaminius* 16.5-7; *BCH* 83 [1964] 570, 608; *SIG* 592, 613; cf. Jones, *The Greek City from Alexander to Justinian*, 170; Jan Maarten Bremer, "Plutarch and the 'Liberation of Greece'," in *The Statesman in Plutarch's Works*,

(Livy)에 따르면 로도스섬 사람들(the Rhodians)은 "그리스를 해방하러 온 로마인들"(Romanis liberantibus Graeciam)에게 "그리스의 모든 종족(race)을 대신해서" 충성을 맹세했다.[182] 해방자로서의 평판을 유지하는 것은 로마의 외교정책의 중요한 목표였다.[183] 금권정치에 대한 로마인들의 선호는 이러한 정치적 전통과의 상호작용의 관점에서 이해하여야 한다. 이러한 정황 속에서 그리스 도시국가들의 데모스는 적어도 기원후 3세기까지는 계속해서 정치적 주체로 모일 수 있었다. 또한 "지방 총독들(provincial governors)과 로마 고위 관료들(Roman magistrates)뿐만 아니라 로마의 황제들도 각 도시에 공적 서한을 보낼 때, '평의회, 공직자들(officials), 그리고 백성들'을 수신인으로 하였고, 이런 관행은 3세기까지 계속되었다."[184]

국내 정치에서 황제는 공개적으로 권력(potestas)을 추구하지는 않았다. 심지어 황제 후보자는 권력을 거부한다는 태도를 연출해 보이기도 했다. 그러면 백성들은 권력을 거부하는 연기에 대한 응답으로 후보자에게 황제의 권위(auctoritas)를 부여한다. 이것이 아우구스투스가 권좌에 오른 방식이었다. 이 전통은 로마의 평민들이 그들 자신의 통치자를 선택하는 자유를 갖고 있다는 환상을 심어주는 사회적 장치로 기능했다.[185] 국내 정치에서 형성된 권력 형성의 허구적 구성은 동쪽에서 합병한 영토를 로마에 통합시키기 위한 이데올로기로 사용하기에 적합했다. 민주적으로 황

263.

182) Livy 33.20.1-3.
183) Livy 34.22.12; 또한 34.32.3-5, 34.32.13을 보라; *Anth. Pal.* 16.5; cf. Plutarch, *Flam.* 12.5-6.
184) Dmitriev, *City Government*, 276; *IE* 202 (c. AD 145), 1498 (= 1490 = *Syll.*³ 849; A.D. 140-144), 1492 (A.D. 150); *SEG* 34, 1089 (A.D. 167-169); *IE* VI 2026 (A.D. 200-205).
185) Jean Béranger, *Recherches sur l'aspect idéologique du principat* (Basel: F. Reinhardt, 1953), 149-50; cf. Ando, *Imperial Ideology and Provincial Loyalty in the Roman Empire*, 146-47.

제를 선택했다는 정치적 허구가 그리스인들에게는 전통적인 엘류테리아 (ἐλευθερία, 자유)의 이상을 완전히 포기하지 않으면서도 제국의 일부가 될 수 있는 틀을 제공해주었기 때문이다. 그리스인들은 메트로폴리스의 에클레시아에서 선출된 권력이 그 배후지까지 대표하고 다스리는 관행에 익숙했다. 이를테면 아테네의 에클레시아가 아티카 지역 전체를, 고린도의 에클레시아가 아카이아 지역 전체를 대표하는 식이었다. 앤도는 고전적 폴리스가 배후지들과 맺는 관계를 로마에서 옹립된 황제가 제국 전체의 합법적 통치자가 되는 구도에 적용하여 로마 제국 통합의 이데올로기가 확립되었다고 본다.[186]

이러한 섬세한 접근과는 대조적으로, 로마인의 통치가 그리스 지역에서 해방자로 인식된 것은 귀족들의 입장일 뿐이었다고 규정하는 단선적 이해도 있다. 브레머(Jan Maarten Bremer)는 로마의 통치는 상류 계층의 환영을 받았다고 주장한다. 로마가 상류 계층의 사람들을 헬레니즘적 민주주의하에서 오랜 기간 동안 데모스가 야기한 혼란으로부터 해방시켰기 때문이라는 것이다. 브레머는 로마의 전략과 마케도니아의 전략을 날카롭게 대비하는데, 로마는 상류 계층과 연대를 형성한 데 반해 마케도니아 제국에 의한 해방은 유산계급을 희생하면서 무산자들에게 호소하는 전략을 취했다고 말한다.[187] 그러나 브레머가 "잘못된 통념"(myth)이라고 이름 붙인 금권정치의 구도와 그가 선택한 증거는 둘 다 문제가 있다. 브레머가 가장 중요하게 제시한 일련의 증거들은 리비우스(Livy)와 파우사니

---

186) Ando, *Imperial Ideology and Provincial Loyalty in the Roman Empire*, 68-70; Aristides, *Or.* 26.62; Dio Chrysostom 52.19.6를 보라.

187) Bremer, "Plutarch and the 'Liberation of Greece,'" 265; Jones, *The Greek City from Alexander to Justinian*, 1940; *SIG* 643, esp. line 11; F. W. Walbank, *Philip V of Macedon* (Hamden, CT: Archon Books, 1967); C. P. Jones, *Plutarch and Rome* (Oxford: Clarendon Press, 1971), 115; Plutarch, *Praec. ger. reip.* 814c-e.

아스(Pausanias)의 글에서 가져왔다. 존스(A. H. M. Jones)의 금권정치 이론도 동일한 본문에 심각하게 의존하고 있다.[188] 그중 하나는 기원전 179년에 마케도니아의 필리포스 5세를 패배시킨 이후 플라미니우스 장군이 테살리아에 정착한 일에 대한 리비우스(Livy)의 기술이다.

> 수입을 기준으로 한 인구 조사에 따라 도시국가에서 재판관이 되거나 평의회의 멤버가 되도록 선별된 사람들, 즉 대체로 그는 연속성과 평온을 원하는 사람들에게 최고의 권력을 주었다.[189]

이것은 명백하게 금권주의적(timocratic) 해결이었지만, 로마의 정복 역사에서 항상 적용되는 규칙이었다기보다는 예외적인 경우였다. 리비우스는 이 경우는 로마의 기존 원칙을 적용한 것이 아니라 예외적인 혼란에 대한 반응이었음을 분명히 한다. 테살리아는 "해방되었을 뿐만 아니라, 극심한 혼란과 혼돈에서 겨우 질서를 잡아가는" 상황이었다. 로마의 지배 이전에 이 도시에서는 하층 계급뿐 아니라, 귀족들을 포함한 그 종족(gentis)[190] 전체가 소동했다. 코미티아(comitia),[191] 콘벤투스(conventus),[192] 콘킬리움

---

188) Jones, "The Greeks under the Roman Empire," 7.
189) Livy 34.51.6; Bremer, "Plutarch and the 'Liberation of Greece,'" 264n30.
190) B. O. Foster's translation of this word as "people" in the Loeb series is misleading.
191) Comitia는 "comitia plebis tributa"를 의미하기도 했다. 이는 그리스의 에클레시아와 가장 가까운 로마의 기관이었다. 그러나 다른 종류의 comitia도 있었음을 유념해야 한다. Comitia populi tributa라는 표현도 발견되지만 이는 comitia plebis tributa와 같은 대상을 가리키는 표현으로 보아야 한다. OCD 372. cf. Hugh J. Mason, Greek Terms for Roman Institutions: A Lexicon and Analysis, American Studies in Papyrology (Toronto: Hakkert, 1974), 42.
192) Conventus는 그리스어 σύνοδος, συνουσία, συναγωγή 등으로 다양하게 번역되었다. 이 단어는 로마가 정복한 지역에서 지역의 현안들에 대해 총독에게 자문하던 이탈리아인들의 조합 명칭으로 사용되기도 했다.

(concilium)¹⁹³은 끊임없는 "구금과 소요"로 불안했다. 이 세 라틴 단어에 상응하는 그리스의 정치기구가 무엇이었는지에 대해서는 논쟁의 여지가 있지만, 리비우스가 말하려고 하는 것은 사회의 모든 층위와 그것이 대표하는 제도가 심각한 무질서 상태에 있었다는 점이다.

리비우스가 사용한 다른 본문은 플라미니우스 앞에서 나비스(Navis)가 로마에 대해 독설을 퍼붓는 부분이다. 그의 비판이 최고조에 다다랐을 때, 나비스는 금권정치의 사전적 정의에 해당하는 말을 입에 올린다. "로마인들이 원하는 것은 소수의 부유한 사람들을 최상부에 놓고, 그들이 평민(people)들을 다스리게 하는 것이다."¹⁹⁴ 리비우스가 분명하게 말하려는 것은, 나비스가 그리스 사람들에게 아주 부정적으로 들릴 금권정치의 측면에서 로마의 침략을 규정하려고 시도하고 있다는 점이다. 플라미니우스는 이에 대한 반격으로, "당신이 최악의 무법 폭정에 대한 진정한 비난을 받기 원하면 아르고스(Argos)나 라케다모니아(스파르타)에서 자유로운 민회(liberam contionem)¹⁹⁵를 개최해보라"¹⁹⁶고 반박한다. 이것은 플라미니우스가 로마의 개입이 당시의 비민주적인 체제보다 평민들의 민회에서 더 환영받을 것이라는 확신을 가지고 있었음을 보여준다.¹⁹⁷

존스와 브레머는 둘 다 파우사니아스(Pausanias)가 기원전 146년에 발

---

193) Concilium은 영어의 *council*이라는 말이 주는 어감대로 κοινόν이나 βουλή로 번역되었다. 이 이름으로 불리는 그리스어와 라틴어의 기관들이 서로 정확하게 상응하는 것은 아니다. 예를 들면 concilium은 대체로 βουλή를 말하지만, ἐκκλησία가 *concilia plebis*로 불리기도 했다(Livy 7.5; 28.53; 39.15).
194) Livy 34.31.17.
195) *Contio*는 "로마의 공적 집회이기는 하지만 어떤 법적인 절차가 공식적으로 진행되는 집회는 아니었다. 물론 백성들 앞에서의 재판을 하기 전에 가졌던 일련의 공적 절차의 일부를 이 이름으로 부르기도 했다"; *OCD* 385. 행 19장에 우발적으로 모인 모임에 에클레시아라고 명명되는 장면이 나오는데, 이런 식의 모임을 *contio*라 통칭했다고 할 수 있다.
196) Livy 34.32.10.
197) Cf. Livy 33.44.8-9; 34.22.11-12; 34.32.8-9; 34.33.6; 34.41.3; 34.48.5-6.

생한 아카이아 전쟁에 관해 기술한 내용을 금권정치 이론을 뒷받침하기 위해 사용한다. 파우사니아스는 이렇게 말한다. 뭄미우스(Mummius)는 고린도의 성벽을 파괴하고, "민주적 정치제도를 허물고 소유재산 자격요건을 근거로 한 정부를 설립했다."[198] 그러나 이것은 파우사니아스가 정확한 역사를 기록하기 위해서 쓴 글이 아니라, 그 사건이 있은 지 300년도 더 지난 이후에 여행 안내 책자를 위해서 쓴 글이라는 사실을 고려해야 한다. 와이즈맨(J. Wiseman)은 고린도 성벽의 파괴가 제한적이었다는 문헌적·고고학적 증거를 제시한다. 와이즈맨은 "고린도 최후의 날"이라는 문학적 표현이 시적이고 수사적인 과장이며, 같은 해 발생했던 카르타고의 약탈과 유사하게 윤색되어 보도되었음을 지적한다.[199] 더욱이 고린도에서만 민주주의의 붕괴가 일어났고, 아카이아 동맹의 다른 도시국가들은 "자유로운" 상태로 남아 있었다.[200] 자유는 그리스 민주주의의 자부심의 핵심이고, 전쟁과 강력한 반(反)로마 정서의 근원이기도 했다. 그러한 자유의 이념이 가장 강하게 선포된 곳은 아카이아 동맹의 에클레시아였다.[201]

이렇게 폭압적으로 묘사된 아카이아 동맹 정복 이후에도, 로마인들이 관용(ἔλεος)을 보이고 동맹을 회복시키는 데는 그리 오랜 기간이 걸리

---

198) Pausanias 7.16.9.
199) J. Wiseman, "Corinth and Rome, I:228 B.C. To A.D. 267," *ANRW* (1979): 493-96. Cf. *Anthologia Graeca* 7.297 (Polystratus), 7.493 (Antipater of Thessalonica), trans. W. R. Paton (New York: 1919). 기원전 78년경 고린도의 상황과 이에 대한 사람들의 반응을 생생하게 전해주는 자료는 키케로에서 발견할 수 있다. Cicero, *Tusc.* 3.53; *Fam.* 4.5.4; *Agr.* 2.87.
200) Cassius Dio 21.72; Cicero, *De lege agraria* 1.2.5; 2.51; Pausanias 2.2.2; cf. Gruen, *Hellenistic World*, 1:155n144. Gruen cites *SEG* I.152; *Syll.*³ 684; Sherk, *RDGE*, no. 43, lines 15-16; Appian, *Mithr.* 58; cf. Engels, *Roman Corinth*, 16; Jakob Aall Ottesen Larsen, *Greek Federal States: Their Institutions and History* (Oxford, UK: Clarendon Press, 1968), 498-504; Gruen, *Hellenistic World*, 2:523-28; Wiseman, "Corinth and Rome," 491-96.
201) Engels, *Roman Corinth*, 16.

지 않았다.[202] 이러한 복구는 로마에 대항해서 전쟁을 벌인 동맹들에게는 일반적인 일이었다. 전쟁에 참여하지 않은 그리스 도시국가들에게는 기존의 정권을 유지하는 일이 허용되었다.[203] 고린도의 데모스가 회합할 권리를 언제 회복했는지는 분명하지 않다. 그러나 늦게 잡아도 율리우스 카이사르가 고린도를 식민지로 재건했던 기원전 44년일 것이다. 최소한 이 시기부터는 고린도의 시민들이 (아마도 약간의 거주 외국인들도) *comitia tributa*(평민회)를 형성하는 것이 허용되었다. 평민회가 입법권을 가진 것은 아니었지만, "적어도 기원후 3세기 초까지는 도시의 주요 공직자를 선출할 권리"를 행사하였다.[204]

또한 뭄미우스 장군의 고린도 파괴는 로마의 기준으로 전례가 없을 정도로 폭력적이었다고 간주해야 한다.[205] 그러므로 고린도의 파괴 방식을 로마가 피지배 지역의 정치에 관여하는 일반적인 방식이었다는 증거로 사용하는 것은 심각한 오류다. 이와는 대조적으로, 아카이아 전쟁의 결과는 그리스 민주주의의 회복력을 보여주는 동시에 금권정치를 기계적으로 도입하지 않고 관용이라는 이데올로기로 포장한 로마의 타협적인 태도를 보여주는 분명한 사례다.

귀족적인 금권정치 이론을 뒷받침하는 대표적 본문들에 대한 이러한 분석을 통해, 로마가 귀족들을 자신의 정치 파트너로 선호하였다 하더라

---

202) Pausanias 7.16.10; Cassius Dio 21.72.
203) Larsen, *Greek Federal States: Their Institutions and History* (Oxford: Clarendon Press, 1968), 300.
204) Engels, *Roman Corinth*, 17.
205) 폴리비우스는 뭄미우스가 그의 친구들로부터 압력을 받았다는 사실을 상기시키면서 그의 강한 조치가 예외적이었음을 밝힌다. Polybius 5.39.6; Livy, *Per.* 52; Larsen, *Greek Federal States*, 500; Mommsen은 "폭압성"을 뭄미우스에게 돌리는 해석에 반대하고 있다. Theodor Mommsen and William P. Dickson, *The History of Rome* (New York: Scribner, Armstrong, 1873), 4:52.

도 항상 실행에 옮기지는 않았음을 분명히 알 수 있다. 마케도니아인들이 표면적으로는 당당하게 "그리스적인"(proudly Greek) 정치체제를 도입한 것과는 대조적으로, 로마인들은 "수상쩍게 로마적인"(suspiciously Roman) 것으로 보일 수 있는 새로운 정치체제를 시행하는 것을 거북해했다.[206] 일반적으로 로마인들은 자신들의 위치를 그리스의 정치체제와 불가분의 관계에 있는, 전통적인 그리스적 가치의 지지자 혹은 회복자로 설정하였다.[207] 그리스 제국의 지배 아래 있던 도시국가들이 로마의 지배 아래 들어갈 때, 마지막 왕이 차기 왕에게 왕위를 상속하듯이 로마에 국가를 헌납하는 형식을 취하는 경우가 많았다.[208] 로마는 왕위 계승의 형식으로 국가를 헌납받은 만큼, 가급적 기존 정치체제를 유지하려 하였다. 헌납받은 로마가 완전히 새로운 정권을 수립한 것은 정정(政情)이 극도로 불안한 경우에만 한정되었다. 식민도시에서도 로마의 행정 체제는 그리스의 정치 전통에 맞추어 조율을 거쳤다. 한 지역이 식민도시가 되어 상당한 정도로 로마화되었을 때도 그 도시가 이웃 도시들의 내부 정치에 미치는 영향력은 매우 제한적[209]이었다(물론, 서부 라틴 지역에서는 사정이 달랐다). 기원전 44년 이후의 고린도에서는 시민들이 민회로 모일 권리를 보유하고 있었고 상당한 수준으로 시정에 참여하였다. 로마는 이 도시에 로마 시민권을

---

206) Dmitriev, *City Government*, 302. A. H. M. Jones 역시 티모크라시(timocracy)의 부정적 이미지를 인정하고 있다. "이러한 체제는 '과두정'이나 '티모크라시'로 부를 수 있겠지만, 이러한 용어들은 혐오의 대상이다. 명예로운 용어인 '귀족정'(aristocracy)도 민주정치를 선호하는 분위기에서 기피 대상이 되었다"; Jones, *Greek City*, 170.
207) Dmitriev는 이렇게 말한다. "로마인들이 과두정이나 티모크라시를 조장했다는 견해는 소수의 그리스 도시들, 로마가 건설했거나 다양한 정치적 이유로 인해서 완전히 재구성해야 했던 도시들에만 해당된다"; Dmitriev, *City Government*, 310. 이런 경우에도 그리스의 선례를 참고해가면서 정치체제를 형성해갔음을 유념해야 한다; Dmitriev, *City Government*, 7nn15, 17, 211n116.
208) Dmitriev, *City Government*, 211n116, 7n17, 303.
209) Dmitriev, *City Government*, 302.

부여하였지만, 그것이 폴리스의 그리스적 내부 정치와 행정에 미치는 영향은 미미했다.[210]

로마인들이 합병한 지역에서 지역의 부유한 계층을 통치 파트너로 선호했음은 부인할 수 없는 사실이다. 그러나 외교 문제에 있어서 더 중요한 로마의 원칙은 꼭 필요한 경우를 제외하고는 지역 정치에 관여하지 않는다는 것이었다.[211] 미트리브(Dmitriev)는 소아시아 지역의 사례연구를 통하여 "소아시아 지역에서 그리스 공동체들의 사안에 대해 로마가 직접적으로 개입한 사례는 거의 없다. 로마가 지역 정치에 개입하였다는 것은 대개 특정 사례에 해당하는 자료들을 과도하게 일반화한 것이다"라고 결론 내렸다.[212] 이러한 분석은 로마 황제 트라야누스(Trajan)가 소아시아 지역의 총독이었던 플리니우스(Pliny)에게 한 충고와 일치한다. 트라야누스는 이렇게 말한다. "그렇다면 내 생각에 가장 안전한 방법은 언제나 그랬듯이 각 도시의 법률을 따르는 것이다."[213]

로마인들은 정치선전의 측면에서는 자신들이 정복지에서 친구(혹은 동

---

210) Ibid.; cf. Cicero, *Balb.* 8.20-21. MacMullen은 식민도시들이 로마식으로 디자인되기는 했지만, 로마문화의 영향이 두터운 헬레니즘 문화의 저변을 파고 들어가지는 못했다고 분석한다. 한 예로, 그리스 지역의 로마 식민지로 이주해온 이들은 자녀들에게 그리스 이름이나 그리스식으로 들리는 이름을 붙여주는 경우가 많았다는 사실을 들 수 있다. 참조. Ramsay MacMullen, *Romanization in the Time of Augustus* (New Haven: Yale University Press, 2000), 28-29; 또한 11-12. 그리스어권의 에클레시아가 제국 서부 지역의 정치에 끼쳤을 영향에 관해서는 Larsen을 참조하라. Larsen, *Greek Federal States*, 504.
211) Dmitriev, *City Government*, 310; Pliny, *Ep.* 10.20, 69, 76-78, 109, 113. Cf. A. N. Sherwin-White, *The Letters of Pliny: A Historical and Social Commentary* (Oxford, UK: Clarendon Press, 1966), 689; Stephen Mitchell, *Anatolia: Land, Men, and Gods in Asia Minor* (Oxford; New York: Clarendon Press; Oxford University Press, 1993), 1:210.
212) Dmitriev, *City Government*, 311.
213) Pliny, *Ep.* 10.113; cf. Pliny, *Ep.* 10.20, 69, 76, 78.1, 80, 109.

맹국, *ally*)로 보이기를 원했고, 따라서 지역의 전통을 존중하는 태도를 취했다. 실제적 이해관계의 측면에서 로마인들은 정복지의 국내 정치에 성가시게 연루되는 일을 회피하고 싶어 했다. 로마가 자유와 자율, 해방을 선언한 것은 "정치선전임에는 틀림이 없지만, 기만은 아니었다."[214]

1.2.3 —— 그리스가 로마의 지배를 받아들인 방식

고대 역사 연구가 갖는 본질적인 문제는 자료의 계층적 한계다. 고대 세계의 대부분의 문헌자료(literary evidence)는 사회의 최상층에 속한 사람들이 생산해낸 것이다. 때문에 데모스와 에클레시아와 같은 계층에 민감한 이슈를 다룰 때는 관련 문헌(literature)에 대한 비평적 접근이 필요하다. 로마 제국 시대 그리스의 폴리스를 논할 때, 우리는 사회의 지배계층에 의해 쓰인 문헌에서 나타나는 에클레시아와 데모스에 대한 정보를 비판적으로 분석해야 하고 저자의 해석 틀이 무엇이었는가에 주의를 기울여야 한다. 이번 단락에서는 그리스의 지식인들이 로마의 지배에 어떻게 반응했는지를 살펴보고자 한다. 그리스인들은 자신들의 문화 전통과 정치체제에 대한 자부심이 남달랐고, 자신들의 탁월성에 기초한 공고한 세계관을 갖고 있었다. 그랬기에 로마에 패배하고 그 지배에 들어간 것은 그리스인들에게는 세계관적 충격이었다. 그리스인들이 어떤 방식으로 이 도전을 해석하는 틀을 형성했는지, 또 이 새로운 해석 틀이 어떻게 현존하는 그리스 정치에 관한 문헌들에 영향을 미쳤는지를 고찰할 것이다. 이를 위해 폴리비우스(Polybius), 플루타르코스(Plutarch), 디온 크리소스토모스(Dio Chrysostom)를 집중적으로 살펴볼 것이다.

---

214) Gruen, *Hellenistic World*, 1:156-57.

1.2.3.1 ──── 폴리비우스

그리스 지식인들에게 큰 충격이었던 로마의 성공과 그리스의 실패를 해석하는 주요한 패러다임을 제시한 사람은 역사가 폴리비우스다. 그가 『역사』에서 아카이아 전쟁에 대한 서술을 통해 제시한 패러다임은 로마 시대 그리스 지식인들이 자신들의 전통을 이해하고, 로마에 정치적으로 복속하면서도 그리스 전통의 명예를 함께 지킬 수 있는[215] 방향을 제시해주었다. 폴리비우스가 물려받은 그리스 자부심의 핵심은 그리스인들의 자유였다. 이 자유는 앞에서 살펴본 대로, 아리스토텔레스가 말한 바 모든 시민이 (적어도 이론적으로는) 통치의 한 부분을 담당한다는 의미다. 폴리비우스는 헬레니즘 시대 이래로 정치적 구호가 된 "자유와 민주주의"라는 구호의 중요성을 아리스토텔레스 시대보다 더욱 고양시켰다. 그는 정치체제가 순환한다는 이론을 설명하면서 각 체제의 장단점에 대한 균형 잡힌 감각을 보여주었고, 민주주의를 특별히 선호하지는 않았다. 다만 "자유와 민주주의"는 "가장 아름다운 것"이라고 말했을 뿐이었다(τὸ κάλλιστον...τὴν ἐλευθερίαν καὶ δημοκρατίαν).[216]

플라톤과 아리스토텔레스에게서 폴리스를 구성하는 가장 중요한 요소는 지혜였다. 플라톤은 지혜가 통치자의 중요한 덕목이라고 생각했다. 아리스토텔레스가 민주정치를 군주정치보다 우월하다고 본 이유는 다수가 한 사람보다 지혜롭다고 생각했기 때문이다. 폴리비우스도 로기스모스(λογισμός, 이성 혹은 합리성)를 인간과 동물을 구별하는 가장 중요한

---

215) John Henderson, Simon Goldhill, *From Megalopolis to Cosmopolis: Polybius, or There and Back Again—Being Greek under Rome* (Cambridge: Cambridge University Press, 2001), 29-49. 인용은 49쪽에서. 로마인들 역시 그리스의 높은 문명을 마주하면서 비슷한 해석의 틀을 필요로 했다. 폴리비우스가 제시한 패러다임은 로마 역사가들에 의해서 차용되기도 했다.
216) Polybius 6.57.9.

특징으로 보았다.[217] 폴리비우스에게 야만인이란 폴리티코이 안드레스(πολιτικοὶ ἄνδρες, 폴리스에 사는 남자들, 정치적 인간)의 반의어로, 그리스식 도시국가에서 살지 않는 사람을 의미했다.[218] 폴리비우스에 의하면 야만인의 θυμός(튀모스, 격정)는 그리스인의 λογισμός(로기스모스, 이성)와는 뚜렷한 차이가 있다.[219] 그리스인이 "짐승 같은 본성"(ἀγριότης, 아그리오테스)을 보이는 것은 드문 일이며,[220] 설사 그런 사람이 있다 하더라도 적절한 교육과 문화, 특히 음악을 통해 다시 인간의 특성을 갖도록 교정할 수 있다고 한다. 이와는 대조적으로 비그리스인은 쉽게 짐승처럼 될 수 있고, "결국에는 전적으로 짐승처럼 타락하게 되고(ἀποθηριοῦσθα) 더 이상 인간이라고 불릴 수 없는 상태가 된다"는 것이다.[221] 폴리비우스가 이러한 발언을 한 것은 카르타고인들이 특사의 보고를 받고 결의안을 통과시키기 위해 민회에 모였을 때였다. 또한 폴리비우스는 다른 곳에서는 군중(πλῆθος, 플레토스)의 포악한 성격을 일반화하여 "모든 군중(multitude)은 변덕스럽고 불법적인 욕망과 불합리한 열정, 폭력적인 분노로 가득 차 있다"(ἐπεὶ δὲ πᾶν πλῆθος ἐστιν ἐλαφρὸν καὶ πλῆθες ἐπιθυμιῶν παρανόμων, ὀργῆς ἀλόγου, θυμοῦ βιαίου)고 말했다.[222]

정치체제가 군주정, 참주정, 귀족정, 과두정, 민주정, 중우정으로 순환한다는 폴리비우스의 이론은 유명하다. 이 순환 과정에서 민주주의의 쇠

---

217) Polybius 5.90.8; 6.6.4; 6.7.3; 16.28.2. cf. Craige Brian Champion, *Cultural Politics in Polybius's Histories*, Hellenistic Culture and Society (Berkeley: University of California Press, 2004), 6-7, 67-90.
218) Polybius 23.10.4-5.
219) Polybius 2.35.3.
220) Polybius 4.21.11.
221) Polybius 1.81.9. cf, 5 and 7.
222) Polybius 6.51.11. 행 19:28의 에베소 δῆμος에 대한 묘사와 유사하다는 점이 주목할 만하다. πλήρεις θυμοῦ ἔκραζον λέγοντες.

퇴를 설명할 때, 폴리비우스는 민주주의의 쇠퇴가 선동적인 귀족들의 야망으로부터 시작했다는 점을 놓치지 않는다.[223] 민중에 대한 선동은 군중(τὸ πλῆθος, 토 플레토스)을 짐승처럼(ἀποτεθηριωμένον) 만들어서 결국 참주정과 군주정을 초래한다는 것이다.[224] 결론적으로 폴리비우스는 데모스에게 궁극적인 책임을 부과하면서 다음과 같이 말한다. "이런 점을 볼 때, 데모스에게 책임이 있다. 한편으로 그들은 이기심을 노출하는 이들에 대해 분개한다고 생각하지만, 다른 한편으로는 공직을 얻기 위해서 대중에게 아부하는 사람들에게 속아 부화뇌동하기 때문이다."[225]

데모스에 대해 이러한 견해를 가진 폴리비우스는, 많은 찬사를 받던 고전 시대의 아테네의 민주주의를 평가절하하는 데 주저함이 없다. 그는 아테네의 민주주의를 "선장 없는 배"와 같고, "폭도의 억제되지 않는 충동에 의해 운영되던" 도시국가였다고 표현한다.[226] 테베와 아테네는 일정 기간 동안 번영을 누렸지만, 그 짧은 기간 누렸던 번영은 정치체제의 우월함 때문이 아니라 탁월한 지도자가 있었기 때문에 가능했다는 것이다.[227] 이러한 해석에는 민주주의적 가치와는 거리를 유지하고 그리스 몰락의 책임을 데모스에게 돌리려는 폴리비우스의 용의주도한 전략이 전제되어 있다.

민주주의에 대한 폴리비우스의 이러한 해석은 기원전 146년에 회집된 아카이아 동맹의 에클레시아에 대한 기록에서도 잘 나타난다. 폴리비우스는 에클레시아의 광경을 "육체노동자들과 저속한 사람들이 그렇게 많이 한 떼로 모인 적이 없었다"(πλῆθος ἐργαστηριακῶν καὶ βαναύσων ἀνθρώπων)[228]고 묘사한다. 폴리비우스는 그 민회에서 내려진 격렬하고 무

---

223) Polybius 6.9.5-9.
224) Polybius 6.9.8-10.
225) Polybius 6.57.7.
226) Polybius 6.44.3, 9.
227) Polybius 6.43.5.

책임한 결정을 본래 민회의 멤버이기는 했지만 평소에는 잘 참석하지 않다가, 유독 그 집회에 많이 모였던 하위 계층 사람들 탓으로 돌렸다. 퍽스(Alexander Fuks)는 이 대목을 분석하면서 전쟁을 하위 계층의 정치적 준동으로 묘사하려는 폴리비우스의 의도에 주의를 기울인다. 퍽스는 전쟁을 결정하고 전쟁자금을 모으는 데 대다수의 상층 계급 사람들이 주도적인 역할을 했다는 점을 설득력 있게 보여준다.[229] 아카이아 전쟁은 계층 간의 갈등이었다기보다는 "독립을 쟁취하기 위한 전국가적 투쟁"[230]이었다는 것이다.

아리스토텔레스가 이상적 도시국가에 대한 논의에서 에클레시아의 구성원을 어떻게 정의할 것인가에 대한 딜레마에 직면했다는 것은 이미 논의한 바 있다. 바나우소이, 즉 이론적으로는 에클레시아의 구성원이 될 자격이 있지만 실제로는 에클레시아에서 배제되지 않았던 사람들에게 아리스토텔레스가 가졌던 불안을 폴리비우스에게서도 볼 수 있다. 폴리비우스는 그리스 엘리트들의 이 뿌리 깊은 불안을 이용하여 기원전 146년의 에클레시아를 비판하고 나아가서 에클레시아 제도 자체에 이의를 제기한다. 폴리비우스는 이성(λογισμός)에 대한 그의 기준을 명백하게 민회에 적용한다. 146년의 민회는 눈앞에 닥친 문제에 대해 충동적으로 반응했을 뿐, 그 결정이 가져올 결과에 대해 합리적인 성찰을 할 수 없었다는 것이다.[231]

---

228) Polybius 38.12.5.
229) Alexander Fuks, "The Bellum Achaicum and Its Social Aspect," *The Journal of Hellenic Studies* 90 (1970): 78-89. 폴리비우스에 대한 비평적 읽기와 함께 그는 *IG* IV 757과 894를 증거로 제시한다.
230) *Ibid.*, 89. Gruen은 이 점에서 Fuks에 동의한다. 그러나 폴리비우스가 그 전쟁을 계급투쟁으로 묘사하려는 명시적 의도를 보이지는 않는다고 주장한다. Erich S. Gruen, "The Origins of the Achaean War," *The Journal of Hellenic Studies* 96 (1976): 46-69.
231) Polybius 38.11.11.

사람들은 매일 발생하는 구체적인 사건들 때문에 불안해했고, 그러한 불안 때문에 보편적이고 주의 깊은 성찰(ἐπίστασιν καὶ διάληψιν)을 할 수 없게 되었다. 그런 성찰이 가능했다면, 그들이 자신의 부인들, 아이들과 함께 명백하게 멸망의 길로 들어서고 있다는 사실을 몰랐을 리 없다.[232]

그 당시에도 에클레시아는 여전히 도시의 운명을 결정할 만한 권한을 가지고 있었고, 그 후에 이어진 로마의 지배도 그 권한을 결정적으로 약화시키지는 못했다. 그러나 폴리비우스는 "그리스의 몰락"이라는 당황스러운 현실 앞에서 그리스의 자부심을 지키기 위해, 로마와의 전쟁을 결행한 비합리적인 결정을 에클레시아에 모인 데모스의 탓으로 돌렸다. 그가 지키고 싶었던 자부심은 그리스인 전체가 아니라 엘리트들의 자부심이었다. 그의 이러한 해석은 후대의 지식인들이 에클레시아와 데모스를 해석하는 부정적인 인식의 틀이 되었다. 다음 단락에서는 그 지식인 중 대표라고 할 수 있는 플루타르코스를 살펴볼 것이다. 그를 통해 우리는 로마 시대 그리스 엘리트들이 데모스에 대한 부정적인 시각을 가졌다는 사실뿐만 아니라, 그의 시대에도 데모스가 상당한 권력을 가지고 있었다는 사실을 함께 보게 될 것이다.

1.2.3.2 ── 플루타르코스

폴리비우스는 로마의 힘에 의한 그리스의 몰락을 직접 겪으면서, 눈앞에서 벌어지는 현실을 이해해보려고 노력한 지식인의 대표다. 폴리비우스가 로마의 힘과 그리스가 만나는 격변기를 대표한다면, 플루타르코스(기원전 46년경-기원후 120년)는 로마의 지배가 현실이 된 지 오랜 후 그리스

---

232) Polybius 38.16.1.

지식인의 대표적 예라 할 수 있다. 폴리비우스의 『역사』가 로마의 정치적 강점을 설명하기 위해서 모든 가능한 정치체제를 논의선상에 올려놓고 분석했다면, 플루타르코스는 이미 주어진 정치 현실 속에서 어떻게 행동해야 하는가에 집중했다. 그는 자신과 자신의 독자들이 왕정하에서가 아닌 폴리테이아에서(ἐν ταῖς πολιτείαις)²³³ 살고 있음을 분명히 했다. 여기서 폴리테이아는 일반적인 의미에서 정치체제를 말하는 것이 아니라, 기본적인 수준의 민주적 정치 체제를 말하는 용어다.²³⁴ 그는 폴리스의 주요 권력을 평의회와 데모스와 사법부와 통치자(βουλὴ καὶ δῆμος καὶ δικαστήρια καὶ ἀρχή)라고 표현한다.²³⁵

플루타르코스도 폴리비우스처럼 데모스에 대한 부정적인 시각을 갖고 있었다. 그가 위험하고 비이성적인 집단이라는 뉘앙스를 가진 오클로스(ὄχλος)라는 단어로 데모스를 지칭하는 예는 무려 100회가 넘는다.²³⁶ 폴리비우스가 백성들(δῆμος, πλῆθος, ὄχλος)을 직접적으로 지적하는 것을 조심하고 있고, 어떤 특정한 상황에서 그들이 짐승과 같이(ἀποθηριοῦσσθαι) 될 수 있음을 암시하기만 하는 데 반해, 플루타르코스는 직접적으로 데모스를 "의심스럽고 욕심 많은 짐승"(θηρίον ὕποπτον καὶ ποικίλον)²³⁷이라고 표

---

233) Plutarch, *Praec. ger. reip.* 800a, 801c.
234) 아리스토텔레스는 정치체제를 말하는 폴리테이아를 특정한 정치체제를 가리키는 용어로 사용한다. 일반적으로 이 단어는 "constitution," "polity," "constitutional government" 등으로 심지어 "republic"으로 번역되기도 한다. 참조. Fred D. Miller, "Aristotle on the Ideal Constitution," in *A Companion to Aristotle* (Chichester, UK: Wiley-Blackwell, 2009), 547-48; Polin, *Plato and Aristotle*, 207. H. N. Fowler 로엡 문고의 번역에서 플루타르코스의 ἐν ταῖς πολιτείαις를 "in free States"로 번역함으로써 아리스토텔레스적인 이해를 반영한다.
235) Plutarch, *Prae. ger. reip.* 815b.
236) Bremer, "Plutarch and the 'Liberation of Greece,'" 267.
237) Plutarch, *Prae. ger. reip.* 800c; Suzanne Said, "Plutarch and the People in the Parallel Lives," in *The Statesman in Plutarch's Works*, ed. Lukas de Blois et al., 9.

현한다. 플루타르코스가 데모스에게 돌리는 많은 부정적 표현 중에서 가장 신랄한 대목은 그들이 야기하는 정치적인 혼란과 관계된 단어들에서 나타난다. 무질서(κόσμον οὐκ ἐχούσης,[238] ἀσύντακτον[239]), 격동(πλῆθος ἄπορον καὶ θορυβοποιόν),[240] 그리고 반역 등이다.[241]

플루타르코스가 일관되게 데모스에 대한 부정적인 견해를 내놓고 있지만, 자신의 시대에 데모스와 에클레시아가 상당한 권력을 행사했다는 증거를 제시해주기도 한다.[242] 그가 남긴 글들은 왜 많은 현대 학자들이 에클레시아가 고무도장을 찍어주는 기관에 불과했다고 평가하게 되었는지에 대한 실마리를 보여줌과 동시에 왜 그것이 정확한 평가가 아니었는지도 알려준다. 그는 정치가들에게 충고하면서, 에클레시아 앞에 어떤 의제를 내어놓을 때, 특히 그 의제가 "중대한 무엇이거나 안전에 관련한 것일 때"(τι πρᾶγμα καὶ μέγα καὶ σωτήριον) 결론이 이미 내려져 있다는 인상을 주어서는 안 된다고 말한다.[243] 평의회가 에클레시아에 중요한 의제를 상정할 때, 내부적으로 이미 어떤 합의가 이루어졌더라도, "두세 명의 친구들이 서로 의견이 다른 것처럼 말하고, 토론을 거쳐 설득을 당해서 입장을 바꾸는 것처럼 행동하는 것이 좋다. 그렇게 함으로써 그들은 공공의 이익이라는 대의에 의해 영향을 받는다는 것을 보여줄 수 있기 때문이

---

238) Plutarch, *Pyrrh*. 13.7.
239) Plutarch, *Pericles* 12.5.
240) Plutarch, *Mar.* 28.7.
241) Plutarch, *Mar.* 28.7. 이 인용들은 Suzanne Said, "Plutarch and the People in the Parallel Lives," 10nn39-41에서 가져왔다. 또 Plutarch, *Prae. ger. reip.* 802e1-4를 참조하라.
242) 플루타르코스는 로마공화정의 정치를 βουλή-δῆμος의 이분법적 구도로 이해하는 경향이 있다. C. B. R. Pelling, "Plutarch and Roman Politics," in *Past Perspectives: Studies in Greek and Roman Historical Writing*, eds. I. S. Moxon et al. (Cambridge: Cambridge University Press, 1986), 159-87.
243) Plutarch, *Prae. ger. reip.* 813b.

다"[244]라고 충고한다. 당시에 포고령 내용이나 공직자 후보들이 미리 내정된 상태에서 에클레시아에 올려지는 경우가 많았던 것은 사실이지만, 정치 지도자들은 그렇다는 인상을 주지 않으면서 백성의 목소리를 존중하는 모양을 갖추기 위해 노력해야 했다. 비록 평민들이 평소에는 고무도장처럼 보이지만, 잠에서 깨어나면 다루기 힘든 야수처럼, 정치 지도자들의 입장에서는 조심해야 할 상대였음이 분명하다.

브레머는 로마가 제공한 "해방"이란 가난한 대중들의 폭압에서 지역 귀족들을 구해내는 것에 다름없었다고 주장한다. 그리스 엘리트들의 입장에서 로마의 지배로 잃을 것은 아무것도 없었다. 그는 존스(C. P. Jones)를 인용하고 있다.

> 지금까지 자유의 박탈을 한탄했던 플루타르코스가 여기서는 로마가 군중들에게 가한 제한들을 환영한다. 자신들의 지위가 외부의 지원(로마의 지원을 말함)에 의존해 있던 계층의 일원으로서, 로마의 지배가 물러가기를 바랄 이유가 그에게는 없었다.[245]

로마인들이 가져온 안전을 그리스 엘리트들이 환영했던 것은 사실이었다. 그러나 이 당시 로마 제국하에서의 정치적 상황에 대해서 그리스의 상층 계급이 일반적으로 불만을 가지고 있었으며,[246] 플루타르코스도 예외가 아니었음을 주지할 필요가 있다. 그는 개별 폴리스의 정치에서 아무

---

244) Plutarch, *Prae. ger. reip.* 813b.
245) Bremer, "Plutarch and the 'Liberation of Greece,'" 266; Jones, *Plutarch and Rome*, 120.
246) "For a Greek, the paradigmatic political animal, the contemporary balance of politics was profoundly unsatisfactory"; E. L. Bowie, "Greeks and Their Past in the Second Sophistic," *Past & Present*, no. 46 (1970): 3-41.

리 큰 승리를 거두었다고 한들 "로마 총독의 작은 명령에 의해서 폐지될 수도, 다른 사람에게 이전될 수도 있는데 그런 권력이 무슨 의미가 있는가?"[247]라고 한탄하기까지 했다. "돌아가면서 다스리기도 하고 다스림 받기도 한다"는 그리스 이상에 의하면 그 폴리테이아(공화국)의 통치자는 언제나 제한적인 의미에서의 통치자일 수밖에 없다. 플루타르코스는 페리클레스에 대한 권면을 자신에게 상기시킨다. "페리클레스여, 명심하라. 당신이 다스린다고 하지만, 그들은 자유인이다. 당신은 그리스인들, 아테네 시민들을 다스리는 것이다."[248] 플루타르코스는 정치인의 통치 행위가 제한될 수밖에 없다는 의미의 격언을 자기 시대의 정치인들에게 적용하고 있다. "통치하고 있는 여러분은 동시에 피통치자입니다(ἀρχόμενος ἄρχεις). 황제의 대리자인 총독에 의해 관장되는 도시를 다스리고 있기 때문입니다(ὑπτεταγμένης πόλεως ἀνθυπάτοις, ἐπιτρόποις Καίσαρος)." 그는 엘리트 정치인들의 권력 쇠퇴를 한탄하며, 정치인들은 자신의 폴리스에서 가장 큰 정치적 영향력을 행사할 때에도, 그들 머리 위에 있는 "로마 군인들의 군화"[249]를 의식해야 한다고 말했다. 그러나 데모스의 권력에 대해 말할 때, 플루타르코스는 민주주의 시대에 비해 데모스의 정치적 지위에는 별 차이가 없다고 생각하고 있음을 알 수 있다. 사실 그는 데모스가 과분한 권력을 누리고 있다고 보았다.[250]

그리스 정치인들의 전통적 의제는 "평화, 자유, 부유, 풍요, 그리고

---

247) Plutarch, *Prae. ger. reip.* 824e.
248) Plutarch, *Prae. ger. reip.* 813e.
249) Plutarch, *Prae. ger. reip.* 813e; Jones, *Plutarch and Rome*, 133.
250) Plutarch, *Prae. ger. reip.* 824c. 데모스가 합리적 사고의 능력(참조. οἱ λογισμοί; Fabius 3.7. 1.)을 결여하고 있다는 생각은 폴리비우스와 비슷하다. 여기서 οἱ λογισμοί의 번역에 관해서는 Said, "Plutarch and the People in the Parallel Lives," 15를 보라.

일치"²⁵¹였다. 플루타르코스의 시대에 와서는 이런 의제 가운데 일치 (ὁμόνοια)가 가장 중요한 의제가 되었다. 플루타르코스는 전통적인 의제들에 대해 논하면서, "이제 평화(εἰρήνη)와 관련해서 백성들은(οἱ δῆμοι) 더 이상 정치가를 필요로 하지 않게 되었다"고 말한다. 이 문장은 정치가의 활동 범위와 내용을 결정하는 것은 로마의 지배라는 외적인 요인이 아니라, 그 필요에 대한 백성들의 판단과 같은 내적 요인이라는 인식을 보여준다. 플루타르코스의 세계에서 정치가의 가장 중요한 책무는 데모스를 다루는 것이었다. 민주주의의 쇠퇴 요인으로 데마고그를 꼽는 정치이론의 전통에서, 그는 정치가들은 "시민들의 품성을 훈련시키기 위해 노력"해야 한다고 강조한다. 그리고 정치인의 진정한 책무는 "대중을 변화시키는 것"(ἡ μετάθεσις τῶν πολλῶν)²⁵²이라고 간결하게 정의한다. 데모스는 더 이상 아리스토텔레스가 말하는 집단적 지혜의 원천이 아니며, 정치적 책략의 대상이 되어 있다. 이러한 엘리트 중심적 정치론에 입각하여 그는 고전 민주주의를 평가한다. 그가 그리스의 과거를 부러워하는 것은 백성들이 누렸던 자유 때문이 아니라, 데모스테네스나 페리클레스가 행사했던 정치적 영향력 때문이었다. 소수 엘리트의 입술에서 전쟁이냐 평화냐가 결정되었던 영향력을 그리워한 것이다.

플루타르코스는 페리클레스에 의한 정치체제(ἡ κατὰ Περικλέα πολιτεία)는, 명목상으로는(λόγῳ) 민주주의였지만, 사실은(ἔργῳ) 가장 탁월한 한 사람의 통치(ὑπὸ τοῦ πρώτου ἀνδρὸς ἀρχὴ)였으며, 그 탁월성의 핵심은 연설 능력에 있었다고 본다.²⁵³ 이는 투키디데스의 말을 재표현한 것이

---

251) Plutarch, *Prae. ger. reip.* 824c.
252) Plutarch, *Prae. ger. reip.* 800b.
253) Plutarch, *Prae. ger. reip.* 802c.

다.²⁵⁴ 우리는 위에서 투키디데스의 엘리트주의적 시각으로 보아도, 엘리트 중에서 정치 지도자를 선택하는 권한은 결국 데모스에게 있었다는 점에서 데모스는 여전히 중요한 요소였음을 확인한 바 있다. 여기서 플루타르코스는 정치 엘리트의 연설 능력을 강조하지만, 그것은 데모스의 권력이 중요하다는 방증이 될 뿐이다. 이러한 정치체제에서 권력을 쥐려는 정치 연사들은 대중에게 호소할 수밖에 없기 때문에, 데모스는 플루타르코스의 시대에도 여전히 정치의 중요한 축이었다.²⁵⁵ 더 중요한 것은 플루타르코스가 "명목상으로는 민주주의, 실제로는 엘리트의 통치"라고 하는 페리클레스의 시대와 자기 시대의 정치적 구도를 나란히 놓고 설명하는 데 어려움을 겪지 않았다는 것이다. 플루타르코스의 사고 속에서 두 시대의 정치체제는 같은 용어로 설명 가능한 범주에 들어 있다. 고전 시대의 아테네에 비해서 심각하게 약화한 것이 있다면 그것은 엘리트 정치인들의 영향력이지, 대중의 권력은 아니었다는 것이 플루타르코스의 인식이다.

1.2.3.3 ─── 디온 크리소스토모스

위에서 언급한 동료 정치인들에 대한 충고에서도 알 수 있듯이 플루타르코스가 쓴 글의 독자들은 그와 비슷한 계층에 속한 엘리트들이었다.²⁵⁶ 이는 이 연구에서 계속해서 지적하는 바, 대중과 관련한 문제를 다루는 맥

---

254) Thucydides 2,65,80; cf. n132.
255) Plutarch, *Prae. ger. reip.* 801c-804c, 813a-c (persuasion); *An Seni.* 796b-c. Bowie는 황제 앞에서 연설하는 것이 당시 정치 행위의 백미였다고 주장한다(Bowie, "Greeks and Their Past in the Second Sophistic," 18). 그러나 플루타르코스는 황제 앞에서의 연설을 그의 정치연설 논의에 포함시키지 않고 있다. Bowie의 관찰은 로마 제국에서 정치연설의 기능 변화와 관련한 흥미 있는 통찰이다. 그러나 황제 앞에서 연설할 기회는 극단적으로 제한되어 있었다는 점을 염두에 두어야 한다(참조. Philo, *Legatio ad Gaium*). 황제와의 관계, 그 앞에서의 연설은 과장 섞인 자랑인 경우가 많았다.
256) 플루타르코스 저작들의 독자에 대한 논의는 Robert Lamberton, *Plutarch* (New Haven: Yale University Press, 2001), 188-95를 보라.

락에서 대부분의 자료가 엘리트들이 생산한 문헌 자료(literary resources)에 속한다는 한계의 전형적인 예다. 이에 고대 세계에 대한 연구는 비문이나 파피루스 등 비문헌 자료(documentary resources)를 함께 고려해야 하는데, 이 자료들은 내용이 단편적이어서, 문헌 자료의 체계적인 서술에 비해 한계가 있는 것도 사실이다. 디온 크리소스토모스는 이런 자료의 한계에서 벗어난 재미있는 예다. 그가 엘리트 지식인으로서 체계적인 문헌 자료를 남기고 있기는 하지만, 그의 연설문 중 다수가 평민을 대상으로 에클레시아에서 전달될 것이었기 때문에, 데모스에 대한 일방적인 편견에 갇혀 있는 엘리트 문헌과는 다를 수밖에 없다. 데모스는 그의 주요 청중이었다. 한 예로, 디온이 자기 고향 프루사에서 전한 정치연설 아홉 개 중 일곱 개는 에클레시아 앞에서(*Orations* 40,42-43, 45, 47-48, 51), 그리고 두 개는 불레(49,50) 앞에서 행했다.

그렇다고 디온의 연설이 데모스에 대한 객관적 사실을 전달한다고 성급하게 속단해서는 안 된다. 정치연설이란 본래 청중들을 과도하게 추켜세우는 경향이 있기 때문에 디온의 연설에 나타난 에클레시아의 모습 역시 비판적으로 읽어야 한다. 또한 디온 역시 평민은 아니었으며, 엘리트 지식인의 대중에 대한 편견을 공유하고 있었다는 점도 부인할 수 없다. 그러나 이런 한계에 유의해서 비판적으로 읽는다면, 디온의 연설문은 고대 세계가 남긴 다른 자료들이 허락하지 않는 지점까지 연구자들을 데려가 줄 수 있는 소중한 자료임이 틀림없다.

대중을 다루기 힘든 혼란의 근원으로 보고, 데모스의 집회가 쉽게 폭동으로 비화될 수 있다는 당대 엘리트들의 시각은 디온에게서도 발견된다.[257] 그의 고향인 프루사 역시 로마 총독에 의해 에클레시아 회집이 금

---

257) Dio Chrysostom 48,2.

지된 예가 있을 정도로 정치적 불안과 소요로 유명한 도시였다.[258] 그러나 우리는 프루사의 특수한 예를 다른 그리스어권 도시들에 성급하게 적용하지 않도록 유의해야 한다. 예를 들면, 존스(C. P. Jones)는 "다시 말하자면 로마 제국의 대다수 도시들과 마찬가지로 그 도시는 '자유'를 상실했다"[259]고 말한다. 그러나 앞에서 살펴보았듯이 자유라는 단어는 스스로 다스린다는 고전적 의미를 이미 상실했으며, 로마 제국의 도시들은 백성들이 회집할 수 있는 권리를 가진 것만으로도 자유 도시의 지위를 주장할 수 있었다는 점에 유념해야 한다.[260]

로마인들은 자신들이 정복한 도시들로부터 에클레시아로 회집할 권리를 박탈하는 것을 꺼렸으며, 박탈한 경우에도 조만간에 다시 회복시켜 주는 경우가 많았다. 디온은 여러 도시 앞에서 행한 연설들에서 다른 많은 도시들에 대한 언급을 남겼는데, 그중 프루사 외에 집회의 권리를 박탈당한 경우는 한 곳도 없는 것으로 보인다. 존스(A. H. M. Jones)는 에클레시아를 금지하는 일이 로마가 부담 없이 실행할 수 있는 편리한 선택지에 속했다고 주장하지만, 그 증거는 오로지 3개만 제시할 뿐이다. 곧 디온에 나오는 프루사, 사도행전 19:39-40에 나오는 에베소, 그리고 카시우스 디오가 기록하고 있는 마이케나스의 옥타비아누스에 대한 충고다.[261] 우리는 마이케나스의 충고가 그대로 실행되지 않았음을 이미 살펴보았다. 사도행전 19장의 에베소는 회집할 권한을 박탈당한 도시로 볼 수 없다. 그렇다면 유일하게 의미 있는 증거는 디온의 37번 연설뿐이다.

반대로 디온의 저작에는 자유 도시, 즉 에클레시아로 모일 권리를 가

---

258) Dio Chrysostom 48.1.
259) Jones, *The Roman World of Dio Chrysostom*, 5.
260) Gruen, *The Hellenstic World and the Coming of Rome*, 1. 133-38.
261) Jones, *The Greek City from Alexander to Justinian*, 134n74.

진 도시들의 예가 다수 등장한다. 그중에서 아테네와 로도스는 정기적인 에클레시아로 모였다고 나타난다. 디온 시대에 아테네인들은 필요할 때 언제든지 에클레시아로 회집할 권리를 향유하고 있었다.[262] 디온은 로도스의 백성들이 보인 정치 과정의 모범적 질서(τῆς εὐταξίας τῆς περὶ τὴν πολιτείαν)[263]에 대해 칭찬하고 있는데, 다른 도시의 백성들이 회집하기를 "드문드문, 그것도 주저하면서" 했던 데 반해, 그들은 정치적 토론을 위해 매일(καθ᾽ ἡμέραν) 모였다고 말한다.[264] 물론 매일이라는 말에 어느 정도 과장이 있겠지만, 중요한 것은 에클레시아로 모이는 것의 한계는 로마 정부의 금지가 아니라 백성들 쪽에서 회집하려는 열심이 부족한 데 있었다는 디온의 인식이다. 회집에 대한 열정 부족이라는 문제는 민주정치 전성기인 기원전 4세기의 아테네도 겪었으며, 그래서 에클레시아에 참석하면 시민들에게 참가비를 지급하는 제도가 등장하기도 했다는 사실은 앞에서 살펴본 바 있다.

에클레시아를 통해서 폴리스의 정치에 참여하는 시민의 자부심은 디온의 시대에도 중요한 가치였다. 디온은 에클레시아에 출석하는 로도스인들이 모든 사안에 대하여 경청할 "여유"(σχολή)를 가졌으며 "어떤 사안도 논의하지 않고 그냥 남겨두는 일이 없었다"고 칭송했다.[265] 아테네의 에클레시아 앞에서 디온은 "훌륭한 사람"(ἄνδρες ἀγαθοί)의 이상을 "공적인 일과 사적인 일을 모두 적절하게 다루는 사람"(δυνήσεσθαι τά τε κοινὰ πράττειν ὀρθῶς καὶ τὰ ἴδια)이라고 제시했다. 그는 항해사가 배를 운항하는 방법을 알아야 하듯이, 의사가 환자의 몸을 치료하는 방법을 알아야 하듯

---

262) Dio Chrysostom 13.19.
263) Dio Chrysostom 31.146.
264) Dio Chrysostom 31.4.
265) Dio Chrysostom 31.4.

이,²⁶⁶ 에클레시아에 참여하는 모든 시민은 도시의 복지에 대해 논의하는 방법을 배워야 한다고 했다. 이런 유비는 아리스토텔레스에게서도 발견되는 전통적인 정치적 논법이다. 플루타르코스는 이 유비를 그대로 사용하면서 엘리트 정치인들을 도시의 항해사와 의사에 비유했다.²⁶⁷ 시민 전체에게 그런 역할을 요구하는 디온의 입장은 거의 동시대인이라 할 수 있는 플루타르코스보다 수백 년 전의 사람인 아리스토텔레스와 더 가까운 이해를 보인다. 이는 단지 개인적인 견해 차이라기보다는, 여전히 자신들이 폴리스의 주권적 주체라고 생각하는 평민들의 관념을 디온이 수용한 결과로 보아야 한다. 아테네와 로도스를 추켜세우고자 하는 디온의 수사적 의도를 고려하기는 해야 하지만, 그의 이런 입장은 에클레시아의 중요성에 대한 고전 시대의 사고가 로마 제국 시대에도 완전히 폐기되지 않았음을 보여주기에 충분하다.

에클레시아의 회원권(μέρος) 문제와 관련하여 디온은 에클레시아 회원들이(ἐκκλησιασταί) "게으르고 저속한 사람들"(ἀργῶν ἅμα καὶ βαναύσων)로 가득 차는 것을 경계한 아리스토텔레스나 폴리비우스와 비슷한 입장을 보인다.²⁶⁸ 그러나 실제적인 문제를 다루면서 디온은 훨씬 현실적인 견해를 보인다. 34번 연설에서 디온은 직물공들이 "정치체제 밖에 있는지"(ἔξωθεν τῆς πολιτείας) "그 폴리스의 한 부분"(μέρος...τῆς πόλεως)인지에 관한 논쟁을 다루고 있다. 이것은 그들이 "에클레시아에 받아들여져야 하는지 아닌지"(παραδέχεσθαι ταῖς ἐκκλησίαις)에 관한 질문이다.²⁶⁹ 이는 폴리스를 κοινωνία πολιτῶν πολιτείας²⁷⁰라고 정의했던 아리스토텔레스의

---

266) Dio Chrysostom 13.18-19.
267) Aristotle, *Pol.* 1279a4-5; Plutarch, *Pericles* 33.6; cf. Plutarch, *Prae. ger. reip.* 807b10.
268) Dio Chrysostom 7.108.
269) Dio Chrysostom 34.21.
270) Aristotle, *Pol.* 1276b1.

시대와 마찬가지로 디온의 시대에도 에클레시아의 일원이 되는 것과 도시의 한 부분이 되는 것은 동일시되고 있었음을 보여준다.

프루사 시민의 다수는 직물공을 에클레시아에 포함시키지 않기를 원했는데, 이 역시 아리스토텔레스와 폴리비우스가 바나우소이(βάναυσοι)가 에클레시아의 상당 부분을 차지하는 것을 염려했던 것과 같은 사고다.[271] 디온은 그 직물공들이 이 도시에서 태어났으며, 이 도시 경제의 한 부분이라는 점을 상기시킴으로써 이런 배타적인 태도에 반대한다. 디온의 이러한 충고는 전에 없던 새로운 제안이 아니다. 오히려 그리스 사회가 오랫동안 고민해왔고, 현실적으로 택할 수밖에 없었던 실제적인 해결책이었다. 이는 아리스토텔레스의 딜레마이기도 했던 폴리스의 경제적 측면과 정치적 측면의 충돌이 이 시기까지 해결되지 않은 문제로 남아 있었으며, 이 문제가 아리스토텔레스의 시대와 같은 언어로 토론되고 있었다는 것을 보여준다. A. H. M. 존스는 이 연설을 로마가 백성들의 재산 정도에 따라 폴리스의 멤버십을 주었다는 증거로 꼽는다.[272] 그러나 그런 관행이 나타나는 다른 예가 드물며, 이 경우에도 재산에 따른 시민권 부여가 완전히 확립된 제도가 아니라 도전받고 있으며 논쟁의 대상이 되고 있음을 기억해야 한다. 이러한 관행을 반대하는 디온의 주장은 폴리스에 대한 시민의 사랑이 재정적인 기여보다 더 중요하다는 철학에 기초한다. 물론 백성들의 도시 사랑에 호소하려는 수사적 과장으로 보아야 하는 부분도 있지만, 이러한 수사적 상황 자체가 연설자와 청중의 사회적 세계에 대해 중요한 정보를 주는 것은 사실이다.

---

271) Aristotle, *Pol.* 1337b5-9; Polybius 38.12.5; Plato, *Leg.* 643b-644a.
272) Jones, *The Greek City from Alexander to Justinian*, 174n35. Jones의 이 해석은 로마 제국 시대 그리스어권 도시들을 티모크라시로 이해하는 시각에 큰 영향을 끼쳤다. 참조. Magie, *Roman Rule in Asia Minor*, 2.1317n25.

더 중요한 것은 시민권을 부여하는 기준이 일반적인 원리로서 로마 정부에 의해 부과된 것이 아니라, 지역 차원에서 시민들이 토론하고 결정할 수 있는 주제였다는 점이다. 로마 정부로부터 에클레시아로 회집할 권리를 박탈당하기까지 했던 프루사 같은 도시가 이런 자유를 누렸다는 것은 존스의 견해를 근본적으로 흔들어놓는다. 이 시대의 많은 비문이 지역 도시들의 시민권 부여는 대중들의 에클레시아에서 결정되었음을 증명해 준다. 평의회의 추천을 통해서 전체 에클레시아가 결정하는 것이 가장 흔한 경우였다.[273]

프루사에서 발견된 한 예를 과도하게 일반화시킨 존스의 견해는 *leges provinciae*에 대한 그의 이해를 기초로 한다. *leges provinciae*는 로마가 피정복 지역에 부과했다고 생각되는 "표준적인" 법률을 일컫는 용어다.[274] 그러나 로마의 지역 병합의 원칙으로서 고정된 체계로서의 *leges provinciae*가 존재했다는 증거는 거의 없다. 사실 정복과 병합 과정에서 사회체제를 결정하는 일은 개별적인 사안에 대해 원로원이 지침을 의결하여 하달하는 식으로 진행되었다. 정복의 임무를 맡은 장군이 현장에서의 판단에 따라 구체적으로 결정하여 집행할 수 있도록 원로원이 위임하는 경우도 흔했다.[275] 심지어 로마의 지배 도입이 *provincia*에 대한 구체

---

273) *IE* 614c, 27e425-426, 1411, 1412, 1458; cf. Dmitriev, *City Government*, 275.
274) Jones, *The Greek City from Alexander to Justinian*, 174, 120; cf. Graham P. Burton, "The Roman Imperial State, Provincial Governors and the Public Finances of Provincial Cities, 27 B.C.-A.D. 235," *Historia: Zeitschrift für Alte Geschichte* 53, no. 3 (2004): 65; Graham P. Burton, "The Imperial State and Its Impact on the Role and Status of Local Magistrates and Councillors in the Provinces of the Empire," in *Administration, Prosopography and Appointment Policies in the Roman Empire: Proceedings of the First Workshop of the International Network Impact of Empire*, ed. Lukas de Blois (Amsterdam: J.C. Gieben, 2001), 205-6.
275) L. Aemilius Paulus's settlement of Macedonia in 167 BC; Livy 45.17, 31, 32; cf. 18.29-32; 45.26.15. 또한 A. Lintott, "What Was the 'Imperium Romanum'?," *Greece*

적인 정의도 없이 진행되는 경우도 있었다.²⁷⁶ 지역 병합의 이런 다양성을 지적하면서, 린토트(Lintott)는 "로마의 지배를 확립하는 과정에서 어떤 단일한 과정이 있었다는 주장은 근거가 대단히 희박하다"²⁷⁷라고 했다. 그는 "우리는 모든 피정복 지역에 해당하는 단일한 *lex provinciae*가 존재했다고 상상해서는 안 되며, 그런 가상적인 법을 기준으로 삼아 어떤 지역이 로마 제국으로 편입된 연대를 추정하려 해서도 안 된다"²⁷⁸고 했다. 그는 "*lex provinciae*는 공식적인 용어가 아니었다"고 단언한다.²⁷⁹ 이러한 분석은 로마의 지배 과정이 학자들이 일반적으로 생각하는 것보다 많은 여지를 남겨놓고 행해졌으며, 각 지역의 백성들이 그 열린 공간에 참여함으로써 각 지역의 상황에 맞는 정치구조를 만들어갔을 것이라는 본 연구의 전체적인 그림과 맞아 떨어진다.

　　황제 트라야누스가 비두니아의 총독 플리니우스와 주고받은 편지를 보면 이런 주장이 더 이해가 갈 것이다. 물론 플리니우스의 경우도 디온의 프루사처럼 쉽게 일반화시킬 수는 없겠지만, 극도로 다양한 지역의 의제에 대하여 황제 트라야누스가 상황별로 다른 대답을 주는 것은 로마 통치의 중요한 특성을 보여준다. 디온은 백성들이 에클레시아의 실제적인 논의 과정에 어떻게 참여했는지에 대한 정보도 풍부하게 제공해준다. 에클레시아에서는 여전히 투표도 행해졌는데(ψῆφος; 45.9), 손을 들어 의사

　　 & Rome 28, no. 1 (1981): 59를 보라.
276) Livy 45.17, 18, 26; cf. Lintott, "What Was the 'Imperium Romanum'?," 60.
277) Lintott, "What Was the 'Imperium Romanum'?," 59.
278) Lintott, "What Was the 'Imperium Romanum'?," 60.
279) Lintott, "What Was the 'Imperium Romanum'?," 61; Dmitriev, *City Government*, 303. *lex proviniciae Asiae*라는 문구가 사실상 존재하지 않는다는 견해는 G. P. Burton, "The Roman Imperial State (A.D. 14-235): Evidence and Reality," *Chiron* 32 (2002): 265를 보라. 또한 Clifford Ando, *Law, Language, and Empire in the Roman Tradition, Empire and After* (Philadelphia: University of Pennsylvania Press, 2011), 19-70을 참조하라.

를 표시하는(χειροτονία; 66.3) 방식이 일반적이었던 것 같다. 숫자가 많았기 때문에 손 든 사람들을 정확하게 계수하여 결정하기란 어려운 일이었을 것이다. 이러한 상황은 고전 시대의 아테네에서도 마찬가지였다. 이 시대가 직접 민주주의의 모범으로 꼽히지만, 민주적인 토론을 하기에 아테네는 너무 큰 도시였다는 것은 앞에서 이미 살펴본 바 있다. 고전 시대의 아테네 평민들이 그랬던 것처럼 디온 시대에 엘리트 연사들의 연설을 듣는 청중들은 결코 수동적인 구경꾼으로 머물러 있지 않았고, 연설에 반응하기도 했고, 때로는 그 연설에 개입하여 중단시키기도 했다. 이러한 개입이 허락되었을 뿐 아니라(7.62), 공직자 선출이나 법령 제정 등 많은 경우에 공식적인 절차의 일부로 사용되기도 했다.[280] 굳이 어떤 공식적인 의제나 법령 제정, 선출로 이어지지 않더라도, 백성들의 함성 자체가 폴리스의 정치에 막강한 영향을 끼치기도 하였다. 어떤 사안을 두고 많은 데모스들이 모이는 것 자체가 지역의 지도자들과 로마 관료들에게 분명한 메시지를 전달했고, 엄청난 압력을 가하기도 했다. 이러한 배경은 로마 제국 시대에 공식적인 민회와 비공식적인 모임의 경계를 모호하게 만들었다.[281] 앤도(Clifford Ando)는 "로마 황제들은 평민들의 환호로 표현된 민의로 표출된 합의(consensus)를 합법적 절차인 양 사후에 승인하는 경우가 많았다. 심지어는 평민들의 환호성이 원로원의 결정과 균형을 이루

---

280) Jones, *The Roman World of Dio Chrysostom*, 97n25; *OGIS* 595, lines 35ff; Council of Tyre (second century); *Syll.*³ 898, lines 13ff. (third century); Dio Chrysostom, 40.3, 47.18-20, 48.2-3; cf. Ramsay MacMullen, *Enemies of the Roman Order: Treason, Unrest, and Alienation in the Empire* (London; New York: Routledge, 1992), 344-45n19.
281) 황제정 시대 로마시의 평민들은 법적으로는 정치적 참여권이 없었지만, 실제로는 "마치 정치적 집회로 모인 것처럼" 목소리를 높이는 경우가 많았고, 주요한 정치적 의제에 자신들의 의견을 반영시키곤 했다. MacMullen, *Enemies of the Roman Order*, 172; Tacitus, *Hist.* 1.72. 이러한 상황은 행 19장에 나오는 에베소인들의 우발적인 에클레시아의 정치적 영향력을 가늠해볼 수 있게 해준다.

기도 했고, 원로원의 불허 입장을 누르고 황제의 승인을 얻어내는 경우도 있었다"[282]고 지적한다.

평민들이 내는 목소리의 힘은 명성과 관련되어 있을 때 가장 명백하게 드러났다. 그들은 개인의 명예를 실추할 수도, 고양할 수도 있었다. 고전 시대와 마찬가지로 로마 시대에도 에클레시아는 치열한 명예 경쟁의 장이었다. 디온을 포함한 다수의 작가들이 명예의 힘과 그 힘이 폴리스 정치에 미치는 영향에 대한 많은 증거를 남겼다. 이 주제는 독립된 단락을 요구한다.

1.2.4 ── 문화적 배경: 명예의 제국

로마 시대 그리스어권 폴리스들의 민회의 중요성을 논하면서, A. H. M. 존스는 평의회와 에클레시아의 이름으로 선포된 많은 포고령이 실질적 중요성은 거의 없는 내용이라고 결론 내리면서 그 이유를 이렇게 제시한다. "평의회와 백성들의 이름으로 선포된 포고령들은…아무런 실제적 중요성이 없는 경우가 너무 많다. 그 상당수가 명예를 부여하는 내용일 뿐이다."[283] 그러나 이 진술은 당시 폴리스의 구성원인 평의회와 민회의 권력을 함께 논하는 것으로, 평의회와 평민의 집회 사이의 권력 관계에 대해서는 어떤 실마리도 주지 않고 있다. 더욱이 우리는 고전 시대 아테네의 에클레시아에서도 명예 포고령이 전체 결정사항에서 차지하는 비중은 대단히 높았다는 사실을 이미 확인한 바 있다. 여기서는 명예를 높이는 일이 로마 제국 시대에 정말로 사소한 문제였는지를 비평적으로 검토할 것이다. 아래의 논의는 에클레시아에서 누군가를 명예롭게 또 불명예롭

---

282) Ando, *Imperial Ideology and Provincial Loyalty in the Roman Empire*, 201.
283) Jones, *The Greek City from Alexander to Justinian*, 177.

게 할 수 있는 대중의 역량이 이 시기 그리스 폴리스의 데모스가 가진 효과적인 정치 도구였으며, 당시의 시민 문화와 경제를 추동하는 엔진과 같은 역할을 했다는 사실을 밝힐 것이다.

로마가 상대적으로 제한적인 행정 인력과 군대를 가지고 어떻게 그 방대한 영토와 수많은 인구를 다스릴 수 있었는가 하는 것은 고대 역사에서 아주 흥미로운 질문 중 하나다. 전통적인 설명은 공포를 활용한 통치였다. 평소에는 관용의 정책을 펴다가 군사적 반란이 있을 경우에는 일벌백계로 철저히 응징하는 로마의 책략이 적어도 표면적인 평화(pax) 유지를 가능하게 했다는 것이다.[284] 이런 분석에 동의하면서 렌든(Lendon)은 또 다른 요소, 즉 명예를 활용한 통치를 덧붙인다. 앞선 단락에서 살펴보았듯이 로마의 통치는 지역의 헤게모니 구도에 많은 공백을 남겨두었다. 끔찍한 징벌의 가능성이 심각한 혼란이나 반란의 가능성을 차단했지만, 그것만으로는 부족했다. 그 부족한 부분을 채운 것은 명예의 문화였다. 명예의 교환은 일상생활에서 로마의 통치를 실현하는 작용을 했다.[285] 고대 세계에서 명예는 정치 권력의 가장 중요한 근원이었고, 정치적·군사적 행동의 주요 동기였다. 렌든은 고대의 모든 정치는 명예의 정치였음을 상기시키며, 명예의 중요성을 과소평가하는 현대인이 인류의 긴 역사라는 관점에서 예외적 존재라고 한다.[286]

---

284) J. E. Lendon, *Empire of Honour: The Art of Government in the Roman World* (Oxford; New York: Clarendon Press; Oxford University Press, 1997), 3-6; R. MacMullen, "Judicial Savagery in the Roman Empire," *Chiron* (1986): 141-66.
285) Lendon, *Empire of Honour*, 18-29. 후원제(그리고 우정의 문화)가 이 질문에 대한 대답으로 자주 제시되곤 했다. 후원제라는 사회 제도는 명예의 문화에 깊이 연루되어 있다. 후원제와 우정에서 대부분의 혜택(*beneficia*)의 교환은 명예의 교환으로 취급되었다. 명예는 후원제를 포함하면서 훨씬 폭넓게 로마사회를 설명할 수 있는 개념이다.
286) Lendon, *Empire of Honour*, 26.

호메로스 시대부터 명예는 삶의 가장 의미 있는 목표로 꼽혔다.[287] 그리스 문화는 "교육, 연설, 정치, 시작(詩作), 음악, 운동, 전쟁"[288] 등 모든 차원에서 명예에 대한 강한 경쟁이 있었음을 보여준다. 로마 쪽을 살펴보면, 공화국 말기에 전대미문의 급속한 영토 팽창을 이룬 동기에는 군사적 야심가들의 격렬한 명예 경쟁이 있었다. 제국이라고 하는 광범위한 영토와 통치 공간은 명예 경쟁의 장을 더 넓게 열어젖혔다. 이러한 배경에서 로마 제국 시대는 필로티미아(φιλοτιμία, 문자적으로 명예 사랑), 곧 야망의 시대라 할 수 있다.

개인적인 차원에서 명예의 추구는 그 정도가 너무 지나칠 경우에는 비난받았지만,[289] 일반적으로는 추천할 만한 태도로 인정되었다.[290] 한 사람의 재산, 주택, 용기, 그리고 무엇보다도 품성이 전부 명예의 요소로 간주되었다. 명예를 높여주는 것은 개인 간이든, 도시들 간이든[291] 우정의 중요한 표시였다.[292] 명예를 표현하고 주고받는 방법이 많이 있었지만, 가장 효과적인 방법은 대중들 앞에서 공적으로 명예를 높이는 것이었다.[293] 공적인 명예 수여 방법은 다양했다. 칭송비를 세우는 일, 에클레시아나 평

---

287) Homer, *Illiad* 2.356; Aristotle, *Rhet.* 1378b23-25; cf. N. R. E. Fisher, *Hybris: A Study in the Values of Honour and Shame in Ancient Greece* (Warminster, UK: Aris & Phillips, 1992), 8.
288) Robert Jewett, "Paul, Shame, and Honor," in *Paul in the Greco-Roman World*, ed. J. Paul Sampley (2003), 552.
289) Dio Chrysostom 44.5.
290) 이 단어의 용례를 살펴보면 부정적 의미와 긍정적 의미로 명확하게 나누어진다. 참조. *LSJ, s.v.* φιλοτιμία.
291) 로마 세계의 중추라 할 수 있는 후원제는 언어적 표현으로 보면 우정문화의 일부라 할 수 있다. 참조. Richard P. Saller, *Personal Patronage under the Early Empire* (Cambridge; New York: Cambridge University Press, 1982), 11-15.
292) Dio Chrysostom 41.11.
293) Dio Chrysostom 66.1-3.

의회에서 칭송 연설을 하는 일,[294] 문서에서 누군가를 언급하는 일,[295] 명칭을 수여하는 일,[296] 시민권을 주는 일,[297] 공적인 행사에서 특별한 좌석을 배정해주는 일, 국장(國葬)이나 추모 경기를 베푸는 일[298] 등을 들 수 있다. 이런 행동들은 대부분 에클레시아에 데모스가 모였을 때, 그와 비슷한 큰 집회에서 공적으로 표현되거나 결정되는 것이 상례였다. 에클레시아의 일원이라는 의미에서, 그리고 그리스 정치철학에 의하면 통치 과정에 주체로 참여할 자격을 갖춘다는 의미에서, 시민권은 중요한 명예로 여겨졌다. 앞에서 살펴본 바와 같이 이런 명예 없이는 어떤 인생의 성취도 무의미하다고 여겨질 정도였다. ἄτιμος라는 단어는 문자적으로는 "명예가 없는"이라는 말이지만, 종종 "시민으로서의 권리가 없는"[299]이라는 뜻으로 쓰였다.

고대 그리스에서는 폴리스가 하나의 살아 있는 실체처럼 생각되는 경우가 많았다. 개인의 명예와 도시의 명예를 비슷한 맥락에서 이해했다. 도시들은 명예에 따라서 순위가 매겨졌다.[300] 전통적으로 폴리스를 명예롭게 하는 것은 크기, 인구, 공적 건물의 위용 등이었다. 개인의 경우에 명예의 최고 요소가 품성이었던 것처럼, 한 폴리스의 명예에서 가장 중요한 것은 집합적 품성이었다(πόλεως ἤθη).[301] 폴리스들은 서로 명예를 높여주기도 했다.[302] 위에서 언급한 바와 같이, 고전 시대 아테네에서도 외교 칙령

---

294) Dio Chrysostom 51.1-3; 44.2; *IGR* IV 1756.52-62.
295) Dio Chrysostom 77(8).26.
296) Dio Chrysostom 48.10; John Chrysostom, *De Inan. Glor.* 4.
297) [Apol.Ty.] *Ep.* 62; Dio Chrysostom 41.10.
298) Dio Chrysostom 44.3.
299) *LSJ*, *s.v.* ἄτιμος 2. 이런 사고는 호메로스 시대와 같은 초기에도 발견된다. "그는 나를 명예가 없이 방랑하는 사람처럼 취급했다"; *Iliad* 9.648.
300) Τῶν ἰσοτίμων는 "같은 급의 도시들"을 의미한다. Dio Chrysostom 41.2.
301) Dio Chrysostom 41.9, 43.3.
302) Aristides, 23.7, 9; *IKEph*. II 236.

의 대부분은 상대 국가를 명예롭게 하는 내용이었다.

잘 알려진 대로, 그리스의 문화와 전통적 가치들은 로마의 정복에 의해서 사라지지 않았다. 오히려 그리스 도시들의 군사적 패배로 인한 박탈감은 자신들의 폴리스의 명예를 떨어뜨리는 일에 대해 더욱 민감하게 만들었고, 그래서 자기 조국 폴리스의 명예를 보호하고 고양하고자 하는 열망은 더 강해졌다.[303] 로마 제국의 동쪽 그리스어권에서는 로마 제국 시대에 와서 이런 지역 애국주의의 열기가 극에 달했다.[304] 수도 로마에서 성공적인 성취를 이룬 후에 모든 것을 포기하고 자기 고향으로 돌아가는 이들, 혹은 재산과 정력을 자신의 출신 도시를 위해 바치는 이들이 로마 제국의 동부 지역에서는 빈번히 등장했다.[305] 살메리는 이런 지역 애국주의는 제국의 서방에서는 좀처럼 볼 수 없었다고 한다.[306]

애국주의의 정서는 "명예에 대한 고려와 불가분하게 얽혀 있었다."[307]

---

303) Salmeri, "Dio, Rome, and the Civic Life of Asia Minor," 71; S. Mitchell, *Anatolia: Land, Men, and Gods in Asia Minor*, 1:206-211.
304) 로마 제국 당시 도시들 간의 경쟁과 갈등은 이런 배경에서 이해할 수 있다. νεωκόρος라는 칭호를 둘러싼 도시들의 치열한 경쟁이 좋은 예를 보여준다. 참조. Steven J. Friesen, *Twice Neokoros: Ephesus, Asia, and the Cult of the Flavian Imperial Family*, Religions in the Graeco-Roman World (Leiden; New York: E. J. Brill, 1993); M. Wörrle, *Stadt und Fest im kaiserzeitlichen Kleinasien* (München: C.H. Beck, 1988), 17-8; Cassius Dio 52.37.10.
305) 한 예로 데모스테네스(C. Iulius Demosthenes)는 로마에서의 기사로서의 특권을 포기하고 자신의 고향 Oenoanda와 그 지역을 섬기기 위해서 낙향했다. 그는 고향에 극장을 헌납했는데, 이 사실이 기록된 비문은 많이 연구되는 유명한 자료(*IGR* III 487)다. 참조. Guy M. Rogers, "Demosthenes of Oenoanda and Models of Euergetism," *The Journal of Roman Studies* 81 (1991): 90-100; Wörrle, *Stadt und Fest*, 4-16; cf. Salmeri, "Dio, Rome, and the Civic Life of Asia Minor," 59-60. Salmeri는 또 다른 예인, Herodes Atticus의 고향 아테네를 위한 놀라운 헌신을 제시한다. 디온 자신도 황제의 호의를 거절하고 고향 프루사에 와서 살기로 한 자신의 헌신을 자랑하고 있다(44,6-7).
306) Salmeri, "Dio, Rome, and the Civic Life of Asia Minor," 56.
307) Lendon, *Empire of Honour*, 89. S. Mitchell은 φιλοτιμία를 "the patriotic zeal." Stephen Mitchell, "Review: Festivals, Games, and Civic Life in Roman Asia Minor,"

"인간은 무엇보다 신들이 있어야 살 수 있다.…그다음은 폴리스가 있어야 한다. 명예롭게 해야 하는 일순위는 신이고, 그다음은 폴리스다."[308] 그리스인들은 명예를 높이 사는 태도가 자신들의 고유한 특성이라고 주장했다. "지금 살아 있는 민족들 중에서 명예와 불명예의 차이에 민감한 민족은 그리스인밖에 없다."[309] 디온이 소개하는 스토아 철학의 사상에 의하면, 진정한 인간이 될 수 있는 방법과 자신의 조국을 명예롭게 하는 방법은 동일하다. πολιτεύεσθαι, 곧 시민으로 정치에 참여하는 것이다. "사람은 자신의 조국을 명예롭게 해야 하며, 이를 가장 소중한 일로 여겨야 한다. 시민으로서 정치에 참여하는 것(πολιτεύεσθαι)은 인간의 자연스러운 의무다."[310] 이는 정치 참여가 참 인간의 가장 중요한 조건이라고 말한 아리스토텔레스와 똑같은 생각이다.[311]

로도스의 에클레시아 앞에서 디온은 그들의 옛 영광을 회복하는 길을 제안한다. 그 조상들은 자신들의 도시를 명예롭게 하는 많은 방법을 알고 있었다. 곧 "다른 도시들에게 지도력을 행사하는 일, 부정의의 피해자들에게 구조의 손길을 내미는 일, 다른 도시와 동맹을 맺는 일, 도시를 세우는 일, 전쟁에 이기는 일" 등이다. 이러한 일들은 디온 시대의 로도스인들에게는 불가능했다. 그러나 디온은 그들에게 여전히 획득 가능한 특권이 있다고 말한다. 다른 도시들에게 지도력을 행사하는 것은 불가능하지만, "여러분 도시의 행정을 질서 있게 행하고, 탁월한 사람에게 명예를 돌리고

The Journal of Roman Studies 80 (1990): 183.
308) [Apol. Ty.] *Ep.* 11; Aristides 1.330 (Behr); Men. Rhet. 382.19-23; cf. Lendon, *Empire of Honour*, 89.
309) Dio Chrysostom 31.159; Note Greek γενναιότης at 48.8.
310) Dio Chrysostom 47.2.
311) Dio Chrysostom 43.3; cf. 44.10, 50.2; Salmeri, "Dio, Rome, and the Civic Life of Asia Minor," 84-85.

박수를 보냄으로써, 여러분 스스로에게 지도력을 행사하는 일"은 가능하다는 것이다.[312] 이는 개인에게 바람직한 자질을 폴리스에 적용한 것이다. 같은 방식으로 디온은 개인의 자유에 대한 스토아 철학의 사상을 그의 고향 도시 프루사에 적용한다. 비록 프루사가 "명목상의 자유"(τὴν λεγομένην ἐλευθερίαν)는 갖고 있지 못하지만, 그 시민들이 "진정한 자유"(τὴν ἀληθῆν ἐλευθερίαν)를 갖고 있다면, 프루사는 여전히 명예로운 도시일 수 있다는 것이다.[313]

프루사와 로도스에서 똑같이 그 도시를 명예롭게 하는 것은 데모스의 공적인 장에서의 행동이다. 디온은 "시민으로서 질서 있게 행동함으로써"(διὰ τὸ κοσμίως πολιτεύεσθαι)[314] 옛 아테네나 스파르타가 가졌던 명예를 추구하라고 프루사 시민들에게 권면한다. 이런 명예를 갖추려면 백성을 교육(δήμου παιδεία)해서 폴리스의 품성(πόλεως ἦθος)을 고양해야 한다. 그 결과는 백성이 하나로 모였을 때 드러난다. "서로와의 관계에서 할 수 있는 한 불일치와 혼란과 갈등을 최소화하는 것이, 격동에서 자유롭고 안정적인 도시가 되어서 여러분 특유의 명민함과 용기와 지성이 더욱 확대되고 정련되게 하는 것이 여러분의 폴리스를 진정으로 그리스적이게 하는 길입니다."[315] 위에서 본 대로, 디온은 로도스인들을 가리켜 "그들의 정치 체제의 질서정연함"(τῆς εὐταξίας τῆς περὶ τὴν πολιτείαν)[316]이라는 말로 그

---

312) Dio Chrysostom 31.162. 개인적인 덕을 정치적 영역에 적용하는 이런 예는 딤전 1:4의 τοῦ ἰδίου οἴκου καλῶς προϊστάμενον의 해석에 도움을 줄 수 있다.
313) Dio Chrysostom 44.12.
314) Dio Chrysostom 44.11. 이러한 사고는 빌 1:27의 Μόνον ἀξίως τοῦ εὐαγγελίου τοῦ Χριστοῦ πολιτεύεσθε와 밀접한 병행을 이룬다.
315) Dio Chrysostom 44.10-11.
316) Dio Chrysostom 31; cf. 40. Εὐταξία는 아리스토텔레스에게도 중요한 미덕이었다. καὶ τὴν εὐνομίαν ἀναγκαῖον εὐταξίαν εἶναι; *Pol.* 1326a, 3032.37. 디온에서는 ἔπαινος, πραΰτης, ὁμόνοια, κοσμοπολιτεία (32.37), κόσμος, σώφρονος, βεβαίος (32.95) 등의 미덕과 함께 등장한다. εὐταξία에 대해서는 Salmeri, "Dio, Rome, and the Civic Life of

집합적 품성을 칭찬하기도 했다. 공적인 집회에서의 질서정연함은 폴리스의 가장 큰 영광으로 인식되었다. 에클레시아로 모였을 때 표현되는 공적 질서를 그리스의 자부심과 연결시키는 사고는 평화(pax)를 지키고자 했던 로마의 이해와도 맞아 떨어졌다. 에클레시아의 질서정연함을 강조하고 이 특성에 큰 명예를 부여함으로써 로마는 자신의 정치적 이해를 관철할 수가 있었고, 그리스인들은 이를 자랑스러운 전통을 이어간다는 자부심의 근거로 삼을 수가 있었다.

로마 제국의 정치인들은 그들의 정치적 입지가 명예의 힘에 의해서 좌우된다는 것을 잘 알고 있었다. 어떤 정치인이라도 공적인 명예가 훼손될 수 있다는 가능성을 염두에 두어야 했는데, 이는 독재의 출현을 예방하는 기재로 작용하기도 했다.[317] 이런 사고를 잘 보여주는 예는 아우구스투스의 유명한 말에서 찾을 수 있다. "그 이후로 나는 나의 권위(auctoritas)에서 모든 사람을 능가하게 되었다. 그러나 행정체계에서 다른 이들보다 더 큰 법적 권력(potestas)을 가진 것은 아니었다."[318] 이런 방식으로 아우구스투스는 "백성들로 하여금 자신이 명예에 의해서 제국을 다스린다고 생각하게 만들었고"[319] 독재의 혐의를 벗어나고자 했다. 로마의 황제는 그의 통치에 명예를 활용했으며, 또한 원로원 앞에서, 혹은 도시 평민들 앞에서 불명예를 경험할 잠재적 위험에 노출되어 있기도 했다.[320] 높은 명예를 인정받는 황제의 통치는 견고해졌다. 황제라 하더라도

Asia Minor," 81n136; [Plut] *Cons. ad Apoll.* 119f을 보라.
317) Dio Chrysostom 41.3.
318) *Res gestae divi Augusti* 34.
319) Lendon, *Empire of Honour*, 129.
320) 황제의 명예조차도 군중들의 야유에 의해 손상될 수 있었던 사실에 대해서는 Lendon, *Empire of Honour*, 120-23와 MacMullen, *Enemies of the Roman Order*, 172-73를 보라. 참조. Tacitus, *Hist.* 6.46; Ando, *Imperial Ideology and Provincial Loyalty in the Roman Empire*, 200. Ando는 John Chrysostom, *Homily ad populum*

명예를 잃는다면 권력뿐 아니라 목숨까지도 위험해질 수 있었다. 로마 제국 전체가 명예 경쟁의 장이었는데, 이 경쟁에서 황제라고 예외가 아니었다. 유력한 귀족들과의 명예 경쟁은 모든 황제의 숙명과도 같았다.[321]

지역에 파견된 로마 총독들도, 꼭 공적인 에클레시아는 아니더라도 한 자리에 모인 데모스에 의해 명예에 상처를 입을 확률이 상존했다는 것은 부인할 수 없다. 특별히 민주주의의 오랜 전통을 가진 그리스 폴리스들에서, 백성들은 그들의 통치자를 다루는 방법을 알고 있었고, 그중에서 통치자의 명예를 공격하는 것은 가장 유력한 정치적 카드였다.[322]

결국 백성들이 한자리에 회집하는 것은 총독들 입장에서는 잠재적인 위험에 노출되는 것이었다. 그럼에도 불구하고 총독들이 대중 집회를 허용했고, 심지어 법적으로 민회의 회집이 금지된 도시에서도 집회를 용인했다는 사실에 주목할 필요가 있다. 도시의 공공시설 등을 위한 자금을 모으기 위해서 총독이 집회를 허용한 예가 많다. 총독이 어떤 공사를 결정할 수는 있었지만, 큰 사업을 위한 재정 확충에는 에클레시아가 필요했다. 로마 제국은 현대의 용어로 말하자면 놀랍도록 "작은 정부"였다. 군대의 수나, 공직자의 수뿐 아니라, 국가 재정도 아주 적었다.[323] 공식적인 세금으로 충당하는 예산은 일상적인 시행정을 유지하기에도 턱없이 부족했다. 렌든은 로마 제국 내 각 속주 도시들의 재정 운용을 이렇게 묘사한다.

Antiochenum 7.2 (*PG* 49, col. 93)을 인용한다. 황제의 명예는 군중들에 의해 도전 받을 수 있지만, 평민인 개인이 황제의 명예에 미칠 수 있는 영향은 거의 없었다. Dio Chrysostom 59.26.8-9.

321) Nero and Thrasea Paetus, in Tacitus, *Ann.* 14.12, 16.21; Cf. Dio Chrysostom 61.15.2, 20; Lendon, *Empire of Honour*, 143-45.
322) 요 19:12을 보면 예수 시대의 예루살렘 주민들도 이런 책략에 능했던 것을 알 수 있다.
323) Peter Garnsey and Richard P. Saller, *The Roman Empire: Economy, Society, and Culture* (Berkeley: University of California Press, 1987), 20-40.

따라서 제국의 도시들의 재정 확충은 (비록 간접세가 있기는 했지만) 현대의 도시나 국가보다는 미국의 지방에 있는 미술관이나 오페라단과 유사하다고 할 수 있다. 이런 단체들이 정부로부터 보조금(세금에서 나온)을 받기는 하지만, 재정의 많은 부분은 부유한 후원자들의 기부에 의해 유지되는 것처럼 말이다.[324]

부유한 후원자들의 기부를 유도하는 가장 중요한 방법은 대중 집회에서 대중들이 그들의 기여를 인정하고 칭송하는 것이다. 디온은 재정 기부자들에 대한 칭송의 문화를 생생하게 묘사한다. "하루 종일 칭송하는 것, 우리 귀족들 중에 누군가의 이름, 올림포스의 신들의 이름, 구원자들, 혹은 양육자들의 이름을 부르면서 칭송을 이어가는 것이 여러분 아닙니까?"[325] 폴리스의 어떤 사업이 성공하려면 백성들의 찬성뿐 아니라 열광적인 반응이 있어야 했다. 대중들의 기대를 자극하여 열정적인 반응을 이끌어내지 못하면 부자들의 지갑이 열리지 않았고, 공공사업이 좌초하는 경우가 많았다.[326] 디온은 어떤 사람들은 에클레시아에서 리본 하나를 얻기 위해 전 재산을 기부하기도 하는데, 사실 그 리본은 시장($ἀγορά$)에서 몇 푼이면 살 수 있는 것이라며 대중의 환호에 목마른 부자들의 행태를

---

324) Lendon, *Empire of Honour*, 85. 애국주의와 기부문화(euergetism)에 대해서는 다음을 보라. Paul Veyne and Oswyn Murray, *Bread and Circuses: Historical Sociology and Political Pluralism* (London: Penguin, 1992), 88-90, 108-10; Mitchell, *Anatolia: Land, Men, and Gods in Asia Minor*, 1:206-10.
325) 이러한 칭호는 비문들에서 발견된다. Jones, *Roman World of Dio Chrysostom*, 113; John Chrysostom, Migne, *PG* 54.659; 기부자들에게 돌려진 명예 비문들의 예는 Danker의 탁월한 선집에서 만날 수 있다. Frederick W. Danker, *Benefactor: Epigraphic Study of a Graeco-Roman and New Testament Semantic Field* (St. Louis, MO: Clayton, 1982).
326) Dio Chrysostom 45.15-16.

조소하기도 했다.³²⁷ 그렇지만 그 역시 자신의 고향에서 행한 연설에서 시의 사업을 위한 재정 기부를 독려하기도 했다(Orations 45 and 48). 이러한 예는 당시 에클레시아에서 백성들의 환호로 표현되는 명예가 부자들의 재정 기부에 얼마나 큰 동기로 작용했는지를 잘 보여준다.

공적인 건물이나 사회 기반시설을 건축하는 동기 자체도 실용적인 쓰임새 못지않게 폴리스의 명예를 높이기 위한 경우가 많았다. 특히 이웃 도시와 명예 경쟁을 할 때, 건축물은 중요한 자랑거리였다.³²⁸ 전통적으로 그리스 폴리스들의 명예는 전쟁에 의해서 판가름 났다. 지역 애국주의의 열망이 극에 달했지만 전쟁이라는 명예 고양의 수단은 사라진 팍스 로마나의 시대에 그리스인들은 과거 전쟁에 나서던 열정으로 건축물을 지어 댔다. 결국 시의 공공사업을 위한 재정적 기여는 애국의 가장 중요한 표현으로 자리 잡았고,³²⁹ 기부자의 입장에서는 명예를 확보할 수 있는 가장 확실한 투자가 되었다. 공공사업에 대한 시의 열정과 그 사업에 기부하는 개인의 동기가 모두 강한 명예 추구의 문화에서 설명이 된다. 문자적으로 명예에 대한 사랑이라는 뜻인 φιλοτιμία는 아이스키네스 시대에 이미 "공적인 기부"라는 의미로 쓰이고 있었다.³³⁰

이러한 문화적·정치적 상황에서 데모스는 단순히 공공사업의 기부자에게 박수를 보내고 그 혜택을 누리는 구경꾼의 입장에 머물러 있지 않았다. 그 빌딩은 백성들에게 속한 건물로 인식되었다(δημοσία οἰκοδομήματα).³³¹ 이런 기부 문화에서 데모스가 차지하는 비중을 논하면서,

---

327) Dio Chrysostom 66.4.
328) MacMullen, *Enemies of the Roman Order*, 185-87.
329) Dio Chrysostom 48.4.
330) Aeschines 3.19; *LSJ*, s.v. φιλοτιμία I.4. 로마 제국 시대에는 이 단어가 "검투시합"을 의미하기도 했다. Jones, *The Roman World of Dio Chrysostom*, 20n8.
331) Dio Chrysostom 48.4.

로저스(Guy M. Rogers)는 기여의 과정이 부유한 기부자의 주도로 이루어졌다고 보는 학계의 경향이 있음을 지적한다. 데모스테네스라는 이름의 사람이 그의 고향 Oenoanda의 축제를 위해 재정을 기부한 사실을 기록하고 있는 비문을 철저히 분석한 결과, 로저스는 이 축제가 단순히 엘리트 시혜자의 입장에서 기획되고 진행된 것이 아님을 밝혀냈다.[332] 물론 데모스테네스가 그 과정을 시작한 것은 사실이지만, 불레와 데모스가 "수동적이고 비정치적인 대중"으로서가 아니라, 그 축제에 관해 "토론하고 타협하고 마지막에는 전체를 승인하는" 과정에 주도적으로 참여했음이 명백하다는 것이다.[333] 이 비문을 보면, 축제에 대한 세제 감면 혜택을 요구하기 위해 총독에게 보낼 대표를 임명하고 파송하는 절차를 에클레시아가 결정하고 집행한 것을 알 수 있다.[334]

로저스는 이보다 좀 더 긴 다른 비문에 대한 선행연구를 통해서도 같은 결론에 이르렀다.[335] 축제에서의 행진, 명예를 표하고 상금을 수여하는 방식 등도 로마식이 아닌 전통적인 그리스식으로 행해졌다. 황제 제의가 이 지역에서 행해졌지만, 로마적 방식이 그리스 평민들에게 일방적으로 부과된 것이 아니라, 그리스 평민들이 주도권을 갖고 자신들의 가치관 속에서 로마의 요구와 타협해가며 축제의 종교적 틀을 형성했던 것으로 보인다. 이 두 비문은 두 가지 측면의 타협을 보여준다. 하나는 그리스 폴리스 내에서 엘리트 시혜자와 평민 수혜자들과의 타협이고, 또 하나는 그

---

332) 이러한 분석은 소아시아 기부문화를 철저한 과두귀족정치의 맥락에서 이해했던 Mitchell의 시각을 효과적으로 교정해준다. S. Mitchell, *Anatolia: Land, Men, and Gods in Asia Minor*, 1.210.
333) Rogers, "Demosthenes of Oenoanda and Models of Euergetism," 99.
334) Lines 58-59, 98-101. 이 비문은 Michael Wörrle, *Stadt und Fest*에서 확인할 수 있다. cf. Salmeri, "Dio, Rome, and the Civic Life of Asia Minor," 71n91.
335) Rogers, *The Sacred Identity of Ephesos: Foundation Myths of a Roman City*, 144-49. Rogers는 "데모스가 에베소의 신성한 일의 전체적인 틀 형성에 참여했다"고 주장한다.

리스 전통과 로마라는 정치 현실과의 타협이다. 이러한 해석에 기초하여, 로저스는 그리스-로마의 시혜문화(euergetism)에 대한 엘리트 중심적 관점의 수정과 "보다 '민주적인 모델'의 확립을 요구하고 있다."[336]

로저스의 분석은 로마의 지배가 일반적으로 생각하는 것보다 피지배 지역민을 위한 참여의 여지를 훨씬 많이 남겨놓는 방식으로 진행되었으며, 특별히 민주 전통을 가진 그리스 도시들에서 그러했다는 본 연구의 논지를 지지하는 중요한 근거가 된다. 로마가 열어놓은 공간에 그리스의 데모스는 그들의 전통적인 정치적 전략과 정치 활동의 주체로서의 오랜 경험을 활용하여 적극적으로 참여했다. 따라서 로마 제국 시대의 에클레시아가 평의회의 결정을 사후 추인하는 고무도장에 지나지 않았다는 시각은 재고되어야 한다. 이런 교정이 제대로 행해진다면, 이 전제 위에 세워진 로마사의 많은 연구들, 바울 공동체들의 사회사를 포함하여 초기 기독교 연구의 많은 대목이 재검토되어야 한다. 본 연구는 그 노력의 일환이다.

1.2.5 —— 에클레시아가 자발적 조합의 명칭으로 사용되었는가?

로마사 연구 경향이 신약학 연구에 영향을 끼칠 수밖에 없다. 헬레니즘 시대와 로마 시대의 에클레시아가 고무도장에 지나지 않았다는 로마사의 다수 의견 역시 에클레시아라는 바울의 용어 해석의 출발점으로 사용된 경향이 크다. 예를 들면, 월리스와 윌리암스의 책은 그리스도인들의 에클레시아 사용에 대한 설명을 이러한 단정으로 시작한다. 바울 시대에 이 기관은 "평의회의 제안에 대한 고무도장 이외의 기능은 거의 하지 않았다."[337] 신약학 내에서 에클레시아의 정치 집회로서의 성격을 최소화하는

---

336) Rogers, "Demosthenes of Oenoanda and Models of Euergetism," 93.
337) Richard Wallace and Wynne Williams, *The Three Worlds of Paul of Tarsus* (London;

이런 입장은 그리스-로마 세계의 자발적 조합(voluntary associations)에서 바울 공동체의 모델을 찾고자 하는 학자들에 의해 더 강화되었다.

1880년에 행한 유명한 강의에서 에드윈 해치는 ἐπίσκοποι와 διάκονοί 라는 단어의 기원을 논하면서 자발적 조합에서 이 칭호들이 쓰인 예에 주목했다.[338] 교회와 조합이라는 두 종류 그룹의 사회적 형태에 대해 논하면서, 해치는 그룹의 응집력은 그리스도인들의 공동체가 조합들보다 훨씬 강했다고 평가했다. 두 그룹의 차이점을 지적하면서도, 해치는 두 그룹의 상관관계에 대한 연구가 필요함을 천명하는 입장에서 이렇게 말했다. "외부 관찰자의 입장에서 그들[그리스도인의 그룹들]은 이미 존재하고 있던 조합들과 같은 범주로 보였을 것이다. 이 두 그룹이 자신들의 모임을 같은 단어로 지칭하기도 했고, 그들의 지도자들에 대해 같은 칭호를 쓰기도 했다."[339]

해치의 입장이 전폭적 지지를 받은 것은 100년도 더 넘은 1993년에 와서였다. 클로펜버그(John S. Kloppenborg)가 "Edwin Hatch, Churches and Collegia"[340]라는 논문을 써서 해치의 통찰에 대한 관심을 촉구한 것이다. 이 해에 클로펜버그는 그의 동료들과 함께 Associations in the Graeco-Roman World라는 제목으로 논문집을 발표했다. 이는 Canadian Society of Biblical Studies의 후원 아래 5년 동안 진행된

New York: Routledge, 1998), 111.

338) Edwin Hatch, *The Organization of the Early Christian Churches: Eight Lectures Delivered before the University of Oxford* (London: Rivingtons, 1881), 1-55.

339) Edwin Hatch, *The Organization of the Early Christian Churches*, 30.

340) John S. Kloppenborg, "Edwin Hatch, Churches and Collegia," in *Origins and Method: Towards a New Understanding of Judaism and Christianity: Essays in Honour of John C. Hurd*, ed. Bradley H. McLean, Journal for the Study of the New Testament Supplement Series 86 (Sheffield, UK: JSOT Press, 1993), 212-38; 또한 같은 책의 다른 논문도 보라.

(1988-1993) 집단적 연구의 결과물이었다. 이 그룹의 학자들은 이 주제와 관련하여 박사학위 논문 두 개를 배출하였고,[341] 최근에 자발적 그룹과 관련한 파피루스, 비문들을 모은 자료집 *Greco-Roman Associations: Text, Translations, and Commentary*[342]를 내놓는 등 활발한 활동을 펼치고 있다. 개별 학자들 간의 입장 차이에도 불구하고, 이들은 자발적 조합이 초기 그리스도인 공동체의 중요한 사회적 모델로서 기능했다는 데 동의하며, 에클레시아라는 용어 역시 이런 조합들의 용어로 빈번히 사용되었음을 주장하는 편이다. 이런 시각이 적잖은 비판을 받기도 했지만,[343] 이런 입장이 적잖은 신약학자들의 저작에서 (많은 경우 무비판적으로) 수용되고 있다. 예를 들면 캠벨(W. S. Campbell)은 "이 단어[ἐκκλησία]는 다른 그리스 용어들, 예를 들면 쉬나고게(*synagoge*)나 쉴로고스(*syllogos*) 같은 용어들과 함께 그리스의 다양한 자발적 조합들에 사용되었다"[344]고 단언하고 있다.

공동체와 공간에 대한 바울의 이해를 연구한 책에서 오클랜드(Økland)는 "ἐκκλησία라는 단어 자체는 거의 텅 빈 용어(a fairly empty

---

341) Philip Harland, *Associations, Synagogues, and Congregations: Claiming a Place in Ancient Mediterranean Society* (Minneapolis, MN: Fortress Press, 2003); Richard S. Ascough, *Paul's Macedonian Associations: The Social Context of Philippians and 1 Thessalonians*, Wissenschaftliche Untersuchungen zum Neuen Testament II. 161 (Tübingen: Mohr Siebeck, 2003).
342) John S. Kloppenborg and Richard Ascough., *Greco-Roman Associations: Texts, Translations, and Commentary: Attica, Central Greece, Macedonia, Thrace*, Beihefte zur Zeitschrift für die Neutestamentliche Wissenschaft und die Kunde der älteren Kirche (Berlin; New York: de Gruyter, 2011).
343) Edward Adams, "First-Century Models for Paul's Churches: Selected Scholarly Develpments since Meeks," in *After the First Urban Christians: The Social-Scientific Study of Pauline Christianity Twenty-Five Years Later*, eds. Todd D. Still and David G. Holler (New York: T&T Clark, 2009), 68-71.
344) W. S. Campbell, "Church," in *DLNT*, 204.

term)"³⁴⁵라고 주장한다. 그러나 그녀는 특별한 증거를 제시하지 않는다. 이 경우는 에클레시아란 단어에 담긴 시민정치적 함의에 대한 과소평가가 그리스도를 예배하는 초기 공동체에 대한 이해를 얼마나 왜곡할 수 있는지를 보여준다. 지금까지 개진한 바대로 헬레니즘과 로마 시대에 에클레시아라는 단어에 압도적인 정치적 함의가 있었다는 내 주장이 맞다면, 신약학 분야의 이러한 경향은 근본적으로 재검토되어야 한다.

에클레시아라는 용어가 자발적 조합의 명칭으로 자주 사용되었는가 하는 문제는 더 광범위하고 복잡한 문제인 초기 교회와 조합들의 사회적 형태와 관련되어 있다. 본 연구에서는 바울의 에클레시아 용어 사용에 대한 세부적인 논의(제4장)와 바울 공동체의 지역적 다양성에 대한 고찰(제5장)을 거친 다음에, 이 문제를 제5장 끝부분에서 체계적으로 다룰 것이다. 그러나 제1장에서 에클레시아의 그리스-로마적 배경을 논한 결론에 더해서, 또 제2장에서 유대적 배경을 논하기 전에, 에클레시아가 자발적 조합의 명칭으로 사용되었는가 하는 문제를 간단히 규명하고 넘어가는 것은 필요하다고 본다. 조합들과 그리스도인 공동체들의 유사성에 대한 방대하고 세밀한 연구들이 쏟아졌음에도 불구하고, 에클레시아라는 단어가 실제로 사적 조합에 사용된 예는 해치의 1880년 강의와 폴랜드(Poland)의 1909년 연구에서 제시된 예에서 거의 진전된 바가 없다.³⁴⁶ 그 예들은 아래와 같다.

---

345) Jorunn Økland, *Women in Their Place: Paul and the Corinthian Discourse of Gender and Sanctuary Space*, Journal for the Study of the New Testament Supplement Series 269 (London; New York: T&T Clark, 2004), 135.

346) Edwin Hatch, *The Organization of the Early Christian Churches*, 30. Franz Poland, *Geschichte des griechischen Vereinswesens*, Preisschriften gekrönt und hrsg. von der Fürstlich Jablonowskischen Gesellschaft zu Leipzig. XXXVIII. nr. XXIII der Historisch-nationalökonomischen Sektion (Leipzig: B. G. Teubner, 1909), 332.

CIG 2271 (= *IDelos* 1519; Paul François Foucart, *Des associations religieuses chez les Grecs*, 223-25, no. 43)—두로의 상인들과 델로스의 선주들의 명예 비문

BCH 59 [1935]: 476-77, no. 2—사모스의 운동선수들의 명예 포고문

IGLAM (*LBW*) 1381 and 1382—아스펜도스와 밤빌리아에서 발견된 비문의 단편

용례: 회집을 묘사하고 있는가, 집단의 명칭인가?

웨인 믹스(Wayne Meeks)는 이 비문들에 쓰인 에클레시아가 그들의 모임을 묘사하기 위해 사용되었지, 그룹의 이름을 지칭하기 위해 사용된 것이 아님을 지적하며, 이 용례들을 과대평가하는 것을 경계한다.[347] 클로펜버그는 데살로니가전서 1:1의 에클레시아 역시 모임을 가리킨다고 하면서 믹스의 주장을 반박한다.[348] 그러나 데살로니가전서의 서문에서 이 단어는 서신의 공식적 수신자를 지칭하기 위해 쓰였고, 따라서 편지를 받은 그룹의 가장 중요한 (아마도 유일한) 명칭으로 의도되고 있다. 이 서신에서 다른 지역에 있는 공동체 역시 에클레시아(살전 2:14; 참조. 고후 8장)로 불리고 있는 점도 중요하다. 우리가 바울 서신 전체로 범위를 확대하면 에클레시아라는 단어에 모임을 직접적으로 지칭하는 것 외에 다양한 용법이 있음을 발견하게 될 것이다. 이 부분은 제3장에서 다루어보자.

IDelos 1519에는 에클레시아란 단어가 두 번 나타난다. 1-2행에 이런 구절이 있다. ἐλαφηβολιῶνος ὀγδει, ἐκκλησία ἐν τῷ ἱερῷ τοῦ

---

347) Wayne A. Meeks, *The First Urban Christians: The Social World of the Apostle Paul* (New Haven: Yale University Press, 1983), 79, 222n24.

348) John S. Kloppenborg, "Greco-Roman Thiasoi, the Ekklēsia at Corinth, and Conflict Management," in *Redescribing Paul and the Corinthians*, eds. Merrill P. Miller and Ron Cameron (Atlanta: Society of Biblical Literature, 2011), 195n26.

Ἀπόλλωνος("아홉 번째 달 제8일, 아폴론 신전에서의 모임"). 여기서 에클레시아는 그룹의 후원자에게 명예를 표하는 문제를 결정하기 위해 모일 모임의 시간과 장소를 공지하는 대목에서 단순히 "모임"이라는 말로 쓰였다. 4-5행에서 명예 수여를 결정할 사람을 제안하는 대목에서 에클레시아가 다시 등장한다. 다음과 같은 속격 독립 구문으로 표현된다. τῶν ἐκ τῆς συνόδου ἐπελθὼν ἐπὶ τὴν ἐκκλησίαν ("σύνοδος에 속한 사람들로서, ἐκκλησία에 나오는"). 바울의 데살로니가전서에 나오는 에클레시아의 경우와는 달리, 여기서 이 조합의 주도적 명칭은 σύνοδος(쉬노도스)임이 명백하다. 이 단어는 이 비문의 맨 마지막에, 이 비문의 공식적 헌정 주체를 명시하는 대목에서 다시 등장하기 때문이다.[349]

사모스의 명예 비문에는(BCH 476-77), 에클레시아란 단어가 ἔδοξεν τοῖς ἀλειπομένοις ἐν τῆι γεροντικῆι παλαίστραι, συναχθεῖσιν εἰς ἐκκλησίαν라는 구문 안에서 등장한다. 이 구문은 앞에서 거듭 살펴본 대로, 에클레시아의 결정을 공식적으로 포고하는 공식 ἔδοξε τῇ βουλῇ καὶ τῷ δήμῳ (또는 τῇ ἐκκλησίᾳ)의 명백한 모방이다. 이 결정은 γεροντική παλαίστρα, 레슬링 선수들 조합의 장로회(게루시아)격인 기관에 의해서 내려졌다. Συναχθεῖσιν εἰς ἐκκλησίαν는 다른 기관을 추가하는 내용이 아니라 τοῖς ἀλειπομένοις에 걸리는 상황적 분사 구문(circumstantial participle construct)으로서 "그들이 집회를 위해 모일 때" 혹은 "그들이 집회로 모이면서"의 의미다. 바울 서신에서 유례를 찾자면 클로펜버그가 말한 데살로니가전서 1:1이 아니라 고린도전서 11:18의 συνερχομένων ὑμῶν ἐν

---

349) Κοινόν, θίασος, θιασίται도 이 비문에서 발견된다는 점에 주목해야 한다. 이런 명칭들에 대한 설명은 다음을 참조하라. Bradley H. McLean, "Hierarchically Organised Associations on Delos," in *XI Congresso internazionale di epigrafia greca e latina: Roma, 18-24 Settembre 1997: Atti* (Roma: Edizioni Quasar, 1999), 361-70.

ἐκκλησίᾳ(참조. 고전 14:23), 그리고 고린도전서 5:4의 ὑμῶν συναχθέντων ("when you are assembled")이 그나마 가까운 예가 될 것이다.

시민정치의 맥락

조합의 명예 수여 비문에서 ἔδοξε라는 동사를 사용하는 것은(BCH 477, 1행) 이 그룹이 시민 정치의 용어에 친근성을 갖고 있음을 보여준다. IDelos 1590 말미의 헌정자들이 공식적으로 표현되는 대목에서 ὁ δῆμος ὁ Ἀθηναίων("아테네의 데모스")라는 문구가 "두로의 상인들과 선주들의 쉬노도스"라는 말과 나란히 등장한다. 쉬노도스가 이 기념비를 세운 기관인 것이다. 아테네의 민회가 이 기념비를 세우는 데 어떤 구체적인 역할을 했다고는 보이지 않는다. 이 조합이 민회라는 공적·정치적 기관을 기념비의 공동 헌정자로 표현하기를 원했을 뿐이다(참조. 18-22행). 다른 두 비문인 IGLAM (LBW) 1381과 1382 역시, 너무 작은 단편이어서 의미 있는 정보를 제공하지는 못하지만, 비슷한 시민 정치적 맥락을 보여준다(ἡ βουλὴ καὶ ὁ δῆμος IGLAM 1382의 1행). 에클레시아라는 단어가 조합의 모임을 가리키는 말로 쓰인 아주 드문 경우들이 모두 조합과 시민 정치 조직과의 관계에서 이 말을 쓰고 있는 것은 우연이 아니다.[350] 이는 사적인 조합들이 시민사회의 인정을 열망했던 사실을 보여준다. 이런 열망 속에서 그들이 자신들의 조그마한 그룹에 시민사회의 용어를 적극적으로 차용하여 적용한 것은 잘 알려진 사실이다.[351] 이런 시민 정치적 열망을 고려하

---

350) Cf. Hans-Josef Klauck, *The Religious Context of Early Christianity: A Guide to Graeco-Roman Religions*, Studies of the New Testament and Its World (Edinburgh: T&T Clark, 2000), 46.

351) Ἡγούμενος προστάτης ἐπιμελητής (*curator*), ἐισκάτος τῶν δημοσίων, γραμματεύς, ταμίας, *magistri, quinquennales, curator, quaestor*. R. P. Saller, "The Family and Society," in *Epigraphic Evidence: Ancient History from Inscriptions*, ed. J. Bodel

면 에클레시아라는 용어가 조합의 명칭으로 쓰인 경우가 전무하다는 사실은 충격적이다.

이런 점에서 데살로니가전서 1:1은 특별히 중요하다. 바울이 τῇ ἐκκλησίᾳ Θεσσαλονικέων라고 하는, 의심의 여지없이 그 그룹의 시민결사체적 지위를 의미하는 *nomen gentilicium*(종족의 공식 명칭)의 정확한 형태를 그대로 사용하고 있기 때문이다.[352] 바울은 정치적인 용어들로 공동체의 고양된 자기 평가를 표현하고 있는데(예. 빌 3:20; 고전 6:23), 이런 예들은 어떤 자발적 조합에서도 발견되지 않는다. 시민사회의 용어를 차용하는 데서 에클레시아와 콜레기움(자발적 조합의 라틴어, 복수는 콜레기아)의 차이점은 본 연구를 통하여 선명해질 것이다. 여기서는 우선 폴리스 정치의 공적 공동체를 백성들이 모방하는 경향은 그리스-로마 사회에서 아주 대중적이었다는 사실을 기억할 필요가 있다. 그러나 조합들과 교회들이 어떤 용어를 공유하고 있는 것이 발견되더라도, 그것이 교회가 조합을 모방했다는 사실을 증명하지는 못한다. 공유하고 있는 용어들이 본래 시민 정치의 용어였다면, 조합과 교회가 각각 자신의 고유한 틀 내에서 시민사회와의 관계를 모색했을 가능성이 있기 때문이다.

시민 정치 용어가 아니면서 조합들이 즐겨 사용했던 용어들의 경우, 초기 그리스도인들이 이런 용어들을 빌려 쓴 예는 거의 발견되지 않는다.[353] 이러한 점에서, 나는 클라우크의 다음과 같은 주장에 동의한다. "(그

(London: Routledge, 2001), 116. Franciszek Sokolowski, *Lois sacrées des cités grecques*, fasc. 18, École Française d'Athénes, *Travaux et mémoires des anciens membres étrangers de l'École et de divers savants* (Paris: E. de Boccard, 1969), 338.

352) Karl P. Donfried, *Paul, Thessalonica, and Early Christianity* (Grand Rapids, MI: W. B. Eerdmans, 2002), 140-43.

353) 나는 이 주제를 이 책 5.5에서 다루고 있다. cf. Klauck, *Religious Context*, 44-47; Wayne A. Meeks, *The First Urban Christians*, 79-80.

리스도인들이) 너무도 분명하게 그들의 용어 사용에서의 거리를 유지한 것을 보면, 그 이면에는 사적인 조합과 시민들의 공적 집회 사이의 차이에 대한 분명한 의식이 있었음이 틀림없다."[354]

쉬나고게(συναγωγή)와의 비교

웨인 믹스는 사적 조합이 바울의 교회에 끼친 영향에 대해서는 부정적이지만, 당시의 쉬나고게(회당)가 미친 영향에 대해서는 긍정적이다. 그리스도인들이 에클레시아 단어를 사용한 일차적 배경을 70인역과 사해문서와 같은 유대 문헌에서 찾으려는 노력과 함께,[355] 쉬나고게(συναγωγή)와 에클레시아(ἐκκλησία) 두 단어의 관계는 지나칠 수 없는 주제다.

트레빌코(Trebilco)는 쉬나고게와 에클레시아가 모두 야웨의 집회(총회)에 쓰이는 단어였으며, 하나님의 백성이 자신들을 가리키는 용어로 쓰이는 기능 수행이라는 측면에서 두 단어 사이에는 거의 차이가 없었다고 주장한다.[356] 초기 그리스도인들이 에클레시아를 자신들의 공동체의 명칭으로 사용한 이유는, 쉬나고게가 이미 유대인들에 의해서 그들의 공동체와 건물을 가리키는 용어로 채택되었기 때문에 쉬나고게와 사실상 아무

---

354) Klauck, *Religious Context*, 46.
355) 참고문헌은 2.2와 3.1을 보라.
356) Paul Trebilco, "Why Did the Early Christians Call Themselves 'Η Ἐκκλησία?," *NTS* 57, no. 03 (2011): 440-60; Trebilco의 주장에 대한 비판은 van Kooten, "'Ἐκκλησία τοῦ θεοῦ: The 'Church of God' and the Civic Assemblies (ἐκκλησίαι) of the Greek Cities in the Roman Empire: A Response to Paul Trebilco and Richard A. Horsley," *NTS* 58, no 04 (2012), 522-48을 보라. van Kooten의 주장은 바울의 에클레시아 사용을 그리스 시민집회의 맥락에서 이해한다는 점에서 내 입장과 궤를 같이한다. 그러나 그는 70인역과 세속 그리스어에 나타난 συναγωγή와 ἐκκλησία의 차이에 충분한 주의를 기울이지 못하고 있다. 이 책의 제2장은 이 대목을 주로 다룰 것이다. 또한 그는 바울과 그의 동시대인들의 사고 속에서는 에클레시아가 명예로운 공동체로 인식되고 있었다는 점을 놓치고 있다.

런 차이가 없는 단어인 에클레시아를 대안으로 택한 것뿐이라고 한다. 이 견해는 쉬나고게가 유대인들의 공동체를 위해서뿐 아니라 자발적 조합을 포함한 다양한 소그룹의 이름으로 빈번하게 사용되었다는 단순한 사실 하나만으로도 벽에 부딪힌다.³⁵⁷ 그러나 에클레시아의 경우에는 그런 소그룹의 명칭으로 사용된 예가 그리스도교 이전에는 아주 드물었다. 이 대목에서 우리는 에클레시아라는 용어를 자신들의 조그마한 그룹의 명칭으로 사용하는 것을 동시대 로마의 엘리트들이 들었다면 보였을 생경한 반응에 대한 윌켄의 의견을 참고할 필요가 있다. "만약 플리니우스가 ἐκκλησία라는 용어를 들었다면, 그는 굉장히 혼란스러워했을 것이다. 그리스에서 이 단어와 라틴어 *ecclesia*는 한 도시의 백성들이 모이는 정치적 집회의 용어였기 때문이다. 이는 선출된 공직자들로 구성된 더 작은 그룹인 평의회(βουλή)와 대비되는 개념이었다."³⁵⁸

초기 그리스도교의 역사에서 조합들의 중요성이라는 분야를 창출한 에드윈 해치는 교회와 조합 간에 함께 쓰이는 단어들을 연구하면서 쉬나고게와 에클레시아의 차이에 충분한 주의를 기울이지 못하였다.³⁵⁹ 이 질문은 우리를 70인역과 제2성전기 유대교에 나타난 에클레시아 용어에 대한 탐구로 초청한다.

---

357) *LSJ*, *s.v.* συναγωγή.
358) Robert Louis Wilken, *The Christians as the Romans Saw Them*, 2nd ed. (New Haven: Yale University Press, 2003), 33.
359) Hatch, *The Organization of the Early Christian Churches*, 30n11.

제2장

70인역과 제2성전기 유대교에서의 에클레시아

2.1 —— 서론

예수님도 유대인이었고, 그의 처음 제자들도, 바울도 모두 유대인이었다. 따라서 신약성서의 어떤 단어나 개념도 유대적 배경을 적절히 고려하지 않고는 논할 수 없다. 에클레시아라는 단어 역시 70인역과 초기 유대교에서의 의미와 활용을 고찰해보아야 한다. 웨인 믹스는 『바울, 유대교와 헬레니즘의 이분법을 넘어』(*Paul Beyond the Judaism/Hellenism Divide*)라는 책에 실린 글에서 에클레시아라는 용어는 "70인역의 번역자들이 민주정 아테네의 정치적 어휘에서 빌려와서 시내산에 회집했던 이스라엘을 가리켜" "하나님의 민회"(God's civic assembly)[1]로 규정하기 위해 사용했던 단어라고 했다. 그는 이 단어를 그리스의 정치적 세계와 유대 전통이 만나는 교차로에 위치시키고 있다. 이번 장에서는 이 두 세계가 어떻게 관련되어 있는지를 살펴볼 것이다.

위에서 언급한 책 제목은 바울 시대의 헬레니즘과 유대교를 완전히 분리된 실체로 보아왔던, 오랫동안 성서학계에서 정설로 취급되었던 시각이 더 이상 유지될 수 없다는 학계의 점증하는 인식을 반영하고 있다. 이 장의 연구는 에클레시아라는 용어의 사용과 데모스의 정치적 세계는

---

1) Wayne Meeks, "Corinthian Christians as Artificial Aliens," in *Paul Beyond the Judaism/Hellenism Divide*, ed. Troels Engberg-Pedersen (Louisville, KY: Westminster John Knox Press, 2001), 135.

유대 사회가 그리스-로마 세계에 상당한 수준으로 통합되어 있었음을 보여주는 가장 확실한 영역임을 보일 것이다.

첫 단락 2.1에서는 70인역에서 에클레시아라는 단어가 등장하는 구체적인 맥락을 살핀다. 70인역은 이 단어의 의미에 본질적인 수정을 가하지 않았고, 단지 그리스 세계에서 사용되는 일반적인 의미 영역 내에서 이 단어를 활용하고 있음을 보일 것이다. 학계에서는 συναγωγή와 ἐκκλησία가 별 차이가 없는, 사실상의 동의어로서 70인역에서 서로 교환 가능한 단어였다는 견해가 꾸준히 존재해왔다. 이제 이 견해의 부적절성을 밝힐 것이다.[2] 또한 히브리 성서를 그리스어(헬라어)로 번역하는 행위 자체가 헬레니즘 세계의 정치적 틀 속에서 일어난 정치-문화적 사건이었다는 점을 분명히 할 것이다.

이런 기본적 어휘 연구에 이어, 제2성전기 유대 사회의 정치적 문화를 고찰할 것이다. 우리는 헬레니즘 시대 폴리스들의 정치에서 데모스가 여전히 무시할 수 없는 권력으로 남아 있었고, 자유 시민의 권리라는 이상은 헬레니즘과 로마 제국 초기에 이르기까지 주도적인 정치적 구호로 맹위를 떨쳤음을 제1장에서 살펴보았다. 여기서는 그러한 광범위한 정치적 이데올로기의 영향이 이 시기의 유대인들에게, 디아스포라뿐 아니라 팔레스타인 지역의 유대인들의 삶에 끼친 폭과 깊이에 대해서 논할 것이다. 이를 위해 먼저 이 시기 유대 민족의 정치 질서와 문화가 얼마나 그리스적이었는가라는 질문에 초점을 맞추어 기존 학계의 논의를 정리한다. 이 질문은 당시의 예루살렘을 하나의 그리스식 폴리스로 볼 수 있는가 하는 논의와 사실상 같은 질문임을 알게 될 것이다(2.3.1).

---

2) 아래에서 구체적인 의제를 다루면서 이런 경향의 연구들의 예가 소개될 것이다. 가장 최근의 예는 Trebilco의 소논문이다. Paul Trebilco, "Why Did the Early Christians Call Themselves Ἡ Ἐκκλησία?"

그다음 단락(2.3.2)은 제1장에서 살펴본 대로 그리스와 로마 제국들의 패권에 직면한 각 지역의 국가들이 자신들의 정치적 정체성을 지키기 위한 방편으로 "조상들의 법(정치체제)"을 사용할 권리를 정치적 구호로 사용하는 현상이 보편적이었다는 사실을 기초로 하여 전개될 것이다. 후에 로마의 지배로 귀결된 정치적 격변기를 거치면서, 유대인들 역시 "우리 조상들의 법"이라는 용어를 사용하여 자신들의 정치적 권리를 확보하고자 했다. 유대인들의 유명한 용어인 신정(theocracy, θεοκρατία)의 원래 의미는 흔히 오해하는 대로 제사장들의 귀족정치가 아니라, 조상들의 법이라는 용어를 통해 실현하고자 했던 민주정치의 이상을 담고 있는 정치체제를 가리키는 용어로 보아야 한다는 시각을 제시할 것이다. 그리고 그리스식 민주정치의 현실과 유대식 신정정치의 이상이 마카비 시대(2.3.3)와 로마 치하(2.3.4) 팔레스타인의 실질적 정치체제 속에서 얼마나 깊이 결합되어 있었는지를 밝힐 것이다.

이런 관찰은 당시 유대인 민중들이 그리스-로마의 정치적 문화에 적극적으로 참여하고 있었고, 그리스 데모스의 전통적인 전략에 따라 자신들의 정치적인 목소리를 내는 법을 익히 알고 있었다는 사실을 확인해준다. 이 연구는 70인역의 에클레시아를 논함에 있어서 당시 유대 사회를 헬레니즘의 바다에서 고립되어 있는 하나의 섬인 양 취급해온 오류를 시정해줄 것이다.[3]

이러한 분석의 결과를 가지고 다시 70인역 본문으로 돌아가서 어떻게 이런 정치적 이상이 성서 번역에 반영되어 있는지를 살피려 한다. 특별히 신명기에 집중할 텐데, 이는 70인역의 오경 중에서 신명기만이 에클레시아 단어를 사용하고 있기 때문이다. 재미있는 것은 이스라엘의 역

---

3) Cf. V. Tcherikover, "Was Jerusalem a 'Polis'?," *IEJ* 14 (1964): 61-78.

사에서 신명기를 자신들의 정치적 정체성을 나타내는 책으로 표현하는 경향이 강하게 존재했다는 사실이다. 요세푸스가 신명기를 폴리테이아 (πολιτεία, 정치체제)로 이름한 것은 그 한 예다. 70인역에서 에클레시아는 이런 정치 신학의 맥락에서 그 의의를 획득했다. 70인역의 구약성서에서 에클레시아라는 단어가 집중적으로 나타나는 부분은 대체로 신명기적(Deuteronomistic) 역사로 분류되는 책들이다. 이런 해석은 또 다른 중요한 통찰로 이어진다. 에클레시아 용어 사용이 빈번히 등장하는 문서는 강력한 예루살렘 중심주의 문서라는 점이다. 팔레스타인 유대교뿐 아니라 디아스포라 유대교에서도 예루살렘 중심주의는 에클레시아라는 단어와 밀접히 관련되어 있었다. 특히 알렉산드리아의 필론의 글에서 선명하게 드러난다(2.5). 이러한 논의는 그리스도인들의 에클레시아 용어 사용에 접근하는 길을 열어줄 것이다. 그리스도인들 역시 초기에는 강한 예루살렘 중심의 구도에서 이 용어를 사용했지만, 점차로 특수주의적 경향이 극복되고 마침내 이 단어를 그리스도인 공동체에 대한 보편적 이해의 주제어로 사용하게 되었다.

2.2 ── 히브리어 구약성서와 70인역에 나타난 에클레시아

70인역에서 에클레시아(ἐκκλησία)는 카할(קָהָל)의 일반적인 번역이다. 카할은 에클레시아(ἐκκλησία)로 68회, 쉬나고게(συναγωγή)로 36회, 오클로스(ὄχλος)로 6회, 그리고 쉬스타시스(σύστασις), 쉬네드리온(συνέδριον), 플레토스(πλῆθος)로 각 한 번씩 번역되고 있다.[4] 쉬나고게는 히브리어 단어 카

---

4) Fabry, קָהָל TDOT 12.561; עֵדָה TDOT 10.469-70; Eugene Carpenter, עֵדָה NIDOTE 3.326.

할과 거의 동의어인 또 다른 단어 에다(עֵדָה)의 번역으로 쓰이기도 한다. 카할과 에다 이 두 히브리어 단어와 그 파생어들은 대부분의 경우 명확한 구분 없이 상호 교환 가능한 의미로 쓰이고 있다.[5] 레위기 8:3에서 명사 에다(עֵדָה, συναγωγή)는 카할의 동사형(ἐκκλησιάζω)과 함께 사용되고 있다. 70인역 에스라 10:1에서는 동사 쉬나고(συνάγω)가 명사 에클레시아와 쓰이고 있다. 잠언 5:14의 ἐν μέσῳ ἐκκλησίας καὶ συναγωγῆς (קָהָל וְעֵדָה בְּתוֹךְ)라는 구문에서 두 명사는 "헨디아디스"(a hendiadys, 두 단어의 나열로 사실상 한 개념을 표현하는 기법)로 "공적인 집회에서"(NRSV)의 뜻으로 쓰이고 있다. 쿰란 문서에서 역시 "에다와 카할은 대체로 동의어로 쓰이며 이스라엘 전체 회중을 가리킨다."[6] 밀그롬(Milgrom)은 명사 에다에 해당하는 히브리어 동사가 따로 없으며, 카할의 동사형이 명사 카할과 에다의 동사형으로 함께 쓰이는 것에 주목한다. 두 히브리어 명사의 의미 영역이 그만큼 가깝다는 방증일 수 있다. 이런 분석에 기초하여 밀그롬은 카할을 동사적 명사라고 결론짓는다.[7]

히브리어 카할이 그리스어 에클레시아와 쉬나고게 양쪽으로 번역되는 것과 달리, 에다라는 명사는 결코 에클레시아로 번역된 예가 없다는 점이 흥미롭다. 이 네 단어—두 히브리어 단어와 두 그리스어 단어—의

---

5) Cf. H.-P. Muller, קָהָל TLOT 2:1123; Eugene Carpenter, קָהָל NIDOTE 3:888-89; Eugene Carpenter, עֵדָה NIDOTE 3:327; W. Schrage, "'Ekklesia' und 'Synagoge' - Zum Ursprung des urchristlichen Kirchenbegriffs," ZTK 60 (1963): 184-85; D. D. Binder, Into the Temple Courts: The Place of the Synagogues in the Second Temple Period, SBL Dissertation Series 169 (Atlanta: SBL, 1999), 499n4.

6) Emil Schürer, Géza Vermès, and Fergus Millar, The History of the Jewish People in the Age of Jesus Christ (175 B.C.-A.D. 135) (Edinburgh: Clark, 1973), 2:429n12.

7) 예. 출 35:1; 레 8:3; 민 1:18; 8:9; 10:7; 16:19; 20:8, 10. 참조. Jacob Milgrom, "Priestly Terminology and the Political and Social Structure of Pre-Monarchic Israel," The Jewish Quarterly Review, new series, 69, no. 2 (October 1978): 68. For the verbal root of עֵדָה, see Farby עֵדָה TDNT 10:469.

복잡한 관계와 관련해 또 하나 흥미로운 점은 70인역에서 이 단어들이 일부 문서에 편중되어 나타나는 현상이다. 예를 들면, 에클레시아는 신명기 이전에는 한 번도 등장하지 않는다. 창세기에서 민수기까지는 카할과 에다는 대부분 쉬나고게로 번역된다.

프랑케묄레(Frankemölle)는 에클레시아라는 단어가 "특정 책들에 지속적으로 나타나는 경향을 보이기 때문에, 번역자 개인의 선호가 단어 선택에 중요한 요소로 작용했다고 보아야 한다"[8]면서, 두 그리스어 단어 사이에 중요한 신학적 차이는 없다고 주장한다. 그러나 개인의 선호 이면에 신학적 차이가 작용했을 가능성을 배제하는 것은 성급하다. 또한 에다라는 히브리어 단어 역시 신명기에 한 번도 등장하지 않는 것으로 보아서, 만약 "선호"가 있었다면, 그 연원은 70인역을 넘어서 히브리어 본문으로까지 추적해가야 한다는 추정이 가능하다.

슈미트(K. L. Schmidt)는 프랑케묄레와 비슷한 견해를 보인다. 그는 쉬나고게와 에클레시아가 특정 문서들에 편중되어 나타나는 것을 보면 "두 단어 모두 근본적으로 전문용어는 아님이 분명하다"[9]라고 한다. 그러나 이런 결론은 성급하다. 어떤 전문용어도 비전문적인 맥락에서 쓰일 수 있다. 예를 들면, 아포스톨로스(ἀπόστολος)라는 단어는 신약성서에서 엄격한 개념 규정을 수반하는 전문용어로 쓰이기도 하고(행 1:22), 또 일반적인 의미에서 쓰이기도 한다(행 14:14). 디아코노스라는 말도 두 가지 쓰임새를

---

8) H. Frankemölle, συναγωγή EDNT 3:293-96. Frankemölle는 이 대목에서 Schrage의 TDNT 항목을 인용하고 있다(7:802). 그러나 Schrage 스스로 "이 설명은 온전하다고 말하기에는 불충분하다"고 인정하고 있는 것을 적절히 고려하지 못하고 있다. Trebilco는 "카할의 다른 번역들은 다른 번역자들의 독특성 때문인 것으로 보인다"고 주장한다. Trebilco, "Why Did the Early Christians Call Themselves Ἡ Ἐκκλησία?," 447; 참조. James Barr, *The Semantics of Biblical Language* (London: Oxford University Press, 1961), 119-29.

9) *TDNT*, ἐκκλησία 3:529.

함께 보인다. 따라서 몇몇 비전문적인 사용례를 보고, 그 단어 자체를 전문용어가 아니라고 판단해서는 안 된다. 다른 맥락에서 전문용어로 쓰였을 가능성을 면밀하게 검토해보아야 판단을 내릴 수 있다.

당시 유대인들이 자신들의 모임을 위한 단어로 쉬나고게를 애용했던 반면에 초기 그리스도인들은 에클레시아에 대한 선호를 강하게 드러냈다는 사실은 이 두 단어 사이에 미묘한 차이가 있을 가능성에 더 관심을 갖게 한다. 쉬러의 견해는 이 문제에 대한 많은 학자의 입장을 대표한다. "언뜻 보기에 유대인들과 그리스도인들의 단어 사용에 나타나는 대조는 놀랍다. 구약성서에서 쉬나고게와 에클레시아는 아무런 본질적인 차이를 나타내지 않고 있기 때문이다."[10] 이상에서 기존의 연구들을 살펴본 결과는 분명하다. 70인역에서 쉬나고게와 에클레시아의 차이점을 발견하고 그 의미를 찾으려는 학자들의 노력은 주목할 만한 실질적인 결과를 내놓지 못하고 있다.[11]

그러나 이 두 단어의 차이점에 대해서 우리가 추적할 만한 어떤 단서도 없다는 말은 아니다. 쉬러(Schürer)는 이렇게 논의를 이어나간다. "후대의 유대교에서 이 두 단어는 두 개의 다른 개념을 표현하는 방향으로 분화된 것으로 보인다. 쉬나고게는 경험적으로 확인할 수 있는 구체적인 실체로서의 회중, 에클레시아는 이스라엘의 이상적인 공동체라는 관점에서 많이 쓰였다"(קָהָל에 대한 논의에서 참조. mYeb. 8:2; mKid. 4:3; mHor.1:4-5;

---

10) Schürer, Vermès, and Millar, *The History of the Jewish People*, 2:429n12.
11) 한 예로 Eugene Carpenter는 "신약성서가 에클레시아를 사용하고 있는 것은 아마도 유대인들의 회당(쉬나고게)과 자신들의 모임을 차별화하기 원했기 때문일 것"(*THAT* 1:746)이라고 한다. עֵדָה *NIDOTTE* 3.328도 볼 필요가 있다. 비슷한 견해가 W. Shrage, "Ekklesia und Synagoge," *ZTK* 60 (1963): 178-202에서 발견된다. 그러나 Beker는 "에클레시아라는 단어의 선택이 쉬나고게에 대항하는 논쟁의 반테제로서 취급되었다는 힌트는 없다"고 한다. Beker, *Paul*, 315-16.

mYad.4:4).[12] 이는 일단 옳은 현상적 관찰이다. 그러나 이에 대해서는 더 세밀한 분석이 필요하다.

뭔가를 비교하자면, 그 차이가 명백하게 보이는 지점에서 시작하여 그 발견을 상대적으로 모호한 영역에 적용해보는 것이 유용한 전략이다. 세속 그리스 문헌에서는 에클레시아와 쉬나고게의 차이가 의심의 여지없이 명백하다. "시민의 권리를 가진 자유민들의 민회라는 의미의 ἐκκλησία와는 달리 συναγωγή는 법적 기관을 말하는 용어가 아니다. 이 단어가 민회에 쓰인 경우는 극히 드물다."[13] Συναγωγή는 단순히 모임이라는 뜻으로서 사실상 모든 종류의 사람의 집단에, 심지어 짐승의 집단에도 쓰인다. 우리가 앞장에서 살펴본 대로 ἐκκλησία가 자발적 조합의 명칭으로 사용된 예는 극히 드문 데 반해, συναγωγή는 자발적 조합들의 가장 흔한 명칭 중 하나였다.[14] 아울러 유대인의 회당들(synagogues)은 자신들을 "쉬노도스나 코이노스 같은 콜레기아의 모임의 용어로 부르는 데 익숙했다."[15]

그리스도인들이 에클레시아라는 시민정치의 용어를 채택하여 쓴 것이 동시대인들의 귀에 아주 "어색하게" 들렸을 것으로 추정할 수 있지만,[16]

---

12) Schürer, Vermès, and Millar, *The History of the Jewish People*, 2:430n12.
13) Schrage, "συναγωγή," *TDNT* 7:801; cf. *LSJ*, *s.v.* συναγωγή.
14) 이러한 용례의 예들은 Schrage의 ibid., 800-1에서 많이 볼 수 있다. Franz Poland, *Vereinswesens*, 155-56, 247-48, 330, 332; *Synagoge*, 1284-86; *CIG* 5631-32; *REG* 62; *SEG* 17.823. συναγωγή와 *collegium* 명칭에서뿐만 아니라, 실제 조직에서도 유사한 바가 많았다는 주장에 대해서는 다음을 보라. Peter Richardson, "Early Synagogues as Collegia in the Diaspora and Palestine," in *Voluntary Associations in the Graeco-Roman World*, eds. John S. Kloppenborg and S. G. Wilson (London; New York: Routledge, 1996), 90-109.
15) L. Michael White, *The Social Origins of Christian Architecture* (Valley Forge, PA.: Trinity Press, 1996), 82n60; cf. P. M. Fraser, "Inscriptions from Graeco-Roman Egypt," *Berytus* 1 (1964): 71ff; 84 (no. 14 = *IGRR* I, 1106).
16) 제1장에서 인용한 Wilken의 진술을 보라. Robert Louis Wilken, *The Christians as the Romans Saw Them*, 33.

유대인들이 쉬나고게라는 단어를 자신의 조그마한 지역 모임이나 모임 장소에 적용한 것은 당시 사회의 일반적인 사용례에 완벽하게 들어맞는 예였다. 유대인들이 쉬나고게라는 일반적인 단어의 의미 영역에 가한 변화는 민족 전체라는 큰 단위에 집중적으로 사용되었다.[17] "συναγωγή가 오경에서 에다와 카할의 번역어로 빈번하게 쓰인 것은 번역자들이 자신들의 유대인 회당과 (시내산에서) 율법을 수여받은 '쉬나고게'를 연결시키기 원했기 때문이다."[18]

쉬러는 쉬나고게가 구체적인 작은 모임들을 가리키는 용례를 "경험적 실체"라 했고, 유대 문헌에서 후대의 발전에 해당한다고 보았다. 그러나 세속 그리스어에서 이런 용례는 처음부터 일상적이고 표준적인 의미였다. 이러한 비교는 왜 70인역에서 쉬나고게가 에클레시아와 거의 동의어처럼 취급되고 있는지를 설명해준다. 에클레시아는 세속 그리스 문헌에서나 70인역에서나 모두 일관되게 시민 정치 조직의 명칭으로 쓰이고 있기 때문이다. 70인역에서 에클레시아가 쓰인 예 중 대다수는 이스라엘 백성 전체를 가리키거나, 백성 전체를 대표하는 집회를 가리켰다.[19] 쉬나고게 역시 비슷한 의미로 쓰이긴 했지만,[20] 이 단어는 백성 전체를 구성하는 복수의 그룹을 가리키는 의미에서 복수 συναγωγαί로 쓰인 경우도 많다.[21]

---

17) 예. Schürer, Vermès, and Millar, *The History of the Jewish People*, 2.429.
18) I. H. Marshall, "New Wine in Old Wine Skins: V. Biblical Use of the Word Ekklēsia" *ExpTim*, no. 84 (1972-73): 859, cf. W. Schrage, *TDNT* 7:802.
19) 그리스의 에클레시아와의 비교는 이 집회가 한 나라를 대표하는가, 한 폴리스를 대표하는가 하는 질문으로 이어질 수 있다. 이 장의 끝에 있는 예루살렘의 중심성(2.6)에서 이 문제를 다루기로 한다.
20) 이럴 경우 πᾶς와 함께 등장하는 것이 상례다. 레 9:5; 16:33; 민 14:1; 16:33 등에서 볼 수 있다.
21) 지역 회중: 집회서 4:7; 수산나 1:28, 41, 52, 60; 복수 συναγωγαὶ Ισραηλ: 솔로몬의 시편 10:7; συναγωγὰς ὁσίων: 솔로몬의 시편 17:16; συναγωγαῖς Ιακωβ (יַעֲקֹב קְהִלַּת): 신 33:4; 수산나 24:23. 쉬나고게는 "*ecclesiola in ecclesia*"를 의미하는 경우도 있었다. Schrage,

이에 반해 에클레시아는 70인역에서 어떤 큰 단위의 하부 그룹을 가리키는 맥락에서 복수형으로 쓰인 예가 한 번도 나타나지 않는다.[22]

그리스어 단어 에클레시아와 쉬나고게의 이런 차이는 히브리어 단어 카할(קָהָל)과 에다(עֵדָה)의 차이로까지 소급해 올라간다. 히브리어 성서에서 카할은 일반적으로 민족 전체를 대표하는 집회를 가리키는 반면에, 에다는 "언제나 지파들의 전체 집회를 지칭하지는 않았고" 다양한 차원의 모임을 의미하기도 했다(예. 출 12:3, 21; 민 8:7; 14:27, 35; 16:45; 17:10; 수 22:13, 16; 삿 20:12, 27; 21:10, 13, 22; 욥 16:7; 시 22:17; 107:17).[23]

에클레시아의 경우 이런 용례는 세속사회에서 시민정치 집회를 지칭하는 것과 완벽하게 상응한다. 유명한 유대인 작가 필론과 요세푸스 역시 에클레시아라는 단어를 자발적 조합 같은 작은 그룹을 위해서는 결코 쓰지 않는다. 70인역에서의 에클레시아에 대해 논하면서 우리가 놓치지 말아야 할 사실은 번역의 과정 자체가 그리스 문화에 대한 동화 과정이었고, 그 과정은 헬레니즘 세계의 정치적 환경과 떼려야 뗄 수 없었다는 사실이다. 70인역의 번역에 얽힌 이야기를 전하고 있는 "아리스테아스의 편지"에 따르면[24] 번역의 과정 전체가 유대 백성들의 반응을 신중하게 고려

TDNT 7:805; συναγωγὴ Ασιδαίων 1마카 2:42; συναγωγὴ γραμματέων: 1마카 7:12; 또 시 15:4을 보라.

22) 70인역에서 복수 ἐκκλησίαι는 단 2번 등장한다(시 25:12; 67:27). 두 경우 모두 ἐν ἐκκλησίαις라는 형태로 "공적으로"(in public)라고 번역할 수 있다. 연속되는 집회를 말하거나 단순히 공적 성격을 강조하는 표현이다. 이스라엘 안에 복수의 에클레시아가 존재한다는 사고는 불가능하다. 참조. Rudolf Bultmann, *Theology of the New Testament* (Waco, TX: Baylor University Press, 2007), 1.38.

23) Farby, עֵדָה *TDOT* 10:70. עֵדָה의 세 가지 주요 용례는 다음을 보라. Milgrom, "Priestly Terminology and the Political and Social Structure of Pre-Monarchic Israel," 70.

24) 이 편지 내용의 구체적인 사실성은 부인되는 것이 일반적이다. 그러나 이 기술이 담고 있는 사회적 세계는 중요한 자료다. Henry Barclay Swete, H. St. J. Thackeray and Richard Rusden Ottley, *An Introduction to the Old Testament in Greek* (Cambridge: Cambridge University Press, 1914). 영어 번역은 Charlesworth의 것을

하면서 진행되었다. 유대의 대제사장 엘리에자르는 번역 기획과 관련한 프톨레마이오스의 서신을 받고 "모든 백성들을 소집하여[συναγαγόντες τὸ πᾶν πλῆθος] 프톨레마이오스의 편지를 백성들에게 읽어주었다"(42). 그는 기도를 통해서 모든 백성이 그 작업을 지지한다는 사실을 분명히 했고, 72인의 번역자 선정도 "모든 백성 앞에서"(46) 행해졌다. 전체 번역을 결정하는 과정은 아래와 같이 묘사된다.

> Τελείωσιν δὲ ὅτε ἔλαβέ συναγαγὼν ὁ Δημήτριος τὸ πλῆθος τῶν Ἰουδαίων εἰς τὸν τόπον, οὗ καὶ τὰ τῆ ἑρμηνείας ἐτελέσθη, παρανέγνω πᾶσι, παρόντων καὶ τῶν διερμηνευσάντων, οἵ τινες μεγάλης ἀποδοχῆς καὶ παρὰ τοῦ πλήθους ἔτυχον, ὡς ἂν μεγάλων ἀγαθῶν παραίτιοι γεγονότες.
>
> 그 일이 완료되었을 때에, 데메트리우스는 유대인 군중을 번역이 행해진 장소에 모았다. 그리고 그 번역자들을 앞에 두고, 번역문을 모두에게 읽어주었다. 그 번역자들은 백성들로부터도 큰 환영을 받았다. 그들이 백성들에게 끼친 막대한 혜택 때문이었다.[25]

번역 작업에 대한 전체 회중의(πάντων, 311) 승인은 프톨레마이오스가 자신이 시작한 이 작업의 완성을 추인하는 데 결정적인 요소가 되었다. 백성들이 모인 집회에서 번역된 내용을 바꾸는 이들에 대한 저주를 선포함으로써 번역문의 내용을 공고히 하는 것은(310-312) 마카베오 1서 14장과 느헤미야 9-10장에 나오는 에클레시아의 결정을 확인하는 것과 유사한 구도다. 이런 과정은 유대 백성들과 그리스 제국의 한 왕이 공유하고

참조하였다. James H. Charlesworth, *The Old Testament Pseudepigrapha* (Garden City, NY: Doubleday, 1983), 12-34.

[25] Letter of Aristeas 308-9.

있는 정치적 전제, 즉 가장 공고한 결정은 해당 백성들의 총의가 모아지는 것이라는 전제를 보이고 있다. 이런 이해는 데모스가 주도하는 그리스 정치세계에서 익숙한 사고였다. 이는 이 시대 유대인들이 그리스 정치의 세계로부터 그렇게 멀리 떨어져 있지 않았다는 사실을 보여준다.

70인역을 들여다보면 많은 대목에서 그리스 민주정치의 세계와 접촉점이 있었음을 알 수 있다. 한 예로, 민수기 14:1-10은 "온 회중이(πᾶσα ἡ συναγωγή) 크게 소리 높여 모세에게 불평했다. 그리고 서로 말하였다. '우리가 지도자[ἀρχηγόν]를 뽑고, 이집트로 돌아가자.'" 역사적으로 이 장면은 원시적 민주정치라 불릴 수 있는 단편이다. 그러나 70인역을 번역하고 읽던, 헬레니즘 세계에 살며 그리스어를 쓰던 독자들에게 이 대목은 유대인들의 군중집회와 그리스인들의 민회에 대한 비교, 중우정치에 대한 당시의 평가를 떠올리게 하는 대목이었다. 민수기 35장에서 부지중에 살인하게 된 사람은 그 시의 에다(עֵדָה, συναγωγή) 앞에서 재판을 받으라는 대목이 나온다. 여기서는 에다가 살인 사건을 판결하는 사법기관으로 작용한다. 그러나 신명기 19:12에서는 똑같은 결정이 그 시의 게루시아(ἡ γερουσία τῆς πόλεως)에 맡겨져 있다. 이런 비교에 근거해서 바인펠트(Weinfeld)는 이렇게 제안한다. "후대의 도시 민회의 몇몇 요소가 제사장 기자들에 의해 고대의 종족 집회에 투사되었다."[26] 유대인들의 지역 공동체의 현실적인 정치 문제, 사법적 권한에 대한 지역 엘리트인 게루시아와 전체 백성들 간의 갈등이 히브리어 성서의 본문에서부터 반영되어 있었을 가능성을 말하는 것이다. 히브리어 본문에서 그랬다면, 헬레니즘 시대

---

26) Moshe Weinfeld, "Congregation (Assembly)," *Encyclopaedia Judaica* 5:160. 백성들의 지도자를 세우는 일이 신명기의 가장 첫 부분에 언급된다(1:9-18). 이는 통치 체계의 중요성을 보여준다고 해석할 수 있다. 참조. Milgrom, "Priestly Terminology and the Political and Social Structure of Pre-Monarchic Israel," 73.

의 번역가들에게 정치체제와 관련한 용어들, 특별히 카할이나 에다와 같은 용어들의 차이점은 대단히 민감한 주제였을 것이라고 추정할 수 있다. 그렇다면 에클레시아나 쉬나고게 같은 단어의 선택에 번역자의 단순한 선호 외에는 별 중요성이 없다는 학자들의 주장에 합리적인 의심을 제기해야 할 이유는 명백해진다.

2.3 ─ 헬레니즘 시대와 로마 시대 이스라엘의 데모스

2.3.1 ─ 논의의 상황

루이스 펠드만(Louis Feldman)은 70인역과 그 영향에 대해 논의하면서, 이렇게 단언한다. "유대인의 역사에서 명백히 가장 위대한 개혁가는 비유대인이다. 바로 알렉산드로스 대왕 말이다."[27] 알렉산드로스는 단순히 광대한 영토를 정복했을 뿐 아니라, 그리스식의 폴리스를 세계 곳곳에 건설함으로써 그리스 문화와 언어의 전파에 기여했다.[28] 앞 장에서 알렉산드로스가 헬레니즘 세계에 도입한 정치 구조와 문화가 로마 제국 시대에 와서 결정적으로 위축되지는 않았음을 살펴보았다. 여기서는 제2성전기의, 특별히 그리스도교 형성기의 디아스포라와 팔레스타인 유대인들의 세계에서, 데모스의 그리스적 개념과 권력이 여전히 작동하고 있었음을 밝히고자 한다.

그리스 문화는 디아스포라 유대인들에게만이 아니라 팔레스타인의 유대인들에게도 현저한 영향을 끼쳤다. 기원후 1세기의 유대교 전체를

---

27) Louis H. Feldman, *Judaism and Hellenism Reconsidered*, Supplements to the Journal for the Study of Judaism (Leiden; Boston: Brill, 2006), 53.
28) 이 책의 1.2.2에서 인용된 Plutarch, *De Alex. fort.* 328e를 보라.

범주적으로 "그리스적 유대교"로 보아야 한다는 주장이 상당한 설득력을 인정받고 있다.[29] 여기서 헬레니즘과 유대교의 관계 일반을 다 다룰 수는 없다. 이 주장의 적절성을 정치적 영역에 한정해 다룰 것이며, 특별히 당시 유대 백성들이 어느 정도까지 데모스와 에클레시아의 권력에 대한 그리스적 이상에 노출되어 있었는지, 또 당시 유대의 정치체제가 로마 제국 하 그리스어권의 다른 폴리스들과 얼마나 유사했는지에 집중할 것이다.

이 논의를 시작하기에 가장 적절한 출발점은 1951년에 출판된 체리코베르(V. A. Tcherikover)의 "예루살렘은 '폴리스'였는가?"(Was Jerusalem a 'Polis'?)라는 소논문이다.[30] 그는 자신의 시대 학계의 분위기를 이렇게 정리한다. "로마 제국 초기 예루살렘의 법적·정치적 지위 문제를 다루는 대부분의 역사가들이 이 도시가 그리스 패턴을 따른 하나의 폴리스였다는 견해를 견지하고 있다." 그리고 이 다수 의견에 도전한다. 체리코베르는 쉬러(E. Schürer), 주커(H. Zucker), 샬리트(A. Schalit), 알론(G. Allon), 버클러(Buchler), 월터(Walter), 오토(Otto), 데소(Dessau)[31] 등으로 대표되는 이

---

29) Hengel은 헬레니즘과 유다이즘의 이분법으로는 헬레니즘 시대의 팔레스타인의 현실을 포착할 수 없다고 주장한다. 당시의 모든 유대교는 본질적으로 그리스화된 유대교에 속한다는 것이다. Martin Hengel, *Judaism and Hellenism: Studies in Their Encounter in Palestine During the Early Hellenistic Period*, 2 vols. (Philadelphia: Fortress Press, 1974). Hengel의 견해의 구체적인 사항에 대해서는 도전이 있었지만, 이 입장의 골간은 광범위한 지지를 얻고 있다. 이 견해에 대한 토론의 역사에 대해서는 다음을 참조하라. John Joseph Collins and Gregory E. Sterling, *Hellenism in the Land of Israel*, Christianity and Judaism in Antiquity Series (Notre Dame, IN: University of Notre Dame, 2001). Cf. Lester L. Grabbe, *A History of the Jews and Judaism in the Second Temple Period*, Library of Second Temple Studies (London; New York: T&T Clark International, 2004), 2:128-36; Louis H. Feldman, "Hengel's Judaism and Hellenism in Retrospect," *JBL* 96, no. 3 (1977): 371-82.
30) Here, cited from V. Tcherikover, "Was Jerusalem a 'Polis?,'" *IEJ* 14 (1964).
31) For example, Schürer, Vermès, and Millar, *The History of the Jewish People*, 2:197; Hans Zucker, *Studien zur jüdischen Selbstverwaltung im Altertum* (Berlin: Schocken Verlag, 1936), 69; see the other references in Tcherikover, "Was

견해를 "헬레니즘 시대의 예루살렘 정치체제에 대한 지나치게 단순한 가정"이라 규정한다.

체리코베르의 주요 주장은 두 가지로 요약할 수 있다. (1) 아르콘(ἄρχων), 불레(βουλή) 데모스(δῆμος) 같은 그리스의 정치적인 용어들이 로마 제국 초기 유대 문서의 중요한 대목에서 자주 등장하기는 하지만, 이런 이름으로 불리던 유대인들의 기관은 같은 이름의 그리스 폴리스의 기관들과는 "아무런 상관이 없다." (2) 유대 데모스는 정기적인 집회로 모이지 않았으며, 가끔씩 모이는 비정기적인 집회도 "아무런 헌법적인 기능을 갖지 않았다."³² 정치권력은 게루시아의 계승인 산헤드린의 손에 있었다고 그는 주장한다.

그러나 그의 주장은 학계의 흐름을 바꾸지는 못했으며, 많은 비판을 받았다.³³ 당시 예루살렘의 그리스식 정치 용어가 명목뿐이었다는 견해는 지지받기 힘들다. 예를 들면, 클라우디우스 황제가 "예루살렘의 아르콘(ἄρχων), 불레(βουλή) 데모스(δῆμος)에게"³⁴ 공식적인 편지를 쓴 일이 있는데, 황제가 유대인들의 정치 상황을 전혀 모르고 썼을 리는 없다. 또한 황제 같은 권력자가 공적으로 보내는 편지는 한 나라 내부의 정치 상황을 반영하기도 하지만, 세력 균형에 영향을 끼치는 요인이 되기도 한다. 문제를 지나치게 단순화한 것은 오히려 체리코베르 쪽이다.³⁵ 굿블라트는

Jerusalem a 'Polis?,'" 61.
32) Tcherikover, "Was Jerusalem a 'Polis?,'" 67.
33) 예를 들면 J. S. Kennard는 당시의 산헤드린은 다른 속주와 비슷하게 로마적인 기관이었다고 주장한다. J. Spencer Kennard, "The Jewish Provincial Assembly," *Zeitschrift für die Neutestamentliche Wissenschaft und Kunde der Älteren Kirche* 53, nos. 1-2 (1962): 135.
34) Josephus, *A.J.* 20.10.
35) 예루살렘도 하나의 폴리스였다고 인정하는 학자들은 광범위한 영역에서 예루살렘의 그리스적 특성들을 내보이고 있다. 그러나 그중에서 예루살렘의 독특성을 부인하는 학자는 없다. Levine이 대표적인 예다. 한편으로 그는 예루살렘이 그리스-로마의 모델에 깊

체리코베르와 정면으로 반대되는 예루살렘의 권력 지형을 제시한다. 그는 체리코베르가 분석한 그리스 정치 용어를 연구한 결과 산헤드린은 실권이 없었다는 결론을 제시한다.[36] 그러면서 그리스의 불레에 해당하는 산헤드린에 실권이 없었기 때문에 유대의 정치체제는 그리스식과 거리가 멀다고 주장한다. 실제적인 권력구조에서 정반대의 견해를 가진 두 학자가 똑같은 결론—예루살렘은 폴리스가 아니었다—에 도달한 것은 당혹스럽다. 두 학자 모두 정교하지 못한 분석으로 유대 정치체제의 독특성이라는 선입견에 논리를 맞추어간 혐의가 짙다.

레빈은 산헤드린의 권력을 지나치게 강조한 체리코베르의 논점을 설득력 있게 반박한다.[37] 요세푸스를 읽어보면, 산헤드린은 전쟁을 한다든지 다른 나라와의 관계에서 백성들을 대표해야 한다든지 하는 중요한 과제 앞에서 결코 독립적인 기관으로 등장하지 않는다. 산헤드린은 통치자의 결정을 추인하는 역할을 한다. 데모스도 통치자의 결정을 추인하는 그룹으로 자주 등장한다. 그러나 산헤드린이 추인하는 의제는 보다 덜 중요한 사안인 경향이 뚜렷하다. 중요한 의제를 데모스에게 묻지 않고 산헤드린의 추인만으로 결정했을 때에는 그 결정에 큰 무게가 실리지 못하는 것으로 여겨졌다. 그래서 종종 산헤드린은 데모스에게 인기가 없는 결정을 추인해주어 구색을 갖추게 하는 편리한 정치적 도구 정도로 여겨지기도

이 영향받은 하나의 폴리스였다고 하면서도, 처음 예루살렘을 방문한 사람도 이 도시가 로마 제국의 어떤 다른 도시와도 다름을 첫눈에 알 수 있었을 것이라고 한다. 다른 도시들을 뒤덮고 있던 우상들, 석상들, 조각상들을 전혀 볼 수 없었기 때문이다. Lee I. Levine, *Judaism and Hellenism in Antiquity: Conflict or Confluence*, The Samuel & Althea Stroum Lectures in Jewish Studies (Seattle: University of Washington Press, 1998), 93.

36) Goodblatt에 대한 Levine의 비판을 보라. Lee Levine, "Review: The Monarchic Principle," *The Jewish Quarterly Review* 88, no. 3/4 (1998): 317-24.
37) Levine, *Judaism and Hellenism in Antiquity*, 84-95.

했다.[38] 신약성서에서도 산헤드린은 권력자가 자기 판단에 의해서 소집할 뿐, 독립적인 정치기구로서 기능하고 있지는 않다.[39] 레빈은 후대의 랍비 문헌에서 바리새파의 할라카에 따라 광범위한 정치적·종교적 통제를 행하고 있는, 이상화된 산헤드린의 이미지와의 혼돈을 경계해야 한다고 주장한다.[40] 더 중요한 것은 요세푸스뿐 아니라 랍비 문헌에서도 산헤드린의 권력은 언제나 대중의 지지 때문에 가능했다는 사실이다.[41]

랍비 문헌에 따르면, "힐렐 시대부터…바리새 학자가 문둥병자를 점검하고 제사장에게 '정결하다 말하라' 혹은 '부정하다 말하라'고 지시했다.'"[42]고 한다. 요세푸스는 바리새인들이 "군중들에게[τῷ πλήθει] 지대한 영향력을 미쳤다. 그들이 왕이나 대제사장에 대해서 한 마디라도 하면, 백성들은 곧바로 믿어버렸다"[43]고 서술하고 있다. 산헤드린의 권력이 커진 시기가 있었던 것은 사실이지만, 그것은 백성들을 압도하는 새로운 힘의 획득이 아니라, 지배 계급 안에서 권력의 일부가 왕이나 대제사장에게

---

38) Josephus, *A. J.* 15.173; 16.357; 17.46, 93; 20. 200.
39) Goodblatt는 산헤드린의 권력에 대해서 대단히 회의적이다. David M. Goodblatt, *The Monarchic Principle: Studies in Jewish Self-Government in Antiquity*, Texte und Studien zum Antiken Judentum (Tübingen: J. C. B. Mohr, P. Siebeck), 1994, 103-30. 자료에 대한 선별적인 회의론은 Tcherikover가 이런 자료에 접근하는 방식과 유사하다(117-18, 101-2). Goodblatt에 대한 Levine의 비판은 Levine, "Review: The Monarchic Principle," 317-24를 보라.
40) Hugo Mantel, *Studies in the History of the Sanhedrin*, Harvard Semitic Series (Cambridge, MA: Harvard University Press, 1961), 54-101; *TDNT* 7:860-71; Sidney B. Hoenig, *The Great Sanhedrin: A Study of the Origin, Development, Composition, and Functions of the Bet Din Ha-Gadol during the Second Jewish Commonwealth* (Philadelphia: Dropsie College for Hebrew and Cognate Learning; New York: Bloch, 1953), 287-318.
41) Mantel, *Studies in the History of the Sanhedrin*, 100n313; Josephus, *A. J.* 13.297-298; *M. Sukkah* 4.9; *Sukkah* 48b; cf. also *Tos. Yoma* 1.8, p.181. *Tos. Sukkah* 3.1.
42) Mantel, *Studies in the History of the Sanhedrin*, 99.
43) Josephus, *A. J.* 13.288.

서 산헤드린으로 이동한 것일 뿐이다.[44]

산헤드린의 권력을 강조하는 체리코베르는 헬레니즘 시대 폴리스의 정치를 분석하면서 에클레시아는 불레(βουλή)의 결정을 추인하는 고무도장에 지나지 않았다고 주장하며, 이를 근거로 당시의 헬레니즘 도시들의 진정한 권력은 귀족 중심의 불레에 있었다고 보는 주장과 비슷한 구도를 보이고 있다.[45] 제1장에서 불레가 데모스를 일방적으로 통치했다는 주장은 오류이며, 이 오류의 상당 부분은 귀족들이 남긴 문서에만 의존한 연구에 원인이 있음을 밝혔다. 귀족의 민중 통치는 그렇게 일방적이지 않았으며, 최소한 이론상으로 불레는 데모스의 통치자가 아니라 대표자로 인식되었음이 분명했다.

헬레니즘 도시들의 불레와 유사한 유대 기관은 산헤드린이 아니라 게루시아였다. 게루시아의 지배는 하스몬 왕조와 헤롯 왕조 시대에 접어들어 왕권이 강화되면서 자연스럽게 축소되고, 보다 약한 산헤드린으로 대체되었다.[46] 이 역시 지배세력 내의 권력 이동이다. 레빈에 의하면, 게루시아는 "준 독립적인 정치기구"로서 산헤드린보다는 강한 권력을 갖고 있었다.[47] 이 게루시아 역시 백성들의 대표로, 그 한 부분으로 인식된 자치의 한 방편이었지, 백성들 위에서 통치하는 집단으로 자리매김하지 않았다는 점이 중요하다.

---

44) 요세푸스가 귀족정치의 도입을 말했을 때 그것은 백성의 권리 축소와는 별 상관이 없는 현상이었다. 왕정에서 귀족정으로의 변화를 말하는 것으로서, 지배층 내에서의 권력 이동이 초점이었다. Josephus, A.J. 20.251.
45) 에클레시아를 고무도장으로 보는 견해가 그리스의 엘리트 문헌에 의존하고 있는 것과 마찬가지로, Tcherikover의 견해 역시 유대의 엘리트에 속하는 랍비들의 문헌에 의존하고 있다. 이런 방법론적 오류가 공통적인 결론에 이른 것은 우연이 아니다.
46) Hoenig, *The Great Sanhedrin*, 11.
47) Levine, *Judaism and Hellenism in Antiquity*, 90; Grabbe, *A History of the Jews and Judaism*, 2.189-190. For the classical *gerousia* in Sparta and Crete, see Aristotle, *Pol.* 1.6-8; 1269a-1273b.

마카베오서에 많은 외교 서신이 나오는데, 이 서신들에서 게루시아는 백성들과 함께 언급된다(1마카 12:6; 2마카 1:10; 11:27; 참조. 3마카 1:8). 이런 양식은 그리스의 βουλή καὶ δῆμος를 반향하고 있으며, 유대인들의 외교 상대자들이었던 그리스적 폴리스들과의 관계에서 실제로 그런 식으로 기능했다. 유딧 4:8에서 게루시아는 "이스라엘 모든 백성의 게루시아"(ἡ γερουσία παντὸς δήμου Ισραηλ)로 표현되고 있다. 비록 유딧서의 역사성이 의심되고 이 책에 기록된 사건의 시점을 특정하기도 어렵지만, 이 이야기가 담고 있는 사회적 정황은 마카베오 1서가 산출된 즈음의 유대 사회 모습을 보여준다고 추정할 수 있다.[48] 예루살렘의 에클레시아는 전쟁에서 아시리아의 에클레시아에 대응하는 기관으로 묘사된다(6:1, 21). 아시리아 군대의 위협에 맞서, "그들은[앞 절에서 언급된 리더들] 그 시의 모든 장로를 소집했으며[τοὺς πρεσβυτέρους τῆς πόλεως] 그들의 젊은이들과 여인들이 에클레시아에[εἰς τὴν ἐκκλησίαν] 달려 나왔다"(유딧 6:16; 참조. 6:21). 여기서 공식적으로 소환된 건 장로들이었지만, 상황은 자연스럽게 온 백성의 ἐκκλησία로 확대, 전환된다. 시의 지도자들은 이런 즉각적인 집회를 경계하거나 비난하지 않고, 전쟁에 대해서 공식적으로 토론하는 에클레시아로 인정하고 있다.

레빈은 산헤드린에 대한 체리코베르의 지나친 강조를 일차자료를 잘 활용해 효과적으로 반박하고 있다. 그러나 폴리스의 또 다른 권력인 데모스에 대한 레빈의 분석은 놀랍도록 막연하다. 적지 않은 학자들이 그러하듯, 그는 예루살렘의 데모스에 대해서 별다른 탐구를 하지 않고 존스(A. H. M. Jones)에게 전적으로 의지한 결론을 내고 있다.

---

48) Yehoshua M. Grintz, "Book of Judith," *Encyclopedia Judaica* 11.567.

데모스의 정기적 집회와 그 권위에 관해서는 기원후 1세기에 와서 대부분 사라졌다고 보아야 한다. 이 시기에 로마 제국의 동부 지역 대부분의 폴리스들은 그리스의 원형적인 폴리스의 모습과는 많이 달라져 있었다. 그 정치체제는 그리스적 요소와 동방의 요소가 혼합된 형태로, 지역의 자율은 제한된 채로, 로마 제국주의의 상황에서 기능하고 있었다.[49]

존스의 데모스에 대한 이해는 제1장에서 충분히 논박한 바 있다. 로마 제국하의 그리스어권 동부 지역에 관한 증거는 다양한 세력이 서로 영향을 주고받는, 보다 복잡하고 미묘한 권력 지도를 보여준다. 한편으로는 동방적인 요소가 로마 제국주의의 맥락에서 기능하고 있었던 것이 분명하다. 그러나 다른 한편으로 로마 제국주의가 그리스 정치의 맥락에서 작동하고 있는 것도 사실이었다. 그리스 민주주의가 지닌 역동성의 전반적인 쇠락에도 불구하고, 데모스의 권력이 심각하게 축소되었다거나, 정기적인 에클레시아가 점점 사라져 사멸했다는 증거는 찾기 힘들다. 오히려 데모스는 여전히 에클레시아라는 이름으로 회집하고 있었고, 그 정치체제는 그들의 "자유로운" 지위를 내세우게 하는 자부심의 근거였다. 이제 이런 그리스의 정치 이데올로기가 제2성전기 유대인들의 사회와 어떻게 관련되어 있는지를 살펴보고자 한다.

2.3.2 ── "조상들의 정치체제"와 신정정치

요세푸스는 유대인들의 알렉산드로스 대왕과의 만남을 간결하게 보도한다. 유대의 대제사장이 제사장들과 시민의 무리와 함께(μετὰ τῶν ἱερέων

---

49) Levine, *Judaism and Hellenism in Antiquity*, 86-87.

καὶ τοῦ πολιτικοῦ πλήθους) 진군해오는 알렉산드로스 장군을 영접하러 나선다. 대제사장은 이 마케도니아 왕에게 "그들의 조상들의 법을 사용할 [χρήσασθαι τοῖς πατρίοις νόμοις] 수 있도록, 또 제7년에는 공세를 바치지 않도록 해줄 것을" 요청했다.[50] 알렉산드로스는 유대인들이 요청한 사항을 모두 승인해주었고 바빌론과 메디아에 있는 유대인들도 모두 "자신들의 법"을 사용할 수 있을 것이라고 약속했다. 알렉산드로스의 이 약속은 로마 제국 시대에 이르기까지 중요한 선례로 작용했다. "로마인들이 이집트를 손에 넣었을 때, 첫 번 카이사르도 그리고 그 뒤를 이은 어느 통치자도 알렉산드로스가 유대인들에게 부여한 명예를 축소하려 하지 않았다."[51]

헬레니즘 시대와 로마의 시민전쟁 시대의 불안정한 국제 정세 속에서 조상들의 정치체제 πολιτεία를 주장하는 것은 새로운 정복자와 자기 민족의 지위를 놓고 협상하는 데 있어서 가장 효과적인 생존전략이었다. 이미 논의한 바와 같이 로마가 정복 지역을 다스리는 방식은 정복자들의 의지를 일방적으로 강요하는 식이 아니라, 피정복자들과의 협상을 통해서 결정되는 경우가 많았다. 제1장에서 살펴본 대로 헬레니즘 시대는 조상들의 정치체제, 자유, 민주주의, 그리고 자율이 하나의 이데올로기적 총합으로 결합된 시기였다. 이 이데올로기는 피정복민들에게 자치의 권리를 주장하는 틀로서 도움을 주었다. 정복자들 입장에서는 자신들의 자비와 관용을 과시할 수 있는 기회가 되었고, 또 새로 병합한 지역을 적은 노력으로 통치할 수 있는 수단을 제공하기도 했다.

그렇다면 유대인들의 입장에서 자기 조상들의 법 혹은 정치체제란 구체적으로 무엇이었을까? 이념적인 차원에서는 요세푸스나 필론의 주장처럼 "모세의 법"이었다. 실질적인 차원에서, 알렉산드로스가 조우하고

---

50) Josephus, *A.J.* 2.338.
51) Josephus, *B.J.* 2.488.

추인했던 정치적 지형은 페르시아 제국하의 예후드 지방(the province of *Jehuda*)이었다. 여기서 우리는 페르시아의 각 지방이 대체로 지역의 내적 사안은 페르시아 중앙 정부의 개입 없이 자체적으로 통치하는 "반(反)자치적 혹은 자치적인 지방"[52]이었다는 사실을 상기할 필요가 있다.

이 반자치적인 지방들의 구체적인 정치체제와 관련해서는 와인버그(Weinberg)의 시민-성전-공동체(*Bürger-Tempel-Gemeinde*) 개념이 연구의 획기적인 진전을 가져왔다.[53] 그는 페르시아의 아케메네스 시대의 팔레스타인 사회를 소아시아, 아르메니아, 메소포타미아, 시리아, 페니키아 등의 지방과 비교하여, 이 지방들에서는 성전이 공적·사적 경제 영역을 통합하는 기능을 수행했다고 결론 내렸다. 이런 성전 중심의 경제는 새로운 정치구조를 낳았는데, 이 구조는 "그 구성원들에게 조직적인 일치와 집단적 자치 행정을 가능하게 했고, 정치적·경제적 상호부조를 가꾸어갈 수 있게 했다."[54] 이 모델의 중요한 특징은 사제들의 권위나 특권이 아니라, 시민들의 참여였다. 와인버그의 사회경제적 분석은 많은 비판을 받기도 했지만,[55] 에스라나 느헤미야 같은 성경 본문을 제외하면 자료가 극히 드문 이 시대의 정치·경제 체제 연구에 대한 논의의 유효한 출발점을 제시했다는 점은 부인할 수 없는 사실이다. 블렌킨숍(Blenkinsopp)과 얀젠(Janzen)은 각각 와인버그가 제안한 세부적인 내용에 대해 비판하면서도,

---

52) Michael Heltzer, *The Province Judah and Jews in Persian Times: Some Connected Questions of the Persian Empire* (Tel Aviv: Archaeological Center Publications, 2008), 92.
53) Joel Weinberg, *The Citizen-Temple Community*, JSOT Supplement Series 151 (Sheffield, UK: JSOT Press, 1992). 러시아인인 Weinberg가 딱히 마르크스주의적 접근을 하는 것은 아니지만, 서방의 학자들에게서 보기 드문 역사적 자료를 사회경제적 시각으로 해석해내는 엄밀성을 갖고 있는 것은 사실이다.
54) Weinberg, *The Citizen-Temple Community*, 92-93.
55) Weinberg의 제안에 대한 수용과 비평의 역사는 Grabbe, *A History of the Jews and Judaism*, 1:143-51에 잘 정리되어 있다.

바빌론의 푸루(*puḫru*)와 유대인들의 카할의 공통점을 제시함으로써 와인버그의 모델을 보완 강화하고 있다.[56] 블렌킨솝은 바빌론 유배에서 돌아온 귀환자들이 그들의 디아스포라 생활에서 목격했던 사회체제를 참고하여 귀환 공동체의 정치체제를 구축해갔다고 주장한다.[57]

> 그들은 자신의 집회(*puḫru, qahal*)를 재건하면서, 땅을 가진 자유 시민들과 성전 종사자들을 포함하여 조상의 가문에 따라, 그리고 친족 그룹의 장로들의 지도력과 제국의 대리자(총독)의 감독하에서, 응집력 있는 사회 집단을 조직해나갔다. 한편으로는 추가적인 유입을 허용하면서도, 기본적으로 그 체제의 지위와 특권을 열정적으로 보호했다.

에스라 10장의 에클레시아는 중요한 결정을 위해서는 모든 백성이 모여서 결정해야 했던 상황을 보여준다. 에스라가 에클레시아를 소집하고 사회를 보지만, 그의 명령은 전체 모임에서 추인을 받아야 했다. 의사 결정은 단순히 일방적인 통고가 아니라 반대 의견을 포함한(10:12-15) 토론을 통해서 이루어졌다.[58] 많은 현대 학자들이 에스라 7:12-16의 아닥사스다의 포고문과 에스라의 내러티브 사이에 존재하는 불일치를 지적한다. 대부분 어느 한쪽의 진정성을 인정하고 다른 쪽을 부인하는 식이다. 불일치라고 결론 내리는 중요한 이유는 포고문에서는 에스라가 *Ebir-Nari* 전체를 그의 하나님의 법을 따라 통치할 권한을 부여받은 데 비해((7:25-26), 내러티브에서는 그의 통치가 지도자들과 백성의 동의를 필요로 했다

---

56) "고대어 중에서 *qahal*과 가장 가까운 단어는 셈어의 *phr*이다"; Fabry, *TDOT* 12.548.
57) Blenkinsopp, "Temple and Society in Achaemenid Judah," 53; cf. Janzen, "The 'Mission' of Ezra and the Persian-Period Temple Community," *JBL* 119, no. 4 (Winter 2000): 619-43.
58) Grabbe, "What was Ezra's 'Mission'?" in *Second Temple Studies* 2, 286-99.

는 점이다(9-10절). 물론 이 포고문 편지 본문이 에스라의 권위를 높이기 위해 어느 정도 각색된 것으로 보이기는 한다.[59] 그러나 양쪽 본문에 다 나름의 역사적 핵이 담겨 있을 수 있다. 무엇보다 우리는 고대의 정치세계에서 의사 결정의 권한이 어떤 특정한 기관에 명확하게 귀속되었을 것이라고 보는 현대적 전제를 극복할 수 있어야 한다.[60] 또한 에스라가 가진 권한의 한계, 참여를 허용하는 과정, 그리고 에클레시아의 회원권이 중요한 특권으로 여겨지는 구조는 민주주의 체제의 전형적인 특징임을 기억해야 한다.

누구든지 방백들과 장로들의 훈시를 따라 삼 일 내에 오지 아니하면 그의 재산을 적몰하고 사로잡혔던 자의 모임에서 쫓아내리라 하매[ἀπὸ ἐκκλησίας τῆς ἀποικίας](스 10:8).

"사로잡혔던 자의 모임"으로 번역된 말은 "귀환자들의 에클레시아(민회)"라는 말이다. 이 에클레시아의 회원권을 빼앗기는 것은 대단한 벌로 여겨질 뿐만 아니라, 재산의 몰수로 이어지기도 한다. 이는 아테네의 민주정 체제에서 아티미아(에클레시아 참여 자격 상실)의 선고가 시민으로서의 특권 상실로 이어지는 것과 유사한 조치다.[61] 이 시대에 이방인과의 통혼

---

59) Grabbe, "What was Ezra's 'Mission'?" 291.
60) 대표적인 예는 βουλή와 ἐκκλησία의 권력에 대한 다양한 모호성이다. 이는 제1장에서 논의한 바 있다. 이중 승인은 솔로몬 왕의 옹립에서도 관찰할 수 있다.
61) Blenkinsopp, "Temple and Society in Achaemenid Judah," 29. H. Hermann Bengtson, *The Greeks and the Persians from the Sixth to the Fourth Centuries*, The Weidenfeld and Nicolson Universal History 5 (London: Weidenfeld & Nicolson, 1969), 89-93; Gerald J. Blidstein, "'Atimia': A Greek Parallel to Ezra X 8 and to Post-Biblical Exclusion from the Community," *Vet Test* 24, no. 3 (1974): 357-60.

이 중요한 문제로 등장하는데, 논의 과정에서 에클레시아에 입회시키는 것이 사회경제적 특권으로 인식되고 있는 것은 귀환 공동체의 정치적 수립이 성공적으로 진행되었다는 방증이다. 라이트(Wright)는 시민결사체로서의 에클레시아가 모이는 공간의 형성과 그 상징성에 주목한다. 예루살렘의 시민 공간에 대한 통시적 연구를 통해, 라이트는 에스라 10장의 에클레시아 수립을 성전 앞의 광장이 사회적 권력을 구현하는 공간이 된 사건으로 해석한다.

> 그러나 일정한 공간에 권력이 집중되는 사건은 민주주의적 정당성을 갖는다. 이 공간에서 모든 시민은 시정에 대해 토론할 수 있다. 물론 그 시정의 결정권은 공의회에 있다.[62]

시 광장이라는 공간에 시민집회의 권력이 집중되는 현상은 느헤미야 8-9장에서도 볼 수 있다. 느헤미야의 내러티브에서 성벽 재건은 에클레시아에 모인 백성들의 총의로 언약을 받아들이는 대목에 가서야 완성된다. 에스라와 느헤미야에서, 광장에서의 에클레시아는 "시민 공간에 모인 시민의 집회(civic meeting in a civic place)다."[63]

또 하나의 에클레시아가 느헤미야 5장에 기록되어 있다. "귀족들과 민장들"이 가난한 자들의 땅을 빼앗고 그들을 노예로 삼는다는 백성들의 원성이 터져 나왔을 때, 느헤미야는 상층 계급의 행동을 견제하기 원했다. 페르시아에 의해 임명된 예후드의 총독으로서 느헤미야는 자신의 권위

---

62) John W. Wright, "A Tale of Three Cities: Urban Gates, Squares, and Power in Iron Age II, Neo-Babylonian, and Achaemenid Judah," in *Second Temple Studies 3*, ed. John M. Halligan and Philip R. Davies (2002): 19-50.
63) Wright, "A Tale of Three Cities," 48-49.

로 그들을 벌할 수도 있었지만, 그는 그들을 고소하고, 땅 소유 문제에 대한 원칙을 확립하기 위해 큰 에클레시아(ἐκκλησία μεγάλη, 5:7)를 소집한다. 느헤미야서의 본문은 그 결정이 전체 에클레시아(πᾶσα ἡ ἐκκλησία, 5:13)의 동의로 확인되었음을 분명히 한다. 결국 이 에클레시아는 제의적 모임일 뿐 아니라, 정치적 집회이기도 하다. 여기서 에클레시아는 사회에 대한 귀족 계층의 영향력을 백성들이 제어하는 장으로 기능하고 있다. 일상 생활에서 백성들은 귀족들의 착취로부터 스스로를 보호하기 힘들지만, 함께 모이는 집회는 이런 계급 갈등을 다룰 수 있을 뿐 아니라, 세력 균형의 추를 백성들 쪽으로 옮겨놓는 작용을 하고 있다. 이 시기 에클레시아의 민주적 권력을 강조하는 학자들은 에스라가 에클레시아의 권력 아래 있던 사람인 반면, 느헤미야는 그 위에 있었다고 생각하는 경향이 있다. 그러나 에클레시아와 관련하여 이 두 지도자의 위치보다 더 중요한 것은 두 지도자 모두 에클레시아와 함께 일한다고 묘사되고 있다는 사실이다.

땅의 소유권은 구약성서 전체에 걸쳐 유대인 공동체의 가장 중요한 의제였다. 시민-성전 공동체들을 세부적 범주로 분류하면서 와인버그는 이스라엘을 특수한 예로 따로 분류했다. 이스라엘은 성전이 직접 땅과 노예를 소유하지 않은 유일한 지역이었기 때문이다.[64] 블렌킨솝은 와인버그의 견해에 이의를 제기하면서 반박 증거를 제시하고 있지만, 그중 어떤 것도 전체의 논의를 뒤엎을 만큼 결정적이지는 않다.[65] 베드포드가 와인버그 모델의 사회적 함의의 중요성을 지적한 것에 주목할 필요가 있다.

---

64) Weinberg, *The Citizen-Temple Community*, 103-4.
65) Joseph Blenkinsopp, "Temple and Society in Achaemenid Judah," in *Second Temple Studies 1*, ed. Philip R. Davies (Sheffield, England: JSOT Press, 1991), 29-34; Peter R. Bedford, "On Models and Texts: A Response to Blenkinsopp and Petersen," in *Second Temple Studies 1*, 156-57.

"블렌킨숍이 말한 대로 와인버그는 예루살렘 성전이 땅을 갖지 않았음을 파악했다. 그러나 와인버그는 그의 가설이 얼마나 심각한 사회적 함의를 갖고 있는지를 인식하지 못했다."[66] 베드포드는 성전이 땅과 노예를 갖지 않고도 어떻게 사회 통합의 중심 장으로서 기능할 수 있는지는 상상하기 힘들다고 했는데, 이 관찰은 적절하다. 이 독특한 경제체제의 사회적 함의를 분석하고 그것을 경제적 용어로 설명하는 일은 거의 불가능하다고 봐야 한다. 그러나 땅의 공평한 소유권에 대한 사회적 합의와 이를 실현하기 위한 경제제도에 대한 집념이 이스라엘의 역사와 그 문서들 가운데 깊이 뿌리 내리고 있음이 분명하다. 이 신념이 그대로 실행에 옮겨졌는지 와는 별개의 문제로, 공동체 조직의 이상적 원칙으로서 일관되게 영향을 끼쳐왔다는 사실은 분명하다.[67] 땅 소유에 관련한 이런 이상은 왜 유대인들의 역사에서 "귀족적" 통치가 제대로 발달하지 못했는지를 보여준다. 고대 사회의 기준으로 보면 공평한 토지 소유라는 유대인들의 이상은 혁명적 평등주의였다. 우리는 이 이상이 토라의 법전으로만 머물러 있는 것이 아니라, 귀환 공동체를 재건하는 경제적 원칙으로 작용하기도 했다는 사실을 확인할 수 있다.

이러한 관찰로 볼 때 에스라-느헤미야 시대의 정치체제는 종교적 엘리트들이 주도적 권력을 장악하는 사제통치는 아니었고, 에클레시아를 통한 시민들의 참여에 상당히 열려 있는 체제였다는 사실을 알 수 있다. 이 참여가 특권으로 여겨졌다는 것 또한 중요하다.[68] 토지 소유와 관련한 평등주의적 이상과 실천으로 볼 때, 페르시아 치하의 유다 지방은 당시

---

66) Bedford, "On Models and Texts," 157.
67) 참조. 희년법(레 25장)과 나봇의 포도원 사건(왕상 21장).
68) Joseph Blenkinsopp, *Judaism, the First Phase: The Place of Ezra and Nehemiah in the Origins of Judaism* (Grand Rapids, MI: William B. Eerdmans, 2009).

다른 어떤 지방보다 더 민주적이었다고 추정해볼 수 있다.

이러한 가설은 헤카타이오스(Hecataeus of Abdera)의 "유대인들에 관하여"(περὶ τῶν Ἰουδαίων)라는 문서에 의해서 검증할 수 있다.[69] 물론 이 문서가 정확한 역사적 기록은 아니지만,[70] 페르시아와 마케도니아 시기의 유대 상황을 보여주는 아주 드문 문서 중 하나이며, 외부인들에게 독특해 보이는 당시 유대 사회의 모습에 대한 중요한 정보를 담고 있다는 사실은 부인할 수 없다. 이 문서가 유대인들의 토지 소유 행태를 언급하는데, 당시 외부인들에게는 매우 이상해 보였던 것으로 보도한다(43-49행). 헤카타이오스에게 가장 충격적으로 보였던 유대인들의 관행은 제사장들에 대한 특별한 존중이었다.

> 우리가 듣기로는 에클레시아와 또 다른 집회에서[κατὰ τὰς ἐκκλησίας καὶ τὰς ἄλλας συνόδους] 결정사항을 공포하는 이는 그[대제사장]였다. 유대인들은 이런 일과 관련해서는 아주 고분고분해서, 대제사장 앞에서는 언제든지 바닥에 엎드리며 경의를 표할 준비가 되어 있었다.[71]

---

69) 헤카타이오스는 알렉산드로스 대왕과 프톨레마이오스 1세 때의 사람이다. 이 문서에 대한 설명과 본문은 다음을 보라. Menahem Stern, *Greek and Latin Authors on Jews and Judaism*, 3 vols., Fontes ad res judaicas spectantes (Jerusalem: Israel Academy of Sciences and Humanities, 1974), 1. 20-44; Michael Grant, *Greek and Latin Authors, 800 B.C.-A.D. 1000*, Wilson Authors Series (New York: H. W. Wilson, 1980), 187-8; 이 문서에 나타나는 자료들의 신빙성 문제는 Grabbe, *A History of the Jews and Judaism*, 2.113-17을 보라.
70) 예를 들어 그는 "유대인들은 왕을 가진 적이 없다"고 한다. Hecataeus, 5.
71) Menahem Stern, *Greek and Latin Authors on Jews and Judaism*, 1:26ff.; cf. James Tunstead Burtchaell, *From Synagogue to Church: Public Services and Offices in the Earliest Christian Communities* (Cambridge; New York: Cambridge University Press, 1992), 212n27.

헤카타이오스의 주목을 끈 것은 어떤 구체적 정치체제나 제사장들의 법적 권한이 아니라 제사장에 대한 백성들의 자발적인 존경이었으며, 그 권위가 확인되는 곳은 백성들이 회집하는 "에클레시아나 다른 집회"에서 였다는 점이다. 이 관찰은 이 시기 유대의 정치체제가 백성들에게 부과되는 법적인 권력이 아닌, 에클레시아에서 표현되는 통치 엘리트에 대한 백성들의 자발적인 승인과 지지로 특징 지워진다는 이상의 분석과도 일치한다.

이 분석은 페르시아 시대의 유대 사회에서 에클레시아의 중요성을 시사한다. 우리는 위에서 유대인들이 알렉산드로스 대왕 앞에서, 그리고 그 뒤를 이어 유대 땅을 밟은 로마의 장군들 앞에서 "우리 조상들의 정치체제"를 허용해달라고 했을 때, 그 구체적인 내용이 무엇이었을까 하는 질문을 던지면서 이 논의를 시작했다. 이 체제는 페르시아 치하의 귀환 공동체가 확립했던 사회적 체제일 수밖에 없으며, 그것은 에클레시아를 중심으로 한 민주적 활력이 있는 체제였다는 결론을 내릴 수 있다.

이 결론은 신정정치(theocracy)라고 하는 유대인들의 이상에 대해서도 재검토를 요구한다. 현대인들은 신정정치를 사제 권력에 의해 통치되는 정치체제로 이해한다. 그러나 이 단어를 처음 사용한 요세푸스는 이런 식의 개념에 동의하지 않았을 것이다. 아비후 자카이(Avihu Zakai)는 신정정치의 원래 의미와 일상적 사용례의 차이를 이렇게 요약한다.

요세푸스가 사용했던 대로 이 단어의 가장 오래된 의미에 따르면, 그 함의는 성직자들이 정치적 권리를 갖는 것이 아니었다. 그러나 『역사 원칙에 관한 옥스퍼드 소사전』(*The Shorter Oxford English Dictionary on Historical Principles*)에 있는 현대적 개념 규정에 따르면 신정정치는 "신의 위탁을 받았다는 신성화된 집단에 의한 통치체계"다. 이런 나라들에서 신정정치는 사제들

이 정치적 권력을 행사하는 체제, 보다 정확히는 성직자들에 의한 통치다.[72]

정부의 형태를 논하는 과정에서, 요세푸스는 아래와 같이 θεοκρατία (신정정치)의 개념을 도입한다.

우리의 입법자는 이런 정치 형태들에 관해서는 관심이 전혀 없었다. 다만 그는 굳이 표현하자면 테오크라티아라 할 수 있는 정부를 명령했다. 권위와 권력을 하나님께 돌리고, 모든 선의—모든 인류가 공통적으로 즐기고 있는 선, 혹은 우리 각자가 특별히 향유하고 있는 선의—창조자인 그분을 존중하도록 모든 백성을 설득함으로써(καὶ πείσας ἅπαντας) 그들이 그들 삶의 극심한 어려움 가운데서 그분에게 기도할 수 있도록 하기 위함이다. 모세는 우리의 외적인 행동뿐 아니라 내적인 생각에서도, 하나님의 시선에서 벗어날 수 있는 길은 없다는 것을 백성들에게 알려줬다.[73]

이상적인 정치체제에 대한 이런 묘사에 귀족이라는 지배 계급이 들어설 여지는 거의 없다. 하나님의 명령의 실행 여부는 전적으로 지도자가 "모든 백성을" 설득할 수 있느냐 없느냐에 달려 있다. 무엇이 자신들에게 좋은지를 알 수 있는 백성들의 지적인 능력과 자신들에게 좋은 것을 선택할 수 있는 백성들의 덕이 이 이상적 공동체의 결정적인 조건이다. 느헤미야 8:3에서 에클레시아는 "남자나 여자나 알아들을 만한 모든 사람"으로 구성되어 있었다. 에클레시아가 그들 앞에서 논의되고 있는 의제를 이해할 만한 시민들로 구성되어야 한다는 것은 플라톤과 아리스토텔레스,

---

72) Avihu Zakai, "Theocracy," *International Encyclopedia of the Social Science*, 2nd ed., 342.
73) Josephus, *Contra Apionem* 2.165-56.

또 폴리비우스와 플루타르코스가 생각했던 민주정치의 중요한 전제조건이었다.[74]

백성의 지도자로서 모세의 임무는 하나님의 뜻을 행하도록 스스로를 설득하고, 나아가서 그 생각으로 "무리들에게"(τοῖς πλήθεσιν) 영향을 끼치는 것이었다.[75] 그는 "탁월한 군사 지도자, 가장 현명한 조언자(στρατηγὸς ἄριστος ἐγένετο καὶ σύμβουλος συνετώτατος)가 되었고, 백성들을 진정으로 진실하게 돌보는 자가 되었다."[76] 이는 페리클레스 같은 이를 "장군이요 연설가"(στρατηγὸς καὶ ῥήτωρ)로 표현하는 그리스 민주정치의 전형적인 지도자상과 궤를 같이한다.[77] 요세푸스는 모세가 처음에는 민주적 지도자였다가 후에는 폭군이 된 이들과 달리 대중적인 지도자로서 자신의 권위를 남용하지 않았고, 폭정으로 일탈하는 것으로부터 정치체제를 보호했다고 말한다.[78] 여기서 그는 정치체제의 순환이라는 유명한 그리스 정치 이론을 적용하고 있으며, 모세의 체제는 그 순환 과정에서 민주정의 단계와 비슷한 체제라는 인식을 드러내고 있다.

필론 역시 모세의 민주적 이미지를 제시하고 있다는 점에서 요세푸스와 비슷하다. 시내산 아래 모인 백성들의 지위를 논하면서, 필론은 그리스 정치 이데올로기를 사용한다. 모세는 "독재자나 폭군이 아니며" 백성들을 노예처럼 다루지 않고, 자유민으로 대했다는 것이다.[79] "그의 명령이나 금지를 보면, 그는 제안하고 추천하지, 명령하지 않는다. 미덕을 향해

---

74) 여자들과 어린이들을 포함시킨 것은 유대인 집회의 중요한 특성이다. 이는 1.1.5와 1.1.6에서 살펴본 그리스 에클레시아와 대비된다.
75) Josephus, *Contra Apionem* 2.160.
76) Josephus, *Contra Apionem* 2.158.
77) 1.1.1을 보라. 정치연설가의 주 임무는 συμβουλεύειν이다.
78) Josephus, *C. Ap.* 2.158.
79) Philo, *Mos.* 2.50.

백성을 몰아붙이기보다, 미덕에 끌리도록 만들고 싶은 것이다."[80] 이러한 이데올로기에 의하면 백성은 명령들(십계명 포함)의 수동적인 수신자가 아니라, 모세의 제안에 동의함으로써 법을 수립하여 폴리스를 세우는 일에 능동적으로 참여하는 이들로 자리매김되고 있다.[81]

요약하면, 시민 정치 조직에의 능동적인 참여자로서의 백성의 지위는, 유대인들의 "조상들의 정치체제"의 실제적인 모델이었던 에스라-느헤미야에 기록된 체제에서도, 또 조상들의 정치체제의 이상적 모델이었던 요세푸스와 필론이 기술하는 모세의 공동체에서도 분명히 드러난다고 할 수 있다.

2.3.3 ── 마카베오서에 나타난 유대인들의 데모스

알렉산드로스의 사망 후에 팔레스타인은 프톨레마이오스의 그리스 제국 아래 속하게 되었다. 이 시기의 팔레스타인에 관해서는 현존하는 자료가 많지 않기 때문에, 프톨레마이오스 왕조의 일반적인 정책을 참조하여 팔레스타인의 정치 행정 체제를 추정해보는 수밖에 없다.[82] 프톨레마이오스 왕조가 병합 지역에 이미 존재하던 정치체제를 바꾸려 하지 않았다는 일반적인 판단이 맞다면, 페르시아의 행정 원리도 이 시기 유대인 공동체를 논하는 데 간접적인 자료로 쓰일 수 있을 것이다.

마카베오 1서와 2서에 기록된 대로 셀레우코스 왕조의 유대 진입은 엄청난 저항을 야기했다. 이 두 책은 이스라엘의 내부 정치에 관한 많은

---

80) Philo, *Mos.* 2.51.
81) Philo, *Mos.* 2.51. 이는 공허한 수사가 아니다. 신명기의 에클레시아를 논하는 것과 관련해서 토라를 해석하는 적절한 방식의 하나다.
82) 이러한 접근의 좋은 요약과 평가는 Grabbe, *A History of the Jews and Judaism*, 2:181-92를 보라.

정보를 포함하고 있다. 기원전 140년(셀레우코스 172년)에, 유대인들은 대집회(συναγωγῆς μεγάλης; 1마카 14:28)로 모였다. 여기서 이 집회가 쉬나고게라 불리고 있긴 하지만, 이는 모임이라는 일반적인 의미로 쓰였다고 보아야 한다. 마카베오 1서는 민족을 대표하는 집회를 대체로 에클레시아(2:56; 4:59; 5:16; 14:19)라 부르고, 더 작은 모임을 쉬나고게라 부르는 경향이 있다(2:42; 3:44; 7:12).[83] 14:28의 대집회 역시 이어지는 일련의 에클레시아(14:29)의 하나이며, 쉬나고게라는 말은 이어지는 회집자들의 명단과 관련하여(συναγωγῆς μεγάλης ἱερέων καὶ λαοῦ καὶ ἀρχόντων ἔθνους καὶ τῶν πρεσβυτέρων τῆς χώρας) 어떤 이들의 "모임"이라는 점을 묘사하기 위한 단어 선택으로 보인다.

이 집회의 기능은 헬레니즘 세계의 전형적 에클레시아와 유사하다. 골드스타인(J. Goldstein)은 이를 "유대인들의 공화제 기관"이라고 한다.[84] 이 집회에서 "시몬의 신실함과 그가 국가를 위해 획득해낸 영광을 보고 그를 그들의 지도자와 대제사장으로 선출한"(ἔθεντο αὐτὸν ἡγούμενον αὐτῶν καὶ ἀρχιερέα) 것은 "백성"(ὁ λαός)이었다. 시몬에게 명예를 수여하는 것이 이 결정의 핵심 부분이었기에, 이 결정문은 그리스 에클레시아의 명예 포고문에 해당한다고 할 수 있다.

헨텐(J. van Henten)은 마카베오 1서 14:25-49의 포고문과 프톨레마이오스 통치자들에게 영광을 돌리는 다른 네 개의 포고문을 비교하고 있

---

83) 이런 연구에서 우리는 마카베오 1서가 히브리어에서 그리스어로 번역된 문서라는 사실을 고려해야 한다. 그러나 에클레시아/쉬나고게와 비슷한 단어들의 관계가 워낙 미묘하기 때문에 이 그리스어 단어들이 히브리어 원문에서 어떻게 쓰였는가를 복원해내는 것은 사실상 불가능하다.

84) Jonathan A. Goldstein, *I Maccabees: A New Translation, with Introduction and Commentary*, The Anchor Bible (Garden City, NY: Doubleday, 1976), 495.

다.⁸⁵ 그러나 그는 마카베오 1서에 나타난 데모스의 결정과 이집트의 포고문에서 나타난 사제들의 결정 간의 차이점에 충분한 주의를 기울이지 않고 있다. 고대 명예 포고문의 전문가인 크렌츠(E. Krentz)는 헨텐의 논문에 대해 비평하면서, 마카베오 1서 14장에 나타나는 데모스들의 "놀랄 만한" 주도권(initiative)은 이집트의 군주제 전통보다는 아시아나 시리아 폴리스들의 민주적 전통에 훨씬 더 가깝다고 주장한다. 크렌츠가 제시하는 하나의 예는 안티오코스 1세를 칭송하는 τύχηι τῆι ἀγαθῆι δεδόχθαι τῆι βουλῆι καὶ τῶι δήμωι로 시작하는 일리온의 포고문이다.⁸⁶ 크렌츠의 분석은 어떤 특정 시기의 유대 국가 체제가 해당 시기의 그리스-이집트 지배체제보다 훨씬 더 민주적이었으며, 오랜 민주정치의 전통을 갖고 있는 그리스 폴리스들에 더 가까웠음을 보여주는 중요한 연구다.

앞서 제1장에서 논의한 대로, 명예는 에클레시아에서 결정적으로 중요한 요소였으며, 명예를 수여할 수 있는 데모스의 권력은 형식적·법적 권력이 아주 제한적일 때도, 무시할 수 없는 요소로 존속했다. 이 현상은 이렇게 정리할 수 있다. 명예를 중요하게 여기는 상황일수록, 공적 명예의 주 근원인 데모스는 더욱 강력해진다. 마카베오 1서에서는 국가와 백성의 명예를 높이는 것이 정치 지도자(3:3; 11:60; 14:29, 35)의 가장 중요한 업적으로 여겨진다. 여기서 에클레시아의 의제 중 가장 중요한 것은 지도자들에게 감사를 표현하고 명예를 돌리는 것으로 나타난다(1마카 14:25-27, 29-47; 참조. 14:4). 개인과 국가의 명예는 애국적 행동의 가장 강력한 동기이기도 하다(2:51, 64; 9:10; 15:9). 한 사람의 명예는 공적인 자리에서 왕

---

85) Jan Willem van Henten, "The Honorary Decree for Simon the Maccabee(1마카 14:25-49) in its Hellenistic Context," in *Hellenism in the Land of Israel*, eds. G. E. Sterling and J. J. S. Collins, 116-45.

86) Edgar Krentz, "The Honorary Decree for Simon the Maccabee," in *Hellenism in the Land of Israel*, 14. The text of the decree is in Michel, lines 14-15 = *OGIS* 219.

옆에 앉고, 보랏빛 옷을 입는 것으로 과시되며, 그렇게 인정된 명예는 대적자들을 쉽게 물리칠 수 있는 권력이 된다(10:61-64). 전쟁에서 이기는 것을 포함하여 한 정치 지도자가 나라를 위해서 행한 모든 공적은 "나라를 명예롭게 했다"(1마카 15:9; 14:21)는 한마디로 압축된다. 제1장에서 로마 제국을 명예의 제국이라 했는데, 마카베오 1서는 유대인 데모스 역시 명예의 제국에 살았다는 것을 보여준다. 이 명예의 제국은 민주주의가 자라기 알맞은 토양이기도 했다.

명예를 교환하는 또 하나의 중요한 장은 외교 관계였다. 제1장에서 본 대로 방문하는 타국의 사신을 명예롭게 하는 것은 그리스 정치의 중요한 대목이었다. 마카베오 1서는 유대인들의 활발한 외교 활동을 보도하고 있다.

> 오니아스는 귀국의 사신을 성대하게 환영하였고 동맹과 우호관계를 맺는다는 선언을 기록한 편지를 받았던 것입니다(1마카 12:8).

> 온 국민은 기쁜 마음으로 예의를 갖추어 이 사신들을 환영하고, 그들이 말한 내용을 기록하여 국가의 보존문궤 속에 넣어 스파르타 국민으로 하여금 항상 기억하도록 하였다. 그리고 스파르타는 대사제 시몬에게도 이 사본을 만들어 써 보내는 바이다(1마카 14:23).

외국이 보낸 사신을 명예롭게 맞이하는 것은 그 사신을 보낸 정치 지도자의 지위를 확인해주는 정치적 행위이기도 했다(1마카 14:21, 40). 마카베오 1서에 나타나는 외교적 행위들이 두 국가의 데모스들 간의 관계로 묘사되고 있다는 점이 중요하다. 예를 들면 로마와의 확약문은 이렇게 마친다. "이것이 로마인과 유다 데모스 사이에 맺은 조약문이다"($τῷ$ $δήμῳ$ $τῶν$

Ἰουδαίων; 8:29; 참조. 12:3). 데모스는 외교 서신의 주 발신자로(12:6), 또 수신자로(1마카 14:20; 2마카 11:34) 등장하며, 이런 서신들은 에클레시아 앞에서 읽히기를 기대하는 것이 상례였다(1마카 14:19).

이렇듯 마카베오 1서에서 국가 간의 외교 관계는 주요 사건의 진행에 중심적인 역할을 하고 있으며[87] 유대 데모스는 외교 관계에 적극적으로 참여하고 있다. 앞서 제1장에서 헬레니즘 세계의 정치에서 데모스는 단순히 정치적 수사 안에서만 기능하는 것이 아니라 실질적 권력의 중요한 기둥이었다는 점을 확인했다. 유대 민족의 입장에서 마카비 시대는 국내 정치뿐만 아니라 국제적 차원에서도 극도로 불안정한 시기를 지나고 있었다. 지중해 세계의 많은 세력이 극렬한 투쟁을 벌이면서 부침을 거듭하는, 한 치 앞도 알 수 없는 상태였기 때문이다. 이런 예측 불가능한 정세는 이 시기를 외교의 시대(the age of diplomacy)로 만들었다. 상대방 국가 내에서 어느 정치 세력이 다음 단계의 승자로 떠오를지 모르는 상황에서, 외교의 상대를 결정하는 가장 안전한 방법은 잠재적 파트너에 대한 백성들의 지지를 확인하는 것이었다. 이러한 경향은 그리스-로마 세계에서 데모스가 실질적인 권력을 유지할 수 있는 배경을 제공했다. 마카베오 1서에 나타나는 로마인, 시리아인, 스파르타인들과 유대인들의 관계에서도 이런 경향이 뚜렷이 관찰되고 있다.

2.3.4 ── 로마 치하에서의 유대인 데모스

제2성전기 유대 정치에 "놀랄 만한" 민주제적 경향이 있었음에도 불구하고, 위에서 언급한 레빈의 주장, 곧 민주정치에 대한 또 하나의 판별 기준

---

87) 1마카 8:15-22에 있는 로마 원로원(βουλευτήριον)에 대한 기술을 보라.

인 정기적으로 회집하는 에클레시아가 당시 유대에는 없었다는 사실도 함께 고려해야 한다. "우리는 예루살렘에서 데모스의 정기적인 모임이 있었다는 사실을 알지 못한다"는 레빈의 주장은 부인하기 힘들다. 물론 로마 제국 당시의 그리스 전통 속에 있는 다른 폴리스들도 정기적인 에클레시아를 갖지 않았다는 주장을 그가 무비판적으로 수용하고 있는 오류는 지적되어야 한다. 로마 시대의 유대인들이 정기적인 민회로 모이거나 그들의 지도자를 선출하는 식의 민주정치를 갖지 않은 것은 분명하다.[88] 그렇지만 중요한 정치적 결정을 내림에 있어 통치자가 백성들의 승인을 구했던 장면이 다수 포착되는 것도 사실이다.[89]

요세푸스에 따르면, 헤롯 대왕은 그의 세 아들을 자신의 후계자로 내세우기 위해 예루살렘에서 백성들을 소집한 바 있다. 요세푸스가 보도하는 이 집회에서의 헤롯의 연설을 보면 당시의 왕위 계승과 관련한 다층적인 권력 구조를 알 수 있다.[90] 실질적으로 후계자를 결정하는 것은 헤롯이다. 그러나 후계자를 선정하는 그의 권력은 로마 황제의 승인 하에서만 작동한다. 또한 하나님의 승인과 백성의 동의도 필수적이다. 왕위 계승에는 네 권력—로마 정부, 왕, 하나님, 백성—이 미묘하게 얽혀 있다. 백성들의 동의는 왕이 하나님의 승인을 내세우기 위해, 또 로마의 지지를 획득하기 위해 갖추어야 할 결정적인 조건이었다.[91]

또 다른 하나의 에클레시아는 아그립바 왕이 불참한 가운데 시몬이라는 사람에 의해 소집되었다. 시몬은 왕에게 맞서는 동안에도 그의 탁월한 법 지식 때문에 백성들에게 존경을 받던 인물이다. 군중들이 모인 극

---

88) 2.4에서 구체적으로 논의할 것이다.
89) Josephus, *B.J.* 1.457.
90) Josephus, *B.J.* 1.458.
91) 다음 단락에서 솔로몬 옹립의 이중 승인에 대하여 다룰 것이다.

장에서 아그립바 왕과 시몬이 정면으로 대결했을 때, 아그립바는 왕권을 가지고도 시몬을 제압하지 못했다. 시몬의 탁월한 연설 능력 때문이었다. 그가 한 연설의 핵심은 "어떻게 이런 자리(극장이라는 공적인 공간)에서 법에 어긋나는 일이 행해질 수 있는가?"였다.[92] 이 장면은 민주정치 지도자가 지닌 영향력을 보여주는 전형적인 모습이다. 민주정치에서 지도자의 힘은 연설에 있고, 법에 호소하는 것이 그 힘의 근거다. 이런 식으로 법에 호소하는 것은 입헌정치(constitutionalism), 즉 법의 권위가 최고 통치자의 권위보다 더 높아야 한다는 이상에 속한다. 더 중요한 것은 여기서 에클레시아가 회집하는 장소—극장—가 입헌정치의 이상을 구현하는 상징적 권력을 갖고 있다는 점이다. 이와 비슷하게 로마 총독도 위급한 때에 백성들과 직접 협상하기 위해 백성들을 소집한 적이 있다.[93]

뿐만 아니라 에클레시아가 사법적 기능을 수행하기도 하였다. 게루시아의 지도자들이나[94] 왕이[95] 에클레시아에서 관리들이나 다른 사람들을 고소하기도 하였던 문헌 증거들이 남아 있다. 물론 왕이 백성들의 승인 없이도 누군가를 정죄하고 벌할 권리를 갖고 있었지만, 백성들 앞에서 지지를 받는 것은 처벌을 정당화하는 데 효과적이었기 때문에 왕들은 자주 이런 방법을 사용했다. 제국의 다른 지역 도시에서도 로마 총독들은 정치적인 중요한 결정을 내릴 때 한자리에 모인 대중들과 협상하는 경우가 흔했다.[96] 이두매인들 앞에서 행한 연설에서 당시 대제사장 중 두 번째 연장자였던 예수라는 이는, 비록 제사장이 백성의 통치자이지만, 제사장은 자신의 주도로 외국에 외교문서를 보낼 수 없고 오로지 "투표에 의한 백성

---

92) Josephus, *A.J.* 19.332-34.
93) Josephus, *A.J.* 18.279-283.
94) Josephus, *B.J.* 7.412.
95) Josephus, *B.J.* 1.550, 654.
96) Josephus *A.J.* 16.63-65; 18.279-83; *B.J.* 2.319-320.

들 다수의 동의에 의해서만"(τὸν δῆμον κοινῇ ψηφισάμενον) 할 수 있다고 했다.[97] 또한 지도자들의 행동은 "엄청나게 많은 우리 동료 시민들(πολίτας), 우리가 매 시간 대화를 나누고 있는 그들로부터 결코 숨겨질 수 없다"고 하기도 했다.[98]

당시 유대인들이 정기적인 에클레시아로 모이지는 않았지만, 정치적 의사결정 과정은 그리스 지역의 다른 폴리스와 흡사하게 기능했다. 기록이 잘 보존되어 있는 또 하나의 사건은 나사렛 예수의 재판이다. 예루살렘 주민들이 로마 총독 빌라도 앞에서 예수를 처형하라고 함성을 지르며 요구하는 모습은 당시 다른 폴리스의 에클레시아에서 흔히 볼 수 있는 장면이었다. 예수의 처형을 요구한 군중들의 모임이 에클레시아라는 이름으로 회집하지는 않았지만, 비슷한 기능을 수행했다. 그리스 에클레시아의 오랜 전통 속에서 백성들의 집단적 정서가 분출되고 그것이 사법 절차에 영향을 미치는 것은 흔한 일이었다. 빌라도의 상황 인식과 백성들의 함성에 대한 타협적 태도, 자신들의 정치권력에 대한 백성들의 자의식, 지역 지도자들(이 경우에는 대제사장들)이 자신들의 목적을 위해서 백성들을 조작, 선동하는 모습 등은 헬레니즘 폴리스들의 정치적·사법적 의사결정 과정에서 아주 익숙한 모습이다.[99] 요한복음에 따르면, 빌라도가 예수를 방면하고자 했을 때 유대인들은 "만일 그자를 놓아준다면 당신은 카이사르의 친구가 아닙니다. 누구든지 자기를 왕이라고 하는 자는 카이사

---

97) Josephus, *B.J.* 4.251.
98) Josephus, *B.J.* 4.253.
99) Cf. C. P. Jones, *Roman World of Dio Chrysostom* (Cambridge, Mass.: Harvard University Press, 1978), 20n11; Russell Martin, *Understanding Local Autonomy in Judaea between 6 and 66 CE* (Lewiston, NY: Edwin Mellen Press, 2006); cf. James S. McLaren, *Power and Politics in Palestine: The Jews and the Governing of Their Land, 100 BC-AD 70*, Journal for the Study of the New Testament Supplement Series 63 (Sheffield, UK: JSOT Press, 1991), 88-114.

르의 적입니다"(요 19:12, 저자 사역)라고 했다. 여기서 예루살렘 백성들은 로마의 정치 세계에 완벽하게 동화되어 있는, 자신들의 집단적 권력을 충분히 알고 있고, 그 권력으로 총독의 결정을 압박하는 방법도 잘 알고 있는, 전형적인 헬레니즘 폴리스의 데모스로 묘사되고 있다.

이러한 분석에 기초하여, 우리는 이제 예수 시대 유대인들의 정치에 관한 버차엘(Burtchaell)의 결론에 동의할 수 있다. "이 시기 유대인들의 정치적 과정은—군중 폭동의 가능성까지도 포함하여"—사도행전 19장이 묘사한 에베소의 상황과 아주 흡사하다.[100]

2.4 ── 이스라엘의 공동체적 기억 속에서의 에클레시아

앞 단락에서의 분석으로 1세기의 예루살렘 거민들은 헬레니즘적 폴리스의 데모스와 비슷한 정치 세계에 살고 있었고, 로마 총독을 상대로 자신들의 이익을 놓고 협상하는 데 있어 어떻게 지역 정치의 공간에서 자신들의 목소리를 내야 하는지 알고 있었다는 사실이 명백해졌다. 그러나 유대인들이 자신들의 에클레시아를 이해하는 방식과 그리스인들의 민주제도에는 중요한 차이점이 있었다. 그리스의 에클레시아는 일정한 임기의 공직자를 선출하거나 추인했고, 개별 에클레시아의 결정은 다른 에클레시아의 결정과 똑같은 무게를 가졌다.

이와 대조적인, 기원전 140년에 열린 대집회의 결정을 상기할 필요

---

100) Burtchaell, *From Synagogue to Church*, 214. 만약 요한복음이 에베소에서 기록되었다면 요한복음의 처음 독자들이 예루살렘의 이 군중들의 모습에 대한 보도에서 자신들의 도시의 에클레시아의 모습을 읽어내었을 확률이 농후하다. 참조. MacMullen, *Enemies of the Roman Order*, 172; Tacitus, *Hist*. 1.72; Clifford Ando, *Imperial Ideology and Provincial Loyalty in the Roman Empire*, 199-205.

가 있다. "그러므로 유다 백성과 사제는 다음과 같이 결정하였다. 진정한 예언자가 나타날 때까지 우리는 시몬을 영구적인 영도자, 대사제로 삼는다"(1마카 14:41). 이 집회의 결정사항은 자신들이 역사적으로 중요한 결정을 하고 있으며, 이 결정은 이보다 역사적 의의가 더 큰 사건, 아마도 더 중요한 다른 에클레시아에 의해서만 대체될 수 있다는 확신에 기초하고 있다. 마카베오 1서 4:59에는 "이스라엘의 전체 에클레시아가"(πᾶσα ἡ ἐκκλησία Ισραηλ) 수전절(the Feast of Dedication)을 결정했다고 나온다. 이는 지금까지 지켜지고 있는 결정이다.

기원전 140년의 집회는 그 "국민이나 사제 중 어느 누구도 이 결정의 어느 하나도 무효로 만들 수 없다"(1마카 14:44)고 하며 누구라도 그 결정에 반대되는 행위나 거부하는 이를 처벌하도록 함으로써, 그 결정을 공고화하고 있다. 느헤미야 9-10장에 나오는 에클레시아의 결정 역시 그 포고를 따르지 않는 이들에 대한 저주로써 봉인되고 있다. 그 에클레시아가 포고문을 작성했고 지도자들이 서명했지만, 그 포고를 이행하는 것은 "모세를 통해 주어진, 하나님의 법 안에서 행하는 것"과 동일시되었다(느 10:29). 이 역사적인 에클레시아도 그 결정사항은 모세의 법을 현 상황에 적용하고 있다는 데서 권위를 찾고 있다. 이 예는 우리에게 알려진 유대인의 개혁들이 기본적으로 보수적 개혁이라는 점과 시내산에서 선포된 모세의 법이 원형적 모범으로서의 지위를 갖고 있었다는 사실을 보여준다.

70인역에서 에클레시아라는 단어가 자주 등장할 뿐 아니라 구조적으로 중요한 맥락에서 역할하고 있는 책들은 신명기, 역대기, 에스라-느헤미야, 그리고 마카베오 1서다. 토라의 다섯 책 중에서는[101] 오로지 신명기

---

101) 72인의 번역자가 등장하는 전설에서 말하는 그리스어 번역은 사실 구약성서 전체가 아니라 토라다. 70인역이라는 용어의 오용에 대해서는 Karen H. Jobes and Moisés Silva, *Invitation to the Septuagint* (Grand Rapids, MI: Baker Academic; Paternoster,

에서만 이 단어가 발견된다는 것도 흥미로운 사실이다. 신명기의 전체 구조에서 중요한 부분은 모세가 호렙산에서 회집했던 "그 에클레시아의 날에"(4:10; 9:10; 18:16) 선포되었던 내용을 모세가 회상하며 재확언하는 내용과 약속의 땅에 들어가기 직전에 회집되었던 또 하나의 에클레시아 (31:30)의 내용이다.

신명기 23장에서 에클레시아(여호와의 "총회"라고 번역됨)에 들어가지 못하는 이들의 명단을 제외하면,[102] 에클레시아가 네 번 나오는데 이 중 세 번은 모두 "그 에클레시아의 날"이라는 표현으로 쓰이면서 호렙에서의 집회를 가리킨다. 나머지 한 번은 위에서 말한 31:30이다. 결국 토라 전체를 걸쳐서 실제로 에클레시아로 모인 예는 두 번뿐인 셈이다. 신명기의 신학적 강조점은 호렙산에서의 "그 에클레시아의 날"에 일어난 일에 집중되고 있다. 에클레시아에 대한 사전적 연구를 통해서 우리는 비록 70인역의 다섯 개 토라 책 중에 왜 유독 신명기만 에클레시아라는 말을 쓰는지 알 수 없는 경우라 해도, 단순히 그 이유를 "번역자들의 선호" 때문이라고 해서는 안 된다는 사실을 확인했다.[103] 여기에 추가로 고려해야 할 사항이 둘 있다. (1) 번역자들이 그들의 정치적 세계에서 이 단어의 정치적 비중을 얼마나 인지하고 있었는가? (2) 토라가 그리스어로 번역되던 시기에 신명기가 정치적 용어로 이해되고 있었나? 첫 번째 질문에 대해서는 위의 단락의 논의를 통해 긍정적인 결론에 도달했다. 두 번째 질문과 관련해서

2000), 29-37을 보라. 히브리 성서의 그리스어 번역 역사가 복잡하기는 하지만, 토라가 가장 먼저 번역된 부분이라는 사실은 분명하다. 토라의 번역이 먼저 유통되었고 오랫동안 독립된 단위로 취급되었다고 보아야 한다.

102) 이 규정은 신 31:12과 배치되며, 룻기 같은 성경과도 입장을 달리한다. 인종적 정체성의 구분을 명확하게 해야 할 필요가 대두되었을 어느 시점에 삽입되거나 변형되었을 가능성을 감안해야 한다.

103) 2.2를 보라.

신명기의 목적과 이스라엘 역사에서 이 책의 영향력에 대해서 논의할 필요가 있다.

메이즈(A. D. H. Mayes)는 1991년에 행한 구약학회 회장 취임 연설에서[104] 신명기의 목적에 관한 논의의 "일반적 지형"을 이 질문으로 요약했다. "신명기는 이스라엘의 일상생활에 직간접적으로 연관된 헌법인가, 아니면 교훈인가?" 교훈으로 보는 입장의 대표로 메이즈는 폰 라드의 신앙 공동체 이론을 언급했다.

> 신명기는 시민법을 제정하고 있지 않다. 구약성서의 어떤 법조문도 시민법의 하나로 이해되지는 않았다. 신명기는 거룩한 공동체로서 이스라엘에게 주어졌다. 그 공동체는 거룩한 백성, 말하자면 야웨께 속하여 그 삶과 그 지도자들(제사장, 왕, 예언자, 그리고 사사)이 거룩한 성품을 갖기를 명령받은 백성이다.[105]

이와 반대로 맥브라이드(McBride)는 요세푸스가 신명기에서 토라를 폴리테이아(πολιτεία)로 명명한 것에 주목한다.[106] 요세푸스의 로마인 독자

---

104) A. D. H. Mayes, "On Describing the Purpose of Deuteronomy," *JSOT* 58 (1993): 13-33.
105) Gerhard von Rad, *Old Testament Theology*, 2 vols. (New York: Harper, 1962), 1:228-29. 가르침에 대한 강조는 Dennis T. Olson, *Deuteronomy and the Death of Moses: A Theological Reading*, Overtures to Biblical Theology (Minneapolis, MN: Fortress Press, 1994), 10을 보라.
106) 참조. Josephus, *A.J.* 4.184, 193, 198, 302, 310, 213. S. Dean McBride Jr., "Polity of the Covenant People: The Book of Deuteronomy." 이 책은 다음과 같이 다시 출판되었다. *Constituting the Community: Studies on the Polity of Ancient Israel in Honor of S. Dean Mcbride Jr.*, ed. John T. Strong, S. Dean McBride, Steven Shawn Tuell (Winona Lake, IN: Eisenbrauns, 2005), 17-33. McBride를 기념하여 출판된 이 책에 실린 대부분의 연구논문은 McBride의 관점을 공유하고 있다. 그중에서도 Patrick D. Miller's article "Constitution or Instruction? The Purpose of Deuteronomy" (125-44)는 신명기에 대한 McBride의 주장을 계승하여 발전시키고 있다. 신명기가 정

들이 요세푸스가 유대 정치체제의 우월성을 과시하는 것을 놓치지 않았을 것이라는 것이다. 요세푸스와 그의 독자들이 공유하고 있던 정치 세계에서는 정치체제의 우수성과 그 우수성을 현실화할 수 있는 백성들의 수준이 좋은 국가의 가장 중요한 조건이었다.[107] 맥브라이드는 요세푸스의 토라 이해의 핵심은 신명기의 제목에 벌써 나타나 있다고 보고, "이 토라"라고 하는 단어 혹은 규정은 단순한 권면이나 지혜자의 충고가 아니라고 보았다. 그 단어와 규정은 공적으로 승인된 정치적 규율, 즉 이스라엘의 왕과 일반 백성들이 똑같이 "부지런히 지켜야" 하는(17:19; 31:12; 32:45), 그 준수 여부에 민족 전체의 운명이 달려 있는 정책이었다.[108] 토라는 신명기와 마찬가지로 "입법의 구체적인 범주와 그것을 적용하는 사법적 절차의 총체성을 내포한다"[109]는 것이다.

이와 반대되는 입장도 있다. 라이트(G. E. Wright)는 신명기의 주 목적이 교훈에 있다고 말한다. "신명기는 법을 집행해야 할 책무가 있는 이들, 이스라엘의 재판관, 왕, 제사장에게 주어진 법전은 아니다."[110] 라이트는 헌법적 세부사항, 그리고 정치(polit)는 그 법을 집행하는 통치 엘리트에게만 필요했을 것이라는 엘리트주의적 가정에 기초하고 있다. 이 점에서 브라울릭(Braulik)은 라이트와 정반대의 입장에 선다. 그는 신명기의 내용 중 가장 오래된 핵심은 6:4-5의 쉐마에 나오는 가르치고 배우라는 권면

치체제에 관한 것임을 강조하는 학자들은 다음과 같다. S. R. Driver, *A Critical and Exegetical Commentary on Deuteronomy*, The International Critical Commentary (Edinburgh: T&T Clark, 1895), 1:xxvi; Moshe Weinfeld, *Deuteronomy and the Deuteronomic School* (Oxford: Clarendon Press, 1972), 168; Albrecht Alt, *Essays on Old Testament History and Religion* (Oxford: Blackwell, 1966), 103-71.

107) McBride cites Cicero, *The Republic* 1.70; 2.30, 65-66 and Polybius, *Histories* 6.2.9-10.
108) McBride, "Polity of the Covenant People: The Book of Deuteronomy," 232-33.
109) McBride, "Polity of the Covenant People: The Book of Deuteronomy," 234.
110) G. E. Wright, "Deuteronomy," *IB*, 2:312-13.

일 텐데, 이 권면은 "엘리트 양육을 겨냥한 것이 아니라 모든 이스라엘에게 주어진 것이라"[111]는 점에 주목해야 한다고 한다. 그는 신명기를 아시리아의 패권으로 초래된 위기, 그리고 후에 바빌론 유배로 인한 위기 가운데서 이스라엘의 정체성을 재정립하려는 노력으로 보았다.[112]

밀러(Patrick D. Miller)는 권면과 설교로서의 신명기의 기능을 인정하면서도, "전체 회중이 정치(polity)를 배워야 했다"고 강조한다. 더구나 그 정치체제의 실체는 "상당히 민주적"이었다고 한다.[113] 예를 들면 백성들이 그들의 정치적(17:15) · 사법적(16:18) 지도자를 선출할 수 있었다. 왕은 백성의 동의를 얻어 민주적으로 선출되어야 했으며, 그 역할과 특권은 상당히 제한되어 있었다는 것이다(17:18-20). 밀러는 신명기가 "강한 권면과 교훈의 차원을 사회정치적 질서에, 말하자면 정치체제(헌법)에 결합시키고 있다"[114]고 정리한다.

밀러의 견해는 위에서 메이즈가 취임 연설에서 제기한 질문에 대한 적절한 대답일 수 있다. 이 연설의 논의는 방법론에 집중되어 있었다. 그는 맥브라이드의 접근은 "경험적 · 실증주의적"이라고 규정하고, 폰 라드에게서는 가다머 해석학의 영향을 발견한다.

> 폰 라드의 신명기 해석이 넓게 보아 구약의 전승이 폰 라드 자신의 시대를 위해 재표현되는(rearticulated) 식의 해석 행위에 속해 있다면, 맥브라이드의 해석은 넓게 보아 구약의 전승이 이 세계를 위해 재실현되는(reactualized)

---

111) Georg Braulik, "Conservative Reform: Deuteronomy from the Perspective of the Sociology of Knowledge" *Old Testament Essays: Journal of the Old Testament Society of South Africa* 12, no. 1 (1999): 13-23.
112) Cf. Albrecht Alt, *Essays on Old Testament History and Religion*, 107-19.
113) P. Miller, "Constitution of Instruction? The Purpose of Deuteronomy," 138.
114) P. Miller, "Constitution of Instruction? The Purpose of Deuteronomy," 137.

식의 해석 행위에 속해 있다고 할 수 있다.[115]

이 논의를 통해 메이즈는 현대 학자들에게 해석적 상대주의를 경계한다.[116] 그러나 우리는 본문과 해석자들의 상관관계를 논하면서 요세푸스 같은 고대의 해석자들에게 다른 여지를 줄 수도 있다. 맥브라이드는 현대 학자들에게 요세푸스의 토라 이해는 현대 학자들보다 토라의 원래 자리와 더 가까운 시점에서 관찰한 결과라는 점을 상기시켰다는 점에서 중요한 기여를 했다.[117] 토라가 정치적 작품이라는 생각을 요세푸스가 한 것 같지는 않지만, 그의 정치 세계에 분명히 적용할 만한 특질을 가지고 있었다고 판단한 것으로 보인다. 밀러가 주장하듯이, 신앙 공동체의 정체성은 그 정치체제에 대한 자부심과 분리될 수 없다.

너희는 지켜 행하라. 이것이 여러 민족 앞에서 너희의 지혜요, 너희의 지식이라. 그들이 이 모든 규례를 듣고 이르기를 "이 큰 나라 사람은 과연 지혜와 지식이 있는 백성이로다" 하리라. 우리 하나님 여호와께서 우리가 그에게 기도할 때마다 우리에게 가까이하심과 같이 그 신이 가까이함을 얻은 큰 나라가 어디 있느냐? 오늘 내가 너희에게 선포하는 이 율법과 같이 그 규례와 법도가 공의로운 큰 나라가 어디 있느냐?[118]

---

115) A. D. H. Mayes, "On Describing the Purpose of Deuteronomy," 23.
116) Mayes의 강조점은 Habermas의 역사적 유물론이 신명기에 적용 가능하다는 데 있다. 이 시도가 사회경제적 변화와 한 사회의 세계관의 발전과의 관계를 효과적으로 규명하는 것은 사실이다. Mayes, "On Describing the Purpose of Deuteronomy," 25-31. 그러나 Habermas의 이론은 이 발전에서 정치의 측면을 배제하지 않는다. 오히려 Habermas의 이론은 사회적·경제적·정치적 변화를 세계관이라는 지평 속에—그 가운데 종교가 들어 있는 것은 물론이다—위치시키고 있다.
117) 이 말이 요세푸스의 견해가 옳다는 것을 선험적으로 전제하지는 않는다.
118) 신 4:6-8.

제1장에서 우리는 그리스인들의 자부심의 핵심은 탁월한 정치체제(πολιτεία) 혹은 법(νόμος)에 있었음을 살펴보았다. 그리스 민주정치의 맥락에서 정치는 엘리트들만의 일이 아니라, 모든 자유 시민의 삶의 모체였다. 정치 과정에 참여하는 백성들의 능력은—아리스토텔레스가 덕이라 규정한—좋은 폴리스의 핵심 조건이었다. 이런 사고에서 시민의 교육은 민주주의가 작동하기 위한 필수 요건이었으며, 에클레시아는 후대의 민주 시민을 교육하기 위한 가장 중요한 기관으로 인식되었다. 이런 교육은 민주 시민으로서의 자질을 배양하기 위한 것이기도 했지만, 국가의 정체성을 확립하고 자부심을 고양하기 위한 것이기도 했다.

그리스 정치의 이런 특성은 밀러가 주장한 바 신명기에서 정치체제적 차원과 교훈적 차원이 통합되었다는 시각을 이해할 수 있는 틀을 제공한다. 히브리 성서에서 언약 관계는 기본적으로 하나님과 전체 백성과의 관계였다. 여호수아 8:30-35에서는 토라를 돌 제단 위에 기록하고 "전체 에클레시아"에게 읽어주었다.

> 모세가 명령한 것은 여호수아가 이스라엘 온 회중(πάσης ἐκκλησίας υἱῶν Ισραηλ)과 여자들과 아이와 그들 중에 동행하는 거류민들(τοῖς προσηλύτοις) 앞에서 낭독하지 아니한 말이 하나도 없었더라.[119]

여기서 모세의 에클레시아는 그 후손들이 계속해서 재현해야 할 하나의 원형으로서 기능하고 있다. 여호수아가 보도하는 가나안에서의 첫 에클레시아 이후에 모든 백성은 7년마다 소집되어야 했다(הַקְהֵל אֶת־הָעָם, ἐκκλησιάσας τὸν λαόν; 신 31:12). 이 에클레시아는 이스라엘이라는 신앙 공

---

119) 수 8:35(70인역 9:6).

동체의 기초로서, 지배 집단의 전문성에 의해 유지되는 것이 아닌 하나님과 그의 법에 대한 백성들의 지속적인 헌신으로 유지되는 집회였다. 이 이상(理想)에 따르면 모든 빚은 7년마다 탕감된다. 이런 경제적 원리는 정기적인 에클레시아가 회집되는 때가 공동체의 평등주의적 원칙이 선명하게 드러나는 때였음을 보여준다.

이런 평등주의적 원칙이 실제로 얼마나 실행되었는가 하는 것과는 별개로, 토지 소유권이 소수에게 집중되는 것에 비판적인 전통이 이스라엘 역사에서 귀족정치의 발전을 가로막은 것은 틀림없다.[120] 이런 대목은 그리스의 에클레시아와 유대인 회중이 명백히 차별화되는 지점이다. 그리스의 에클레시아는 여자, 어린이, 노예, 외국인을 철저히 배제하였지만, 이스라엘에서는 배타적인 면이 훨씬 약했다. 적어도 이런 부분에서 신명기의 에클레시아 모델은 그리스 모델과 비교할 때 그 민주적 성격에 있어서 혁명적이라 할 수 있다.

그러나 에클레시아를 정기적으로 빈번히 소집했다는 점에서는 그리스의 모델이 훨씬 더 민주적이라 할 만하다. 그리스의 에클레시아는 매년 공직자를 선출했고, 기본적으로 "필요가 있을 때는 언제나 모였는데",[121] 이에 비하면 이스라엘의 7년에 한 번은 턱없이 적다. 그리고 7년에 한 번도 정확하게 지켜졌는지 확실하지가 않다. 신명기의 정신을 따른, 빈번하지 못한 에클레시아조차 어떤 구체적인 의제가 있었거나, 승인해야 할 언약의 새로운 조항이 있었던 것은 아니었다. 그 에클레시아들의 주 기능은 시내산 에클레시아의 결과를 재확인하는 것이었다.

이스라엘인들에게 시내산에서의 에클레시아는 후대에 이어지는 모든 에클레시아의 원형이다. 신명기의 주 내용은 "그 에클레시아의 날"에 그

---

120) Neh 5; Hecataeus, 7-8.
121) Dio Chrysostom 13.19.

들에게 주어진 것을 재확인하는 또 하나의 에클레시아의 기록, 그 이상도 그 이하도 아니라 할 수 있다. 이 에클레시아를 필두로, 히브리인들의 성서에 중요하게 기록되어 있는 에클레시아들의 정황은 모두 역사적으로 결정적인 시점이다.[122] 이스라엘의 민족적 정체성과 정치체제가 도전받거나 재수립되어야 할 필요가 있는 시점마다 에클레시아가 소집된다.[123] 이러한 점에서 신명기 31:30의 가나안 입성, 그리고 모세 사망 직전의 에클레시아는 뒤이어지는 세대의 에클레시아의 첫 번째 예라고 할 수 있다.

이런 결정적인 시점의 또 다른 예는 에스라-느헤미야에서 발견된다. 귀환 공동체 수립이라는 민족 역사의 중요한 시점, 에클레시아의 중요한 비중, 강력한 신명기적 신학, 이 세 요소의 결합은 결코 우연이 아니다. 전술한 바와 같이, 이 에클레시아의 진행에서 제사장들과 총독의 역할이 두드러지긴 하지만, 공동체를 조직하는 일에는 에클레시아의 승인이 필요했다.[124] 에스라-느헤미야가 이방인과의 통혼을 금지하는 것(스 9:1)과 신명기 23장에서 야웨의 에클레시아에 들어올 수 없는 이방인의 목록을 나열하는 것 역시 중요한 병행을 이룬다. 블렌킨숍은 에스라-느헤미야에 나타난 귀환 공동체의 고민이 신명기의 "편집과정의 어느 단계"에 영향을 끼쳤고, 그 결과가 오늘 우리가 갖고 있는 신명기 23:1-8(MT 2-9절)일 수 있다는 가능성을 제기한다.[125]

역대상하(LXX)도 에클레시아라는 용어를 집중적으로 사용한다. 솔로몬을 왕으로 세우는 과정에서 백성들의 에클레시아는 수동적 관중으로만 남아 있지 않는다. 처음으로 솔로몬을 왕으로 지명하는 것은 다윗이지

---

122) Braulik, "Conservative Reform," 13.
123) Braulik은 요시야의 통치기와 바빌론 포로기를 중요한 시기로 보고 있으며, 이 둘을 신명기가 편집된 배경으로 보고 있다.
124) 2.3.2의 "the citizen-temple community"에 논의를 보라.
125) Blenkinsopp, *Judaism, the First Phase*, 126.

만(대상 23:1), 그 후에 에클레시아가 그를 왕으로 선임하는 과정이 분명히 나타난다(대하 28:20-22).[126] 역대하 6장의 성전을 봉헌하는 장면에서도 에클레시아는 절정에 위치하고 있다. 이 장면은 느헤미야 9장에서 에클레시아의 백성이 주도하여 성벽을 봉헌하고, 중요한 언약을 비준하는 것과 밀접한 병행을 이루고 있다. 온 에클레시아를 대표하는 솔로몬의 기도는 긴 기간, 곧 바빌론 포로 이후까지 내다보는 기간을 준비하는 언약을 수립하고 있다(대하 38-39장). 유대교의 전통적 견해에서 에스라가 역대상하와 에스라기의 저자로 함께 고려되기도 하는 상황을 감안할 때(b.B. Bat. 15a),[127] 두 문서 그룹이 신학적·정치적으로 비슷한 경향을 보이는 것은 자연스럽다. 에클레시아를 강조하는 경향 역시 두 문서 그룹이 공유하고 있는 중요한 특징이라 볼 수 있다. 또 하나의 연결점은 마카비 가문에서 느헤미야가 후원자 혹은 모델로 인식된다는 점에서 찾아볼 수 있다.[128]

결국 70인역에서 에클레시아라는 단어를 빈번히 사용하는 문서들, 특별히 구조적으로 중요한 대목에서 사용하는 문서들은 하나같이 그 결정사항이 후대에 지대한 영향을 끼칠 것으로 기대되는, 특별히 기억할 만한 역사적인 에클레시아의 날(들)을 강조하고 있음을 알 수 있다. 그렇다면 민족의 역사에 새로운 단계가 열리기를 기대하던 유대인들이 그 새 역사를 가져올 또 다른 중요한 에클레시아, 곧 예언자 혹은 메시아가 초래할 에클레시아를 기다려왔을 것이라는 사실은 자연스러운 귀결이다.[129]

역사적 예수의 기적 행사자로서의 명성이 유대인들의 강한 정치적

---

126) 요세푸스가 보도하는 헤롯의 승계에서도 같은 현상이 관찰된다.
127) Blenkinsopp, *Judaism, the First Phase*, 163n6.
128) Blenkinsopp, *Judaism, the First Phase*, 163n6; 2마카 1:18, 20, 23, 31, 33, 36; 2:13.
129) 욜 3:14에서 יהוה םוי (ἡμέρα κυρίου)는 공적 심판의 날이다. 요엘은 이날에 주께서 "시온에서 부르짖고 예루살렘에서 목소리를 내시리니 하늘과 땅이 진동하리로다"라고 한다. 이는 시온산에서 있었던 에클레시아의 날의 궁극적 성취로 볼 수 있다.

기대를 불러일으켰다는 사실(요 6:15; 행 1:6), 그리고 그러한 기대가 예수의 예루살렘 입성에 이르러 최고조에 달했다는 사실은 널리 동의되고 있다.[130] 예수를 보고 환호하던 군중들이 바라던 정치적 변혁의 구체적인 형태는 일단 논외로 하더라도, 그들이 바라던 변혁은 이스라엘 역사에서 결정적인(사실은 궁극적인) 순간의 도래를 의미했으며, 그러므로 그 변혁은 반드시 예루살렘에서 소집될 에클레시아를 통해서 이루어져야 했다. 예수께서 예루살렘으로 향하는 길에 자신의 에클레시아(마 16:18)를 언급하신 것은 정치적으로 민감한 사안으로 이해될 수밖에 없었을 것이다. 이 대목은 뒤에 다시 논하기로 하고, 다음에서는 1세기 팔레스타인과 디아스포라 유대인들의 사고에서 예루살렘의 중심성을 살펴보고, 예루살렘의 독특한 지위가 에클레시아라는 개념에서는 어떻게 나타나는지를 살펴볼 것이다.

2.5 ── 예루살렘의 중심성

구약성서에 나타난 에클레시아 용어의 가장 현격한 특징은 그것이 이스라엘 민족 전체를 대표하는 기관이라는 점이다. 시내산에서의 에클레시아가 원형인데 이 역시 민족 전체를 포괄하는 모임이며, 특별히 예루살렘이 수도로 확정되고 난 이후에는 구약성서의 어디에서도 예루살렘 이외의 모임에서 에클레시아가 모인 적은 없다.[131] 70인역에서 유배 공동체 전체를 대표하는 집회는 에클레시아가 아니라 쉬나고게로 불렸다. 예를 들

---

130) 당시 예루살렘의 혁명적 분위기에 대해서는 Josephus, *A.J.* 18.1.1; *B.J.* 2.22.1를 보라.
131) 스 2:64과 1마카는 드문 예외에 속한다. 그 에클레시아는 예루살렘을 향하면서, 그 도시를 장악하고 민족을 대표하려는 행렬의 도상에 있다.

면, 수산나 1장에는 장로들이 이끄는, 백성들로 구성된 집회가 사법적 결정권까지 부여받은 것으로 등장한다. 그러나 바빌론의 이 유대인 집회는 πᾶσα ἡ συναγωγή(1:41)로 불린다. "그들이 체류하는 폴리스의 쉬나고게"(τὴν συναγωγὴν τῆς πόλεως οὗ παρῴκουσαν; 1:60)로 불리는 이 집회는 상당한 정도의 정치적 자율권을 가진 것으로 나타난다. 이 집회는 백성들 가운데서(ἐκ τοῦ λαοῦ) 두 명의 재판관(κριταί)을 해마다 선출하는 등 민주적 편재를 가지고 있다. 사형을 판결할 경우에는 재판관이 아니라 전체 집회의 결정이 있어야 한다는 점에서도 직접민주정치의 요소를 보인다.[132] 에스더서에서도 페르시아의 유대인들은 자신들만의 정치적 의사결정 구조를 갖춘 것으로 보이며, 이 역시 쉬나고게라고 불렸을 것으로 추정할 수 있다.[133]

유대에서는 전쟁 상황에 중요한 전략적 결정을 하거나 이스라엘 다른 지역의 전장을 관할할 사령관을 임명하는 권한이 예루살렘에 있는 평의회나 민회(주로 에클레시아)에 있었다.[134] 예루살렘의 산헤드린은 유대 전체의 세금을 관장하고 있었고,[135] 예루살렘의 장로들은 유대 전역을 포괄하

---

132) Michael Heltzer, "The Story of Susanna and the Self-Government of the Jewish Community in Achaemenid Babylonia," in *The Province Judah and Jews in Persian Times*, ed. Michael Heltzer, 25-30; cf. Ellen Spolsky, *The Judgment of Susanna: Authority and Witness*, Early Judaism and Its Literature (Atlanta: Scholars Press, 1996); Roger Aubrey Bullard and Howard Hatton, *A Handbook on the Shorter Books of the Deuterocanon*, UBS Handbook Series (New York: United Bible Societies, 2006), 233-73. But, note that Josephus calls this gathering an ἐκκλησία (*AJ* 11.228).

133) Greek addition F 10 = *AT* vii 58 = *Vulg.* X 13. Cf. Carey A. Moore, *Esther*, The Anchor Bible (Garden City, NY: Doubleday, 1971), 111.

134) 유딧 4:8; 1마카 12:35-37; 2마카 13:13; Josephus, *Vita* 28, 62; Cf. Burtchaell, *From Synagogue to Church*, 217.

135) Josephus, *BJ* 2.17-18; cf. Schürer, Verès, and Millar, *The History of the Jewish People*, 2:197n52; 1:405. For the general Roman principal, see A. H. M. Jones, *The*

는 권위를 인정받는 것이 상례였다.[136] 사도행전에서 예루살렘의 권력자가 사울에게 편지를 보내어 다메섹에 있는 그리스도인들을 체포할 수 있는 권한을 준 것은 놀랍다. 당시 다메섹은 시리아의 중심 도시(메트로폴리스)인 안디옥의 권력 아래 있었기 때문이다.[137]

전통적으로 이스라엘은 민족 단위의 국가(nation-state)였다. 그러나 헬레니즘의 폴리스(city-state) 문화로부터 강한 영향을 받으면서, 하나의 중심 폴리스(메트로폴리스)에 의해서 주변 지역이 대표되는 도시국가의 형태로 동화된 면이 강했다. 클라우디우스 황제는 이스라엘 민족 전체에게 편지를 쓰면서 이런 인사말로 시작한다. "Ἱεροσολυμιτῶν ἄρχουσι βουλῇ δήμῳ Ἰουδαίων παντὶ ἔθνει χαίρειν"(예루살렘인들의, 그리고 유대 전체 민족의 통치자들, 평의회, 그리고 백성들에게 문안한다).[138] 이것은 헬레니즘 도시들, 메트로폴리스의 시민들이 그 폴리스 자체만이 아니라 배후지와 그 이상의 광범위한 지역을 대표하는 정치 지형에서 쓰이는 수신자의 형식이다.[139] 헤카타이오스는 모세를 예루살렘의 창건자라고 했다. 물론 그의 언급이 잘못된 정보에 기초하고 있기는 하지만, 이것은 예루살렘의 중심성과 대표성이 외부자가 보기에 명확했다는 하나의 방증이 될 수 있다.

수에토니우스 역시 유대의 통치를 "예루살렘의 통치"(regnum Hierosolymorum)[140]라 표현하고 있다. 앞에서 살펴본 바와 같이 여러 면

Greek City, 138-40.
136) *mTaan* 3:6; Schürer, Vermès, and Millar, *The History of the Jewish People*, 2:197n53.
137) Burtchaell, *From Synagogue to Church*, 215. 사울이 권한을 부여받은 것을 단순히 비사실적이라거나 전설적인 것으로 치부해서는 안 된다. 최소한 누가의 서사적 세계 안에서 이런 조치는 현실성을 가졌다.
138) Josephus, *A.J.* 20.1.2.
139) Cf. Levine, *Judaism and Hellenism in Antiquity*, 84.
140) *Nero* 40.2; cf. Tacitus, *Hist.* 5.8.1. 다음에 나타나는 "예루살렘의 왕들"이라는 표현에 주목하라(*A.J.* 8.290, 314, 393, 412; 9, 17, 31, 95, 112, 117, 130, 142, 177, 194, 200, 202-203, 243, 246, 260; 10.220). 이 인용들의 출처는 L. Feldman, "The Importance of

에서, 특히 외교적인 면에서 로마 제국 초기의 예루살렘은 하나의 헬레니즘적 폴리스였다고 할 수 있다.[141] 쉬러는 유대의 많은 성읍 가운데 그리스-로마의 기준으로 폴리스라 할 수 있는 도시는 예루살렘뿐이었다고 한다.[142]

유대에서는 예루살렘이라 이름하는 오로지 하나의 성읍만이 엄격한 그리스-로마의 기준으로 폴리스의 반열에 든다고 할 수 있을 것이다. 유대 지역의 나머지 부분은 예루살렘에 복속되어 있었다. 예루살렘은 유대를 왕국처럼(ὡς βασίλειον) 다스렸다. 예루살렘과 유대의 관계는 그리스 도시들이 그들의 배후 영토와 갖는 관계와 유사했다.

물론 오랫동안 도시국가의 문화에서 살아온 그리스 전통에 비하면 예루살렘의 배후지에 대한 상징적 대표성은 약했다고 볼 여지도 있다. 그러나 예루살렘은 주위 지역과의 관계에서 다른 형태의 강점을 갖고 있었다. 그것은 예루살렘이 갖는 신학적 중요성이다.[143] 특히 요시아의 개혁은 희생적 제의를 예루살렘 중심으로 모으려는 노력이 초점이었다. 이러한 예루살렘 중심주의가 구약성서 전체의 중추를, 특히 신명기 신학과 다윗 언약의 핵심을 이룬다. 예루살렘의 신학적 비중은 북왕국 이스라엘이 멸망하면서 더 강화되었다. 바빌론 포로 시기에 와서도 예루살렘 중심주의는

Jerusalem as Viewed," in *Judaism and Hellenism Reconsidered*, ed. L. Feldman (Leiden: Brill, 2006), 678이다.
141) 위에서 언급한 Tcherikover의 논문 "예루살렘은 폴리스였는가?"가 이 주제와 관련한 주요 논점을 잘 정리하고 있다. Tcherikover는 이 질문에 대해 부정적으로 대답하고 있다. 참조. Tcherikover, "Was Jerusalem a 'Polis'?"
142) Schürer, Vermès, and Millar, *The History of the Jewish People*, 2:197.
143) Lee I. Levine, *Jerusalem: Its Sanctity and Centrality to Judaism, Christianity, and Islam* (New York: Continuum, 1999).

약화하지 않았다(참조. 시 137:1을 비롯해 빈번히 등장하는 시온이라는 표현). 또한 고레스의 칙령에서 유대의 회복과 재건이 예루살렘 성전의 재건과 동일시되고 있다(대하 36:22-23; 스 1:1٠2). 예루살렘의 중요성은 제2성전기에 와서 더 강화되었다.[144]

디아스포라 유대인들 역시 예루살렘에 대한 특별한 경의를 보였다. 그들은 정기적으로 돈을 모아 예루살렘 성전으로 보내기도 했다.[145] 부유한 디아스포라 유대인 후원자들과,[146] 심지어 개종자들도 성전에 기부금을 보내기도 했다.[147] 제1장에서 살펴본 대로 헬레니즘 시대는 지역 애국주의가 극에 달했고, 지중해 세계의 많은 도시에서 그 도시 출신의 유력자들이 멀리서 기부금을 보내오는 예들이 있었기 때문에 그런 행위의 일환으로 이해할 수도 있었으나, 예루살렘은 그 정도와 열의가 특별했음이 분명했다.

필론은 칼리굴라 황제에게 보낸 아그립바의 편지에서 예루살렘의 예외적인 지위에 대하여 강조하면서, 황제는 "한 도시(예루살렘)에 호의를 베풂으로써 수만의 다른 사람들에게 호의를 베풀 수 있으며, 그래서 황제의 명성이 거주 가능한 세계의 모든 지역에서 높아질 것"이라고 주장한다.[148] 예루살렘은 유대의 메트로폴리스일 뿐 아니라, 개념상으로 예루살

---

144) Levine, *Judaism and Hellenism in Antiquity: Conflict or Confluence*, 34.
145) Tacitus, *Hist*. 5.5.1.
146) Josephus, *A.J.* 20.49-50; *B.J.* 4.567; 5.55.
147) Josephus, *A.J.* 18.82; John M. G. Barclay, *Jews in the Mediterranean Diaspora: from Alexander to Trajan, 323 BCE-117 CE* (Edinburgh: T&T Clark, 1996), 418-24. 폴리스 내에서 메로스(μέρος)에 대한 논의는 위의 1.1.6과 1.2.3.3을 보라.
148) Philo, *Legat*. 281. 이 내용은 아그립바가 쓴 편지의 일부이지만, 필론의 말을 전하는 대목이다. Daniel R. Schwartz, *Agrippa I: The Last King of Judaea*, Texte und Studien zum antiken Judentum 23 (Tübingen: J.C.B. Mohr, Paul Siebeck, 1990), 200-202; Sarah Pearce, "Jerusalem as Mother City in the Writings of Philo of Alexandria," in *Negotiating Diaspora: Jewish Strategies in the Roman Empire*, ed. J. Barclay

렘의 식민지(ἀποικίαι)에 살던 모든 유대인의 메트로폴리스였다. 메트로폴리스-식민지라는 헬레니즘 세계의 틀이 유대인들이 자신들의 디아스포라 실존을 이해하는 개념적 틀로서 작용했다.[149]

예루살렘의 중심성에 대한 강조와 에클레시아의 중요성에 대한 강조가 같은 맥락에서 자주 발견되는 것은 주목할 만하다. 70인역에서 이 단어를 사용하는 유일한 책인 신명기가 예루살렘 중심적이라는 사실은 명백하다. 역대기도 솔로몬이 에클레시아를 소집한 가운데 예루살렘 성전을 봉헌하는 데서 절정을 이룬다. 에스라-느헤미야에서 예루살렘의 회복도 에클레시아의 회복에 와서야 완성되고 있다. 필론의 저작들에서 에클레시아의 용례는 모두 시민 정치 집회를 가리킨다. 에클레시아는 그리스어의 일상적인 맥락에서 전형적으로 불레(βουλή)와 함께 등장하며, 디카스테리온(δικαστήριον), 쎄아트론(θέατρον), 아고라(ἀγορά) 등 다른 시민 정치의 기관들과 함께 등장하는 경우도 많다.[150] 필론은 엘리트 지식인으로서 제1장에서 살펴본 다른 그리스 문필가들처럼 에클레시아와 데모스를 비열한 군중으로 인식하고 있다.[151]

그러나 70인역에 나오는 에클레시아를 필론이 인용하거나 암시하는 대목에서는 이 기관에 대한 그의 존중이 보인다. 광야에서의 에클레시아는 하나님으로부터 법을 수여받은 명예를 보유하고 있다. 비록 그 영광에 걸맞은 자격을 갖춘 인간의 기관이란 있을 수 없다는 단서를 달지만,[152]

(London: T&T Clark, 2004), 19-36.
149) Pearce, "Jerusalem as Mother City in the Writings of Philo of Alexandria," 34. Cf. Josephus, *AJ* 3.245; *BJ* 4.238, 274; 7.375. 필론은 디아스포라라는 말은 한 번도 쓰지 않으며, 식민지라는 단어를 사용한다.
150) Philo, *Prov.* 138; *Abr.* 20; *Spec. leg.* 1.55, 2.44; *Prob.* 6; *Ios.* 70; *Decal.* 39.
151) Philo, *Abr.* 20.
152) Philo, *Post.* 143.

필론이 70인역의 에클레시아를 직접적으로 인용하는 대목은 거의 신명기 23장과 관련한 내용이다. 이는 야웨의 에클레시아(개역개정은 "여호와의 총회"로 번역함)에 들어올 수 있는 조건에 대한 규정의 인용이다.[153] 에스라-느헤미야의 에클레시아 장면에서도 이방인과의 통혼 금지, 민족의 순수성 보존이 중심적인 의제였다. 신명기 23장에서는 민족의 순수성 보존이라는 같은 목적이 똑같은 방법, 즉 부적격자의 에클레시아 출입금지라는 방법으로 추구되고 있다. 에스라-느헤미야에 나오는 포로기 이후 에클레시아의 상황이 신명기 23장의 그리스어 본문에 투사되어 있음은 분명하고, 더 이른 히브리어 본문에도 적용되었을 가능성도 있다.[154]

민회 같은 집회에의 참여 허용 기준의 문제는 유대인들만의 문제가 아니었으며, 지중해 세계의 모든 도시가 고민하던 문제였다. 대부분의 도시에 거류자들과 외국인들이 섞여 살고 있었기 때문이다. 대부분의 헬레니즘 도시는 인종 간 결혼으로 인해 생긴 에클레시아의 회원권, 곧 시민권 인정 여부로 골머리를 앓고 있었다.[155] 이 시민권 문제는 모든 시민이 도시의 통치에 참여할 특권을 가진 민주제 사회에서 더 심각했다. 자격이 없는 자들의 에클레시아 참여를 제한하는 두 가지 전통적인 방법이 있었는데, 그것은 혈통의 순수성을 강조하는 것과 정치적 참여에 걸맞은 수준

---

153) Philo, *Spec.* 1.325; *Leg.* 3.8, 81; *Post.* 144, 177; *Ebr.* 213; *Conf.* 144; *Mut.* 205; *Deus.* 111; *Migr.* 23, 69; *Somn.* 2.184.
154) 신 23장의 이 규정이 이스라엘 역사 속의 에클레시아들에서 실제로 엄격히 실행되었다고 상상하기는 힘들다. 이 규정은 혈통적 순수성을 위해 경계 표시를 설정하려는 이상적 선언이었던 것 같다. Campbell은 이 규정의 이상적이며 상징적인 성격을 제대로 이해하지 못하고 있는 것으로 보인다. J. Y. Campbell, "The Origin and Meaning of the Christian Use of the Word *Ekklesia*," *Three New Testament Studies* (Leiden: E. J. Brill, 1965), 41-54.
155) Livy 38.17, 11; cf. Martin Hengel, *Jews, Greeks, and Barbarians: Aspects of the Hellenization of Judaism in the Pre-Christian Period* (Philadelphia: Fortress Press, 1980), 60. 폴리스 내에서 메로스(μέρος)에 대한 논의는 위의 1.1.6과 1.2.3.3을 보라.

의 덕을 갖추고 있는가를 문제 삼는 것이었다. 후자는 제1장에서 살펴본 대로, 합리적 사고능력을 갖추지 못한 이들을 야만인 혹은 비도덕적인 자들로 규정하여 그들의 정치적 참여 자격을 부정하는 것이다.

필론이 이 문제를 어떻게 그리스적 맥락에 위치시키고, 발전시켰는지를 보는 것은 흥미롭다. 필론이 70인역에 나타나는 에클레시아 용어를 인용하는 예는 두 가지 맥락에서 발견된다. 하나는 유대 민족을 그리스 문명의 용어로 규정하려는 시도다. 그는 법을 제정하여 아테네의 법치를 만든 솔론과 같은 의미에서 모세를 법제정자(νομοθέτης)로 묘사하면서[156] 유대의 정치체제를 그리스의 용어로 설명한다. 또 다른 하나의 맥락은 스토아 철학의 코즈모폴리터니즘과의 접점에서 발견된다.[157] 필론은 모세의 법이 보편적인 미덕을 함양한다는 점에서 최고의 법이라고 한다. 모세 법의 서문이 창조기사라는 점은 그 법들이 전체 세계(κόσμος)와 관계한다는 말이며, "이 법에 순종하는 사람은 그렇게 함으로써 세계시민(κοσμοπολίτης)으로서 자연의 의도에 맞추어, 또 전체의 우주적(보편적) 세계가 규정되어 있는 바와 조화를 이루도록 자신의 행동을 조율한다."[158]

필론은 "그 전체적인 법 체계"는 "지상에 있는 어떤 것들의 집단에 제한되기에는 너무 탁월하고 너무 신적이어서" 모세는 "그 법들이 전체 세계의 정치체제에 대한 가장 유용한 이미지와 형상이라고 생각하고, 그 자체가 거대한 메트로폴리스인 이 세계의 창조를 기술한 것이다"라고 했다. 필론에게 진정한 의미의 폴리스는 오직 하늘에 있을 뿐이었으며, 우주는 궁극적인 메트로폴리스였다.[159]

---

156) Philo, *Mos.* 2.1.3.
157) Malcolm Schofield, *The Stoic Idea of the City* (Chicago: University of Chicago Press, 1999), 77n26.
158) Philo, *Opif.* 3.
159) Philo, *Moses* 2:121; cf. *Somn.* 2.248-50.

이런 코즈모폴리터니즘은 필론의 사상 전체에 녹아 있으며, 에클레시아에 대한 그의 이해에도 영향을 끼치고 있다. 필론은 에클레시아에 입회가 금지되는 신명기 23장의 기준을 도덕화함으로써, 그 부적격 기준을 일반화시키고 있다. 예를 들면, 암몬 족속이나 모압 족속은 반드시 민족적 혈통에 따른 분류가 아니라, 올바른 이성(ὁ ὀρθὸς λόγος)에 의해 인도함을 받는 평화적인 백성에 대비되는 호전적인 백성 일반을 가리키는 말로 해석된다.[160] "거세된 자들이나 성기가 상한 자들"은 육체의 결함을 지닌 자들이 아니라, 영혼의 결함이 있는 자들—"욕정의 노예"인 자들,[161] 그리고 "이성"(λογισμός)과[162] "지혜"(σοφία)를 결여한 자들[163]—을 가리키는 말로 해석되고 있다. 이러한 윤리적 해석은 필론으로 하여금 이스라엘의 기관인 "야웨의 총회"(에클레시아, 신 23장)의 배타적 규정을 "우주 통치자의 에클레시아"(ἐκκλησία φοιτᾶν τοῦ πανηγεμόνος)로 바꾸어놓을 수 있도록 했다.[164]

이런 보편적 적용을 통해 필론은 유대적 배타주의—신명기 23장의 영향권 아래 있는 모든 본문에, 특히 에스라-느헤미야 시대에 강력한 영향을 끼친 배타주의—를 극복할 뿐 아니라, 예루살렘이라고 하는 물리적 도시의 한계도 넘어선다. 필론이 자신의 예루살렘에 대한 충성이 알렉산드리아에 대한 충성과 상호배치되지 않는다고 생각했다는 점은 광범위하게 동의된다.[165] 이런 조화를 가능하게 한 것은 폴리스에 대한 그의 영적인 해석이다. 인간의 손으로 만든 모든 폴리스 중에서는 예루살렘이 가장 훌륭하지만, 진정한 의미에서의 폴리스는 하늘에 있는 보편적이고 우주적

---

160) Philo, *Leg.* 3:80-81. Cf. *Post.* 52,74.
161) Philo, *Deus* 111.
162) Philo, *Leg.* 3:8. 야만인들에 대한 폴리비우스의 견해는 위의 1.2.3.1을 보라.
163) Philo, *Ebr.* 213.
164) Philo, *Mut.* 205; cf. *Decal.* 32.
165) Barclay, *Jews in the Mediterranean Diaspora*, 422.

인 폴리스뿐이다. 따라서 구약성서에 나오는 법과 에클레시아는 유대인들만을 위한 기관이 아니라, 온 세계를 위한 기관이다.[166]

이런 방식으로 필론은 예루살렘에 대한 충성과 알렉산드리아에 대한 충성이 충돌하지 않게 조화시킬 수 있었다. 필론은 예루살렘과 유대인들의 삶의 영역에 대한 충성을 포기하지 않으면서 지상적 예루살렘과 유대인의 물리적 영토를 초월할 수 있었다. 이러한 이상이 어떻게 지상적 예루살렘과 하늘의 예루살렘을 구분하는 그리스도인들의 시각과 관련되어 있는지는 보다 더 깊은 탐구가 필요한 부분이다. 그러나 필론에 의해서 대표되는 그리스적 유대교의 이상이 초기 그리스도인들, 특히 바울에게 유대교의 전통과 그리스-로마의 정치적 세계라는 이중적 상황에서 자신들의 실존을 이해하고 표현하는 유력한 준거와 용어를 제공해주었을 가능성을 본 연구가 증대시킨 것은 분명하다. 이러한 영향은 다음 장에서 다룬다.

2.6 — 요약

(1) 70인역에 나타나는 에클레시아의 용례는 민족 전체의 집회, 보다 정확하게는 민족 전체를 대표하는 집회를 가리킨다. 반면에 쉬나고게라는 용어는 거의 모든 크기와 범위의 그룹을 가리킨다.

---

166) 유대인들이 자신을 "철학자들과 예언자들의 민족"이라고 이해하는 사실이 이와 같은 해석에 설득력을 더한다. Jutta Leonhardt-Balzer, "Jewish Worship and Universal Identity in Philo of Alexandria," in *Jewish Identity in the Greco-Roman World*, eds. Jörg Frey, Daniel R. Schwartz, and Stephanie Gripentrog (Leiden: Brill, 2007), 53; Jutta Leonhardt, *Jewish Worship in Philo of Alexandria*, Texts and Studies in Ancient Judaism (Tübingen: Mohr Siebeck, 2001), 29-34, 276f.

(2) 스스로를 언약 백성으로 규정하는 유대인들의 사고 속에서 에클레시아는 국가의 방향을 논의하고 선택하는 기능보다는, 하나님과의 언약, 또는 언약을 잘 지키기 위한 어떤 결정을 공적으로 선포하고 온 백성이 만장일치로 승인하는 기능을 했다. 따라서 70인역의 에클레시아에서는 민의를 모으는 구체적인 토론과 결정의 절차보다는, 어떤 결정의 결과가 더 중요시되고 있다.

(3) 디아스포라 유대인들뿐 아니라 팔레스타인의 유대인들도 그리스의 정치문화와 데모스가 자신들의 권한을 행사하는 방식을 익히 알고 있었다. 이러한 상황은 다른 나라의 백성들과 유대 백성들이 맺은 외교 관계에서 가장 잘 나타난다.

(4) 그리스 제국과 로마 제국 치하의 팔레스타인 유대인들이 정기적인 에클레시아로 회집하던 시기가 있었는지는 불분명하다. 그러나 유대의 통치자나 통치 집단이 국가의 중요한 의제가 있을 때 백성들의 공식적인 동의를 필요로 했고, 그 동의를 얻는 절차를 거쳤다는 사실은 분명히 입증되고 있다. 이 기간 중 어디에서도 유대의 평민 백성들이 정치적으로 아무 견해도 표시하지 않는, 수동적인 침묵으로 일관했던 시기는 관찰되지 않는다.

(5) 몇몇 에클레시아들이 구체적으로 구약성서나 다른 유대 문헌에 기록되어 남아 있는 것은 후세대들이 그 집회와 결정사항들을 중요하다고 평가했기 때문이었다. 유대인들이 기대하던 하나님의 역사 속 개입도 정치적인 용어로 이해되었으며, 이는 또 다른 중요한 에클레시아의 소집을 의미하기도 했다. 에클레시아 용어와 종말론이 결합할 수밖에 없는 이유다.

(6) 에클레시아가 전체 백성을 대표한다는 사실은 실질적으로 예루살렘의 대표성과 연결되어 있었다. 예루살렘의 중심 지위는 구약 신학의 중심과 맞닿아 있으며, 그리스-로마 문화에서는 메트로폴리스의 역할로 이

해될 수 있었다.

(7) 필론에게 70인역의 에클레시아는 단순히 유대 종교의 중심이었을 뿐 아니라 도덕적인 생활의 모델이기도 했다. 도덕적 생활에 대한 논의는 그리스 전통에서는 최고의 정치체제에 대한 논의와 분리될 수 없다. 필론은 구약성서에 대한 윤리적 해석과 코즈모폴리터니즘으로 지상적 예루살렘의 공간적 한계를 초월하려 했다. 이런 사고는 유대의 정치적 메시아니즘과 결합하여 그리스도인들의 종말론과 에클레시아 이해로 구성되는 신학적 사고로 가는 길을 닦아주고 있다.

제3장

바울의
에클레시아 사용

3.1 ── 논의의 상황

신약성서에서 에클레시아(ἐκκλησία)라는 용어는 압도적으로 바울 서신, 그리고 바울의 영향 하에 있는 문서들에서 발견된다. 신약성서에 등장하는 114회의 에클레시아 용례 중 62회는 바울의 이름으로 전해지는 문서들에 등장한다. 그 외에 사도행전에서 23회,[1] 요한계시록에서 20회를 볼 수 있다. 사도행전이 바울의 전통에 서 있다는 것은 분명하며, 요한계시록도 바울과의 상당한 접점이 있었음이 추측 가능하다. 요한계시록에서 에클레시아의 용례는 10회가 2장과 3장, 곧 일곱 도시들에 있는 에클레시아의 사자(τῷ ἀγγέλῳ τῆς ἐκκλησίας)에게 보낸 편지에서, 5회는 맨 첫 장과 맨 마지막 장, 곧 책 전체를 서신의 틀로 묶는 문학적 장치에 해당하는 부분에서 등장한다. 노만 페린은 이런 서신의 형식은 "다른 묵시 문서들에서는 찾아볼 수 없는 것으로 궁극적으로는 바울의 편지들이 신약 교회에 미친 영향으로 보아야 한다"[2]고 주장했다. 이 주장은 요한계시록에 대한

---

1) 이 중에서 세 경우는 에베소의 민회를 가리키는 말이다(19:32, 39, 40).
2) Norman Perrin, Dennis C. Duling, and Robert L. Ferm, *The New Testament, an Introduction: Proclamation and Parenesis, Myth and History*, ed. Robert Ferm (New York: Harcourt Brace Jovanovich, 1982), 117. 교부 빅토리누스가 요한계시록의 일곱 메시지를 바울의 일곱 편지와 연관시킨 것은 요한계시록에 대한 바울 서신의 영향을 보여주는 예 중 하나다. *Comm. in Apoc.1.7*, Saint Victorinus Bishop of Pettau and Johannes Haussleiter, *Victorini Episcopi Petavionensis Opera*, Corpus Scriptorum Ecclesiasticorum Latinorum 49 (Vindobonae: F. Tempsky, 1916), 28.

바울의 영향이라는 큰 주제의 일부로, 여기서 다루기는 힘들지만 1세기 예수 운동의 궤적을 추적하는 하나의 유효한 대안으로 여겨지기에는 충분하다.

이 장은 예수 운동 내에서 서신이라는 장르의 성공이 바울의 에클레시아 사용에 힘입은 바가 크다는 것을 밝히고, 요한계시록이 기록될 무렵에는 그리스도교 전통에서 바울의 위상이 확고해졌으며, 그와 함께 그가 애용하던 문학 장르인 서신, 그리고 그의 용어인 에클레시아의 지위 역시 확고해졌음을 밝힐 것이다. 일단 우리가 요한계시록의 서신 형태에 대한 바울의 영향을 인정하고 시작한다면, 신약에 쓰인 114회의 에클레시아 중 105회가 바울의 영향 하에서 파악될 수 있다는 결론에 도달하게 된다. 그러고 나면 복음서 중에 유일하게 에클레시아라는 단어가 등장하는 마태복음의 3회, 그리고 요한3서 3회, 히브리서 2회, 야고보서 1회의 예만 남는다.

이렇게 단순한 통계만으로도 신약성서에서 에클레시아라는 용어가 바울적 용어라는 것은 분명해진다. 그러나 초기 예수 운동 안으로 처음 이 용어를 도입한 사람이 바울일 가능성은 높지 않다.[3] 무엇보다 바울 자신이 "하나님의 에클레시아"를 핍박했다(고전 15:9; 갈 1:13)고 쓰고 있기 때문이다.[4] 이미 초기 예수 운동에서 통용되고 있던 에클레시아라는 용어를

---

3) Beker는 바울이 "유대-그리스적 교회로부터 에클레시아 개념을 상속받았다"고 주장한다. Johan Christiaan Beker, *Paul the Apostle: The Triumph of God in Life and Thought* (Philadelphia: Fortress Press, 1980), 313. 대부분의 학자들이 범주적으로 비슷한 의견을 갖고 있다. Rudolf Bultmann, *Theology of the New Testament* (New York: Scribner, 1951), 1.94; Jürgen Becker, *Paul: Apostle to the Gentiles* (Louisville, KY: Westminster/John Knox Press, 1993), 426-27; Roloff, "ἐκκλησία," *EDNT* 1.412; Robert J. Banks, *Paul's Idea of Community*, 20; Ekkehard Stegemann and Wolfgang Stegemann, *The Jesus Movement: A Social History of Its First Century* (Minneapolis, MN: Fortress Press, 1999), 263.

4) Martin Hengel, *Between Jesus and Paul: Studies in the Earliest History of*

바울이 활용했다는 것이 학계의 중론이다. 자신의 첫 편지 수신인을 "데살로니가인들의 에클레시아"(살전 1:1)로 표현하고 있는 바울이 "너희가 그리스도 예수 안에서 유대에 있는 하나님의 에클레시아들을 본받은 자 되었으니"(살전 2:14)라고 말함으로써, 자신이 개척한 공동체와 이미 에클레시아라 불리고 있던 다른 공동체들을 연결시키고 있다고 보는 것이 다수 견해다.

슈미트(K. L. Schmidt)는 마태복음 16:1-9에 에클레시아가 등장하는 예수의 말씀이 "완전히 셈어적인 느낌"을 주고 있다는 점에 기초하여, "이 구절을 초기 팔레스타인 공동체의 맥락에 놓고 보아야 한다"고 주장한다.[5] 나는 이 주장에 대해서는 복잡한 주석적 고려가 필요하며, 이 구절에는 마태의 편집이 강하게 나타난다고 보지만, 이 구절이 마태의 서사적 세계 안에서 예수의 말씀으로 취급되고 있다는 점은 인정해야 한다고 본다. 그렇다면 이 구절은 에클레시아라는 용어가 바울 이전의 그리스도 예배자들 사이에서 사용되었다고 마태복음 저자가 생각했다는 근거가 될 수 있다. 이 용어의 기원을 그리스어를 사용하는 유대 그리스도인들 그룹에서

Christianity (Philadelphia: Fortress Press, 1983), 83; Stegemann and Stegemann, *The Jesus Movement*, 262; Josef Hainz, *Ekklesia—Strukturen paulinischer Gemeinde-Theologie und Gemeinde-Ordnung* (Regensburg: F. Pustet, 1972), 236, 251; Helmut Merklein, "Die Ekklesia Gottes: Der Kirchenbegriff bei Paulus und in Jerusalem," *Biblische Zeitschrift* 23, no. 1 (1979): 53.

5) K. L. Schmidt, "ἐκκλησία," *TDNT* 3.520; Leonhard Rost, *Die Vorstufen von Kirche und Synagoge im Alten Testament: eine wortgeschichtliche Untersuchung* (Stuttgart: W. Kohlhammer, 1938), 155; Rudolf Bultmann, *The History of the Synoptic Tradition*, rev. ed. (New York: Harper & Row, 1968), 357-8; Joachim Jeremias, *Golgotha* (Leipzig: Pfeiffer, 1926), 68-77; Rudolf Schnackenburg, *The Church in the New Testament* (Freiburg: Herder, 1965), 60; Joseph A. Fitzmyer, "The Designations of Christians in Acts and Their Significance," in *Unité et diversité dans l'Eglise* (Vatican City: Libreria Editrice Vaticana, 1989), 231.

찾는 학자들은 이 용어의 첫 사용자들을 예루살렘에 위치시킨다.[6]

바울 이전의 사용례에 대해서 이 이상의 구체적인 추정을 하기는 힘들다. 이 장에서는 바울이 이미 그리스도 신앙 공동체에 들어와 있던 이 용어와 개념을 어떻게 활용했는지, 이 용어의 사용에 대해 어떤 기여를 했는지에 집중하고자 한다. 구체적으로 두 가지 논제를 증명할 것이다. (1) 바울은 이 용어를 이방인으로 구성된 지역 회중들에게 과감하게 적용함으로써, 이 용어의 사용에 급진적인 변화를 시도했다. 본서에서 나는 지역(local) 회중이라는 말을 한 도시를 대표하는 전체 회중이라는 의미로 사용할 것이다. 소수의, 그러나 영향력 있는 학자들이 한 도시 내에서의 복수의 모임을 local이라 지칭하고 있기 때문에, 명확한 용어 설명이 필요하다.[7] (2) 지역 모임을 에클레시아로 지칭하면서, 바울은 무엇보다 한 도시의 모든 그리스도인이 함께 모이는 모임(plenary meeting)을 염두에 두고 있었다. 물론 이 에클레시아 용어의 외연은 조그마한 가정 모임에서 보편적 교회까지 아우르는 넓은 스펙트럼을 보이지만, 에클레시아라는 용어를 사용하는 바울의 생각은 압도적으로 한 도시를 대표하는 하나의 회중이라는 데에 집중되어 있다.

두 번째 논제는 다음 두 논점을 포함한다. (2a) 바울이 가정 모임을 에클레시아라고 부르는 경우는 극히 드물다. 이 명제는 내가 제1장에서 증

---

6) Hans-Josef Klauck, *Alte Welt und neuer Glaube: Beiträge zur Religionsgeschichte, Forschungsgeschichte und Theologie des neuen Testaments*, Novum Testamentum et Orbis Antiquus 29 (Freiburg, Universitätsverlag: 1994), 289; A. du Toit, "Paulus Oecumenicus: Interculturality in the Shaping of Paul's Theology," *New Testament Studies* 55, no. 2 (2009): 139.

7) 참조. 살전 1:1. Banks, *Paul's Idea of Community*, 30. 본서에서는 지역(local) 교회를 Gehring이 정의한 바대로 "지리적으로 규정되는 하나의 장소(예. 마을이나 도시)의 모든 그리스도인들"로 구성되는 모임을 지칭하는 것으로 사용한다. Roger W. Gehring, *House Church and Mission: The Importance of Household Structures in Early Christianity* (Peabody, MA: Hendrickson, 2004), 27.

명해보인 바, 기원후 1세기의 로마 제국 동부 그리스어권의 폴리스들에서 에클레시아가 여전히 시민결사체의 명칭으로 받아들여지고 있었으며, 소규모의 자발적 조합을 가리키는 경우는 극히 드물었다는 사실과 궤를 같이한다. (2b) 바울 이전의 에클레시아(단수)는 예루살렘 교회를 가리키는 용어로 쓰였다.

우리는 제2장에서 유대 전통 중 수도 예루살렘에서 모인 시민 집회가 온 나라 백성을 대표하는 상징적 지위를 가졌던 내력을 면밀히 살핀 바 있다. 유대 전통 내에서 출발한 초기 예수 운동에서 예루살렘은 실질적으로 선교의 중심이었을 뿐 아니라, 신학적 상징체계 안에서도 중심적인 지위를 차지하고 있었다. 이런 사고 내에서 예루살렘의 에클레시아는 하나의 지역교회가 아닌 하나님의 백성 모두를 포괄하는, 혹은 대표하는 전체 교회로 이해될 수 있었다. 이런 맥락에서 단수로 쓰인 에클레시아가 바울의 이전 단계에서 이미 "보편 교회"(the universal church)의 의미로 쓰였을 가능성이 농후하다.

나의 이러한 주장은 신약학자들 사이에서 중론으로 여겨지는 견해를 근본적으로 수정할 것을 요구한다. 이것은 아래의 네 가지 문제와 관련되어 있다. 첫째로 에클레시아라는 단어에 내포된 강한 정치적(시민사회적, civic) 의미를 파악하는 데 실패하고 있기 때문이다. 한 예로, 한국에도 많은 영향을 끼친 『바울의 공동체 사상』에서 뱅크스는 그리스도교 이전에 ἐκκλησία는 "어떤 종류의 모임에도"(any gathering of a group of people)[8] 사용될 수 있었던 일반적인 단어라면서, 이 주장을 "가정교회" 중심 교회론의 중요한 기초로 삼고 있다. ἐκκλησία가 자발적 조합들(voluntary associations)을 가리키는 말로 일반적으로 쓰였다는 주장은 이 경향의 극

---

8) Banks, *Paul's Idea of Community*, 27. 『바울의 공동체 사상』(IVP 역간, 2007).

단을 형성하는데, 이 논자들이 극소수 비문들의 예를 확대 해석하는 오류를 범하고 있음은 제1장에서 이미 살펴본 바 있다.[9]

이러한 경향은 표준적인 사전들에서 확인될 정도로 광범위하다. 예를 들면, 대표적 그리스어 사전인 BDAG는 ἐκκλησία를 이렇게 정의한다. "1. 정기적으로 소환된 입법기관, 그리스-로마 세계에서 일반적으로 통용되던"(regularly summoned legislative body, as gener. understood in the Gr-Rom. World)이라고 첫 의미를 적고 나서, 두 번째 의미를 "사람들의 일상적인 모임, 집회, 회중"(a casual gathering of people, an assemblage, congregation)이라고 제시하면서 그 예로 마카베오 1서 3:13, 집회서 26:5과 사도행전 19:32, 40을 들고 있다. 그러나 마카베오 1서 3:13의 에클레시아는 민족의 정치적 회복을 목표로 전쟁하기 위해 모인 군사 집회다. 비상 상황에서 민족 전체를 대표한다는 자의식이 분명한 이 집회를 "일상적인"(casual) 모임이라 규정하기는 힘들다. 군사적 기능이 그리스 폴리스들의 정치 결사체로서의 에클레시아 전통에서 가장 본래적이고 중요한 기능이었음은 이미 살펴보았다.

집회서 26:5의 에클레시아는 사법적 기능을 가진 공적 집회를 가리킨다. 이 집회가 "폴리스의 악담"(공동번역은 "온 동네에 퍼진 험담", διαβολὴν πόλεως), "군중의 집회"(공동번역은 "군중의 폭동", ἐκκλησίαν ὄχλου) 등으로 부정적으로 쓰이고 있지만, 이는 당시 사회에 편만했던 시민 결사체에 대한 부정적 이미지의 일부였다.[10] 이 책 제1장에서 소개한 플루타르코스의 군중에 대한 견해와 같은 결이라 볼 수 있다. 이는 사도행전 19:32, 40에 등장하는 에베소인들의 에클레시아에 대해서도 마찬가지다. 이 모임

---

9) 위의 1.2.5를 보라. 바울의 공동체와 자발적 조합의 방법론적 비교는 제5장에서 제시될 것이다.
10) 앞의 제1장 특히 1.2.3.2를 보라.

의 불법성은 적법하게 소환된 민회와 구별되지만(ἐν τῇ ἐννόμῳ ἐκκλησίᾳ; 행 19:39), 그들의 정치적 목소리는 그 에베소의 서기장에 의해서 수용되고 있다. 민주주의의 상징으로 여겨지는 공간―주로 극장―에 군중들이 쇄도해 들어가고, 그런 우발적 모임에서 형성된 목소리가 정치적 무게를 갖게 되어 통치자들이 공식적으로 응답해야 할 사안으로 발전하는 것은 1세기 당시의 그리스어권 폴리스들에서는 익숙한 모습이었다.[11] 군중들이 지역애국주의라는 민감한 사안을 소재로 회집하여 한목소리로 인화성 높은 슬로건을 외치는 것으로서 이미 고도의 정치 행위가 시작되었다고 보아야 한다.[12] 이러한 정치적 긴장과 충돌의 서사는 에클레시아라는 단어 안에 정치집회라는 의미가 핵으로 존재하고 있었기 때문에 가능했다. 이렇게 따지고 보면, 에클레시아가 "일상적 모임"(casual meeting)의 뜻으로 쓰였다고 하면서 BDAG가 제시한 용례 중 어느 것도 "일상적"이라는 범주에 확실하게 포함될 수 있는 성질의 것이 아님이 분명해진다.

에클레시아라는 단어에 내포된 정치적 함의에 대한 포착의 실패는 또 다른 문제, 즉 그리스 문화에서 오이코스(οἶκος)와 에클레시아(ἐκκλησία)의 근본적인 차이점에 대한 인식의 결여와 관련되어 있다. 폴리스와 오이코스의 크기 차이뿐 아니라, 에클레시아의 공적인 성격과 오이코스의 사적인 성격의 차이는 그리스 문화에서 심대했다. 우리는 에클레시아와 오이코스를 무비평적으로 동일시하는 신약학계의 경향을 비평적으로 평가해야 한다.[13] 이 평가 과정에서 우리는 바울이 에클레시아와 오이코스라는

---

11) 앞의 제1장에서의 그리스 에클레시아에 대한 부분을 참조하라. Richard I. Pervo, *Acts: A Commentary*, Hermeneia (Minneapolis: Fortress Press, 2009), 494-95. He cites Dio Chrysostom 7.24-26.
12) Ramsay MacMullen, *Enemies of the Roman Order*, 172; Tacitus, *Hist.* 1.72.
13) Cf. Banks, *Paul's Idea of Community*, 26-36; James D. G. Dunn, *The Theology*

두 단어를 얼마나 엄정히 구별하여 사용하고 있는가를 질문할 것이며, 초기 그리스도 예배 공동체의 물리적 회집 공간으로서의 오이코스가 에클레시아의 조직 원리에, 나아가서 신학적 교회론에 미친 영향의 폭과 한계를 명확히 할 것이다.

셋째로, "보편교회"(the universal church)와 관련해서는 신약성서 내에서, 심지어 바울 서신 내에서도 여러 갈래의 사고들이 혼재해 있는 것으로 보이는 문제가 있다. 신약성서 학자들 대다수는 보편교회라는 개념 형성에 바울이 공헌한 바가 크다는 것을 인정하는 흐름을 보였는데,[14] 최근 가정교회론의 유행이 세차지면서 바울 교회 연구를 소규모 그룹에 맞추는 경향을 강화했고, 보편교회라는 사상은 자연스레 바울 이후의 것으로 밀려나는 흐름이 관찰된다.[15] 본서가 추구하는 에클레시아의 정치적 함의에 대한 적절한 이해는 이 분야의 토론에 새로운 빛을 던져줄 것이다.

네 번째 문제는 신약의 에클레시아에 70인역이 끼친 영향에 대한 것이다. 70인역의 영향을 강조하는 논자들은[16] 대개 바울이 쓴 "하나님의 에클레시아"(ἐκκλησία τοῦ θεοῦ)라는 표현을 바울 교회론의 중심 용어로 이해하면서 히브리 성서의 크할 야웨(קְהַל יְהוָה)에서 그 연원을 찾고자 한다. 그러나 왜 바울이 크할 야웨의 정확한 번역인 "주의 에클레시아"(ἐκκλησία

---

of Paul the Apostle (Grand Rapids, MI: W. B. Eerdmans, 1998), 541-42. 이하의 논의에 Campbell, Clarke, Gehring을 예로 들 것이다. 참조. R. Alastair Campbell, *The Elders: Seniority within Earliest Christianity*, Studies of the New Testament and Its World (Edinburgh: T&T Clark, 1994); Andrew D. Clarke, *A Pauline Theology of Church Leadership*, Library of New Testament Studies (London; New York: T&T Clark, 2008); and Roger W. Gehring, *House Church and Mission*.

14) BDAG, s.v. ἐκκλησία; Rudolf Bultmann, *Theology of the New Testament* (Waco, TX: Baylor University Press, 2007), 1.94.
15) Banks, *Paul's Idea of Community*, 39; "그러나 이런 보편교회의 개념은 바울의 저작에서는 결코 발전되지 않았다." Dunn, *The Theology of Paul the Apostle*, 540-41.
16) 이 장의 각주 5를 참조하라.

κυρίου)를 쓰지 않았는지는 설명하지 못한다. 이러한 문제에 직면하여, 쿰란문서의 배경에서 ἐκκλησία τοῦ θεοῦ 용어의 유래를 설명하려는 학자들도 있다.[17] 크할 엘(אל קהל)이 1 QS 4:10와 1 QS^a 2:4에 두 번 등장하기는 하지만, 이는 자신들의 종말론적 공동체를 지칭하는 많은 용어 중 하나에 불과하다. 사실 쿰란문서는 카할(קהל)보다 에다(עדה)를 더 선호한다.[18] 70인역의 배경을 우선시하는 시각의 더 큰 문제는 우리가 앞에서 살펴본 대로 70인역 자체가 그리스적 정치문화의 산물이라는 점을 정당하게 고려하지 못한 데 있다.

다섯 번째는 바울의 사고에서 에클레시아가 차지하는 비중에 관한 문제다. 바울의 교회론(ecolosiolgy)을 에클레시아 단어의 사용례에 정초하려는 시도를[19] 지적하면서, 마샬은 바울 서신에서 에클레시아가 등장하는 대목은 바울이 본격적으로 교회의 본질을 논하는 맥락이라기보다는 "다른 주제를 다루면서 우발적으로 쓰인 경우가 많다"[20]고 주장한다. 베커는 "교회에 대한 교리는 바울 서신에서는 결코 독립적인 주제로 다루어지지 않는다"[21]고 단언한다. 마샬은 에클레시아가 하나님의 백성에 대한 바울의 생각을 대표하는 중심 어구가 아니기 때문에, 바울 연구에서 교회론(ecclesiology)이라는 용어를 쓰는 것 자체가 부적절하다는 데까지 자신의 논지를 밀고 나간다. 나는 마샬의 기본적인 논지에 동의하면서, 일견 "우

---

17) Roloff, "ἐκκλησία," *EDNT* 1.411-12; Karl P. Donfried, *Paul, Thessalonica, and Early Christianity* (Grand Rapids, MI: W. B. Eerdmans, 2002), 157.
18) Richard Bauckham, "The Early Jerusalem Church, Qumran, and the Essenes," in *Dead Sea Scrolls as Background to Postbiblical Judaism and Early Christianity* (Leiden; Boston: Brill, 2003), 84.
19) Cf. Roloff, "ἐκκλησία," *EDNT* 1.412.
20) I. Howard Marshall, "New Wine in Old Wine-Skins: V. The Biblical Use of the Word 'Ekklesia,'" *Expository Times* 84, no. 12 (1973): 364.
21) Beker, *Paul the Apostle*, 306.

발적으로" 보이는 바울의 에클레시아 사용례에 나름의 법칙성을 발견할 수는 없을까 하는 질문에 천착하고자 한다. 말하자면, 바울이 그리스도 신앙 공동체를 지칭하는 많은 용어 중에 에클레시아라는 용어를 선택하고 있는 전형적인 맥락을 우리가 선별해낼 수 있는가 하는 질문이다.

3.2 —— 바울이 에클레시아를 사용하는 다섯 가지 맥락

이 질문을 다루기 위해 바울의 문서들에 초점을 맞추고자 한다. 저작권에 대한 논란이 없는 바울의 일곱 서신에서 에클레시아는 44회 등장한다(롬 16:1, 4, 5, 16, 23; 고전 1:2; 4:17; 6:4; 7:17; 10:32; 11:16, 18, 22; 12:28; 14:4, 5, 12, 19, 23, 28, 33; 15:9; 16:1, 19[2회]; 고후 1:1; 8:1, 18, 23; 11:8, 28; 12:13; 갈 1:2, 13, 22; 빌 3:6; 4:15; 살전 1:1; 2:14; 몬 1:2).[22] 이 중에서 19회는 복수이고, 2회는 문법적으로는 단수이지만 기능적으로는 복수다. 영어의 every나 any로 수식되는 표현들이다(고전 4:17; 빌 4:15). 따라서 21회의 복수와 23회의 단수 용례로 정리할 수 있다. 일곱 서신에 나타나는 에클레시아의 문맥은 다섯 가지 유형으로 구분할 수 있다. 1) 문안 인사, 2) 지역 교회들 간의 상호 관계, 3) 가정 모임과 대비되는 한 도시 전체 그리스도인들의 집회, 4) 신적 기관에 대한 인간의 침해, 5) 공동체 지도자들의 명칭과 관련한 것들이다. 이 다섯 범주를 아래에서 차례로 다룰 것이다.

---

22) K. L. Schmidt, "ἐκκλησία," *TDNT*, 3.501-36; J. Roloff, "ἐκκλησία," *EDNT*, 1.410-15; J. Dunn, *Theology of Paul*, 537-43; J. Y. Campbell, "The Origin and Meaning of the Christian Use of the Word *Ekklesia*," *Three New Testament Studies* (Leiden: E. J. Brill, 1965), 41-54.

3.2.1 ── 문안 인사

대다수 신약학자들이 동의하는 대로 데살로니가전서가 바울의 첫 번째 편지라면, 그가 데살로니가에 사는 교인들을 "하나님 아버지와 주 예수 그리스도 안에 있는 데살로니가인들의 에클레시아"(τῇ ἐκκλησίᾳ Θεσσαλονικέων ἐν θεῷ πατρὶ καὶ κυρίῳ Ἰησοῦ Χριστῷ)로 부르면서 편지를 시작한 것은 그리스도교 역사에서 결정적인 중요성을 지니는 순간이었다고 볼 수 있다.[23] 또 하나 주목할 만한 점은 이 편지에서 에클레시아가 두 번만 등장하며, 종말론적 특성이 강한 이 서신에서 종말론적 공동체를 가리키는 맥락에서는 쓰이지 않고 있다는 사실이다.[24] 바울은 데살로니가 회중을 서두의 인사말에서 한 번 에클레시아로 부르고 나서, 그리스도 신앙에서 선배격인 유다의 공동체들과 데살로니가 공동체를 연결 짓는 맥락에서 또 한 번 사용하고 있다(2:14). 후자는 다음에 다룰 예정인 지역 회중들 간의 상호관계라는 맥락으로 포함될 수 있다.

저작자 논란이 없는 바울 서신 7개에 등장하는 44회의 에클레시아 용례 가운데 9회는 직간접 문안 인사에 나타난다. 돈프리드는 로마 정부와의 특별한 관계를 강조하는 종족명(nomen gentilicium)인 Θεσσαλονικέων이 여기에 쓰인 것에 주목한다. 바울 당시 이 표현은 로마와의 연대감을 확인하고 황제를 ΘΕΟΣ 혹은 *divi filius*로 인정하며 충성을 나타내는 맥

---

23) Cf. Helmut Koester, "One Thessalonians: Experiment in Christian Writing," in *Continuity and Discontinuity in Church History* (Leiden: Brill, 1979), 33-44.
24) 이 말이 바울이 그리스도인 공동체를 종말론적 공동체로 이해했다는 사실을 부정하는 것은 아니다. 단지 바울이 에클레시아라는 단어를 사용하는 의도가 공동체의 종말론적 성격을 강조하는 데 있지 않다는 점을 지적하는 말이다. 데살로니가전서가 강력한 종말론적 지향을 담고 있다는 점을 고려하면 이 대목은 주목할 만하다. 참조. 2:17-19; 3:11-13; 4:13-18; 5:1-11.

락에서 빈번히 사용되었다는 것이다.[25] 데살로니가전서에 나타난 정치적 용어의 중요성을 지적하면서, 돈프리드는 바울이 의도적으로 로마와는 다른 연대와 충성의 대상을 강조하는 단어를 선택함으로써 "교회에 대한 초기의 생각"을 드러내고 있다고 본다.[26] 그는 "데살로니가전서 1:1의 에클레시아는 후기의 그리스도교적으로 발전된 교회론(ecclesiology)의 맥락이 아닌, 일반적이고 시민사회적인 방식으로 이해되어야 한다"고 주장한다.[27] 여기서 돈프리드가 "후기"라는 말로 바울 사상 내의 차이를 말하는지 혹은 바울 이후의 발전을 말하는지는 분명하지 않으나, 분명한 것은 바울이 이 용어를 정치의 영역에서 끄집어내어 신학의 영역으로 옮기는 식으로 변형한 것이 아니라, 자신의 회중들과 공유하는 정치적 세계 안에서 신학적 사고를 발전시켜갔다는 사실이다.

그리스도인들의 집회와 관련한 정치적 심상(imagery)은 바울의 다른 서신에서도 빈번히 발견된다. 대표적인 예는 고린도전서가 단순히 정치적인 용어들을 단편적으로 사용하고 있는 것이 아니라, 서신 전체가 정치 연설의 표준 수사적 장르인 권고적 수사(deliberative rhetoric) 형식을 따르고 있음을 세밀히 논증한 마가렛 미첼의 박사학위 논문이다.[28] 미첼은 이 서신의 정치적 성격을 논증해가는 첫 번째 증거로 "바울이 고린도 교회를 에클레시아라고 부르고 있다"[29]는 사실을 꼽는다. 클라우크는 "고린도

---

25) Donfried, *Paul, Thessalonica, and Early Christianity*, 140-43.
26) Donfried, *Paul, Thessalonica, and Early Christianity*, 145.
27) Donfried, *Paul, Thessalonica, and Early Christianity*, 140.
28) Mitchell, *Paul and the Rhetoric of Reconciliation*.
29) Mitchell, *Paul and the Rhetoric of Reconciliation*, 65n2. Mitchell은 여기서 정치적이라는 것과 종교적이라는 것이 상호 배타적이지 않음을 설명하고 있다. 정치적이라는 말을 설명하기 위해서 그는 *Oxford English Dictionary*를 인용하는데, 이때 정치적이라는 말과 사회적이라는 말을 구별하지 않는다. 본서에서 나는 정치적(*political*)이라는 말을 그 본래의 그리스어 의미 πολιτικός, "폴리스와 관련된"이라는 뜻으로 사용한다. 이는 아리스토텔레스가 인간을 정치적 동물(πολιτικὸν ζῷον; Pol. 1253a), 즉 폴리스를 통하

와 같은 도시에서는 새로 그리스도인이 된 사람들이 에클레시아라는 말을 들었을 때 그들 국가를 구성하는 투표권을 가진 자유시민들의 민회를 에클레시아라고 불렀던 그들의 정치적 유산을 떠올렸을 것이다"[30]라고 말한다. 빌립보서 역시 시민사회의 정치적 용어들을 사용하여 이 세상을 살아가는 성도들의 정체성을 설명하는 작업을 하고 있다(πολιτεύεσθε, 1:27; τὸ πολίτευμα, 3:20).

에클레시아라는 단어로 바울이 무엇을 의미했는지에 접근하기 위해서, 우리는 신학화된 개념으로서의 "교회론"(ecclesiology)에 대한 선입견이 아닌 바울이 실제로 이 단어를 쓴 맥락에서 논의를 시작해야 한다. 그 출발점은 서신에서 수신자를 에클레시아로 호칭하는 문학적 맥락과, 이 단어가 당시 세계에서 가지고 있던 정치-문화적 맥락이다. 그리스의 정치 세계에서 에클레시아의 일차적 의미는 모임 그 자체였으며, 이 모임의 중심은 연사와 청중의 관계에 있었음을 제1장에서 이미 밝힌 바 있다. 70인역에서도 이 단어는 "그 에클레시아의 날에"(신 9:10)라는 표현에서 알 수 있듯이 어떤 조직이나 기관이 아닌 실제 모임을 가리키는 말이었음을 제2장에서 살펴봤다. 이러한 배경은 바울의 에클레시아 사용에 대한 분석을 서신의 발신자와 수신자 사이의 실제적 관계를 보여주는 문안 인사에서 출발하는 본 연구의 접근을 지지해주기에 충분하다. 바울 서신은 에클레시아가 모였을 때 낭독되기를 기대하고 쓰여졌고, 데살로니가전서에서 바울은 이런 의도를 분명히 밝히고 있다(살전 5:27). 이는 바울 서신의 소통 구조에서 발신자와 수신자와의 관계는 현대의 사적 편지의 구도보다

여 자신을 실현하는 존재라고 할 때의 의미이기도 하다. 이는 영어의 political이라는 말과는 의미에서 상당한 차이가 있다. 아리스토텔레스의 말은 사회적 동물이라는 말로 번역되기도 하지만 이와도 다르다. 사회적(social)이라는 말은 종종 사적인 관계의 총합이라는 말로도 쓰이기 때문이다.

30) Klauck, *Alte Welt und neuer Glaube*, 290.

는 공공집회에서의 연사와 청중과의 관계에 훨씬 더 가깝다는 사실을 보여준다.

미첼은 다른 논문에서 전령(envoy)의 문화가 "신약 문서에서 가장 지배적인 개념 중 하나"라는 점에 주목할 것을 요청한 바 있다.[31] 그는 전령이나 서신을 보내는 것이 사도의 직접적 방문이 불가능할 때, 그것을 대신하는 낮은 단계의 소통 수단이라는 통념을 뒤집고, 그 자체가 독립적인 가치를 갖는 효과적인 목회 수단일 수 있음을, 특별히 바울의 경우에는 그러했음을 보였다. 심지어 편지를 보내는 것이 바울이 몸소 방문하는 것보다 더 효과적일 때도 있었다는 것은 미첼이 제공하는 중요한 통찰이다. 미첼은 이 논문에서 그리스 세계의 외교적 관행과 로마 행정의 관행들이 바울의 서신에 미친 영향을 세밀하게 분석하고 있다. 다만 그가 바울 당시의 서신들, 곧 국가 간의 외교 서신과[32] 개인 간 서신의 독립적 관습을 구분하고 두 영역의 교차가 생성해내는 해석학적 가능성에 주의를 돌리지 않은 점은 아쉽다.

고대 그리스의 외교 세계에서 데모스를 수신인으로 삼아 편지를 발송하는 것은 현대의 "외교적"(diplomatic)이라는 말의 어감과 같이 내용 없는 제스처가 결코 아니었으며, 대중들을 그 도시의 대표로 존중하며, 의사 교환의 당사자로 인정하는 공식적 의미를 갖는 행위였다. 우리는 제1장에서 시민사회에의 적절한 참여(즉 에클레시아의 일원이 되는 것)는 인간의 조건이라고 할 정도로, 그 참여가 불가능한 사람은 아티모스(ἄτιμος) 혹은 이디오테스(ἰδιώτης)라고 할 정도로 중요한 가치였다는 점을 확인했다. 제

---

31) Margaret M. Mitchell, "New Testament Envoys in the Context of Greco-Roman Diplomatic and Epistolary Conventions: The Example of Timothy and Titus," *JBL* 111, no. 4 (1992): 657-61.
32) 로마 제국의 많은 행정 서신이 국가 간의 외교 문서 형태를 취한다. 당시 많은 폴리스들이 이론적으로 독립적인 국가의 형태를 취하고 있었기 때문이다.

2장에서는 제2성전기의 유대인들이 헬레니즘 시대 이후에 펼쳐진 "외교의 시대"에 이미 능동적으로 참여하고 있었다는 점, 외교적 판단에서 백성들의 총의가 주요 변수였다는 점, 그 외교 문화 속에서 데모스가 중요한 외교 문서의 수신자 및 발신자가 되는 것은 익숙한 경험이었다는 점을 확인한 바 있다.[33] 구약성서 전반에 걸쳐서 에클레시아는 의사결정 기관으로서보다는 하나님의 뜻이 전달되는 자리로서의 중요성이 두드러진다. 에클레시아의 일원이 된다는 것은 구체적인 의사결정 과정에 참여하는 권리라는 시각에서보다, 하나님의 백성의 일원으로 여겨지는 특권과 영예로서의 의미가 훨씬 더 중요하다는 것도 이미 살펴본 바 있다.

에클레시아 회원의 명예에 대한 그리스-로마의 정치문화와 유대 전통이 공유하던 이해는 자신의 회중을 에클레시아라 부름으로써, 그들에게 명예로운 시민의 지위를 부여하는 바울의 수사적 전략의 중요한 배경을 이룬다. 바울은 이 호칭으로 자신의 회중을 명예로운 시민 공동체의 반열에 올리는 동시에, 자신을 에클레시아를 향해 연설하는 (혹은 편지를 쓰는) 영예로운 연단, 즉 고전 시대 이래로 폴리스의 삶에서 최고의 영광이었던 그 자리에 스스로를 올려놓는 명민함을 보인다. 데살로니가전서 말미에 바울은 자신의 편지를 어떻게 다루어야 할지 엄중하게 명령한다. "내가 주를 힘입어 너희를 명하노니 모든 형제에게 이 편지를 읽어주라"(살전 5:27). 이 엄중한 명령은 이 편지를 받는 회중에게 익숙하지 않았던 서신 수용의 틀을 바울이 창조하고 있음을 시사한다.

에클레시아라는 말을 사용하여 바울이 창조해낸 서신 수용의 틀, 곧 새로운 소통의 장은 발신자와 수신자 사이의 일대일 관계를 넘어선다. 그가 유대에 있는 에클레시아들(살전 2:14)과 데살로니가인들의 에클레시아

---

33) 앞의 제2장 특별히 마카베오 1서와 관련한 대목을 보라.

를 연결시키고 있음은 동일한 단어 사용이라는 일차적 관찰에서도 확인된다. 한 단계 더 깊은 관찰을 위해 우리는 바울이 인사말에 이어서 데살로니가인들의 에클레시아가 지닌 명성에 대해 말하는 장면을 주목해야 한다.

> 그러므로 너희가 마게도냐와 아가야에 있는 모든 믿는 자의 본이 되었느니라. 주의 말씀이 너희에게로부터 마게도냐와 아가야에만 들릴 뿐 아니라 하나님을 향하는 너희 믿음의 소문이 각처에 퍼졌으므로 우리는 아무 말도 할 것이 없노라. 그들이 우리에 대하여 스스로 말하기를 우리가 어떻게 너희 가운데에 들어갔는지와 너희가 어떻게 우상을 버리고 하나님께로 돌아와서 살아 계시고 참되신 하나님을 섬기는지와(살전 1:7-9a).

드실바는 데살로니가전서 1장을 해석할 때 바울이 사용하는 "명예와 수치 담론을 이용한 전략"에 주목할 것을 주문한다.[34] 데살로니가 교인들에 대한 칭찬은 바울의 "명성의 장"(court of reputation) 창출 전략의 일부다. 이 명성의 장은 "하나님의 에클레시아라는 새로운 현실"(the new reality called ἐκκλησία τοῦ θεοῦ)로, 그 안에서는 데살로니가 교인들의 고난이 실패가 아닌 그들의 인내와 하나님을 향한 헌신의 증거로 해석된다.[35] 드실바에 따르면 명성의 장을 규정하고, 한계 짓고, 또 강화하는 것은 바

---

34) David Arthur DeSilva, "'Worthy of His Kingdom': Honor Discourse and Social Engineering in 1 Thessalonians," *Journal for the Study of the New Testament*, no. 64 (1996): 49-79.
35) DeSilva, "Worthy of His Kingdom,'" 73. 내가 이 대목을 인용한다고 해서 ἐκκλησία τοῦ θεοῦ라는 어구가 바울의 그리스도인 공동체의 이해를 대표한다는 점에 동의하는 것은 아니다. 바울이 이 어구를 사용한 의도에 대해서는 아래의 3.2.4를 보라. 여기서 내 논점은 에클레시아란 단어가 바울이 새로운 현실을 구성해내는 전략에 어떻게 사용되고 있는가에 주목하자는 것이다.

울의 "사회 공학적 프로그램"(social engineering program)의 중요한 부분이다.[36] 데살로니가 교인들의 명성은 지역을 초월한다고 묘사된다. "마게도냐와 아가야의 모든 믿는 자들"(1:7)과 "모든 곳에"(ἐν παντὶ τόπῳ; 1:8). 사실 우리는 데살로니가인들의 소문이 이 지역 그리스도인들 사이에서 실제로 얼마나 퍼져 있었는지는 정확히 알 수 없다. 바울의 활동 시기는 고대 역사 중에서 예외적으로 국제 여행과 의사소통이 활발한 때였다는 점이 자주 지적된다.[37] 그러나 빈번한 여행과 그 효과가 지나치게 강조되어서는 안 된다. 특이할 정도로 많은 거리를 여행했던 바울도 종종 편지나 전령을 보내고 받는 일의 어려움을 호소했고, 소식을 주고받지 못하는 시기의 답답함을 경험해야 했다(살전 3:5; 고후 2:13). 바울이 개척한 교회의 회중들에게, 특히 부유하지 않은 계층에게 여행은 여전히 제한되어 있었고,[38] 따라서 다른 도시에 있는 그리스도인들 간의 직접적 접촉도 원활하지 않았을 것으로 추정할 수 있다. 많아야 수십 명에 불과한 신생 공동체에 대한 소문이 마케도니아, 아카이아 지방과 모든 곳에 퍼졌다는 바울의 진술은 상당 부분 과장이 섞였다고 보아야 한다.

드실바는 바울이 사용한 명성의 수사학 이면에서 자신이 속한 도시의 명예를 중요시했던 당시의 문화적 배경을 발견할 수 있다고 주장한다. "(바울의 데살로니가 교인들 칭찬은) 당시의 도시들이 다른 도시들과의 경쟁에서 탁월함을 추구하고, 시민적 미덕과 성취를 자축하기를 즐겼던 문화에 비견된다."[39] 이 해석은 내가 제1장에서 밝힌 내용에 부합된다. 로마 제국 초기는 강한 지역애국주의의 시대였고, 에클레시아는 도시의 명예가

---

36) DeSilva, "Worthy of His Kingdom,'" 73. 64-73.
37) Wayne A. Meeks, *The First Urban Christians,* 16-19.
38) 참조. 고후 8:2.
39) DeSilva, "Worthy of His Kingdom," 71.

확인되고 과시되는 장이었다는 점이 그것이다.

데살로니가 교인들의 명성에 대한 바울의 강조와 과장을 단순히 청중의 환심을 사기 위한 허언이나 격려 정도로 본다면, 바울의 중요한 수사적 전략을 시야에서 놓치게 된다. 바울은 당시 시민사회 이데올로기의 핵심을 십분 활용하여 하나님과의 관계에서 그리스도인들의 정체성과 세계 전체에서 하나님의 백성의 지위를 설정하고 설명하는 재료로 삼고 있다.

이러한 전략과 유사한 접근을 피터슨의 빌레몬서 해석에서 발견할 수 있다. 피터슨은 이 짧은 편지의 내용이 빌레몬 개인에 대한 호소임에도 불구하고, 복수의 수신자에게 쓰인 이유에 주의를 기울인다. 바울은 빌레몬에게 개인적인 권면을 하면서도, 수신인을 빌레몬뿐만 아니라 압비아, 아킵보, 그리고 빌레몬의 집에서 모이는 회중들에게로 확대함으로써 일종의 사회적 압력을 행사하고 있는 것으로 볼 수 있다.[40] 서두의 인사말에서 다른 교인들의 이름을 언급함으로써, 바울은 이 개인적인 호소를 공적인 사안으로, 서신의 다른 수신인들과 공유하고 있는 신앙에 관한 사안으로 전환시킨다. 편지의 말미에서는 다른 도시에 있는 그리스도인들의 이름을 거명함으로써, 바울의 권면에 대한 수용이 다른 지역의 많은 그리스도인의 시각을 벗어날 수 없음을 상기시킴으로써, 서두에서 한 지역 공동체에 국한되었던 사회적 압력을 지역을 넘어선 범위로 확대시킨다. "그리스도 예수 안에서 나와 함께 갇힌 자 에바브라와 또한 나의 동역자 마가, 아리스다고, 데마, 누가가 문안하느니라."[41]

피터슨의 빌레몬서 해석을 드실바가 데살로니가전서에서 읽어낸 명성의 장에 대한 통찰과 병행해서 읽으면 바울의 수사적 전략이 선명히 드

---

40) 22b절의 복수형 "너희들"도 보라.
41) Norman R. Petersen, *Rediscovering Paul: Philemon and the Sociology of Paul's Narrative World* (Philadelphia: Fortress Press, 1985), 2-4.

러난다. 고린도전서의 서두에서 바울은 본래 수신자인 고린도 교회 뒤에 이렇게 덧붙인다. "또 각처에서 우리의 주 곧 그들과 우리의 주 되신 예수 그리스도의 이름을 부르는 모든 자들에게"(σὺν πᾶσιν τοῖς ἐπικαλουμένοις τὸ ὄνομα τοῦ κυρίου ἡμῶν Ἰησοῦ Χριστοῦ ἐν παντὶ τόπῳ, αὐτῶν καὶ ἡμῶν). 티슬턴은 여기서 "다른 지역에 있는 자신의 '동역자들'이 고린도 교인들의 삶의 양태와 행위를 관찰하고 있음을 상기시키려는"[42] 바울의 의도를 읽어 낸다.

피터슨은 빌레몬서에서 제삼자를 개입시키는 바울의 의도를 피터 버거와 토마스 러크만의 지식사회학에서 제안하는 상징적 세계(symbolic universe)라는 용어로 설명한다. 상징적 세계는 바울 서신에서 에클레시아의 중요성을 발견하기 위한 도구(a heuristic tool)로서 유용한 개념일 수 있다. 상징적 세계가 형성되는 과정을 설명하는 두 가지 중요한 개념은 제도화(institutionalization)와 합법화(legitimation)다. "제도화는 일정 유형의 행위자들의 습관화된 행위에 의하여 상호교환적 유형화가 있을 때마다 일어난다"[43]는 주장이다. 이론적으로 보면, 제도화는 두 개인 사이의 상호작용으로 일어나기 시작한다. 처음의 상호작용 때, 두 개인이 갖고 있는 제도들(institutions)은 각각의 역사를 가진 채 상호작용의 무대에 "오른다. 제도란 언제나 역사를 갖고 있기 때문이다." 첫 번째 상호작용이 성공적으로 수행되면 그 상호작용의 과정이 하나의 역사가 되어 새로운 의미 영역이 생긴다. 그 의미 영역 안에서 기존의 어휘들이 새로운 의미를 갖게 되고, 그 어휘들은 기존의 역사를 재해석하는 도구가 된다. 그 개인

---

42) Anthony C. Thiselton, *The First Epistle to the Corinthians: A Commentary on the Greek Text*, The New International Greek Testament Commentary (Grand Rapids, MI: Carlisle, UK: W. B. Eerdmans; Paternoster Press, 2000), 74.

43) Peter L. Berger and Thomas Luckmann, *The Social Construction of Reality: A Treatise in the Sociology of Knowledge* (Garden City, NY: Doubleday, 1966), 54.

들이 공유하는 경험은 새롭게 규정된 어휘들을 매개로 형성된 구체적인 사회적 관계의 맥락 속에 편입되는 것이다. 이후에 계속되는 상호작용은 초기의 제도화를 확인하고 수정하기도 하면서 강화해나간다.

이 과정에서 제삼자의 개입은 사적인 관계에서 시작된 초기의 제도화를 공적(public)으로 만들어 공고화하는 기능을 수행한다. 이 과정은 객관화(objectivation)라고 명명된다. 초기의 제도화는 첫 번째 단계의 객관화이고, 뒤따라오는 두 번째 단계의 객관화는 합법화(legitimation)라고 개념화할 수 있다. 합법화는 이미 제도화된 첫 번째 단계의 객관화를 객관적으로 접근 가능하게, 또 주관적으로 공감이 가게 만들기 위해 "설명하고 정당화하는 과정"이라 할 수 있다.[44] 그 객관화가 "다른 영역들에 있는 의미들을 통합하고 제도화된 질서를 하나의 상징적 전체성 안에 품을 수 있을 때"[45] 비로소 상징적 세계가 완성 단계에 이르렀다고 말할 수 있다. "상징적 세계는 사회적으로 객관화된, 주관적인 의미에서 참된 의미들의 모체로 개념화된다. 역사적 사회 전체 그리고 이에 속한 개인들의 생활사 전체가 이 세계 안에서 일어나는 것이다."[46]

이 이론을 성서 해석에 적용한 첫 학자는 웨인 믹스다. 그는 요한의 기독론을 종파주의적인 요한 공동체의 자전적 묘사의 한 표현으로 보았다.[47] 종파적인 성격의 요한 공동체의 자전적 고백으로서 요한의 기독론을 해석한 그의 접근은 역사적·신학적 성서 연구에 사회학 이론을 적용하는 가능성의 새 장을 열었다. 그러나 웨인 믹스의 기독론은 "공동체의 기원

---

44) Berger, *The Social Construction of Reality*, 92.
45) Berger, *The Social Construction of Reality*, 95.
46) Berger, *The Social Construction of Reality*, 96.
47) Wayne A. Meeks, "The Man from Heaven in Johannine Sectarianism," *JBL* 91, no. 1 (1972): 44-72.

론"(etiology of the community)⁴⁸에 종속되는 경향이 감지되는 바, 기독론의 인간학적 축소 (anthropological reduction of Christology)로 흐를 위험이 있는 것도 사실이다.

나는 요한의 독특한 기독론적 표현이 요한 공동체의 현실 경험과 그들이 현실을 해석하는 방식으로부터 영향받았을 가능성을 배제하지 않는다. 다만, 일상생활에서의 구체적인 역할을 실제로 다루고 있는 바울 서신이 복음서보다는 전술한 지식사회학의 통찰을 더 용이하게 적용할 수 있는 출발점이 될 수 있다는 제안을 하고 싶다. 버거와 러크만에 의하면 "제도들은 역할을 통하여 개인의 경험 속에서 구현된다."⁴⁹ 다시 말하자면 "제도적 질서는 역할 수행에 의해 현실화되는 만큼만 현실적이다. 다른 말로 하자면 역할이 제도적 질서를 대표한다. 그 질서는 역할들의 성격을 규정하고, 그 질서로부터 역할들의 객관적인 성격이 도출되는 것이다."⁵⁰ 바울의 서신들이 의식적으로 역할에 관한 언어를 채용하고, 해석하고, 재규정하면서, 그것을 복수의 발신자들과 수신자들 때로는 제삼자까지—이 제삼자에 하나님도 포함될 수 있다—포괄하는 관계의 망을 엮어나가는 중심적인 도구로 사용하고 있기 때문에, 역할에 대한 피터 버거의 통찰은 역할과 관계된 언어들로 바울이 의도했던 내용에 접근하는 데에 도움을 줄 수 있다.

뿐만 아니라, 편지의 매체적 특성이 제도화(institutionalization) 이론에

---

48) Wayne A. Meeks의 논문이 Bultmann의 가설을 인용하면서 시작하는 것은 우연이 아니다. 이 주제에 관한 종교학계의 논의는 다음을 참조하라. Peter L. Berger et al., *Peter Berger and the Study of Religion* (London; New York: Routledge, 2001). 특히 Horrell의 글이 신약학과의 관계를 잘 정리하고 있다. David Horrell, "Berger and New Testament Studies," 142-53.
49) Berger, *The Social Construction of Reality*, 74.
50) Berger, *The Social Construction of Reality*, 78-79.

잘 맞는다는 장점이 있다. 직접 대면하는 관계에서는 사람들이 대화 상대자의 역할, 지위, 목소리의 톤 등에 자신의 역할이나 표현 양식을 타협해 버리는 경향이 있다. 그래서 사회적 행동의 유형화(typification)가 지연되거나 차단되는 경향이 생길 수 있다. 인간의 상호작용은 편지와 같이 공간적으로 떨어진 소통 양식을 이용할 때, 직접 대면하는 관계보다 훨씬 더 효과적으로 유형화된다는 것이다.[51]

복음서 연구에 비해 바울 서신 연구가 버거의 이론을 적용하는 데 용이한 또 하나의 이유는, 버거가 제도화와 합법화의 대화적/변증법적 과정(dialectical processes)을 중요시하기 때문이다. 바울의 교회 형성은 일정한 조직의 틀을 공동체에 일방적으로 부과한 결과도 아니었고, 반대로 지역의 특수한 상황에서 일어나는 일들을 바울이 그대로 수용한 결과도 아니었다. 바울이 한 지역을 방문하여 교회를 개척하고 떠난 후 편지로 목회하는 과정은 바울과 그의 청중들의—직접적 혹은 편지를 통한 간접적 의미에서의 청중—관계가 틀을 갖추어가고, 그 속에서 삶이 나누어질 뿐 아니라, 삶의 다양한 면모, 굴곡진 역사들이 재해석되는 하나의 세계를 만들어가는 변증법적 과정이었다.[52] 이는 상징적 세계가 형성되어가는 전형적인 예라 할 수 있다. 바울이 수십 명에 불과한 그룹을[53] 에클레시아라는 시민 결사체의 이름으로 불렀을 때, 그리고 그 독자들이 바울의 의도를 따라 그 편지를 함께 읽었을 때, 이 사회적 상호작용을 통해 새로운 형태

---

51) Berger, *The Social Construction of Reality*, 30-31; cf. Alfred Schutz, *Collected Papers*, 3 vols., Phaenomenologica (The Hague: M. Nijhoff, 1962), 2:112; Georg Simmel, *The Sociology of Georg Simmel*, ed. and trans. Kurt H. Wolff (Glencoe, IL: Free Press, 1950), 352-55; Petersen, *Rediscovering Paul*, 53-65.
52) 신앙 공동체와 관련한 바울의 상징적 세계가 강력하게 종말론적이었음은 분명하다(살전 2:19-20). 그러나 에클레시아라는 용어 자체가 특별히 종말론적이지는 않았다.
53) 바울 지역 회중들의 규모와 관련해서는 4.1을 보라.

의 제도화가 시작된 것이다.

이 상징적 세계 속에서 바울은 에클레시아를 향해 연설하는 명예로운 연단을 스스로 확보한다. 애초에 이 권위는 교회를 개척한 사도로서의 권위에서 출발했지만(살전 2:11; 고전 4:15; 갈 4:11-15), 그의 편지 쓰기는 그 권위의 토대를 한층 강화했다. 명성의 장의 중심에 그 명성의 소식을 전하는 사람, 즉 에클레시아를 향해 편지를 쓰는 바울 자신을 위치시킨 것이다. 바울은 데살로니가 교회를 개척한 영적 아버지로서 편지를 쓰면서도, 그 편지로 촉발되는 대화의 장에 계속해서 다른 에클레시아들을 개입시킨다. 드실바가 데살로니가전서에서, 피터슨이 빌레몬서에서 증명해 보인 바와 같이, 바울은 자신과 편지 수신 공동체의 관계에 계속해서 제삼자를 개입시킴으로써 자신을 중심으로 하는 사회적 관계를 규정하고 강화하는 전략을 효과적으로 사용하고 있다. 이러한 상호관계 전략의 핵심에 에클레시아라는 용어가 위치하고 있다. 이 용어의 기능은 버거와 루크만이 역할언어의 예로 사용하는 "사촌"(cousin)이라는 말의 기능과 정확하게 일치한다.

> 친족 관계의 용어 사용은 그 자체로 친족관계의 구조를 합리화한다. 말하자면, 관계구조 합리화에 대한 근본적 설명들은 어휘 속에 내재되어 있는 셈이다. 어떤 아이가 처음으로 다른 어떤 아이가 자신의 "사촌"이라는 말을 듣게 되는 순간, 그 지칭과 함께 알게 된, 사촌들이라는 말에 내재된 모든 행동을 합리화하는 일단의 정보들이 그 아이에게 즉각적으로 입력된다.[54]

그의 회중을 에클레시아로 부르는 바울의 행동을 매개로 하여 저자

---

54) Berger, *The Social Construction of Reality*, 94.

의 세계와 독자의 세계가 이제까지 살아온 각자의 역사를 갖고 만나게 된다. 바울은 단순히 하나의 세속적인 단어를 취해서 신학적인 영역에 적용한 것이 아니라, 에클레시아라는 단어에 이미 내포되어 있는 역사를 활용하여 새로운 실재를 구성하고 있는 것이다. 이 상징적 세계는 그리스도를 통한 하나님과의 관계, 청중과 바울과의 관계, 한 지역 공동체 내에서 그리고 그것을 넘어서는 동료 그리스도인들과의 관계를 축으로 세계 전체를 이해하는 틀이다. 이 상징적 세계 안에서 그리스도인들은 자신들의 신앙 여정과 현재 겪는 고난의 의미, 오는 세계에서의 자신들의 지위를 이해하고 설명해낼 수 있었다. 이상적 차원에서 이 상징적 세계는 교회들이 공통된 믿음을 공유했기에 확립 가능했다. 실제적 차원에서는 그들의 교회를 세운 바울이 에클레시아들에게 편지를 쓰면서 초지역적인 네트워크를 구축해냈기 때문에 가능한 고백이었다.

데살로니가전서를 쓰면서 세웠던 바울의 이런 전략이 성공적이었다는 것은 그가 같은 소통구조를 사용하여 편지 쓰기를 계속했다는 사실에서 일차 확인된다. 우리는 그가 어떻게 처음 제출한 이 관계의 틀을 (버거와 러크만의 용어를 빌리자면) 강화하고 합법화하고 제도화하면서 상징적 세계의 내용을 채워갔는지 데살로니가전서 이후에 쓴 그의 편지들에서 추적해볼 수 있다. 바울 사후에 에클레시아를 향해서 편지를 쓰는 그의 이미지는 그리스도교 전통에서 지배적인 이미지로 자리 잡았으며,[55] 서신은 그리스도교에서 가장 유력한 문서 장르로 자리 잡게 되었다.[56] 300여 년

---

55) 빌전 3:15; 참조. 엡 6:20의 "쇠사슬에 매인 사신." 바울의 투옥이라는 상황이 후대에 바울의 이름으로 편지를 쓰는 적절한 틀을 제공해준 것이 사실이다. 수신자를 만나고 싶어하는 바울의 간절함과 육체적 방문이 불가능한 한계라는 상황이 서신 작성의 이상적 정황을 제공해주었기 때문이다(참조. 딤후 1:4-8).

56) 바울을 모방하여 편지를 쓴 후대의 그리스도인들은 그들의 권위가 바울보다는 현저하게 약하다는 사실에 대한 분명한 인식을 갖고 있었다(클레멘스와 이그나티우스). 요한계

후에 요한네스 크리소스토모스는 서신 작가로서 바울의 재미있는 이미지를 소개한다. 그에게 있어서, 제국의 주요 도시들에 편지를 쓰는 사도의 이미지는 황제의 격에 조금도 뒤지지 않는다.

> 아침에 관정에 나아가 황좌에 앉자마자 전 세계에서 도달하는 수천의 편지를 받는 황제와 똑같이, 바울은 황제의 관정에 위치한 감옥에 앉아 그보다 더 많은 편지를 정기적으로 받고 보내곤 했다. 열국이 바울의 지혜로운 조언을 얻기 위하여 그들의 지역적 관심사를 그에게 전달해왔기 때문이다.[57]

바울은 에클레시아라는 용어를 직접적 문안 인사뿐 아니라 간접적 문안에도 사용했다.[58] 간접적 문안의 중요성은 바울의 사고에서 초지역적 네트워크의 중요성이라는 점에서 이해될 수 있다. 여행하는 선교사를 수용하고 환대하는 문화가 그리스도교 선교에 중추적 역할을 담당했다는 사실은 신약학자들 사이에서 광범위한 지지를 받는 견해다.[59] 바울 서신의 간접적 문안은 그리스도인들 사이의 환대 문화 형성에 중요한 기여를 했다. 환대는 그리스도 안에서 새로운 정체성을 획득한 사람들은 한 지역 내에서뿐 아니라 온 세계의 그리스도인을 하나로 포괄하는 새로운 현실 속에 살아간다는 인식하에서 가능했고, 그 상징적 세계는 환대의 실천을 통해 확인되고 강화되었다.

시록은 재미있는 예다. 저자는 에클레시아를 향해 편지를 쓰는 플랫폼을 만들기 위해 묵시라는 장르를 활용하고 있다. Sir William Mitchell Ramsay, *The Letters to the Seven Churches* (Peabody, MA: Hendrickson, 1994), 53-55.

57) John Chrysostom, *Hom. Phil.1:18* 4 [Migne, *PG* 51.314].
58) Terence Y. Mullins, "Greeting as a New Testament Form," *JBL* 87, no. 4 (1968): 418-26.
59) Abraham J. Malherbe, *Social Aspects of Early Christianity* (Philadelphia: Fortress Press, 1983), 67-68.

서신을 쓰기 위해 펜을 드는 것 자체가 초지역적 특성을 지니는 활동이었다. 바울은 하나의 에클레시아와 함께 머물면서 다른 에클레시아에 편지를 썼다. 바울이 머물고 있던 그 공동체가 의사소통에 있어서 주요한 제삼자로 기능한다. 바울은 편지를 쓰면서 그 공동체를 자신의 이름과 나란히 발신인의 위치에 올리기도 한다. "아시아의 교회들이 너희에게 문안하고 아굴라와 브리스가와 그 집에 있는 교회가 주 안에서 너희에게 간절히 문안하고 모든 형제도 너희에게 문안하니 너희는 거룩하게 입맞춤으로 서로 문안하라. 나 바울은 친필로 너희에게 문안하노니"(고전 16:19-21). 편지를 수신하는 공동체의 명성의 중요한 목격자로서 바울이 자신을 자리매김할 때, 발신지의 공동체는 자연스레 그 명성의 장에서 핵심적인 자리를 차지하는 것으로 인식된다. 바울은 수신지 공동체에 대한 발신지 공동체의 평가가 자신의 평가에 영향을 미쳤다는 사실을 숨기지 않는다(고후 9:4). 로마서 16장의 긴 문안 인사가 신약학계에서 논란이 많은 이유는 왜 바울이 자신이 방문하지 않은 로마 회중들에게 예외적으로 긴 인사말을 보냈는가 하는 점이다. 문안 인사의 긴 목록 자체가 바울이 자신을 로마 교회 앞에 전 세계(이방) 교회들의 대표자로 세우는 시도의 일환이다. 바울이 로마를 포함하여 전 세계의 교회를 하나로 묶고 그 대표가 되어 새로운 선교의 장을 개척해나가려는 큰 그림을 그리고 있었기 때문에, 이 문안 인사의 의도는 바울의 선교 전략에서 핵심적 중요성을 갖는다.[60]

문안 인사에 쓰인 에클레시아를 고찰하면서, 그 유명한 가정교회 문구인 "~의 집에 있는 교회"(ἡ κατ' οἶκον ἐκκλησία)가 모두 문안 인사의 맥락에서만 등장하고 있다는 점도 상기해야 한다. 바울이 이 표현을 특정한 맥

---

60) 3.4.2에서 이 주제를 상세하게 논의할 것이다.

락에 한정해서 사용하고 있다는 점은 이 문구의 의미를 바울 전체 교회론의 기초로 삼으려는 시도에 대한 강력한 경고로 작용한다. 더구나 이 표현은 저자 논란이 없는 7개의 서신 가운데서 오로지 3회만 등장할 뿐이다.[61] 이 세 경우를 제외하고는 어떤 가정의 그룹이 에클레시아로 지칭된 예는 없다.

3.2.2 ── 지역교회들 간의 관계

에클레시아가 문안 인사에 쓰인 경우에 대한 분석을 통해서, 한 회중을 에클레시아로 명명하는 것 자체가 지역을 연결하는 행위임이 분명해졌다. 에클레시아가 복수형으로 쓰인 21회를 살펴보면 그 전부가 초지역적 범위에서 사용되었음을 알 수 있다. 다시 말하면, 복수 에클레시아이가 한 도시 내에서 복수의 가정모임을 가리키기 위해 사용된 적은 결코 없다.

복수로 쓰인 경우는 아래 범주로 구분할 수 있다.[62]

한 속주의 다수 지역 교회들: 고전 16:1(갈라디아), 19(아시아); 고후 8:1(마케도니아); 갈 1:2(갈라디아), 22(유대); 살전 2:14(유대). 이러한 사용례는 한 도시에 한 에클레시아가 바울의 기본적인 생각이었다는 내 전제를 지지한다. 물론 이 표현이 그 속주 안의 수많은 가정 모임을 지칭할 가능성을 완전히 배제하는 것은 아니다.

---

61) 롬 16:5, 로마에 있는 브리스가와 아굴라의 집; 고전 16:19, 에베소에 있는 아굴라와 브리스가의 집; 몬 2 골로새에 있는 빌레몬의 집; 골 4:15, 라오디게아에 있는 눔바의 집. 이에 대해서는 3.3에서 따로 고찰하기로 한다.
62) 몇 용례는 이 분류에서 겹치기도 한다. 예를 들면, 갈 1:2은 인사말에서 등장하지만, 한 속주에 있는 복수의 지역교회들의 예이기도 하다. 이 분류의 목적은 상호배타적인 범주화에 있지 않고, 에클레시아 단어 사용의 문학적 맥락을 살피려는 데 있음을 밝힌다.

에클레시아가 *all, any, every, everywhere, every other, other* 등으로 수식되는 경우(고전 7:17; 11:16; 14:33; 고후 8:18; 직접적으로 이런 한정사에 의해 수식되지는 않지만, 인접한 문맥을 보면 사실상 같은 쓰임인 경우도 있다. 예. 고전 14:34; 고후 8:19).

문안 인사와 유대의 에클레시아들과의 관계, 이 둘은 바울의 첫 편지인 데살로니가전서에 쓰인 두 용례다. 주목할 만한 점은 두 맥락이 모두 떨어진 지역들 간의 관계를 염두에 두고 있다는 것이다. 앞에서 우리는 바울이 공적 명성의 장 창출과 문안 인사, 제삼자를 개입시키는 전략을 통해 자신을 지역 교회들의 대표로 제시하는 구도를 확인한 바 있다. 복수 에클레시아이를 사용하는 바울의 용례 중에 이런 바울의 전략 발전을 보여주는 대목이 있다. 고린도후서 8장이 대표적인 예다.[63]

바울은 이 자금 모집을 위한 편지를 마케도니아의 에클레시아들에 대한 칭찬으로 시작한다.[64] 이 칭찬은 지역 간 에클레시아들의 네트워크의 응집력 제고라는 바울의 목적에 부합한다. 바울은 각 도시의 에클레시아들이 함께 모금에 참여할 뿐 아니라 모금된 헌금을 예루살렘에 전달하는 공동의 전령을 선출할 수 있는(χειροτονέω, 고후 8:19) 수준의 협력을 기대하고 있다.

너희를 위하여 같은 간절함을 디도의 마음에도 주시는 하나님께 감사하노니, 그가 권함을 받고 더욱 간절함으로 자원하여 너희에게 나아갔고, 또 그와 함께 그 형제를 보내었으니 이 사람은 복음으로서 모든 교회에서 칭찬을 받는

---

(63) 에클레시아라는 단어가 고후 9장에는 나타나지 않는다는 점도 주목할 만하다.
(64) Hans Dieter Betz, *2 Corinthians 8 and 9: A Commentary on Two Administrative Letters of the Apostle Paul*, Hermeneia (Philadelphia: Fortress Press, 1985).

자요. 이뿐 아니라 그는 동일한 주의 영광과 우리의 원을 나타내기 위하여 여러 교회의 택함을 받아(χειροτοηθε) 우리가 맡은 은혜의 일로 우리와 동행하는 자라(고후 8:16-19).

케이로토네오(χειροτονέω)는 고전 시대 이래 그리스 에클레시아에서 공직자들을 뽑는 행위에 쓰이던 전문용어다. 본래의 의미는 "손을 들어 투표하다"였지만, 점차 다양한 방법의 선출 절차를 가리키는 용어로 쓰이게 되었다.[65] 그렇다면 어떻게 지리적으로 떨어진 에클레시아들이 공동의 전령을 "선출"할 수 있는가라는 의문이 제기된다. 제1장에서 살펴본 바대로, 그리스 폴리스들의 공직자 선출 절차는 불레(βουλή)나 군주가 추천한 후보를 추인하는 정도에 머물렀던 예가 다수였다. 고전 민주주의 시대에도 이런 절차가 에클레시아에서의 표준적인 관행이었다. 구체적인 의사 표현 방식에 있어서 손을 드는 것과 함성을 지르는 것의 차이는 미미했다.[66] 심지어 고전 민주주의 시대의 불레에서도 대부분의 인사 결정은 영향력 있는 지도자의—대부분의 경우 탁월한 언변을 지닌 인사의—추천을 집단적 의사 표시로 추인하는 경우가 허다했다. 제2장에서 솔로몬의 왕위 계승 등과 관련하여 살펴본 바, 에클레시아에서 제2의 추인을 요구했던 유대적 전통 역시 이런 승인의 절차와 상당한 유사점이 있다. 이런 정황을 볼 때 "그 형제"는 바울의 추천을 받은 상태이며, 다수의 에클레시아들 앞에 서서 차례로 추인의 과정을 거침으로써 다수 교회의 대표성을 확보해가는 과정에 있었다고 볼 수 있다.

바울은 어떤 식으로 자신이 생각하는 후보자를 지역 공동체에 추천했을까? 고린도후서 8:16-22은 바울이 헌금 전달자를 추천한 형식과 내용

---

(65) Betz, *2 Corinthians 8 and 9*, 75; *LSJ*, s.v. "χειροτονέω."
(66) C. P. Jones, *The Roman World of Dio Chrysostom*, 97-98.

을 추정할 수 있는 단서를 허락한다.

이것을 조심함은 우리가 맡은 이 거액의 연보에 대하여 아무도 우리를 비방하지 못하게 하려 함이니, 이는 우리가 주 앞에서뿐 아니라 사람 앞에서도 선한 일에 조심하려 함이라. 또 그들과 함께 우리의 한 형제를 보내었노니 우리는 그가 여러 가지 일에 간절한 것을 여러 번 확인하였거니와 이제 그가 너희를 크게 믿으므로 더욱 간절하니라. 디도로 말하면 나의 동료요 너희를 위한 나의 동역자요, 우리 형제들로 말하면 여러 교회의 사자들이요 그리스도의 영광이니라. 그러므로 너희는 여러 교회 앞에서 너희의 사랑과 너희에 대한 우리 자랑의 증거를 그들에게 보이라.

여기서 바울은 자신이 마케도니아 교회들에게 했던 것과 같은 작업을 하고 있다. 바울은 그가 보낸 사람들(디도와 "그 형제")이 고린도 교회를 포함한 "모든 교회들"을 대표하기를 목표로 이 편지를 쓰고 있다.[67] 그 형제에 대한 추천이 "이제 그가 너희를 크게 믿으므로 더욱 간절하니라"(πεποιθήσει πολλῇ τῇ εἰς ὑμᾶς)라고 하면서, 고린도 교인들에 대한 그의 확언으로 이어지는 것이 중요하다. 일반적인 신뢰성뿐 아니라, 고린도 교인들과의 상호신뢰 관계를 말하는 것이다.[68] 대표 선정은 여전히 진행 중이므로 8절의 "모든" 교회들은 확정된 범위를 말하지 않는다. 여기서 "모

---

[67] 고린도후서의 구성 문제와 관련해서는 Betz의 주석을 보라. Betz, *2 Corinthians 8 and 9*, 3-36; Murray J. Harris, *The Second Epistle to the Corinthians: A Commentary on the Greek Text* (Grand Rapids, MI; Milton Keynes, UK: W. B. Eerdmans; Paternoster Press, 2005), 8-51.

[68] 롬 15:16에서 바울은 로마 교인들에 대한 자신의 확신을 πέπεισμαι라는 말로 표현한다. 편지의 독자와 자신과의 좋은 관계에 대한 확언은 스스로를 공동체에 추천하는 행위로 볼 수 있다. 바울이 뒤이어 독자들에 대한 자신의 사역에 관해 말하고 있는 것은 이런 해석을 뒷받침한다(롬 15:15-33).

든"이라는 표현은 어떤 구체적인 의제에 대한 다수 교회들의 합의를 강조하는 바울의 수사적 표현이다. 우리가 위에서 살펴본 대로 데살로니가전서에서 바울이 도입했던 명성의 장이라는 전제는 여기서도 여전히 기능하고 있다. 대표 선정에 대한 합의의 도출은 바울의 제안과 회중들의 수용이라는 대화 관계에서 이루어진다. 이러한 과정은 버거와 루크만의 이론, 곧 대화 관계에 의해 제도화와 합법화가 공고해진다는 이론에도 부합한다.

고린도전서 7:17에서 바울은 모든 교회를 향해서 명령하는 위치에 자신을 올려놓는 과감성을 보인다. "오직 주께서 각 사람에게 나눠주신 대로 하나님이 각 사람을 부르신 그대로 행하라. 내가 **모든 교회에서** 이와 같이 명하노라"(οὕτως ἐν ταῖς ἐκκλησίαις πάσαις διατάσσομαι). 여기서 모든 교회란 모든 이방 교회, 좀 더 정확하게는 자신이 개척했고, 아직도 영향력을 행사하고 있는 교회들이라 볼 수 있다.[69] 바울이 "모든 교회"를 위한 자신의 목회자적 심정을 감정적 언어로 표현하는 고린도후서 11:28도 마찬가지다. "이 외의 일은 고사하고 아직도 날마다 내 속에 눌리는 일이 있으니 곧 모든 교회를 위하여 염려하는 것이라"(ἡ μέριμνα πασῶν τῶν ἐκκλησιῶν). 모든 교회라는 표현을 쓸 때 실제로 바울은 그의 목회적 돌봄 아래 있는 공동체들을 떠올렸을 것이다.[70]

여자가 예배 드릴 때 머리에 수건을 쓰는 문제를 다루면서, 바울은 자신의 명령에 대한 고린도 교인들의 이의 제기를 원천 봉쇄한다. "논쟁하

---

69) 참조. Antoinette Clark Wire, *The Corinthian Women Prophets: A Reconstruction through Paul's Rhetoric* (Minneapolis: Fortress Press, 1990), 31-33. 약간의 과장을 용인하는 선에서 정확한 표현은 "모든 이방의 교회들"이다. 이 대목은 3.4.2에서 "이방의 모든 교회들"(롬 16:4)과 함께 다룰 것이다.

70) Christian Wolff, *Der Zweite Brief des Paulus an die Korinther*, Theologischer Handkommentar zum Neuen Testament (Berlin: Evangelische Verlagsanstalt, 1989), 236.

려는 생각을 가진 자가 있을지라도 **우리에게나 하나님의 모든 교회들**(ἐκκλησίαι)**에는** 이런 관례(συνήθεια)가 없느니라"(고전 11:16; 개역개정은 단수로 번역함). 바울에게 "하나님의 교회"라는 표현이 복수의 에클레시아이(ἐκκλησίαι)와 함께 쓰이는 경우는 이 대목이 유일하다. 바울이 이 표현으로 어떤 실체를 가리키려 했는지는 이와 대별되는 "우리"가 누구를 가리키는가 하는 질문과 관계가 있다. 만약 "하나님의 모든 교회들"이 바울이 평소에 "모든 교회들"이라는 말로 지칭했던 것과 같은 대상, 즉 이방 회중들을 가리킨다면 왜 하필 이 대목에서 "하나님의"라는 말을 굳이 덧붙였나를 설명해야 한다. 만약 그렇다면 여기서 "우리"는 바울과 가까운 동역자 그룹을 말한 것이 될 것이다(참조. 고전 13:9; 4:8).[71] 이보다는 "하나님의 교회들"이 다른 곳에서 바울이 "유대의 교회들"(살전 2:14; 갈 1:22)이라 명명한 회중들을 가리키고 있을 가능성이 더 높다. 고린도전서 14:33에서 바울이 "모든 성도의 에클레시아들에서와 같이"(ἐν πάσαις ταῖς ἐκκλησίαις τῶν ἁγίων)라는 말로 유대 지역에 있는 교회들에 대한 각별한 존중을 표현한 것은 이 해석에 무게를 실어준다. 그럴 경우 고린도전서 11:16에서 "우리"는 바울 자신을 중심으로 하는 이방 교회들을 지칭한다는 해석이 가능하다. 논의되고 있는 행동이 전체 교회의 예배 상황에 대한 것이기 때문에, "우리"가 바울의 동역자 그룹보다는 특정 교회들을 지칭한다고 보는 편이 훨씬 더 자연스럽다.

어떤 경우든 고린도전서 11:16의 쉬네테이아(συνήθεια)는 바울의 목회 프로그램이 그리스도인의 행습에 대한 "세계적 기준" 형성을 염두에 두고 있음을 알 수 있다. 뒤에서 다루겠지만, "보편교회"라는 신학적 개념은 아직 바울 시대에 확고히 정착되지 않았다. 아직은 복수의 에클레시아들의

---

71) 이 "우리"는 바울이 현재 사역하고 있는 교회들을 가리킨다고 보는 것도 가능하다(참조. 고전 16:19).

초지역적 네트워크라 부를 수 있는 정도의 느슨한 관계였다. 세계 교회의 중심이라 할 만한 조직이나 권위가 있어, 여기서 어떤 행동 기준을 부과한 것이 아니라, 다수의 교회들에서 받아들여지는 행동의 기준에 대한 정보가 공유되는 과정을 통해서 예배와 사역의 패턴이 형성되어가던 중이었다. 따라서 그 행습이 사도에 의해서 일방적으로 부과된 것은 아니지만, 전적으로 지역 공동체의 자율에 맡겨진 것도 아니었다. 바울은 다수의 교회가 어떤 행습을 보이고 있다고 서신에서 전하면서 개교회의 어떤 행동은 일탈로 규정하고 있다. 바울의 이 논리는 개교회들의 어떤 행동의 패턴이 다른 교회의 관찰의 대상이 되기도 하고, 또 개교회의 행동의 패턴이 한 방향으로 모아질 때 일정한 흐름을 만들어 전체 교회의 행습을 결정하는 데 영향을 줄 수도 있다는 시각이 전제된 것이었다. 그리고 이 과정에서 서신의 기록자인 자신의 권위를 확인하고 강화하고 있다. 이러한 사정을 감안한다면, 고린도전서 11:16의 "하나님의 모든 교회들"을 유대에 있는 교회들로 해석하는 것은 이방 교회들을 포함한 전체 교회의 행습을 결정하는 데 있어서 예루살렘 교회의 주도권과 우선권을 인정하는 것이며, 이어지는 "우리"라는 표현은 이방 교회들도 이 과정의 한 축을 담당하는 주체임을 천명한다고 볼 수 있다.

이러한 분석은 바울의 에클레시아가 아직 보편교회라고 할 수는 없지만 지역 간의 연결을 중요한 특성으로 이해하고 있음을 보여준다. 지역 간 연결의 중요성이라는 측면에서 살펴볼 때, 에클레시아라는 용어의 중요성이 다시 부각된다. 제1장에서 살펴본 대로 시민 결사체로서의 에클레시아가 외교적 기능을 갖는 것, 곧 다른 폴리스들과 공식적인 관계에서 에클레시아가 대표성을 행사하는 것은 그리스 정치 전통의 핵심 가치였다. 민회의 이런 기능은 바울의 에클레시아 사용의 의도와 맥을 같이한다. 반면에 그리스도인들의 에클레시아 용어 사용의 배경으로 종종 제기되어온 자발적 조합들과는 뚜렷이 구별되는 특성이다.

웨인 믹스는 바울 교회들의 지역 연결적 활동을 강조하면서 이를 자발적 조합들의 "지역 고립적인 성격"과 대조한다.[72] 에시코프는 한편으로는 자발적 조합들의 지역 간 활동의 증거를 강조하고, 또 다른 한편으로는 바울 교회의 지역 연결적 차원을 축소 해석하는 방식으로 웨인 믹스의 이분법을 반박한다.[73] 그러나 에시코프가 조합들의 초지역적 활동의 예로 제시하는 증거들은 여전히 빈약하다. 그가 인용하는 증거 대부분은 원거리 조합들이 독자적인 주체가 되어 서로 관계를 맺은 활동이 아니라, 시민사회 조직의(예. 데모스) 후원 하에 간접적으로 관계를 맺은 예들이다.[74]

에시코프는 "바울이 분명히 그의 '**교회들**'과 그 공통된 가르침과 실천을 말하기는 하지만(고전 4:17; 7:17; 11:16), 그것이 바울의 공동체가 획일적인 운동이었음을 말하지는 않는다"[75]고 하는데, 그는 조직의 단일성과 지역 연결 활동을 혼동하고 있다. 분명 바울이 교회들에 단일한 구조를 이식하지는 않았지만, 그가 다른 지역 공동체들의 행동을 서로 비교하면서 어느 정도 수준의 공통된 행습을 확립하려고 노력했다는 점, 공동의 목표

---

72) Meeks, *The First Urban Christians*, 80.
73) Richard S. Ascough, "Translocal Relationships among Voluntary Associations and Early Christianity," *Journal of Early Christian Studies* 5, no. 2 (1997): 223-41; Richard S. Ascough, "Voluntary Associations and the Formation of Pauline Christian Communities," in *Vereine, Synagogen und Gemeinden im Kaiserzeitlichen Kleinasien*, ed. Andreas Gutsfeld and Dietrich-Alex Koch, STAC 25 (Tübingen: Mohr Siebeck, 2006), 176-77; Meeks, *The First Urban Christians*, 80; Marcus Niebuhr Tod, *Sidelights on Greek History: Three Lectures on the Light Thrown by Greek Inscriptions on the Life and Thought of the Ancient World* (Oxford: B. Blackwell, 1932), 81.
74) *IG* II² 337, *IG* II² 1177, *CIG* 5853. Ascough, "Translocal Relationships among Voluntary Associations and Early Christianity," 228-34.
75) Ascough, "Translocal Relationships among Voluntary Associations and Early Christianity," 239n82 (강조는 덧붙인 것임).

를 위하여 모금을 장려했을 뿐 아니라 그 모금 전달을 위해 공동의 대표 선출을 시도했다는 점 등은[76] 바울 공동체들의 지역 간 연결이 상당한 수준의 연대와 통일성을 목표로 하고 있었음을 보여준다. 바울의 에클레시아들에서 지역 연결적 성격은 부수적인 것이 아니라 각 지역 공동체들의 자기이해와 조직 원리의 본질에 속하는 특성이라 볼 수 있다.

3.2.3 ── 가정 모임과 대별되는 한 지역 그리스도인 전체 집회

바울 서신에서 "온 교회"(the whole church, ἡ ὅλη ἐκκλησία; 롬 16:23; 고전 14:23)라는 표현은 한 번도 보편적 교회를 의미한 적이 없고, 한 지역의 그리스도인 전체가 모이는 집회—아마도 다수의 가정 모임이 함께 모이던 전체 모임—를 가리킨다. "온"(whole) 에클레시아라는 표현이 존재한다는 것은 작은 가정 단위의 모임 역시 에클레시아로 불렸다는 사실에 대한 반증이라는 뱅크스의 말은 이론적으로 타당하다.[77] 그러나 우리는 "온"이라는 말 없이 단순히 엔 에클레시아(ἐν ἐκκλησίᾳ; 고전 11:18; 14:19, 28, 35)라는 말로도 전체 교회의 모임을 지칭하는 바울의 표현에 함께 주목해야 한다.[78] 이 표현은 엔 오이코(ἐν οἴκῳ; 고전 11:34; 14:35)에 대비되는 바울의 관용어로, 고린도의 "에클레시아"를 가정 단위의 모임과는 분명히 구별 짓는 바울의 생각이 드러나는 표현이다. 바울이 오이코스와 에클레시아를 구별해야 하겠다는 분명한 필요를 느꼈다는 사실은 바울의 신앙 공동체 이해의 전모를 이해하는 데 있어서 긴요한 대목이다. 에클레시아와 오이코스

---

76) 공유된 관습에 대해서는 고전 11:16의 συνήθεια를 참조하라. 다른 예는 고후 8-9장을 참조하라.
77) Banks, *Paul's Idea of Community*, 32.
78) 이 표현에 대한 상세한 토론은 4.1을 보라. "교회에 모일 때"보다는 "교회로 모일 때"로 번역하는 것이 옳다.

를 대비시키고 있는 바울의 사고와 전략에 대해서는 집중적인 논의가 필요하다. 소위 "가정교회"의 문제와 관련해서는 다음 절(3.3)에서 따로 다룰 것이며, 이 논의는 제4장의 성찬에 대한 고찰에서 계속 이어진다.

3.2.4 ── 신적 기관에 대한 인간의 침해: 하나님의 교회(ἡ ἐκκλησία τοῦ θεοῦ)

바울은 하나님의 교회(ἡ ἐκκλησία τοῦ θεοῦ)라는 표현을 일곱 번 사용하고 있다. 이 어구를 구약의 "야웨의 카할"(קְהַל יהוה, 70인역 ἐκκλησία τοῦ κύριου)을 잇는 바울 교회론의 핵심으로 보는 견해가 학계에서 상당한 세를 형성하고 있다. 많은 학자들이 바울의 모든 에클레시아 용례를 에클레시아 투 테우(ἐκκλησία τοῦ θεοῦ)라는 본래 표현에서 τοῦ θεοῦ를 생략한 단축형으로, 사실상 ἐκκλησία τοῦ θεοῦ와 같은 의미라는 견해를 취하고 있다. 대표적 석의사전인 *EDNT*에서 롤로프는 이렇게 말한다. "에클레시아는 어디에서 나타나든지 그것 자체로 교회론적 용어를 구성하며, 원형적 표현인 에클레시아 투 테우의 축약형으로 이해되어야 한다"(ἐκκλησία, wherever it appears by itself as an ecclesiological term, is to be understood as an abbreviation of the original term ἐκκλησία τοῦ θεοῦ).[79] *TDNT*에 실린 슈미트의 ἐκκλησία 해설 역시 같은 생각을 내보이고 있다. "τοῦ θεοῦ라는 단어는 구체적으로 첨가되지 않았을 때도 함축되어 있다."[80] 이러한 생각 속에서 그는 "공동체 혹은 전체 교회"와 "개별 회중들" 간의 구별을 최소화시키고 있다. 슈미트는 "개개의 공동체는 아무리 작아도 전체 공동체를 대

---

79) Roloff, "ἐκκλησία," *EDNT*, 1.412 (emphasis mine); cf. O'Brien, "Church," *DPL* 126; Beker, *Paul the Apostle*, 314; Becker, *Paul*, 427; Dunn, *The Theology of Paul the Apostle*, 540.
80) Schmidt, "ἐκκλησία," *TDNT* 3:507.

표한다"고 주장한다. 그러나 그는 이 주장에 대해 어떤 설득력 있는 근거도 제시하지 못하고 있다. 제임스 던 역시 바울의 "교회"를 "하나님의 교회"와 단순히 동일시하고 있다. 던이 슈미트와 다른 점은 바울의 ἐκκλησία (τοῦ θεοῦ)에서 보편교회라는 함의를 전혀 인정하지 않고 있다는 점이다.[81] BDAG는 두 가지 대별되는 용례의 기묘한 조합을 시도하고 있다. 이 사전은 ἐκκλησία τοῦ θεοῦ의 모든 용례를 "3.c. 그리스도인들의 세계적 공동체, (보편적) 교회"(the global community of Christians, [universal] church)라는 항목 아래 묶어두고 있다. 그리고 고린도 지역의 지역 집회를 말하는 것이 분명한(τῇ οὔσῃ ἐν Κορίνθῳ)[82] 고린도전서 1:2과 고린도후서 1:1의 ἡ ἐκκλησία τοῦ θεοῦ를 모두 이 보편교회의 항목에 넣고 있다. 이 기묘한 편재는 ἡ ἐκκλησία τοῦ θεοῦ라는 용어와 관련하여 얼마나 심각한 혼란이 존재하는지를 보여주는 단적인 예다. 표준적인 사전들과 대표적인 바울 학자의 견해가 일치하는 대목에 수정이 필요하다는 사실은 분명히 확인할 수 있다.

문제의 근원은 ἡ ἐκκλησία τοῦ θεοῦ가 바울 교회론의 중심 어구이며, 헤 에클레시아 투 퀴리우(ἡ ἐκκλησία τοῦ κυρίου)라는 70인역의 대표적인 용례와 바울의 용례를 연결하는 중심적인 기능을 하고 있다는 전제다. J. Y. 캠벨은 이 견해를 "학계의 합의"라 규정지으면서, 야웨의 카할(יְהוָה קָהָל)이 "구약성서 전체에서 고작 일곱 번 나타날 뿐이며, 그 중요성을 따져보아도 아주 빈약한 목록을 만들 뿐이다"[83]라는 점을 상기시키며 이 합

---

81) Dunn, *The Theology of Paul the Apostle*, 540-41.
82) 고린도전서와 후서에서 바울이 σύν 문구로(σὺν πᾶσιν τοῖς ἐπικαλουμένοις τὸ ὄνομα… ἐν παντὶ τόπῳ; 고전 1:2; 참조. 고후 1:1) 수신자를 확장하는 것이 여기서 ἐκκλησία의 지역적 특성을 흐리고 있지는 않다. 이 단어의 지역적 사용에 기초한 첨가로 보아야 한다.
83) J. Y. Campbell, "The Origin and Meaning of the Christian Use of the Word *Ekklesia*," 45.

의에 도전한다. 사실 이 어구는 "야웨의(주의) 에클레시아"이며 바울의 "하나님의 에클레시아"(ἐκκλησία τοῦ θεοῦ)와 문자적으로 일치하는 어구도 아니라는 점 역시 감안해야 한다고 주장한다. 마샬은 캠벨의 중요한 통찰이 그에 걸맞은 주의를 끌지 못했음에 아쉬움을 표한다.[84] 그는 바울 서신에서는 한 번도 ἐκκλησία가 하나님의 옛 백성과 새 백성의 연속성을 설명하는 맥락에서 쓰이고 있지 않음을 강조한다. 에클레시아가 그러한 맥락에서 사용된 것은 사도행전에 나오는 스데반의 설교(7:38)와 히브리서(2:12)에서뿐이다.

이러한 혼란을 정리하기 위한 나의 시도는 다음 명제에서 시작한다. 바울에게 있어서, 또 70인역에 있어서 에클레시아 투 테우(ἐκκλησία τοῦ θεοῦ 또는 τοῦ κυρίου)는 하나님의 백성에 대한 신학적 진술의 핵심에 있는 대표적 용어가 아니라 특정한 맥락에서 특정한 용도로 쓰이는 용어일 뿐이다.

바울이 ἡ ἐκκλησία τοῦ θεοῦ를 단수형으로 사용한 경우의 맥락을 관찰하면 특이한 점이 발견된다. 고린도전서와 후서 서두의 문안 인사에 나오는 두 경우를 제외하면 이 어구는 모두 부정적인 의미의 동사들과 함께 나타난다. "박해하다"(διώκειν, 고전 15:9; 갈 1:13), "거치는 자가 되지 말고"(ἀπρόσκοποι γίνεσθε, 고전 10:32), "멸시하다"(καταφρόνειν, 고전 11:22)가 그것이다.

재미있는 것은 에클레시아라는 단어가 사도행전에서도 핍박의 맥락에서 빈번히 등장한다는 점이다. 바울 연구에 사도행전의 자료를 활용하는 것에는 복잡한 방법론적 문제가 개입되어 있음을 전제하면서, 바울 서신과의 비교하에서 신중하게 사용한다면 역사적 자료로서의 가치가 충분

---

84) I. H. Marshall, "New Wine in Old Wine Skins: V. Biblical Use of the Word Ekklēsia" Expository Times, no. 84 (1972-73): 361.

하다는 것이 나의 입장이다. 특히 바울 서신의 자료와 일치할 때 그러하다. 사도행전 8:1에서는 사울의 핍박, 12:1에서는 헤롯의 핍박에서 에클레시아라는 단어가 등장한다. 20:28에서 에클레시아 투 테우는 바울이 교회가 장차 당할 환난을 예언하는 맥락에서 사용된다. 사도행전에서 에클레시아라는 단어가 처음 등장한 것은 아나니아와 삽비라가 거짓말로 공동체에 충격을 준 일화의 결론 부분에서다. "온 교회와 이 일을 듣는 사람들이 다 크게 두려워하니라"(5:11). 사도행전 9:31 역시 인간들이 교회에 가하는 위해와 그 위해에도 불구하고 침범할 수 없는 신적 기관으로서의 교회, 그리고 하나님이 하시는 일에 대한 두려움이라고 하는 똑같은 맥락에서 에클레시아라는 단어가 등장한다.

바울이 "하나님의 교회"를 핍박했다고 하면서 단수 에클레시아를 사용한 것이 많은 주석가들을 당황하게 했다. 특히 보편교회 혹은 세계적 교회 사상은 바울에게서 전혀 찾아볼 수 없고, 후대의 발전이라는 도식에 기계적으로 매달려 있는 논자들이 그러하며, 가정교회론을 강조하는 이들 사이에서 두드러진다. 바울의 단수 에클레시아 사용은 "바울이 한 지역교회만 핍박했단 말인가?"라는 질문에 봉착한다. 뱅크스는 이 딜레마를 피하기 위해 "이 표현은 예루살렘에 있는 교회, 유대의 여러 지역에 작은 집회(assemblies)로 나누어지기 전의 교회를 가리키는 것일 수 있다"고 제안한다.[85] 그러나 바울이 "교회"를 핍박할 때, 이미 그리스도인들의 모임은 다마스커스까지 뻗어 나가 있었다. 이런 이유로 J. 베커는 바울이 에클레시아를 핍박했다는 말을 설명하면서, 이 단수 명사는 다메섹에 있는 교회를 의미한다고 보았다.[86] 그러나 바울이 자신의 자전적 고백에서 "하나님의 교회"를 핍박했다고 하면서 이를 다메섹의 지역 공동체에 한정해서 말

---

85) Banks, *Paul's Idea of Community*, 30.
86) Becker, *Paul*, 426.

했다고 보기는 힘들다. 사도행전 7-9장에 따르면 그리스도인에 대한 그의 핍박은 먼저 예루살렘을 중심으로 이루어졌으며, 다메섹에 있는 공동체에 대한 공격은 그의 회심으로 현실화되지 않았다는 점을 감안할 때 더욱 그러하다.

박해의 맥락에서 바울이 단수 에클레시아를 사용했다는 이 딜레마는 바울이 교회에 대한 침해라는 주제를 다루는 사고의 독특성을 이해함으로써 해결할 수 있다. 고린도전서 11:22에서 바울은 한 지역 공동체의 모임에서 "가난한 자들을 부끄럽게(καταισχύνειν)" 하는 것과 "하나님의 교회(역시 단수)를 멸시(καταφρόνειν)"하는 것을 동일시하고 있다. 바울의 사고에서 교회의 하나 됨은 다른 무엇보다 고난의 맥락에서 가장 분명하게 증언된다. "만일 한 지체가 고통을 받으면 모든 지체가 함께 고통을 받고"(고전 12:26). 손톤은 이 고백을 이렇게 설명한다. "엄밀하게 말하면, 그리스도의 몸에 개인적인 고난이란 없다는 사고를 여기서 볼 수 있다. 몸은 하나의 생명이며 각 지체가 이에 속해 있기 때문에 모든 것이 공유된다. 따라서 한 지체에게 가해진 위해는 모든 지체에게 가해진 것이며, 결국에는 그리스도를 위해한 것이 된다."[87] 고난 가운데의 연대라고 하는 똑같은 사고가 사도행전에 보도된 바울의 회심 장면에서도 발견된다. 바울이 교회를 핍박하는 것은 그리스도를 핍박(διώκω)하는 것이다. "대답하되 '주여 누구시니이까' 이르시되 '나는 네가 박해하는(διώκεις) 예수라'"(9:4).[88] 이러한 시각을 바울에게 적용해볼 때, 비록 한 지역 에클레시아의 몇 사람을 박해했지만 그것은 하나님의 에클레시아 전체의 일부를 박해한 것으로 이해할 수 있다.

---

87) L. S. Thornton, *The Common Life in the Body of Christ*, 3rd ed. (London: Dacre Press, 1950), 36; cf. Plato, *Resp.* 5.462.

88) 롬 8:17; Thornton은 마 25:40, 44도 언급하고 있다.

신명기 23장에 나오는 주의 에클레시아에 들어가지 못하는 이들의 목록도 역사적으로 에클레시아에 대한 인간적 침해와 신적 공동체의 침해 불가능성의 맥락에서 이해되어왔다.[89] 사해 문서에 나타난 케할 엘(קהל אל) 역시 이와 비슷한 맥락인 것을 알 수 있다. "인간적인 불결함에 물든 사람은 누구도 하나님의 총회에 들어와서는 안 된다."[90] 이러한 유사성은 초기 그리스도인들 이전에 "에클레시아"(투 테우)를 신적 공동체에 대한 침해의 맥락에서 사용했던 유대교 내의 궤적이 존재했을 가능성을 시사한다.

여기서 다시 우리는 상징적 세계 이론의 도움을 받을 수 있다. 버거에 따르면, 어떤 행동들이 "우주의 신적인 질서에 반하는 것으로, 혹은 신의 뜻으로 확립된 인간의 본성에 반하는 것으로"[91] 해석될 때, 그러한 해석의 공유는 상징적 세계의 형성을 효과적으로 촉진한다. 바울과 유대교 전통에서 감지되는 한 흐름은 신적인 공동체에 대한 침해 혹은 박해의 맥락에서 에클레시아라는 말을 의도적으로 사용함으로써, 그 침해의 심각성과 에클레시아의 침해 불가능성, 곧 신적 본질을 강조하고 있다고 해석할 수 있다.

지금까지 나는 70인역의 "주의 에클레시아(총회)"(ἐκκλησία κυρίου)와 바울의 "하나님의 에클레시아(교회)"(ἐκκλησία τοῦ θεοῦ)를 동일시하는 입장에 비판적이었다. 바울 신학의 특징적 표현인 "그리스도의 몸"(고전 10:16 외 다수)이라는 익숙한 표현에서 알 수 있듯이, 바울이 자신의 신앙 공동체를 일관되게 그리스도 중심적(Christo-centric)으로 규정했다는 점을 생각하면, 그가 그리스도를 의미할 수 있는 "주님의 에클레시아"라는 말을 굳

---

89) 위의 2.5에서 다룬 필론의 해석, 그리고 느 13:1을 참조하라.
90) 1QSa 2:4; Géza Vermès, *The Complete Dead Sea Scrolls in English* (New York: Allen Lane/Penguin Press, 1997), 158. Cf. Donfried, *Paul, Thessalonica, and Early Christianity*, 157.
91) Berger, *The Social Construction of Reality*, 97 (emphasis mine).

이 하나님의 에클레시아라고 바꾼 이유는 더 의아해진다.[92] 트레빌코는 퀴리오스(κύριος)가 그리스도인들 사이에서는 그리스도를 가리키는 말로 인식되었기 때문에 "주님의 에클레시아"라는 표현은 혼돈을 일으킬 수 있다고 주장한다. 그래서 "구약에 나오는 야웨의 혹은 주님의 에클레시아라는 표현에 담긴 풍성한 유산들과의 연속성은 유지하면서" 혼돈을 피하기 위해서, 바울이 의도적으로 "하나님의"로 바꾸었다고 주장한다.[93] 바울은 자주 퀴리오스를 그리스도를 가리키기 위해서 쓰고, 많은 경우에 이 말이 그리스도를 가리키는지 하나님을 가리키는지 굳이 구분하지 않으려 한다는 인상도 남기고 있다. 그렇다면 바울이 "주의"라는 전승을 "하나님의"라고 바꾼 것은 이 대목에서 둘을 구분해야 할 구체적인 필요를 느꼈다는 결론에 이른다. 여기서 나는 "하나님의"라고 하는 변경에는 자신이, 그리고 당시 유대인들이 그리스도/그리스도인들을 박해하는 것은 다름 아닌 하나님께 대한 대적임을 분명히 하려는 바울의 의도가 있다고 본다.

바울이 사용한 모든 에클레시아가 하나님의 에클레시아를 편의상 축약한 것이며, 이 둘 사이에 주목할 만한 의미상의 차이가 없다는 주장은 많은 학자들의 지지를 받고 있는, 거의 표준화된 견해이지만 사실 놀라울 만큼 빈약한 근거에 의존하고 있다.[94] 이 주장의 유일한 증거는 빌립보서 3:6의 에클레시아가 "하나님의"(τοῦ θεοῦ)라는 표현 없이 나타나는데, 바울이 "내가 하나님의 교회(ἐκκλησία τοῦ θεοῦ)를 핍박하였다"고 말하는 갈라디아서 1:13과 고린도전서 15:9와 같은 맥락에서 쓰이고 있다는 것이다. 그러나 우리가 바울이 하나님의 에클레시아라는 관용구를 일관되게 부정

---

92) Beker, *Paul the Apostle*, 314.
93) Paul Trebilco, "Why Did the Early Christians Call Themselves Ἡ Ἐκκλησία?" *New Testament Studies* 57, no. 3 (2011): 440-60.
94) 각주 79와 80을 보라.

적인 맥락에서 사용하는 것을 충분히 고려한다면 그 차이는 다른 각도에서 조명될 수 있다. 빌립보서 3:4-6에서는 바울이 자신에게 "육체를 신뢰할 것"(πεποίθησις ἐν σαρκί)이 많다고 하면서, 유대교 안에서의 자신의 열심과 율법 아래서의 자신의 흠 없는 의에 대하여 자랑할 목록을 제시하고 있다. 바울의 에클레시아 핍박은 이 맥락에서는 긍정적인 행동의 하나로 등장한다. 물론, 7-8절에 가서 그 판단 기준이 뒤집어지지만, 유대교적 열심의 사고 안에서 자신을 자랑하는 이 인접 본문의 맥락에서는 "하나님의 에클레시아"를 핍박했다고 하는 말이 어색하게 들릴 수밖에 없다. 그래서 바울은 갈라디아서 1:13과 고린도전서 15:9과 비슷한 이야기를 하는 문맥이지만 빌립보서 3:6에서는 "하나님의"(θεοῦ)를 생략한다. 이러한 해석은 바울의 모든 에클레시아를 하나님의 에클레시아와 동일시하는 다수 견해의 취약성을 드러낸다.

이렇게 정리하고 나면 남는 문제는 고린도전서와 후서의 문안 인사에 나오는 에클레시아 투 테우(ἐκκλησία τοῦ θεοῦ)다. BDAG는 지역 집회를 의미하는 것이 분명한 이 용례를 "세계적 공동체"라는 항목에 배치하고 있다. 이렇게 해석된 두 용례가 모든 지역 집회가 하나님의 교회와 동일시될 수 있다는 근거로 빈번히 사용되고 있다.[95] 그렇다면 이 명예로운 칭호를 고린도 교회보다 더 모범적인 다른 교회들에 대해서는 쓰지 않고, 문제 많았던 고린도 교회를 향해서만 사용했던 이유는 무엇일까? 고린도 교회는 단순히 문제가 많기만 한 것이 아니라, 구체적으로 "하나님의 교회"(고전 11:22)를 침해했던 교회였다. 전술한 바대로 에클레시아라는 호칭으로 편지를 쓰는 것 자체가 수신자에게 영예를 부여하기 때문에, 고린도전서와 후서의 특별히 정교한 문안 인사 역시 명예와 수치의 문화 속에

---

95) Dunn, *The Theology of Paul the Apostle*, 541.

서 작동한다고 보아야 한다. 바울은 고린도전서를 쓰면서 이 편지가 독자들을 수치스럽게도 할 수 있음을 잘 알고 있었다. 한편으로, "내가 너희를 부끄럽게 하려고 이것을 쓰는 것이 아니라 오직 너희를 내 사랑하는 자녀 같이 권하려 하는 것이라"(고전 4:14)라고 수사학적인 연막을 피우기도 하지만, 독자들을 수치스럽게 하려는 의도가 있음을 굳이 숨기려 하지 않는다. "내가 너희를 부끄럽게 하려 하여 이 말을 하노니 너희 가운데 그 형제 간의 일을 판단할 만한 지혜 있는 자가 이같이 하나도 없느냐?"(고전 6:5) 고린도전후서의 문안 인사의 논조를 비아냥이나 힐난으로 명명하기는 힘들겠지만, 하나님의 에클레시아라는 명예로운 호칭을 사용해서 수신자들을 무색하게 만드는 전략 정도로 이해할 수 있다. 기본적으로 바울은 어떤 지역 교회도 하나님의 에클레시아라 부를 수 있었지만, 실제로 고린도 교회에만 이 호칭을 썼다. 일반적으로 호칭을 사용할 때, 특히 우리가 살펴본 바 에클레시아 용어를 사용할 때 나름의 분명한 기준을 보이고 있는 바울이, 이 구체적인 맥락에서 일정한 수사적 의도를 갖고 사용했음을 추정하기는 어렵지 않다. 문안 인사에서 고린도 교인들을 무색하게 만들고자 했던 바울의 의도는 더 큰 문제의 일부이기에 다음 장에서 상세히 다루기로 한다. 여기서는 4세기 말의 교부 요한네스 크리소스토모스가 이 문맥의 뉘앙스를 읽어낸 것을 상기하는 것만으로 충분하다. 그는 이 교회가 "이 사람 혹은 저 사람이 아닌 하나님께 속한 것임을"[96] 되새기기 위해 바울이 하나님의 교회(ἐκκλησία τοῦ θεοῦ)라는 표현을 사용하고 있다고 말했다. 이런 명예로운 타이틀에 담긴 미묘한 뉘앙스를 읽어내는 데는 현대 학자들보다 크리소스토모스가 훨씬 더 예민한 눈을 가지고 있었다고 보아야 하지 않을까?

---

96) John Chrysostom, *Hom. 1 Cor.* 1:1; cf. Mitchell, *Paul and the Rhetoric of Reconciliation*, 193n34; Anthony C. Thiselton, *The First Epistle to the Corinthians*, 73.

종합하면, 고린도전후서의 문안 인사에 쓰인 에클레시아로부터 모든 지역 집회에 해당하는 일반적인 원리를 끌어내려는 것은 무리다. 제임스 던이 "믿는 이들이 모이는 곳이라면 어디든지, 그곳은 '하나님의 교회'라고 말한 것이 대표적인 예다."[97] 던에게서 볼 수 있는 이러한 생각은 바울 교회 연구에서 가정 모임을 강조하는 최근의 경향으로 인해 더욱 강화되었다. 그러나 본문에 대한 주의 깊은 연구의 결과는 반대 방향을 가리키고 있다. 바울이 한 개인이나 가족의 교회 지배에 대해 부정적으로 생각했으며, 이는 요한네스 크리소스토모스의 지적과 정확히 일치한다.

이로써 우리는 단수로 쓰인 하나님의 에클레시아를 다 살펴보았으며, 하나의 예외도 없이 부정적인 맥락에서 쓰이고 있음을 확인할 수 있었다. 이것 외에 "하나님의"(θεοῦ) 없이 에클레시아만으로 "덕을 세운다"(οἰκοδομεῖν)나 "덕을 세움"(οἰκοδομή)과 같이 쓰인 예들이 있는데(고전 14:4, 5, 12), 이것도 개인적인 유익의 추구와 공동체의 유익 추구를 강하게 대비시키는 맥락으로 분류할 수 있다. 또한 바울이 신앙 공동체를 가리키는 많은 말 중에서 에클레시아를 선택했던 전형적인 맥락 하나가 신적인 공동체에 대한 인간적인 침해라는 맥락임을 다시 한번 확인해준다.

3.2.5 ── 교회 직분의 명칭으로 쓰인 경우

"하나님의 에클레시아"(ἡ ἐκκλησία τοῦ θεοῦ)와 흔히 이 표현과 동의어로 취급되는 빌립보서 3:6의 에클레시아를 제외하면, BDAG가 "그리스도인들의 세계적 공동체"(보편적 교회)[98]로 분류하는 신약의 용례는 고린도전서

---

97) Dunn, *The Theology of Paul the Apostle*, 540.
98) Dunn, *The Theology of Paul the Apostle*, 304.

6:4과 12:28뿐이다. 후자는 교회의 "직임들"(officials)[99]에 대한 바울의 목록으로 주의 깊게 살펴볼 필요가 있다.

Καὶ οὓς μὲν ἔθετο ὁ θεὸς ἐν τῇ ἐκκλησίᾳ πρῶτον ἀποστόλους, δεύτερον προφήτας, τρίτον διδασκάλους, ἔπειτα δυνάμεις, ἔπειτα χαρίσματα ἰαμάτων, ἀντιλήμψεις, κυβερνήσεις, γένη γλωσσῶν.

하나님이 교회 중에 몇을 세우셨으니 첫째는 사도요 둘째는 선지자요 셋째는 교사요 그다음은 능력을 행하는 자요 그다음은 병 고치는 은사와 서로 돕는 것과 다스리는 것과 각종 방언을 말하는 것이라.

던은 BDAG에서 볼 수 있는 일반화된 해석에 대해 분명히 반대한다. "'사도들'이 이때 벌써 보편적(혹은 보편 교회의) 직임인 양 해석하는 것은 시대착오적 추측이 개입된 것"이라는 주장이다. 던은 "각각의 지역 교회가 그들 자신의 (개척) 사도들을—예언자들, 교사들 그리고 이어지는 다른 은사들의 사역과 같이—갖고 있었다고 보아야 한다"[100]고 주장한다. 그러면서 던은 고린도전서 9:1-2을 각각의 개교회에 개척 사도들이 있었다는 증거로 제시한다. 그러나 이 구절에서 바울의 수사적 질문은 고린도 교인들이 자신과의 특수한 관계를 부정했음을 내보인다. 고린도 교인들 앞에서의 그의 특별한 지위는 "아비"(고전 4:15)라는 말로 표현된다. 바울은 자신이 고린도 교회의 개척자이기 때문에 그들에게 사도라고 주장하는 것이 아니라, 그 스스로 많은 사도 중 한 명이라는 것, 그리고 이에 더하여

---

99) 이것이 아래 목록을 가리키는 일반적인 명칭이다. 사실상 목록에는 "직임들"과 "은사들"이 혼재되어 있다.
100) Dunn, *The Theology of Paul the Apostle*, 540-41. 이에 반대하는 견해는 Gehring에게서 볼 수 있다. Gehring, *House Church and Mission*, 161.

자신이 고린도 교인들과는 특별한 관계에 있음을 강조하고 있다. 이 맥락에서 사도들의 사역은 여행하면서 다수의 지역 공동체를 목회하는 것으로 이해되고 있음이 분명하다(고전 9:5).[101]

그리번은 처음의 셋을—사도들, 예언자들, 교사들—초지역적 직임으로, 그리고 다음의 셋을 지역적인 직임으로 이해한다.[102] 그러나 예언자들과 교사들은 자주 지역 공동체의 직임으로 등장한다(행 13:1). 더 중요한 것은 바울이 초지역적 직임과 지역적 직임을 날카롭게 구분하고 있지 않는 것으로 보인다는 점이다.[103] 심지어 바울은 직임과 은사의 목록을 뒤섞고 있다. 우리는 사도직의 기원이 부활절 직후의 예루살렘으로까지 소급될 수 있다는 점을 염두에 두어야 한다(행 1장). 그 시기에 "교회"라 함은 (세계 전체의 교회라 하더라도) 기껏해야 예루살렘 교회라는 지역 교회의 범위를 크게 벗어나지 않았을 것이다. 처음 사도들은 예루살렘 교회의 사도들이었고, 동시에 세계 전체 교회의 대표 지도자들이었다. 불트만은 이 초기 시대에는 "사도, 예언자, 교사로 불리는 사람들과 사역들을 통해 에클레시아가 하나의 교회로 대표될 수 있었다"[104]고 한다. 이 통찰을 제대로 적용시켜본다면, 가장 초기의 교회에 맹아적 보편주의라고 말할 수 있는 것이 있었고, 초지역적 혹은 보편적 사도직이 이 단일성의 중요한 매개가 되었음을 알 수 있다. 초기의 보편주의와 관련해 베커는 "각 개별 지

---

101) Cf. Didache 11.
102) Heinrich Greeven, "Propheten, Lehrer, Vorsteher bei Paulus: Zur Frage der "Ämter" im Urchristentum," *Zeitschrift für die Neutestamentliche Wissenschaft und die Kunde der älteren Kirche* 44, no. 1-2 (1953): 1-43; cf. Hans Campenhausen, *Ecclesiastical Authority and Spiritual Power in the Church of the First Three Centuries* (London: Black, 1969), 60-62.
103) Bultmann, *Theology of the New Testament*, 2:103; Hans Conzelmann, *1 Corinthians: A Commentary on the First Epistle to the Corinthians*, Hermeneia (Philadelphia: Fortress Press, 1975), 214-15.
104) Bultmann, *Theology of the New Testament*, 2:104.

역 회중들에서 구현된 보편적 요소가 있다면 그것은 교회가 아니라 복음 안에서 역사하는 그리스도였다"[105]라고 한다. 그렇지만 지역 회중들이 단순히 같은 그리스도를 공유했기 때문에 하나의 교회일 수 있었다고 주장한다면 그것은 교회에 대한 가현설적 이해에 가깝다. 지역적으로 떨어져 있던 회중들이 한 교회일 수 있었던 것은 그들에게 동일한 그리스도를 전해준 공동의 리더들이 있었기 때문이다. 에베소서의 저자는 이 점을 분명히 한다. "너희는 사도들과 선지자들의 터 위에 세우심을 입은 자라. 그리스도 예수께서 친히 모퉁잇돌이 되셨느니라"(엡 2:20). 사도라는 말은 "보냄을 받은 자"라는 어원을 갖고 있다. 그 이름에 걸맞게 그들은 역사적으로도 순회 사역자들이었다. 그래서 자연스럽게 지중해 세계의 주요 도시들에 그리스도교 운동을 전파하는 초지역적 리더들로서 기능했다. 예루살렘 시대부터 활동했던 초기의 사도들은 복음이 예루살렘을 훨씬 벗어난 지역까지 이르던 시기에도 "바울 이전의 보편주의"(the pre-Pauline universalism)의 중요한 증인으로 활동했다고 할 수 있다.[106]

언어적으로는 서수로 구분되는 처음의 세 호칭은 (첫째는 사도요 둘째는 예언자요 셋째는 교사요) 바울 이전의 전승에 속했을 확률이 높다. 전해 받은 전승을 자신의 목적에 맞게 변형시키는 것은 바울 서신에서 흔히 찾아볼 수 있으며,[107] 이 목록도 바울 이전의 것과 바울의 첨가가 섞여 있다고 보지 못할 이유가 없다. 그렇다면 이 목록에서 우리는 교회의 리더십이 초

---

105) Becker, *Paul*, 422-23.
106) 사도적 기초는 신약과(엡 2:20) 고대 교회론의(예. 니케아 신경) 중요한 고백이다. Dunn이 초기 사도직을 지역적인 현상으로 이해할 때, 사도적 전승이라는 기독교 전통과 관련하여 생기는 신학적 문제들을 제대로 고려하고 있는지는 의문이다.
107) 초기 전승을 바울이 상황에 따라 개작한 것은 드문 예가 아니다. 대표적 예는 Fiorenza의 책에서 발견할 수 있다. Elisabeth Schüssler Fiorenza, *In Memory of Her: A Feminist Theological Reconstruction of Christian Origins* (New York: Crossroad, 1983), 218-36.

기의 보편적 리더들에게서 후기로 가면서 지역 리더십으로 발전한 단초를 찾아볼 수 있을 것이다.[108] 보편-지역의 지도자가 혼합된 이 리스트가 "교회 중에"(ἐν τῇ ἐκκλησίᾳ)라고 단수 에클레시아를 쓰고 있고, 보편적 혹은 초지역적 지도자임이 확실한 사도들에 지역 지도자들이 연이어 언급되고 있다는 사실은 지역 공동체 내에서 배출된 지도자들도 어떤 의미에서 "전체 교회"(the Church)의 지도자로 인식되었을 가능성을 고려하게 만든다. 그렇다면 고린도전서 6:4에 나오는 "교회에서 경히 여김을 받는 자들"이라는 표현은 일차적으로는 지역 회중 내에서의 지위를 말하겠지만, 보다 광범위한 명성의 장, 곧 보편적 평가의 장으로서의 에클레시아를 상정하고 있다고 볼 수 있다. 각 지역의 교회들이 같은 기준을 갖고 있다고 전제하면 여기서의 에클레시아는 보편적·추상적 에클레시아일 수 있다. 그렇다면 BDAG가 이 절의 에클레시아를 "세계적 공동체"의 한 예로 분류해놓은 것을 변호해줄 수 있는 여지가 생기게 된다.

이미 말한 바와 같이 바울은 이방 지역 회중들에게 에클레시아의 자격을 부여하는 데 관심이 많았으며, 하나님의 백성 전체를 하나의 에클레시아로 부르는 것에는 소극적이었음을 부인할 수 없다. 그러나 교회 직임이라는 구체적인 문맥에서 그가 전승으로부터 받은 초기의 보편주의, 특히 사도직과 관련한 맹아적 보편주의를 자신의 언어와 사고 안에 유지하고 있었음을 알 수 있다. 위에서 살펴본 바, 박해의 문맥은 에클레시아 전승에 담긴 맹아적 보편주의—하나의 단일한 에클레시아—의 또 다른 예에 해당한다.

---

108) Bengt Holmberg, *Paul and Power: The Structure of Authority in the Primitive Church as Reflected in the Pauline Epistles* (Philadelphia: Fortress Press, 1980), 162-95; Gerd Theissen, *Social Reality and the Early Christians: Theology, Ethics, and the World of the New Testament* (Minneapolis, MN: Fortress Press, 1992), 33-59.

3.2.6 ── 결론

이상에서 에클레시아라는 단어가 등장하는 예를 다섯 개의 전형적인 문맥으로 분류하였다. 이 분류는 바울이 하나님의 새로운 백성을 가리키는 수많은 어휘 중에서 에클레시아라는 단어를 쓴 것은 결코 무작위가 아닌, 특정한 문맥에서 자신의 의도에 맞는 단어를 선택한 결과라는 것을 보여주었다. 그 의도는 그리스도인 공동체에 대한 바울의 생각─후에 교회론의 바탕이 되는─뿐 아니라, 공동체들의 상황, 또 그들과 바울의 복잡다기한 관계와 관련되어 있을 것이다.

처음 세 분류는─문안 인사, 지역 간의 연결, 가정 모임에 대비되는 전체 모임─한 지역의 공동체를 에클레시아라는 영광스러운 호칭으로 명명함으로써 새로운 현실을 창조하는 바울의 수사적 전략, 나아가서 신학적 의도와 일치하는 용법들이다. 바울은 시민 정치의 세계에서 이 단어의 역사가 담고 있는 시민 결사체의 명예를 십분 활용했을 뿐 아니라, 외교의 세계에서 에클레시아가 갖는 대표성을 활용하여 지역 공동체를 잇는 제국적 범위의 그리스도인의 연결망을 구축하는 데 활용한다. 서신이라는 장르는 바울에게 수신자들을 새로운 현실─하나님 백성의 영광 및 세계적 네트워크의 일부─속에 세울 수 있는 기회, 그리고 바울 자신을 한 에클레시아 앞에 서서 연설할 수 있는 가상의 연단(virtual platform)뿐 아니라 제국 내에서 여러 도시 앞에서 자신을 권위 있는 지도자로 내세울 수 있는 수사적 구도를 제공했다. 이 구도 속에서 처음의 세 분류에 해당하는 용례는, "…의 집에 있는 교회"로 흔히 번역되는 κατ' οἶκον…ἐκκλησία의 세 경우만 제외하면, 시민 결사체로서의 에클레시아, 한 도시에 하나의 에클레시아라는 사고에 부합하는 것으로 볼 수 있다.

마지막 두 분류의 문맥─에클레시아에 대한 침해와 에클레시아 내의 직분자 호칭—은 보편적인 범위를 염두에 두고 있다는 점에서 앞의 세 분류와는 확연히 다르다. 나는 앞의 세 단계를 전형적인 바울의 용법으로, 뒤의 두 분류는 바울 전 단계의 에클레시아 용법의 흔적이 남아 있는 예로 분류했다. 아래의 3.4에서는 바울 이전의 팔레스타인 지역 예수 운동에서 유래한 맹아적 보편주의의 가능성을 탐구할 것이다. 그 이전에 3.3에서 κατ' οἶκον...ἐκκλησία와 관련한 가정교회의 문제를 다루어야 한다.

3.3 —— 가정교회의 문제

그리스도교 회중들이 자신들의 모임 공간을 위해서 건물을 짓거나, 증개축하거나, 혹은 어떤 건물을 예배 전용으로 사용한 예는 적어도 3세기 중엽 이전에는 찾아보기 힘들다는 사실은 고고학적 자료를 활용한 초기 그리스도인들의 사회사 연구에서 가장 확고히 확립되어 있는 합의다.[109] 이러한 인식하에 1980년대 이래로 학계에서는 초기 그리스도인들의 모임 장소로서 개인 주택의 중요성에 대해 관심이 집중되어왔다.[110] 1981

---

109) Carolyn Osiek and David L. Balch, *Families in the New Testament World: Households and House Churches*, The Family, Religion, and Culture 1 (Louisville, KY: Westminster/John Knox Press, 1997); David L. Balch and Carolyn Osiek, *Early Christian Families in Context: An Interdisciplinary Dialogue*, Religion, Marriage, and Family Series (Grand Rapids, MI: W. B. Eerdmans, 2003); David G. Horrell, "Domestic Space and Christian Meetings at Corinth: Imagining New Contexts and the Buildings East of the Theatre," *New Testament Studies* 50, no. 3 (2004): 349-69. 내가 논문을 완료하고 난 후에 출판된 Adams의 책은 나의 논지를 보충하고 있다. E. Adams, *The Earliest Christian Meeting Places: Almost Exclusively Houses?* (London: Bloomsbury T&T Clark), 2013.
110) 이 분야의 대표적인 연구자와 연구 내용에 관해서는 Gehring의 요약을 보라. Gehring, *House Church and Mission*, 1-27.

년에 클라우크가 『초기 그리스도교에서 가정 공동체와 가정교회』(Hausgemeinde und Hauskirche im frühen Christentum)라는 책을 쓰면서 가정교회라는 주제가 교회에 대한 학문적 토론을 압도하는 시기를 열었다.[111] 이 책은 가정교회와 관련한 많은 핵심 주제를 토론의 테이블에 올려놓았고 이후에 봇물같이 쏟아지는 연구들의 출발점으로 사용되었다. 미 대륙에서는 화이트가 1982년에 출간한 단행본이 가정교회들에 대한 고고학적 관점의 연구에 불을 지폈다.[112] 이 두 저서는 신약학에 가정교회의 시대를 넓게 열었다. 그 이후에 오코너, 블루, 주윗, 호렐 등의 학자들이 고고학적 분석의 통찰을 빌어 그리스도교 문서들을 해석하는 작업에 뛰어들었다. 이 학자들은 고린도 교회에서 "온 교회가 함께 모이는" 상황을 면밀하게 분석하고 재구성하여, 도대체 몇 명쯤의 사람들이 전체 교회를 구성했을지에 대한 구체적인 추산을 내놓기도 하였다. 2000년에 출간한 게링의 『가정공동체와 선교』(Hausgemeinde und Mission)는 지난 20년간 진행

---

111) Hans-Josef Klauck, *Hausgemeinde und Hauskirche im frühen Christentum*; Meeks, *The First Urban Christians*; Banks, *Paul's Idea of Community*; Vincent P. Branick, *The House Church in the Writings of Paul* (Wilmington, DE: Michael Glazier, 1989); Reta Halten Finger, *Paul and the Roman House Churches: A Simulation* (Scottdale, PA: Herald Press, 1993); Robert Jewett, "Tenement Churches and Pauline Love Feasts," *Quarterly Review* 14 (1994): 43-58.

112) L. Michael White, *Building God's House in the Roman World*; Klauck, *Hausgemeinde und Hauskirche im frühen Christentum*, 1-25; Krauthemeier, "Beginnings" and *Early Christian and Byzantine Architecture*; Bradley B. Blue, "Acts and the House Church," in *Book of Acts in its First Century Setting, vol 2* (Grand Rapids, MI: Eerdmans, 1994), 119-222; Peter Richardson, "Architectural Transitions from Synagogues and House Churches to Purpose-Built Churches"; J. J. Murphy-O'Connor, *St. Paul's Corinth: Texts and Archaeology*, Good News Studies (Wilmington, DE: Michael Glazier, 1983); David Horrell, "Domestic Space and Christian Meetings at Corinth: Imagining New Contexts and the Buildings East of the Theatre," *New Testament Studies* 50, no. 3 (2004): 349-69; cf. Adams, Edward. *The Earliest Christian Meeting Places: Almost Exclusively Houses?* (London: Bloomsbury T&T Clark, 2013).

되어온 주요한 학자들의 토론을 영미계와 독일어권의 연구를 망라하여 총정리한 저작으로, 주요 주제와 쟁점의 연구사를 일목요연하게 들여다 볼 수 있는 유용한 참고 자료다.

가정교회에 독립적인 관심을 기울인 저작은 아니지만, 바울 공동체의 사회적 성격에 대한 맬러비, 믹스, 타이센 등의 연구 역시 가정교회라는 주제에 심대한 영향을 끼쳤다.[113] 특히 주목할 만한 점은 믹스가 바울 공동체들의 사회적 선행 모델이 되었을 법한 당시 사회 그룹의 네 후보로, 회당, 철학 학파, 자발적 조합과 함께 오이코스(household)를 꼽은 것이다. 믹스는 이 책에서 바울 공동체의 사회적 특징을 설명하는데, 이 네 가지 모델의 장점과 단점을 주의 깊게 분석하며, 각각의 모델과 비평적 거리를 신중하게 유지하고 있다.

안타까운 것은 이러한 신중한 접근과 비평적 거리가 뒤이어온 가정교회 이론의 인기, 곧 열풍이라 할 만한 현상 앞에서 무너져버린 것이다. 사회사 연구 분야에서는 R. A. 캠벨의 주장을 대표적인 예로 꼽을 수 있다. "household는 단지 하나의 모델이 아니다. 그것은 새로운 회중의 모체(matrix)다." 그러면서 캠벨은 바울의 교회들을 "가족 본래의 권위 구조에 기초한 하나의 확대 가족"[114]에 다름 아니라고 단정한다. 이는 오이코스를 하나의 모델로 제시하면서도 가족 구조와 바울 공동체를 동일시할 때 파생되는 복잡한 사회적 역학관계의 문제에 신중하게 접근하는 믹스의 태도와는 사뭇 차이가 난다. 믹스는 "오이코스의 대표인 가부장은 당시 사

---

113) 이 이슈를 다룬 많은 저술 중에 대표적인 것으로는 Meeks의 *The First Urban Christians*와 Malherbe의 *Social Aspects of Early Christianity*와 Gerd Theissen의 *The Social Setting of Pauline Christianity: Essays on Corinth* (Philadelphia: Fortress Press, 1982)이 있다.

114) R. Alastair Campbell, *The Elders: Seniority within Earliest Christianity*, Studies of the New Testament and Its World (Edinburgh: T&T Clark, 1994), 118.

회의 관성에 따라 그룹에 대한 일정한 영향력을 행사했을 것이며, 법적인 책임까지도 상당 부분 담당했을 것으로 보인다"115고 신중하게 분석하고 있다. 믹스는 바울 교회의 사회적 모델로서 회당의 유효성도 주의 깊게 인정하는 데 반해, 캠벨은 회당의 물리적 공간 역시 오이코스의 주택이었다는 점을 들어 간단히 오이코스라는 범주에 회당 모델의 독자성을 매몰시켜버린다. "회당도 빈번히 개인 집에서 시작했던 것 같다."116

이 같은 공간 결정론(space-determinism)은 새로운 현상이 아니다. 1945년에 딕스는 "가부장(paterfamilias)의 좌석이 그대로 감독의 권좌가 되었고, 가족의 가장들은 장로회를 구성하고, 따르는 식솔들은 평신도, 곧 하나님 가족의 권속이 되었다"117고 말한다. 이런 단순한 결정론은 딕스의 시대에는 미미한 목소리였지만, 초기 그리스도교의 사회적 삶의 정황에 대한 관심과 고고학적 자료의 유용성에 대한 인식이 커지면서 신약학자들 내에서 주도적인 지위를 차지하게 되었다. 사회사에서의 이런 경향은 신학에도 영향을 미치고 있는데, 대표적인 예는 이미 살펴본 대로 제임스 던이 에클레시아의 정황으로 오이코스를 과도하게 강조하는 것을 들 수 있다.

이 문제에 대한 적절한 점검은, 오이코스에서 에클레시아로의 전환이 정말 딕스가 말한 대로 자연스럽게 일어났는가 하는 질문에서 시작한다. 이 질문은 공간과 사회의 관계라는 보다 근본적인 문제에 닿아 있다. 사람들이 공간을 만들지만, 그 공간이 다시 사람들의 생각과 사회적 관계를 만든다. 공간은 결코 인간 상호관계를 일방적으로 "결정"하지 않는다.

---

115) Meeks, *The First Urban Christians*, 76; 아마 고린도에는 상당수의 가난한 가정 그룹이 존재했을 것이다. 나는 이러한 가능성과 그것이 갖는 의미를 4.2.4에서 다룰 것이다.
116) Campbell, *The Elders: Seniority within Earliest Christianity*, 126; 쉬나고게와 에클레시아는 그 규모에 있어서 상당한 차이가 있는 모임을 가리키는 단어들이다. 제2장에서는 헬레니즘 세계와 유대교 문헌의 증거들을 통해 이 점을 보여주었다.
117) Gregory Dix, *The Shape of the Liturgy* (London: Dacre Press, 1945), 23.

공간과 인간사회의 관계는 상호적이며 변증법적이다. 공간이 인간관계를 전적으로 결정하지 않는다는 명제는 초기 그리스도인들처럼 이상을 중요시하는 그룹에서는 더욱 그러하다. 전술한 바와 같이 수십 명에 불과한 회중을 바울이 거대한 시민 공동체의 명칭으로 불렀다는 사실, 그리고 오이코스를 향해 에클레시아라는 단어를 쓴 예는 그렇게 많지 않다는 사실은 공간과 사회적 역학을 선험적으로 동일시하는 입장에 강력한 제동을 건다. 오이코스와 에클레시아와의 관계를 다루는 바울의 전략은 다음 장에서 살펴볼 것이다. 여기서는 바울이 오이코스와 그 파생어를 드물게만 사용하고 있다는, 대체로 무시되어온 사실이 바울의 신앙 공동체에 대한 생각에 시사하는 바가 무엇인지 살펴볼 것이다.

첫째, 그 드문 경우의 대표적 예인 ἡ κατ᾽ οἶκον…ἐκκλησία라는 표현을 다룰 필요가 있다. 현대 학자들의 가정교회에 대한 지대한 관심과 초기 교회의 예배 장소가 오이코스였다는 확고해 보이는 합의를 생각하면, 바울의 7개 서신 중에 이 표현이 세 번밖에 나오지 않는다는 점, 그리고 사도행전에는 비슷한 표현도 발견되지 않는다는 점은 의아하다. 바울이 한 가부장에게 개인적인 부탁을 하는 특수한 상황의 서신인 빌레몬서를 제외하면 이 명칭으로 불리는 오이코스는 브리스가와 아굴라의 가정이 유일하다. 고린도전서에는 유난히 개인의 이름이 많이 등장하는데, 그 많은 가정 중에서 ἡ κατ᾽ οἶκον…ἐκκλησία 호칭으로 불리는 곳이 한 곳도 없다는 것은 우연일 뿐일까?

클라우크는 ἡ κατ᾽ οἶκον…ἐκκλησία를 "오이코스의 형태를 따라 구성된 교회"(die sich hausweise konstituierende Kirche)[118]로 번역한다. 이는 회집 공간이 어떤 식으로든 사회적 역학과 관련되어 있다는 점에서는 유

---

118) Klauck, *Hausgemeinde und Hauskirche im frühen Christentum*, 20-21. He cites Josephus, *Ant.* 4.74, 4.163.

용한 설명이지만, 문법적 관점에서는 적지 않은 논란을 야기한다. 길렌은 여기서의 κατά는 ἐν과 교환 가능한, 장소적 의미로 쓰였다고 주장한다.[119] 그러나 이 독법은 왜 바울이 일관되게 전치사 κατά에 매달리며 보다 일반적이고 자연스러운 표현인 ἐν οἴκῳ를 한 번도 쓰지 않는가라는 사실을 설명하지 못한다.

바울은 고린도전서에 나오는 주의 만찬(κυριακὸν δεῖπνον; 11:18, 34)과 예배의(14:35) 문맥에서 의도적으로 "에클레시아에서"(ἐν ἐκκλησίᾳ)와 "오이코스에서"(ἐν οἴκῳ)를 날카롭게 대비시킨다. 이 대비는 바울이 보다 단순하고 명확한 문구인 "그들의 집에 있는 교회"(ἐν οἴκῳ αὐτῶν ἐκκλησία)라는 표현을 철저하게 피하는 것이 우연히 아님을 강력히 시사한다. 뿐만 아니라 이 문구 안에서 개인의 이름이 에클레시아를 직접 수식하는 경우는 한 번도 없으며, 모두 "누구누구와 그들의 집에 있는 교회"에 문안하라는 식으로 분리되어 등장한다. 또한 세 경우 모두 복수의 이름이 연관되어 있으며, 골로새서를 포함한 네 경우 모두 여성의 이름이 개입되어 있는 것도 주목할 만하다. 이는 에클레시아가 등장하지 않을 때 개인 가부장의 이름으로 평이하게 "스데바나의 집"(τὸν Στεφανᾶ οἶκον, 고전 1:16)이라고 바울이 명명하는 것과 좋은 대조를 이룬다. 바울의 이런 조심스러운 구문은 당시 가정 중심의 콜레기움의 일반적인 명명법 "*collegium quod est in domo Sergiae L(uci) f(iliae) Paulinae*"[120]과 대비되는데, 이는 바

---

119) Marlis Gielen, "Zur Interpretation der paulinischen Formel Hē Kat' Oikon Ekklēsia," *Zeitschrift für die neutestamentliche Wissenschaft und die Kunde der älteren Kirche* 77, no. 1-2 (1986): 111-12.

120) *CIL* VI 9148, 9149, 10260-64; J. P. Waltzing, *Étude historique sur les corporations professionnelles chez les Romains depuis les origines jusqu'à la chute de l'Empire d'Occident*, Reprint of the Louvain 1895-1900 ed. (Bologna: Forni, 1968), 3:253, 274-75; Kloppenborg, "Collegia and Thiasoi," 23.

울이 에클레시아가 한 가부장의 이름으로 불리거나 그 휘하의 모임으로 인식되는 것을 극도로 꺼렸기 때문이 아닌가 하는 추측을 가능하게 한다. 그 이유는 다음 장에서 고린도 교회의 성찬 현장에서의 문제를 다루면서 에클레시아를 오이코스와 대비시키는 바울의 수사적 구도를 다루면서 상세히 탐구할 것이다.

게링은 클라우크와 길렌의 차이를 중재하는 역할을 자처한다. "순수하게 문법적 관점에서는"[121] 전치사 κατά가 장소를 의미한다는 점에 대해서 게링은 길렌과 의견을 같이한다. 그러면서도 그는 장소적 용법과 분배적 용법이 반드시 서로 배제될 필요는 없다는 데에 착안하다. 전반적인 이해에서 게링은 카타에 전체의 부분이라는 뉘앙스가 담겨 있다는 클라우크의 의견에 동의하고 있다. 여기서 길렌과 게링이 문법적 용어를 다루는 데서 정교성이 떨어진다는 사실을 지적할 필요가 있다. 본래 카타의 분배적 "기능"은 시간적 혹은 공간적 등의 용법과 함께 쓰인다. 분배적(distributive) 용법은 시간[122] 혹은 공간 등 여타의 용법에 기능적으로 부과되는 보조적 개념이다.[123] 게링은 클라우크가 이 전치사를 분배적이라고 규정해놓고 후에 공간적으로 해석한다고 비판한다.[124] 그러나 문제는 그리스어 카타의 독특한 분배적 기능을 독일어나 영어로는 표현하기가 불가능하다는 데 있다. 그러므로 정당한 질문은 이 전치사가 공간적이냐 분배적이냐가 아니라, 어떤 공간을 지칭하는 것이 분명한 이 전치사에 어느 만큼의 분배적 뉘앙스가 담겨 있는가 하는 문제다.

문법적인 해석과 바울의 의도에 대한 해석이 난관에 봉착한 상태에

---

121) Gehring, *House Church and Mission*, 159.
122) BDAG, κατά, B.1.d. 예를 들면 κατὰ πόλιν은 "각 성에서"(city by city)를 의미한다.
123) BDAG, κατά, B.2.c. 예를 들면 καθ' ἡμέραν는 "날마다"(day by day, daily)를 의미한다.
124) Gehring, *House Church and Mission*, 156.

서, 우리는 보다 넓은 시각으로 가능한 통찰들을 신중히 모색할 필요가 있다. 사도행전 8:3은 "사울이 교회를 잔멸할새 각 집에 들어가(Σαῦλος δὲ ἐλυμαίνετο τὴν ἐκκλησίαν κατὰ τοὺς οἴκους[125] εἰσπορευόμενος) 남녀를 끌어다가 옥에 넘기니라"라고 보도한다. 여기서 바울이 핍박한 것은 개념적으로 단수의 ἐκκλησία이지만, 그의 물리적 행위는 "각 집"(house after house)에 가해졌다. 사도행전 20:20에서 바울은 에베소서에서의 자신의 활동을 "공공에서와 각 집에서 너희들을 가르쳤다"(διδάξαι ὑμᾶς δημοσίᾳ καὶ κατ' οἴκους)고 말함으로써 카타를 써서 한 행동의 분산된 대상을 가리키고 있다. 똑같은 문구 "카트 오이쿠스"(κατ' οἴκους)가 초기의 예루살렘 공동체에도 쓰이고 있다(행 2:46; 5:42). 그렇다면 κατά의 분배적 의미는 공간적으로는 흩어져 있지만 개념적으로는 "전체 교회"[126]를 의미하는 공동체 이해를 담기 위해 바울 이전 단계의 초기 그리스도교에서 사용되던 표현의 일부였다는 추정이 가능하다. 나아가 소위 바울의 가정교회 정형어구에 쓰인 이 κατά는 가정 모임이 전체 교회의 일부로서 기능하고 있음을 분명히 하는 초기의 사용례가 축약된 형태로 바울의 정형구 안에 남아 있었을 가능성이 높다. 이러한 통찰은 결과적으로 문법적으로는 길렌에 동의하면서도 내용적으로는 클라우크가 읽어낸 함의에 기울었던 게링의 입장을 지지해주는 역할을 한다.[127]

하지만 우리가 부분적 교회들이라고 말하는 순간, 그것은 분배적 의미로 이해된다. 전체 교회와 비교되는 모든 지역 교회, 한 지역 교회와 비교되는 모든 가정교회는 부분적 교회이며, 전체 교회의 이런 구획은 다른 말로 하면 "분

---

125) 분배적 κατά는 복수명사와 함께 쓰이기도 한다. 예. 행 22:19의 κατὰ τὰς συναγωγὰς.
126) 이 표현은 한 도시 회중의 전체 집회를 의미한다.
127) Gehring, *House Church and Mission*, 159.

배"(distribution)다. 전체 교회와의 관련에서의 지역 교회는 전체 교회를 지역에 따라 분배하는 것이며, 가정교회는 지역 교회를 가정에 따라 다시 분배하는 것이다.[128]

게링은 한 지역 교회 전체와 개개의 가정교회가 서로 "비교할 때"(in comparison) 구분된다는 것은 동의하면서, 서로가 "대비되는"(in opposition) 식으로 구별되는 것은 아니라고 한다. 그러나 이 두 부사구의 차이가 구체적으로 무엇을 의미하는지는 설명하지 않는다. 게링은 한편으로는 (한 도시의) 전체 교회의 부분/분배로서 가정교회의 제한적 성격을 인정하는 듯 보이면서, 또 다른 곳에서는 그 둘의 구분을 모호하게 표현하고 있다.[129] 이는 게링 개인의 문제라기보다는 κατά를 사용한 정형구의 해석 문제, 나아가 가정교회 자체의 문제가 봉착한 딜레마를 보여준다고 할 수 있다. 게링은 자신의 모호한 입장을 학계 다수의 입장에 의지하여 변호하려는 것 같다. "최근 연구에서 학자들은 초기 그리스도교 운동이 두 교회 형태의 **공존**, 즉 한 도시에 전체 교회와 가정교회라고 하는 두 형태의 공존으로 특징지어진다는 데에 의견을 모으고 있다."[130]

바울이 에클레시아라고 말할 때 이 두 초점, 가정 모임과 한 도시 전체 그리스도인들의 집회가 시야에 들어와 있는 것은 사실이다.[131] 그러나 이미 살펴본 바와 같이 바울의 에클레시아는 압도적으로 한 도시 전체 그리스도인의 집회를 의미하는 때가 많다는 점을 고려할 때, "공존"이라는 단

---

128) Gehring, *House Church and Mission*, 157.
129) Gehring, *House Church and Mission*, 157.
130) Gehring, *House Church and Mission*, 157n222(강조는 덧붙인 것임). 그는 Stuhlmacher, Theissen, Dunn, O'Brien, Meeks, Banks, Branick, Lampe, Gnilka, Hainz, Klauck를 예로 든다.
131) 만약 "보편적 교회"를 포함한다면, 세 가지 초점이 있는 셈이다.

어는 사실을 공정히 반영하지 못한다. 가정교회론의 허약한 기초는 바울의 가족 언어 사용에 대한 분석에서도 확인된다. 바울의 교회 이해를 가정교회 중심으로 파악하려는 논자들은 바울이 가상적인 친족 용어를 자주 사용했다는 점을 중요시한다.[132] 그러나 호렐은 바울의 가족 용어에 대한 심도 있는 관찰 결과를 제시함으로써, 이런 경향에 대해 비판적 성찰을 주문한다.[133] "바울의 이름으로 전해지는 서신 전체를 통해서 신도들이 형제자매나 가족 구성원의 호칭으로 불린다는"[134] 사실을 인정하면서도, 그는 바울의 친족관계 언어는 서로 상반된 사회적 지향을 담고 있는 두 부류로 나누어질 수 있다는 점을 강조한다. 바울 자신의 편지와 제2 바울 서신, 그리고 목회 서신의 사회적 태도를 구분해야 한다는 주장이다.

그는 저자 논란이 없는 바울 서신들에 ἀδελφός / ἀδελφη가 112회 사용되는 데 반해, 골로새서와 에베소서에는 7회, 목회 서신에는 5회만 사용되는 사실에 주목한다. 이 두 그룹의 문서 간에는 ἀδελφός / ἀδελφη 라는 단어의 출현 빈도뿐 아니라, 사회적 태도에서도 많은 차이를 보인다. 예를 들면, 빌레몬서에서는 이전의 노예를 "형제"로 받아들인다는 것은 주인-노예 관계의 폐지를 의미한다. 그리스도 때문에 가족이 되었다는 사실은 상징적·은유적 영역에 머물지 않고, 실제적인 사회적 관계를 꿰뚫고 들어와서 그 관계의 틀을 흔들어놓는다. 대조적으로, 디모데전서 6:2은 "믿는 상전(δεσποταί)이 있는 자들은 그 상전을 형제라고 가볍게 여기지 말고 더 잘 섬기게 하라"고 경고하면서 그리스도 안에서 형제 됨의 의미를 상징적 사건으로 묶어두고 있다.[135] 호렐은 바울 서신의 아델포스

---

132) Banks, *Paul's Idea of Community*, 47-57.
133) David G. Horrell, "From *Adelpoi* to *Oikos Theou*: Social Transformation in Pauline Christianity," *JBL* 120, no. 2 (2001): 293-311.
134) Horrell, "From *Adelpoi* to *Oikos Theou*," 311.
135) Horrell, "From *Adelpoi* to *Oikos Theou*," 307.

(ἀδελφός) 언어가 제2 바울 서신과 목회 서신에 와서는 오이코스 언어로 대체되고 있다고 지적한다. 바울 총서의 뒷부분은 교회를 명시적으로 하나님의 오이코스(οἶκος θεοῦ)라고 규정한다. 사회 이데올로기의 측면에서 보면 바울의 후계자들이 그리스도인의 삶의 원리를 그리스-로마 사회의 가정 규례(household code)에 나타난 위계질서의 문화에 적응시키고 있는 것이다. 이와는 달리, 진정성 논란이 없는 바울 서신들에는 "오이코스의 이미지가 교회 내의(ἐν ἐκκλησία) 관계의 구성적 모델을 제시한다는 증거는 거의 없다."[136] 오클랜드 역시 자주 인용되는 디모데전서 2장과 고린도전서 14:34-35의 유사성을 논하면서, 호렐과 비슷한 견해를 보이고 있다.

> 바울은 에클레시아 담론에 끝까지 신실했다. 디모데전서 3:15과 4:17에서는 하나님의 오이코스와 하나님의 에클레시아가 동일시된다. 바울은 결코 그리스도인 공동체를 하나님의 오이코스라 부른 적이 없다. 고린도전서 14:33b-37과 디모데전서 2:11-13a을 비교한 숱한 연구들에서 지적한 것처럼 바울이 비록 신약의 다른 저자들의 가정 규례와 비슷한 태도를 부분적으로 공유하기는 했지만, 그의 생각은 결코 오이코스 담론(household disourse)에 흡수되지 않았다. 따라서 바울이 다른 신약 기자들과 달리 가족 이데올로기로부터 어떤 주장을 명시적으로 펼친 적이 없다는 사실은 결코 우연이 아니라는 결론에 이를 수밖에 없다.[137]

---

136) Horrell, "From *Adelpoi* to *Oikos Theou*," 304.
137) Jorunn Økland, *Women in Their Place: Paul and the Corinthian Discourse of Gender and Sanctuary Space*, Journal for the Study of the New Testament (London; New York: T&T Clark International, 2004), 203.

아쉽게도 호렐의 중요한 관찰들이 가정 주택이라는 예배 장소의 중요성을 강조하는 경향에 압도되어버린 현상이 보인다. 대표적인 예는 클락의 책 『교회 지도력에 대한 바울의 신학』(*A Pauline Theology of Church Leadership*)에서 발견된다. 클락은 호렐의 친족 언어에 대한 분석을 간단히 서술한 후에, 바울 총서 내에서 명백히 보이는 차이점을 가정 주택이라고 하는 물리적 공간에 초점을 맞추면서 무시해버린다. "그러나 광범위한 바울 공동체들, 그리고 바울의 이름으로 전해지는 편지들을 통해 대표되는 긴 시간 동안에 바울 공동체들의 주택이라고 하는 환경은 명백하다."[138] 이런 전제 위에서 그는 오이코스에서 연유한 지도력 구조를 바울과 그 계승자들의 교회들에 공히 무비판적으로 적용시키고 있다.

"아델포스에서 오이코스로"라고 하는 호렐의 주장에 기본적으로 동의하면서, 나는 바울의 가족 심상과 이데올로기 분석을 한 단계 발전시키고자 한다. 호렐은 아델포스를 평등주의의 용어로, 오이코스를 위계주의의 용어로 규정하면서, 바울 총서 내에서의 친족 언어 사용의 차이가 사회적 정향의 차이를 낳는 구도를 효과적으로 설명했다. 그러나 실제로 바울 공동체의 상황 그리고 바울과 회중들과의 관계는 단순하게 평등주의와 위계주의로 대비시키기에는 너무 복잡하다. 호렐은 평등주의자 바울이라는 그의 전체적인 그림에 맞지 않는 바울의 모습도 있음을 아래와 같이 지적하고 있다.

> 바울의 비전이 명약관화하게 평등주의적 공동체였다는 식으로 이해해서는 안 된다. 평등주의는 바울이 아델포이(형제)라는 지칭으로 함의하고자 했던 바였다. 그러나 아델포이 외에도 바울 자신이나 공동체를 지칭하는 바울

---

138) Clarke, 44. 그는 Meeks와 Gehring을 인용한다.

의 다른 용어들이 있다는 사실도 중요하다. 예를 들면 바울은 고린도인들을 그의 사랑하는 자녀들(ὡς τέκνα μου ἀγαπητά)이라 했고, 자신을 그들의 아비(πατήρ)라 했다. 아비는 그들에게 매를 들 수도 있다는 인식이 깔려 있는 용어였다(고전 4:14-15, 21). 하나님께서 이방인들에게 복음을 전하라고 그를 부르셨다는 사실과 "교회를 개척한 아버지"로서 자신의 역할은 그에게 교회들 위에 있는 권력과 권위를 부여했다(고 바울은 생각했다. 참조. 고전 10:8; 13:10).[139]

여기서 호렐은 바울이 교회를 개척한 아버지로서의 지위와 권위를 주장하는 것은 아델포이(ἀδελφοί)라는 말의 빈번한 사용에 담긴 자신의 평등주의와는 긴장이 있다는 점을 잘 포착하고 있다. 그러나 바울의 생각에서 위계주의적 요소가 발견된다면 우리는 "평등주의"라고 하는 말의 적용을 잠시 유보할 필요가 있다. 사실 교회 개척자로서의 바울의 권위 주장은 아델포이의 평등주의뿐 아니라, 오이코스의 위계주의적 질서와도 긴장을 이룬다. 바울이 가졌던 사회적 이상은 평등주의적 사회라기보다는 그들이 함께 고백하는 믿음 안에서의 새로운 현실이다. 이 새 현실은, 다시 말하면 그가 제시하는 상징적 세계는 기존의 현실과 그 사회적 관계와 갈등을 빚을 수밖에 없다. 사도 바울에게 넘치는 가족 관계의 용어들―하나님 아버지(롬 8:15; 갈 4:9), 가정의 장자로서의 그리스도(롬 8:29), 하나님의 자녀로서의 그리스도인들(갈 4:1-7), 형제자매로서의 동료 그리스도인(빌 4:1)―은 개개로서의 기능보다는 이 새로운 상징적 세계를 구축하는 재료로서 중요성을 가지며, 이 새로운 관계는 기존의 가족 관계를 강화하기보다는 상대화시키고 약화시키는 쪽인 경우가 많다. 바울 서신에서도 그렇

---

139) Horrell, "From *Adelphoi* to *Oikos Theou*: Social Transformation in Pauline Christianity," 303.

고 복음서에서도 그렇다.[140]

한 회중의 아버지라는 바울의 자기 주장은 이 상징적 세계를 형성해 가는 변증법적 과정에서의 기능으로 파악되어야 한다. 이 과정이 변증법적, 혹은 대화적(dialectical)이라 함은 단순히 한 사람과 다른 사람과의 대화적 상호작용만이 아니라, 사회경제적 삶의 장과 믿음의 영역이 함께 만나고 상호작용해가는 것까지 포함하는 말이다. 바울의 친족 언어는 소위 영적인 영역에 갇혀 있는 것이 아니라 기존의 사회 경제적 질서에 영향을 끼칠 수밖에 없는 성격을 본질적으로 내재하고 있다. 고린도후서 12:14에서 바울은 자신의 고린도 방문 계획을 이렇게 밝힌다. "보라! 내가 이제 세 번째 너희에게 가기를 준비하였으나 너희에게 폐를 끼치지 아니하리라. 내가 구하는 것은 너희의 재물이 아니요 오직 너희니라. 어린아이가 부모를 위하여 재물을 저축하는 것이 아니요 부모가 어린아이를 위하여 하느니라." 바울의 사고 속에서 그의 영적 부모 됨은 부모 역할의 사회경제적 차원과 완전히 분리되어 있지 않다. 이 구도 속에서 바울은 그들에게 돈을 받는 것이 아비-사도로서의 자신의 권위를 흔들 수도 있는 사안으로 파악했다.

바울의 상징적 세계는 당시의 법적인 체계와도 대결한다. 그리스도인들 사이의 재판 문제를 다루면서, 바울은 세상의 심판자로서의 그리스도인의 종말론적 지위의 맥락에 이 문제를 가져다놓는다(고전 6:1-16). 바울의 상징적 세계 안에서 그리스도인의 새로운 신분은 미래의 전망 안에 갇혀 있는 것이 아니라 현실 세계의 사법 과정에 개입하며, 이 세계의 사법적 사건들을(βιωτικὰ κριτήρια) 하찮게(κριτηρίων ἐλαχίστων) 만들어버린다.

빌레몬서는 이런 면에서 흥미로운 예를 제시하고 있다. 이 편지는 신

---

140) 강한 반가족적 태도의 예로 막 3:31-35을 보라.

약성서에서 가정교회를 향해 발행된 유일한 문서이며, 직접적으로 가족 내에서의 가부장(paterfamilias)의 권위를 다루고 있다. 호렐이 잘 보여준 대로, 이 편지는 바울의 "형제" 용어가 어떻게 사회경제적 차원까지 뚫고 들어가 영향을 미치고 있는지를 보여주는 좋은 예다.[141] 동시에 이 편지는 당시의 가부장의 권위와 그것을 둘러싼 사회문화적 구조가 얼마나 뚫고 들어가기 힘든지를 보여주는 강력한 증거이기도 하다. 이는 새로운 현실을 살아가는 그리스도인들에게도 그랬고, 바울에게도 그랬다.[142] 바울은 빌레몬에게 명령할($\epsilon\pi\iota\tau\acute{\alpha}\sigma\sigma\epsilon\iota\nu$) 수 있는 권위를 가졌으나, 호소($\pi\alpha\rho\alpha\kappa\alpha\lambda\hat{\omega}$) 하는 쪽으로 마음을 정한다. 이 편지에서 바울은 자신에 대해 평소에 즐겨 쓰는 "사도" 혹은 "종"이라는 표현을 쓰지 않는다. 오네시모에게(10절), 그리고 고린도 교인들에게(고전 4:15) 그랬던 것과 마찬가지로 그는 빌레몬의 영적인 아버지일 수 있지만(19절), 이 편지에서 바울은 자신을 빌레몬의 영적인 아버지라 일컫지도 않는다. 이에 대해 피터슨은 바울이 빌레몬에게 호소하는 내용이 평등주의적이기 때문에, 이 편지에서 위계주의적인 용어를 의도적으로 피하고 동역자 같은 평등적 용어를 쓰고 있다고 말한다. 그러나 바울은 자신의 명령할 권리를(8절) 분명히 하면서, 실제로 명령하고 있으며(방을 예비하라), 자신의 나이/혹은 대사로서의 지위(9절)를 강조한다. 이는 평등주의적 프레임에 끼워 넣기 힘든 사고다. 빌레몬서의 특징은 평등주의가 아닌 가부장인 빌레몬의 법적 권력에 대한 침해

---

141) 교회의 공적 자금으로 동료 그리스도인 노예들을 해방시키던 움직임에서도 이런 흐름은 감지된다. Ign. *ad. Polyc.* 4:4; cf. James Albert Harrill, *The Manumission of Slaves in Early Christianity*, Hermeneutische Untersuchungen zur Theologie (Tübingen: J. C. B. Mohr Paul Siebeck, 1995).
142) Richard P. Saller, *Patriarchy, Property, and Death in the Roman Family*, Cambridge Studies in Population, Economy and Society in Past Time (Cambridge; New York: Cambridge University Press, 1994).

가 분명한 요구를 하면서 바울이 극도로 섬세한 접근을 하고 있다는 데서 찾아야 한다. 바울은 빌레몬의 권리를 완전히 인정하고, 가부장으로서의 권익에 손해가 발생한다면 자신이 그 대가를 지불할 용의가 있다고까지 한다. 영적인 형제 됨을 사회적 영역으로 적용하는 것은 바울에게도 쉽지 않은 일이었다. 그는 사도로서의 권위와 빌레몬의 영적인 아버지, 그 공동체의 개척자로서의 권위를 가졌음에도 그러했다. 우리는 제2 바울 서신들과 목회 서신에서 가부장제 이데올로기와 타협했던 태도가 이미 바울의 서신에서 어느 정도 예견되었다고 결론 내릴 수 있다.

우리가 빌레몬서를 개인 가부장에게 보낸 편지로서 예외로 둔다면, 친저성 논란이 없는 7개 바울 서신에서 소위 "카타 오이콘 에클레시아"라고 명명된 가정 모임은 브리스가와 아굴라밖에 없음을 확인할 수 있다. 신약성서에 나오는 네 번의 "카타 오이콘 에클레시아"의 언급이 모두 여성의 이름을 포함하고 있다는 사실은 흥미롭다. 바울이 의도적으로 가부장적 문화와 거리를 유지하고 있음을 감안하면—이 부분은 다음 장에서 상세히 다룰 것이다—이런 현상은 우연이라고 보기 힘들다. 바울과 후원제(patronage)에 대한 이론이 분분하지만 정작 바울은 후원자라고 하는 남성 명사 프로스타테스(προστάτης)를 한 번도 사용하지 않고 있으며, 유일한 예외는 뵈뵈에게 프로스타티스(προστάτις)라고 하는 이 명사의 여성형을 적용한 대목뿐이라는 점 역시 비상한 관심의 대상이 되어야 한다. 카타 오이콘 정형구와 후원제 용어에 관한 이 두 증거는 가부장의 지배에 대한 바울의 태도를 보여주는 중요한 단서다.

바울은 오이코스를 예배 장소로 사용하면서도, 그의 교회들이 오이코스 중심의 가부장제의 습속에 흡수되지 않도록 하기 위해서 사력을 다했다. 이 투쟁은 빌레몬서에서 분명히, 그리고 고린도전서에서 보다 미묘하게 드러난다. 바울은 어떤 그리스도인 회중도 하나님의 오이코스라고 부르지 않았으며, 전략적으로 중요한 문맥에서 그 회중을 에클레시아라 불렀다. 에클레시아의 시민사회적 함의는 그의 청중들에게 공동체의 공적인 차원을 끊임없이 상기시켰다. 이 공공성이 침해될 때, 바울은 오이코스 안에서(ἐν οἴκῳ)와 에클레시아 안에서(ἐν ἐκκλησίᾳ)를 직접적으로 대비시키기도 했다. 이러한 해석은 바울의 공동체가 실제로 엔 오이코(ἐν οἴκῳ)에 회집하는데도 정작 바울은 에클레시아를 가정/가족의 용어로 표현하기를 주저했던 이유를 설명해준다.

에클레시아라는 단어의 시민사회적 성격은 바울의 교회 이해의 핵심에 자리하고 있으며, 학자들이 흔히 가부장 문화에 포섭되었다고 추정하는 그 시대에도 완전히 폐기되지는 않았다. 제2 바울 서신들의 교회론은 시민사회적 공공성에 대한 가족 이데올로기의 승리가 아니라, 시민사회적 심상과 오이코스 용어의 통합으로 귀착되었다. "그러므로 이제부터 너희는 외인도 아니요 나그네도 아니요 오직 성도들과 동일한 시민이요 (συμπολῖται) 하나님의 권속이라(οἰκεῖοι τοῦ θεοῦ; 엡 2:19)."[143] 말하자면, 에클레시아의 시민사회적 함의는 초기의 사고일 뿐 아니라 후대에까지 지속적으로 영향을 미친 바울 교회론의 핵심이다.

3.4 — 예루살렘과 보편교회의 문제

신약성서에서 에클레시아는 바울과 바울의 신학적 후예들이 애용하는 단어다. 물론 이 단어는 바울 이전의 예수 운동에서 이미 사용되었던 것으로 추정되지만, 그 추정을 가능하게 하는 직접적인 자료는 모두 바울 서

---

143) "Fellow citizens"(동료시민—NASB)이 συμπολῖται의 보다 정확한 번역이다.

신에서 발견되는 것들이다. 이러한 사실은 바울 이전의 에클레시아 사용례를 추정하는 작업에 각별한 주의를 요한다. 바울 서신 출현 이전에 팔레스타인의 예수 추종자들이 에클레시아를 썼다 하더라도, 바울과 같은 밀도, 같은 중요성, 같은 표현으로, 그리고 같은 의미로 썼을 것이라고 전제해서는 안 된다. 이런 방법론적 오류가 여러 학자에게서 관찰되고 있다.

나는 위에서 바울 이전의 에클레시아는 기본적으로 예루살렘의 에클레시아를 가리키며, 이 에클레시아는 하나님의 모든 백성을 대표하는 유대 전통의 맥락에서 이해해야 한다고 밝혔다. 단수로 쓰이는 예루살렘 에클레시아는 예루살렘에서 예수의 제자들이 모이던 실제 집회를 시민 결사체의 용어로 명명한 것이었다. 동시에 이 에클레시아는 "보편교회"일 수 있는데, 이 에클레시아가 모든 지역 에클레시아들을 다 포괄한다는 의미에서가 아니라 세상에 하나뿐인, 곧 하나님의 모든 백성을 예루살렘의 에클레시아가 대표한다는 의미에서였다. 이런 구도에는 이 단수의 에클레시아 아래에 다른 도시의 공동체들이 복수의 에클레시아들로 존재할 수 있는 여지가 없다. 에클레시아의 이런 용례는 예루살렘 교회가 전체 예수 운동에서 차지하는 비중, 수, 상징성에서 압도적인 중요성을 가지고 있었고, 모든 지역 교회들이 예루살렘 교회에 복속되어 있던 초기 교회의 상황에 잘 부합한다.[144]

칼 홀은 "Der Kirchenbegriff des Paulus in seinem Verhältnis zu dem der Urgemeinde"라는 제목의 논문에서 사도행전에 묘사된 예루살렘 교회의 수위권이 후대의 신학적 발전이 아니라, 바울 서신에서도 확

---

144) 민족국가의 수도로서의 예루살렘의 지위가 그리스식 폴리스가 그 배후지에 갖는 관계와 결합된 것이 당시 예루살렘의 상황이었다는 점은 제2장에서 밝혔다. 필론은 예루살렘이 세상 모든 유대인들의 메트로폴리스라고 했다. 이런 생각이 초기 교회에서의 예루살렘의 중심성에 대한 사고의 배경을 이룬다.

인할 수 있는 역사적 사실과 상당히 부합한다는 의견을 제출했다. 바울이 개별 그리스도인들이 스스로 바른 복음이 무엇인지를 판단할 권리를 열렬히 변호한 것은 분명하지만, 동시에 그는 지역 신앙 공동체들 간에 서열이 있고, 그 맨 앞에 예루살렘이 있음을 명확하게 인정했다. 예루살렘의 특권적 지위를 바울이 인정했다는 가장 강력한 증거는 예루살렘 교회를 위한 헌금에 그가 헌신했다는 사실이다.[145]

에클레시아라는 용어의 내력에 관한 내 주장은 홀의 원 기독교(Urgemeinde) 이론과 부합한다. 나는 홀이 제안한 구도의 다음 단계, 즉 급속한 이방 선교의 성공이 예루살렘 중심성을 희석시킨 시기에 대한 고찰을 추가하고자 한다. 로마서 9-11장에서 다루고 있는 바, 이방 회중들의 괄목할 만한 성장과 유대인 선교의 지지부진함이라고 하는 충격적 현실 앞에서도, 대다수 그리스도인은 예루살렘 중심성이라고 하는 신학적 관성을 쉽게 벗어나지 못했던 것으로 보인다. 이러한 상황에서 에클레시아라는 용어를 이방 회중들에게 적용한 바울의 시도는 당시로서는 상당한 과감성을 요구하는 행위였을 것이다. 그의 과감성이 기존 사고에 물든 보수적 그리스도인들에게는 심각한 도전으로 받아들여졌을 것이다.

던은 에클레시아가 70인역에서는 "거의 언제나 단수로" 쓰인다는 점을 인정하면서도 바울이 이 용어를 복수로 사용하는 데 아무런 어려움이 없었을 것이라고 단정한다. 바울은 "이 용어를 대다수가 이방인인 회중들

---

145) Karl Holl, "Der Kirchenbegriff des Paulus in seinem Verhältnis zu dem der Urgemeinde," in *Gesammelte Aufsätze zur Kirchengeschichte* (Tübingen: J. C. B. Mohr, 1928), 44-67. Goguel has a similar view; Maurice Goguel, *The Primitive Church* (New York: Macmillan, 1964), 37-64. Holl의 주장의 중요성에 대해서는 Burtchaell의 글을 보라. James Tunstead Burtchaell, *From Synagogue to Church: Public Services and Offices in the Earliest Christian Communities* (Cambridge; New York: Cambridge University Press, 1992), 107-10.

에게 자유롭게 적용했다."¹⁴⁶ 뿐만 아니라, 던은 "바울이 '하나님의 총회'가 여러 다른 장소에서 동시에―유대, 갈라디아, 아시아 또는 마케도니아에 있는(하나님의) 교회들―존재할 수 있다고 생각하는 데에 아무런 문제도 없었던 것이 분명하다"¹⁴⁷고 단언하기까지 한다.

던의 견해에 반대하여, 나는 에클레시아를 이방 지역 회중들에 적용하는 바울의 시도는 구속사에서 예루살렘 중심성을 내려놓을 준비가 되어 있지 않았던 그리스도인들의 사고와 심각한 갈등을 불러일으켰을 것이라 주장하고자 한다. 이 전투의 최종 승자는 바울이었지만, 승리를 향한 길은 멀고도 험했다. 이 논지를 지탱하는 근거는 아래의 네 가지다.

(1) 제2장에서 에클레시아가 단수로 쓰인다는 것, 디아스포라까지 포함하는 온 세계에 흩어진 모든 백성을 대표하는 하나의 단일체로서 등장한다는 사실을 확인했다. 이 에클레시아 개념에서 예루살렘은 확고한 중심이며 다른 지역의 에클레시아를 주장하는 것은 민족의 일체성에 대한 심각한 도전으로 받아들여졌다.¹⁴⁸ 뿐만 아니라 이 에클레시아는 오랫동안 유대의 민족적 순결의 보루로 여겨져 왔다.¹⁴⁹ 이런 용어와 개념을 복수의 이방 회중들에게까지 확대한다는 것은 대단한 파격이었음이 틀림없다.

(2) 바울의 에클레시아 사용은 압도적으로 지역 교회를 향한다. 소위 가정교회를 가리키는 것은 세 번뿐이다. 바울의 에클레시아가 세계 교회의 의미를 품을 때 그것은 언제나 바울 이전의 전승 혹은 상황과 관련되

---

146) Dunn, *The Theology of Paul the Apostle*, 539.
147) Dunn, *The Theology of Paul the Apostle*, 540.
148) 제2장, 특히 2.5를 보라.
149) 제2장에서 에스라와 느헤미야의 에클레시아를 논의한 대목을 보라. 필론에서도 확인할 수 있듯이 이 전통의 핵심은 신 23장이었다.

어 있다. 이미 살펴본 대로 교회에 대한 침해와 직분의 명칭과 관련한 대목이다.

(3) 사도행전은 "예루살렘-단수"에서 "이방 지역-복수"로 이어지는 발전의 단계를 명확하게 보여주고 있다.

(4) 로마서의 도입부와 본문에 에클레시아라는 용어가 등장하지 않는 것과 바울 사후 상당 기간 동안 그리스도교 서신에서 에클레시아라는 용어를 찾아보기 힘든 것은 우연이 아니다. 베드로전서와 야고보서의 도입부에서는 에클레시아가 등장하지 않을 뿐 아니라, 에클레시아라는 교회의 "흩어진" 상태에 대한 자의식이 강하게 드러나며 이는 예루살렘 중심성 잔존의 증거로 볼 수 있다. 이렇게 외면당하던 에클레시아라는 용어가 요한계시록에 와서 폭발적이라고 할 정도의 빈도로 등장하는 현상은 구속사에서 예루살렘의 지위를 둘러싼 갈등의 궤적이라는 관점에서 효과적으로 설명될 수 있다.

앞의 두 논점은 이미 밝힌 내용이기에, 다음 절에서 3번과 4번의 내용을 구체적으로 다루기로 한다.

3.4.1 ─── 사도행전의 에클레시아에서 에클레시아들로의 발전

사도행전은 초기 그리스도인들을 묘사하는 많은 명칭을 우리에게 전해주고 있다. 신약학계에서 사도행전은 사도 시대보다 한두 세대 후의 저작으로서 저자의 신학적 경향이 상당히 반영되어 있기 때문에, 역사적 자료로서의 가치를 폄하하는 경향이 많다. 그러나 그리스도인들에게 적용된 명칭과 관련해서는 나름의 역사성을 견지하고 있는 문서로 인정할 근거들이 상당하다.[150] 사도행전에서 에클레시아는 스데반의 설교에서 광야의 이스라엘 회중들에 대해 쓰였고(7:38), 세 번은 에베소 군중들의 폭동을 보도하는 맥락에서 나타난다(19:32, 39, 40). 이 네 번의 경우를 제외하면 사도행전의 모든 에클레시아 용례는 그리스도인의 집회를 가리킨다.

주목할 만한 사실은 에클레시아가 초기 예루살렘 공동체를 보도하는 맥락, 즉 오순절 사건의 보도나 이상적인 초기 공동체의 묘사 맥락에서는 사용되지 않고 있다는 점이다. 이 시기에는 에클레시아라는 단어가 사용되지 않았으며, 이 사실을 알고 있는 누가가 역사적 정확성을 기했다고 볼 수 있다.[151] 그렇다면 이는 "우리는 하나님의 에클레시아($q^e hal\ ’ēl$)가 부활절 이후에 초기 공동체에서 그리스도인들의 자기명명 칭호로 존재했다는 가정에서 논의를 출발할 수 있다"[152]는 롤로프의 주장에 심각한 이의를 제기하는 근거가 된다. 에클레시아는 사도행전 5장에서 처음으로 등장하여, 예루살렘 공동체를 가리키는 명칭으로 간헐적으로 쓰이다가, 11:26에서는 처음으로 이방 지역 교회를 가리키는 말로 쓰이기 시작한다.

Καὶ εὑρὼν ἤγαγεν εἰς Ἀντιόχειαν. Ἐγένετο δὲ αὐτοῖς καὶ ἐνιαυτὸν ὅλον συναχθῆναι ἐν τῇ ἐκκλησίᾳ καὶ διδάξαι ὄχλον ἱκανόν, χρηματίσαι τε πρώτως ἐν Ἀντιοχείᾳ τοὺς μαθητὰς Χριστιανούς

만나매 안디옥에 데리고 와서 둘이 교회에 일 년간 모여 있어 큰 무리를 가르쳤고 제자들이 안디옥에서 비로소 그리스도인이라 일컬음을 받게 되었더라.

---

150) Paul Trebilco, "The Significance of the Distribution of Self-Designations in Acts," *NovT* 54, no. 1 (2012): 30-49; James D. G. Dunn, *Beginning from Jerusalem*, 4-17.
151) J. Y. Campbell, "The Origin and Meaning of the Christian Use of the Word *Ekklesia*," 41.
152) Roloff, "ἐκκλησία," *EDNT* 1.412.

사도행전이 보도하는 "그리스도인들"이라는 말이 쓰이기 시작한 시점은 그리스도 신앙 운동의 역사에서 결정적인 시점이다. 그리스도 예배자들이 새로운 명칭이 필요할 정도로 외부인들의 시선을 모으는 단계에 이르렀음을 보여주기 때문이다. 이 시점은 누가의 에클레시아 단어 사용의 맥락에서도 중요한 위치를 점한다. 그 이전에는 에클레시아가 단수로만 쓰였고, 예루살렘에 있는 혹은 예루살렘을 중심으로 하는 하나의 교회를 지칭했기 때문이다(행 5:11; 7:38; 8:1, 3; 9:31; 11:22). 이 시점 이전에 누가는 지역적으로 복수의 회중이 관여하는 맥락에서 단수 에클레시아 사용을 유지한다. "그리하여 온 유대와 갈릴리와 사마리아 교회가['Η μὲν οὖν ἐκκλησία καθ' ὅλης τῆς Ἰουδαίας καὶ Γαλιλαίας καὶ Σαμαρείας] 평안하여 든든히 서가고 주를 경외함과 성령의 위로로 진행하여 수가 더 많아지니라"(행 9:31).

사도행전에 따르면 첫 이방 에클레시아였던 안디옥 교회가 역사의 전면에 등장한 이후 에클레시아 용어가 다른 이방 지역 교회들에도 쓰이기 시작한다. 안디옥(13:1), 에베소(20:17), 루스드라와 이고니온의 도시들(14:23), 수리아와 길리기아(15:41). 이 시점 이후부터는 복수의 지역 공동체가 대상일 때, 복수의 에클레시아가 등장한다(15:41; 16:5; 14:23).[153] 단수 에클레시아에서 복수 에클레시아이로 이동하는 사도행전의 구도는 전바울-바울의 에클레시아에 대한 내 분석과 상응한다. 이 구도는 "유대의 교회들"(갈 1:22; 살전 2:14)이라는 바울의 표현에 대한 해석의 한 가능성을 제공한다. 바울이 이전에 이미 존재했던 유대 공동체를 복수의 에클레시아

---

153) 14:23의 κατ' ἐκκλησίαν는 분배적 용법이며, 논리적으로 복수다. 대부분의 영어 성경은 "every church"나 "each church"로 번역한다. 이는 개념적으로 명백하게 단수인 에클레시아와 함께 쓰이는 분배적 κατά와는 다르다. 이 경우에는 "the church throughout Judea, Galilee, and Samaria" (9:31, NRSV)로 번역할 수 있다.

이로 불렀던 전승을 사용하고 있을 가능성도 없지는 않지만, 바울이 이방 회중들을 에클레시아로 부르기 시작한 후에 이러한 자신의 사용례를 유대 지역의 초기 공동체에 소급하여 표현을 적용했다는 해석도 가능하다. 후자의 해석은 에클레시아의 단수와 복수 사용에서 바울 서신과 사도행전이 일치하는 구도 상정을 가능하게 해준다.

에클레시아 용어 사용에 대한 바울과 사도행전의 일치는 이뿐이 아니다. 사도행전에서 에클레시아는 그리스도 신앙 공동체에 대한 유일한 명칭이 아니라 많은 용어 중 하나이기 때문에, 바울이 전형적으로 에클레시아 용어를 사용한 문맥과 비교해볼 수 있다. 우리는 바울과 사도행전이 박해의 맥락에서 에클레시아 용어를 사용한다는 점에서 일치한다는 사실을 확인한 바 있다. 뿐만 아니라 이 용어는 신앙 공동체의 사역자들의 칭호를 언급하는 맥락에서 계속 사용되고 있다(행 13:1; 14:23; 15:4; 20:17). 이는 한 에클레시아와 다른 에클레시아 간에 사절을 보내서 공식적인 서신을 전달하는 초기 그리스도 운동의 중요한 기재였다(15:23). 지역 공동체를 연결하는 바울의 역할, 특별히 한 지역 교회의 명성, 하나님이 공동체를 통해 하신 일에 대한 보고는 사도행전(14:27; 15:3-4)과 바울의 편지에서 공히 중요한 요소로 드러난다. 교회의 본질적 단일성과 장소의 다양성을 나타내기 위한 전치사 κατά의 분배적 사용 역시 바울과 사도행전 모두에서 발견된다(행 8:3; 14:23; 15:41; κατ' οἶκον 2:46; 5:42).

오이코스가 사실상 유일한 그리스도인 모임 장소였다는 전제를 수용한다면,[154] 사도행전에서 어떤 가정 모임도 에클레시아라 부르지 않고 있

---

154) "개인 주택"이라는 범주 안에 가능한 다양한 형태에 관해서는 Jewett의 설명을 보라. Robert Jewett, *Romans: A Commentary*, Hermeneia (Minneapolis, MN: Fortress Press, 2007); Adams의 최근 제안도 눈여겨볼 필요가 있다. Adams, *The Earliest Christian Meeting Places: Almost Exclusively Houses?*

다는 점은 이상한 일이다. 예를 들면, 루디아의 집에서 그리스도인들이 모이기 시작한 것 같은데, 이와 관련해 에클레시아라는 단어가 쓰이지 않고 있다(행 16장). 사도행전은 개인 주택이 예배 장소로 쓰였다는 기술에 있어서도 인색하다. 예를 들면, 브리스가(브리스길라)와 아굴라의 집은 바울 서신에서는 대표적인 "가정교회"로 꼽히지만, 사도행전은 그들의 집을 에클레시아로 부르지 않을 뿐 아니라 그 집에서 정기적인 모임이 행해졌다는 말도 남기지 않고 있다(행 18:1-28).[155]

가정교회에 대한 사도행전의 입장은 제5장에 가서 살펴보겠지만, 여기서 이 이상한 침묵의 이유를 간단히 추측해볼 필요가 있다. 사도행전이 개인의 집을 그리스도인의 모임 장소로 언급할 때는 다른 공적인 장소도 이와 병행을 이룬다. "성전에서…그리고 집에서"(ἐν τῷ ἱερῷ…κατ' οἶκον; 2:46; 5:42), "공중 앞에서나 각 집에서나 거리낌이 없이 여러분에게 전하여 가르치고"(ὑμᾶς δημοσίᾳ καὶ κατ' οἴκους; 20:20). 사도행전의 강조점은 기독교 집회의 공공성에 있고, 이는 에클레시아를 시민 기관으로 이해하는 바울과 흡사하다. 예를 들어, 사도행전 15장에서 에클레시아가 발행하는 편지는 그리스 에클레시아의 전형적인 포고 문구인 ἔδοξεν + 여격(15:25)을 사용하고 있다.

두 문서에 나타난 유사성을 설명하는 한 방법은 바울의 용례가 누가-행전에 영향을 끼쳤다고 하는 것이다. 또한 바울 이전의 전승들이 사도행전에 남아 있을 수도 있다. 어떤 경우든 에클레시아 용어 사용에서 두 저자의 유사성은 명백하다. 이 책의 주제와 관련해서는 두 저자 모두 "가정교회"에 대해서는 거리를 두고 있으며 에클레시아의 공적인 성격을 강조하고 있다는 점이 주목할 만하다. 이러한 경향은 에클레시아 용어의 시민

---

155) 빌립보 간수의 집도 마찬가지다(16:27-40).

사회적 성격에 의하여 가장 잘 설명된다. 이 용례는 예루살렘 교회가 바울 이전 시대에는 대다수의 그리스도인에게 전체 교회를 대표하는 "에클레시아"를 의미했으며, 이러한 사고를 가진 사람들이 바울 시대와 그의 사후, 심지어 예루살렘 멸망 이후 상당 기간까지 존속했던 것으로 보인다. 이러한 사람들에게는 바울이 다수의 이방 회중들을 에클레시아로 부르는 것이 쉽게 받아들이기 힘든 파격이었을 것이다.

3.4.2 ─ 로마서 본론에 에클레시아 단어가 등장하지 않는 이유

J. Y. 캠벨은 만약 에클레시아가 신약성서와 70인역에서 그리스도인 회중을 가리키는 중심 용어였다고 한다면 로마서의 본론에(16장의 긴 인사는 제외하고) 에클레시아 용어가 한 번도 등장하지 않는다는 사실이 엄청난 충격이라고 한다.

> 그러나 로마서는 더욱 충격적이다. 포괄적인 면에서 로마서는 이스라엘이라는 옛 공동체와 그리스도인의 새 공동체의 관계라는 신학적 문제와 씨름하고 있다. 그러나 바울은 그의 가장 길고 가장 신학적인 서신에서 에클레시아라는 용어를 사용하지 않고 있다.[156]

베커(Beker)의 주장도 비슷하다.

> 예를 들어, 로마서에서는 에클레시아 용어가 (16장을 제외하고는) 등장하지 않는다. 그리고 "그리스도의 몸" 모티프도 12:4의 권면에서만 나올 뿐이다. 교

---

156) J. Y. Campbell, "The Origin and Meaning of the Christian Use of the Word *Ekklesia*," 53.

회의 일치가 로마서의 중요한 관심사라는 것을 고려하면 이는 더욱 놀라운 일이다.[157]

이런 중요한 "교회론적"(ecclesiological) 본문이 에클레시아라는 용어를 결여하는 것은 중대한 문제다.[158] 이 현상에 대한 네 가지 설명이 가능하다.

(1) 로마 교회는 바울의 사도적 설립이 필요했다

권터 클라인은 바울이 로마에는 아직 온전한 의미에서의 에클레시아가 없다고 판단했다는 점을 들어 에클레시아 용어의 부재를 설명한다. "바울의 에클레시아 용어 사용 거절은 하나님의 성전은 오직 사도 바울 자신이 기초를 놓은 곳에만 존재한다는 바울 자신의 교회론에 부합한다"(고전 3:10-17).[159] 클라인은 바울의 로마 방문 목적이 로마에 있는 그리스도인 공동체에 진정한 사도적 기초를 놓으려는 데 있다고 보았다. 그의 제안은 학계의 폭넓은 지지를 얻는 데 실패했다.[160] 그의 제안의 많은 허점 가운데 가장 명백한 것은 고린도전서 3:10-17이 에클레시아라는 단어와 관련되어 있지 않다는 사실이다. 더 심각한 문제는 만약 바울이 그런 의도로

---

157) Beker, *Paul the Apostle*, 307.
158) Joseph A. Fitzmyer, *Romans: A New Translation with Introduction and Commentary*, The Anchor Bible (New York: Doubleday, 1993), 74.
159) Günter Klein, "Paul's Purpose in Writing the Epistle to the Romans," in *Romans Debate* ed. Donfried (Minneapolis, MN: Augsburg, 1977), 42.
160) A. Andrew Das, *Solving the Romans Debate* (Minneapolis, MN: Fortress Press, 2007) 36; Angelika Reichert, *Der Römerbrief als Gratwanderung: Eine Untersuchung zur Abfassungsproblematik*, Forschungen zur Religion und Literatur des Alten und Neuen Testaments 194 (Göttingen: Vandenhoeck & Ruprecht, 2001), 27-29; W. S. Campbell, "Why Did Paul Write Romans?" *Expository Times* 85, no. 9 (1974): 266-69.

에클레시아라는 단어를 로마서 본론에서 생략했다면, 왜 그런 의도를 명시적으로 밝히지 않고 모호하게 비치기만 했을까 하는 것이다. 또한 로마에 잠시 머물다 스페인으로 가려 한 바울이 그 짧은 기간에 교회를 사도적 기초 위에 올려놓겠다고 기획했을까? 바울은 고린도에서 자신은 심었고 아볼로는 "물을 주었다"(고전 3:6)고 하는데, 로마에서의 자신의 역할을 고린도에서 아볼로의 역할과 비슷하게 인식했을 가능성이 더 높다.[161]

뿐만 아니라 바울은 에클레시아의 설립자로서의 독점적인 지위를 내세울 만큼 견고한 사도권을 인정받지 못하고 있었다. 그는 빈번히 자신의 사도로서의 지위를 궁색하게 변호해야 하는 위치에 있었다. "사도 중에 지극히 작은 자"라는 말도 그의 궁색함의 흔적일 수 있다(고전 15:9). 때로는 자신이 직접 세운 교회를 향해서도 자신의 사도권을 변호해야 했다(고전 9장; 고후 10-12장; 갈 4:12-20). 클라인의 주장에서 가장 큰 취약점은 그가 묘사하는 대로 "사도직에 대해 충격적일 정도로 권위적인 태도"[162]를 바울이 가질 리 없었다는 점, 또 만에 하나 바울이 원했다 하더라도[163] 그런 입장은 바울에게 허락되지 않았을 것이라는 사실이다. 로마서를 쓸 당시에 바울의 입지는 더욱 좁았다. 또한 바울이 "유대에 있는 에클레시아들"이라는 표현을 쓰는 것을 보면 클라인의 견해는 더욱 수긍하기 힘들다(갈 1:22; 살전 2:14). 바울은 에클레시아 용어를 독점하기보다는 같은 단어로 불리는 다른 회중들과 연결하려고 노력하고 있다.

그러나 클라인의 해석이 전혀 무익한 것은 아니다. 바울이 자신이 직접 개척한 교회에서 가졌던 사도적 권위와 비슷한 정도의 권위를 로마 교

---

161) Fitzmyer, *Romans: A New Translation with Introduction and Commentary*, 76.
162) Klein, "Paul's Purpose in Writing the Epistle to the Romans," 43.
163) 사실 바울이 이런 희망을 품었을 확률은 거의 없다. 한 에클레시아를 어떤 권위적 인물에게 복속시키는 것은 바울에게는 낯선 사고다(갈 2:5-6).

회에서 갖기 원했다는 점을 읽어낸 것은 클라인의 공헌이다. 또한 에클레시아라는 단어가 모든 사도에 의해서 광범위하게 사용되는 용어가 아니라 바울의 사역과 밀접히 관련된 용어라는 점은 유용한 통찰이다.

(2) 로마에서는 전체 집회가 없었다

로마는 다른 지역 교회들과는 달리 모든 그리스도인이 함께 모이는 모임이 없고 따로 모이는 복수의 회중이 존재했을 것이라는 추정이 학계의 중론이다. 로마서의 본론에 에클레시아 단어가 나오지 않은 이유가 단일 에클레시아가 없었기 때문이라는 설명도 가능하다.[164] 로마 교회가 복수의 회집 장소에 산재해 있었다는 주장은 클라우크에 의해 제기되었는데, 그는 유스티누스 3.1을 근거로 이런 구도를 추정했다.[165] 후에 람페는 지리적·개인분석적 연구(topographical and prosopographical research)를 통해 이런 정황을 더욱 정교하게 설명했다. 그는 로마 교회는 여러 곳에 흩어져 있었고, 하나의 통일된 회중을 이루지 못하고 있었다고 분석한다.[166] 로마 교회의 지리적 구성에 대한 이 분석은 설득력이 있지만, 이 분석이 에클레시아 용어가 결여된 문제를 설명해주지는 못한다. 바울이 이 단어를 사용할 때 주로 실제로 모여 있는 회중을 염두에 두고 있는 것은 사실이지만, 그러한 용례만 있는 것은 아니다. 앞에서 보았듯이 바울은 에클레시아라는 단어를 상당히 추상적이고 보편적인 의미에서도 사용했다. 바

---

164) Gehring, 146-47. Peter Lampe, Marshall D. Johnson, *From Paul to Valentinus: Christians at Rome in the First Two Centuries* (Minneapolis, MN: Fortress Press, 2003), 359.
165) Klauck, *Hausgemeinde und Hauskirche im frühen Christentum*, 69-70; Jewett and Kotansky, *Romans*, 62-69.
166) Peter Lampe, *Die stadtrömischen Christen in den ersten beiden Jahrhunderten: Untersuchungen zur Sozialgeschichte*, Wissenschaftliche Untersuchungen zum Neuen Testament II. 18 (Tübingen: Mohr, 1987), 10-52, 124-300.

울 이전에는 에클레시아가 예루살렘을 중심으로 하지만, 하나님의 세상 모든 백성을 포괄하는 의미로 쓰였고, 바울은 이런 용법을 완전히 배제하지 않았다. 사도행전은 다수의 공간에서 모이던 회중들을 단수의 에클레시아 전치사 κατά의 분배적 용법을 사용하여 표현하는 데 익숙하다.

바울은 고린도후서를 쓰면서 "고린도에 있는 하나님의 교회와 또 온 아가야에 있는 모든 성도에게"라고 수신자를 명기한다. 바울은 자신의 에클레시아 용어의 독특한 용례를 흐트러뜨리지 않으면서도 다수의 장소에 흩어져 있는 회중들을 대상으로 편지의 서문을 쓸 수 있는 문학적 기교를 갖추고 있었다. 이런 지리적 분산과 함께 로마인들의 내적 불일치 때문에 바울이 에클레시아 칭호를 부여하지 않았다는 분석도 설득력이 없다. 훨씬 더 심각한 내홍을 겪었던 고린도 회중 역시 에클레시아로 불리고 있기 때문이다. 오히려 다수의 가정 모임을 하나의 에클레시아로 부르는 것이 일치를 권면하고 격려하는 바울의 목적에 더 부합할 수 있다. 세속 그리스어에서 이 말이 갖는 정치적 함의와 유대-기독교적 사고에서 이 말이 갖는 보편적 스케일을 동시에 고려할 때 이 용어의 확장 가능성은 분명해진다. 그러므로 바울이 한 도시의 그리스도인이 다 함께 모이는 모임에만 엄격히 한정해서 이 말을 썼을 것이라는 해석은 동의하기 힘들다.

(3) 제국의 수도는 그리스식 폴리스가 아니었다

좀 더 가능성 있는 해결책은 로마라는 도시가 역사적으로 에클레시아라는 시민기구를 가져본 적이 없다는 점에서 찾을 수 있다. 로마의 토양에서 에클레시아는 외래적인 기구였기 때문에 플리니우스는 이 말에 상응하는 로마의 기관 이름으로 번역하기보다 *ecclesia*라고 음역했다.[167] 기

---

167) 이 논점이 로마 회중의 다수가 문화적으로 그리스권에 속해 있었다는 사실을 배제하지는 않는다. Peter Lampe, *Die stadtrömischen Christen*, 167-70을 보라. 그러나 수도

독교의 에클레시아 사용으로 이 단어가 잘 알려진 이후에도 라틴어 번역은 제대로 확립되지 못했다.[168] 이러한 사회정치적 배경에서 보면 로마 제국의 수도이자 라틴어권 서방의 중심 도시의 "시민들"을[169] 에클레시아로 명명하는 것은 어색하게 들렸을 수 있다. 로마의 정치적 중요성을 생각하면, 바울이 로마 교인들에게 편지를 쓰면서 정치적 의심을 불러일으킬 수 있는 표현에 주의했을 수도 있다(13:1-7).

또 하나 흥미로운 예는 빌립보서다. 이 서신의 서문은 에클레시아 대신 빌립보에 있는 성도와 또한 에피스코포이들과 디아코노이들에게(τοῖς ἁγίοις ἐν Χριστῷ Ἰησοῦ τοῖς οὖσιν ἐν Φιλίπποις σὺν ἐπισκόποις καὶ διακόνοις) 쓰고 있다. 이 편지가 에클레시아라는 단어를 두 번 쓰는데, 빌립보의 회중은 단 한 번 간접적인 방식으로 에클레시아라 불리고 있다. "여러분 외에 어떤 교회도 주고받는 내 일에 참여하지 않았습니다"(οὐδεμία μοι ἐκκλησία ἐκοινώνησεν εἰς λόγον δόσεως καὶ λήμψεως εἰ μὴ ὑμεῖς μόνοι; 4:15— 저자 사역). 이 편지의 서문에 회중의 사역자들 호칭이 등장한다는 이유로 대부분의 학자들은 이 차이에 주의를 기울이지 않으며, 에클레시아라는 호칭이 등장하는 것과 진배없다는 주장까지 한다. 그러나 이는 왜 바울이 보다 간단한, 자신이 계속 써오던 에클레시아라는 용어를 여기서 생략하고 있는지에 대한 설명은 되지 못한다.

에클레시아 용어를 쓰지 않은 이유는 빌립보라는 도시의 강한 로마

로마의 정치적 현실이 이 편지의 중요한 배경이었음은 분명하다.

168) 라틴어 번역은 *curia*, *conito*, *comitia*, *convocation* 등으로 다양했다. Schmidt, "ἐκκλησία" *TDNTI*, 3.515; cf. Hugh J. Mason, *Greek Terms for Roman Institutions: A Lexicon and Analysis* (Toronto: Hakkert, 1974).

169) 이것이 그들 모두가 로마 시민이었음을 전제하지는 않는다. 바울이 수십 명에 불과한 집단을 시민정치의 용어인 에클레시아라 부른 것은 상징적 세계를 구축하는 그의 수사적 전략의 일환으로 이해해야 한다는 것이 본 연구의 일관된 주장이다.

적 성격에서 찾을 수 있다. 물론 고린도도 로마의 식민지였지만, 그럼에도 고린도는 오랫동안 그리스 도시들의 정치적·문화적 중심지 역할을 한 도시였다. 바울 당시의 고린도는 기원전 44년에 로마 식민지로 재설립된 이후 다시 재그리스화가 상당히 진행된 도시였다.[170] 이에 비하면 빌립보는 아주 로마적인 도시였다. 신약성서에서 유일하게 로마의 식민지로 불리는 도시는 빌립보다(행 16:12). 바울은 그들을 "Φιλιππήσιοι"(빌 4:15)이라고 부르는데, 이는 "다른 어떤 그리스 문헌에서도 발견되지 않는 라틴어식 철자법이다."[171] 바울이 빌립보서를 로마 감옥에서 썼다고 한다면,[172] 강한 정치적 뉘앙스를 풍기는 이 단어를 의도적으로 피했을 가능성은 더 높아진다고 할 수 있다.

(4) 바울은 예루살렘 중심주의를 의식해야 했다

로마서 기록 목적에 대한 토론을 하면서 로마에 앞선 바울의 예루살렘 방문에 특별한 주의를 기울인 학자들이 있다.[173] 저벌은 "로마서의 핵심적이

---

170) 기원전 146년의 파괴 이후에도 그리스 전통이 존속했음을 보여주는 증거에 관해서는 위의 1.2.3을 보라.
171) John Henry Paul Reumann, *Philippians: A New Translation with Introduction and Commentary*, The Anchor Yale Bible (New Haven: Yale University Press, 2008), 4; 빌립보의 로마적 성격에 관해서는 다음을 보라. M. V. Sakellariou, *Macedonia: 4000 Years of Greek History and Civilization*, Greek Lands in History (Athens, Greece: Ekdotike Athenon, 1983); Ramsay MacMullen, *Romanization in the Time of Augustus* (New Haven, CT: Yale University Press, 2000).
172) 빌립보서의 로마 저작설은 가장 오래된 견해이고, 여전히 다수 견해이기도 하다. 현대 학자들 중에는 C. O. Buchanan, C. H. Dodd, Gordon Fee, P. N. Harrison, H.-J. Klauck, W. L. Knox, J. B. Lightfoot, T. W. Manson, Wayne Meeks, M. M. Mitchell, James Moffat, B. Reike, J. Schmid, Johannes Weiss 등이 이를 지지한다. 이 논의의 개략적인 소개는 다음을 참조하라. G. F. Hawthorne, "Philippians, the Letter of," in *Dictionary of Paul and His Letters (DPL)*, 709-11.
173) Ernst Fuchs, *Hermeneutik* (Tübingen: Mohr, 1970); M. Jack Suggs, "'The Word Is Near You': Romans 10:6-10 within the Perspective of the Letter," in *Christian*

고 우선적인 내용은(1:18-11:36) '헌금 연설', 보다 정확히는 예루살렘 교회 앞에서 바울이 자신을 변호하기 위해 준비한 연설의 내용을 반영한 것"이라 주장했다.[174] 예루살렘이 로마서의 "진짜 독자"라는 주장은 과장일 수 있겠지만, 바울이 예루살렘을 거쳐 로마로 갈 준비를 하면서 로마서를 썼기 때문에, 로마서를 쓸 당시에 바울이 처한 상황을 논할 때 예루살렘을 고려하는 것은 필요한 시각이다. 바울과 예루살렘 교회와의 관계는 이 편지의 주요 초점은 아닐지라도, 편지를 쓰는 이의 상황에서 중요한 문제였던 것은 분명하다.[175]

케제만은 "로마서 본문의 문제 그리고 집필 목적은 로마와 예루살렘과 스페인이 결합된 지점에서 발견할 수 있다. 예루살렘과 스페인의 중요성이 충분히 인정된다면 로마의 중재적 기능도 부각될 것이다"[176]라고 했다. 바울은 로마 교인들과 어떤 신령한 은사들을 나눈 후에(1:12) 스페인으로 가겠다는 계획을 로마서에서 분명히 밝히고 있다(15:24, 28). 이 계획은 로마 교인들이 바울을 이방 교회들의 대표 사도로 환영할 때만 실현될 수 있다. 이런 순조로운 관계의 가장 심각한 장애는 "유대의 순종치 않는 자들의"(τῶν ἀπειθούντων ἐν τῇ Ἰουδαίᾳ) 적개심이었다. 이들의 적개심은 "이

History and Interpretation, ed. John Knox et al. (Cambridge, Eng.: University Press, 1967.); A. J. M. Wedderburn, *The Reasons for Romans*, Studies of the New Testament and Its World (Edinburgh: T&T Clark, 1988), 70-75; Weima, "Preaching the Gospel in Rome: A Study of the Epistolary Framework of Romans," in *Studies on Corinthians, Galatians and Romans for Richard N. Longenecker*, ed. L. Ann Jervis and Peter Richardson (1994); Fitzmyer, *Romans: A New Translation with Introduction and Commentary*, 75.

174) Jacob Jervell, "The Letter to Jerusalem," 56.
175) Fitzmyer, *Romans: A New Translation with Introduction and Commentary*, 68; Terence Y. Mullins, "Greeting as a New Testament Form," 418-26.
176) Ernst Käsemann, Geoffrey William Bromiley, *Commentary on Romans* (Grand Rapids, MI: Eerdmans, 1980), 405.

방인들의 헌금"(ἡ προσφορὰ τῶν ἐθνῶν; 롬 15:16)을 예루살렘 공동체가 수용하는 것을 방해할 수 있는 요소였다.

상기 목적을 위해 바울은 로마 교인들에게 "너희 기도에 나와 힘을 같이하여[συναγωνίσασθαί μοι] 나를 위하여 하나님께 빌어 나로 유대에서 순종하지 아니하는 자들로부터 건짐을 받게 하고 또 예루살렘에 대하여 내가 섬기는 일을 성도들이 받을 만하게 하고"(롬 15:30-31, NASB)라고 부탁한다. 한국어 번역에는 잘 나타나 있지 않지만 συναγωνίζομαι는 "함께 싸우다", "투쟁 혹은 전쟁에 힘을 보태다"라는 말이다. 이 부탁은 바울이 임박한 갈등 국면에서 로마 교인들을 자신의 편으로 세우는 수사적 전략이기도 하다. 그들이 이 싸움에서 바울의 편에 선다면, 그 결과 바울은 로마에 가서 그들과 함께 쉬게 될(συναναπαύσωμαι ὑμῖν; 15:32) 것이다. 바울은 συν으로 시작하는 두 단어를 하나로 묶어서 예루살렘 세력과(혹은 그 일부와) 갈등하고 있는 자신에 대한 로마 교인들의 현재 태도와 바울이 로마를 방문했을 때의 자신에 대한 환대를 연결시킨다. 이 συν 동사들은 편지의 초반에 나왔던 다른 συν 동사, 곧 바울이 로마 교인들과의 만남을 상상하면서 쓴 동사를 상기시킨다. "이는 곧 내가 너희 가운데서 너희와 나의 믿음으로 말미암아 피차 안위함을 얻으려[συμπαρακληθῆναι] 함이라"(롬 1:12).

"유대의 순종치 아니하는 자들"이라는 말을 하면서 바울이 염려하는 이들은 그리스도인이 아닌 "유대의 불신자들"[177]이라는 주장도 가능하다. 그러나 비그리스도인 유대인들의 바울에 대한 평가가 그리스도인들의 평가에도 영향을 미쳤으리라고 보는 것은 자연스러운 일이다. 갈라디아서

---

177) James C. Miller, *The Obedience of Faith, the Eschatological People of God, and the Purpose of Romans*, SBL Dissertation Series 177 (Atlanta, GA: Society of Biblical Literature, 2000), 16.

2:11-14은 안디옥에서 베드로와 바나바가 이방인과 함께 하던 식탁 교제로부터 물러난 것이 "야고보에게서 온 어떤 이들"(τινας ἀπὸ Ἰακώβου)이 도착했을 때라고 말한다. 바울은 그들이 물러난 것이 "할례자들을 두려워"(φοβούμενος τοὺς ἐκ περιτομῆς)해서라고 한다. 이 두 그룹의 사람들이 어떤 사람들인지, 동일인인지 아닌지 판단은 불가능하지만 어떤 형태로든 예루살렘과 관련이 있다는 것은 분명하다. 예루살렘으로부터의 압력은 야고보 개인의 권위에서 왔다기보다는 이방 선교를 반대하는 유대인들이 그 배후에 있었음이 분명하다. 보 라이케는 예루살렘으로부터의 압력을, 이 즈음에 상승하기 시작해서 유대 전쟁에서 절정에 이른 유대인들의 민족주의적 열망으로 설명한다. 이러한 정서가 예루살렘의 그리스도교 공동체로 하여금 이방 선교에 대해 부정적인 태도를 갖게 만드는 압력으로 작용했을 것이다.[178] 베드로조차도, 그것도 이방 선교의 상징적 중심이었던 안디옥에서 이러한 압력에 굴복했다는 사실은 충격적이다. 이는 이방 지역 회중들 사이에서 당연하게 여겨지는 어떤 일도 예루살렘의 관점을 들이댄다면 언제든지 의문의 대상이 될 수 있었다는 사실을 되새겨준다. 사도행전이 보도하는 바울의 예루살렘 방문기는 이런 상황을 확인해준다. 유대인들의 심한 공격에 노출되어 있는 바울에 대해, 예루살렘의 그리스도인들이 변호하거나 도움을 주려 한 흔적은 전혀 보이지 않는다(행 21-23장).

이런 분석은 바울이 예루살렘 방문을 준비하면서 자신이 처한 상황을 어떻게 인식하고 있었는지를 상상하게 해준다. 그에게는 세 그룹에 속한 사람들의 반응이 각각 중요하며, 또한 이는 서로 밀접히 관련되어 있다.

---

178) Bo Reicke, *The New Testament Era: The World of the Bible from 500 B.C. To A.D. 100* (London: Black, 1969), 202-17; cf. Dieter Georgi, *Remembering the Poor: The History of Paul's Collection for Jerusalem* (Nashville, TN: Abingdon Press, 1991), 117-20.

바로 예루살렘의 비그리스도인 유대인들,[179] 예루살렘의 그리스도인들, 그리고 로마의 그리스도인들이다. 바울은 자신이 전하는 복음이 반율법적이라는 소문에 휩싸였고, 로마 교인들이 이미 그 소문을 들었다는 사실을 알고 있다. "또는 그러면 '선을 이루기 위하여 악을 행하자' 하지 않겠느냐? 어떤 이들이 이렇게 비방하여 우리가 이런 말을 한다고 하니 그들은 정죄받는 것이 마땅하니라!"(롬 3:8)

더 심각한 것은 그의 주요 선교지였던 제국의 동쪽 지역에서도 바울의 입지가 확고하지 못했다는 사실이다.[180] 바울은 자신이 개척한 공동체들 가운데서도 자신에 대한 오해들을 염려해야 했다(고전 9장; 고후 10-12장; 갈 4:11-20). 그는 예루살렘 교회를 위한 헌금 사역의 결과를 언급하면서 마케도니아와 아가야 교회들에 대해서만 말하고 있다(롬 15:26). 그렇다면 갈라디아와 아시아에서의 모금은 실패로 끝난 것일까? 헌금 사역의 성공은 지역 교회들이 바울을 신뢰한다는 사실에 대한 중요한 증거가 될 수 있다(고후 8:20). 또한 이방의 교회들이 예루살렘을 향해서 긍정적인 태도를 가지고 있다는 것, 따라서 바울이 이방에 전한 복음이 반예루살렘적이 아니라는 것에 대한 좋은 증거가 될 수 있다. 이런 사정을 감안하면 바울이 마케도니아와 아카이아만 언급하는 것은 모금에 실패했다는 방증일 수 있다. 로마서 15:26의 어떤 사본들이 아가야마저 제외시키고 있다는 사실은 충격적이다.[181] 이런 빈약한 결과를 가지고 예루살렘을 향하는 바

---

179) 바울 자신의 말로 "유대의 순종치 않는 자들"이라고 말하고 있지만, 예루살렘이 바울의 초점에 있는 것은 분명하다. 제2장에서 살펴본 대로 예루살렘은 유대 전체를 대표하는 도시였다. 바울이 신성시되던 도시 예루살렘의 이름을 부정적인 맥락에서 사용하기를 꺼렸다는 추측도 가능하다.
180) Günther Bornkamm, *Paul* (New York: Harper & Row, 1971), 47.
181) Betz, *2 Corinthians 8-9*, 42-49; David J. Downs, *The Offering of the Gentiles: Paul's Collection for Jerusalem in Its Chronological, Cultural, and Cultic Contexts*, Wissenschaftliche Untersuchungen zum Neuen Testament II. 248,

울의 마음은 무거웠을 것이며, 자신이 예루살렘과 로마 교회에 의해 받아들여질 것인지 걱정할 수밖에 없었을 것이다.

결국 우리는 케제만이 주장한 로마서 집필 상황과 관련한 세 요소, 곧 로마, 스페인, 예루살렘의 동쪽 지역(마케도니아, 아카이아, 아시아 등)에서의 바울의 입지라는 요소를 더해야 한다는 결론에 이른다. 로마 교인들에게 편지를 쓰면서 바울은 자신이 전해왔던 복음을 유대 그리스도인들의 시각에서 다시 살펴보아야 할 필요를 느꼈다(롬 15:30-31). 예루살렘과 로마 방문을 계획하면서 그는 여태까지 견지해오던 입장 혹은 표현들을 타협하고 완화해야겠다는 압력을 받았을 것이다. 로마서 시작에서부터 다른 서신에서 보기 힘든 다윗 기독론(롬 1:3)을 도입하는 것이나, 구속사에서 유대인들의 독특한 지위에 대한 강조 등이 그 예다(9-11장; 3:2).

우리가 제2장에서 살펴본 대로, 에클레시아라는 단어와 예루살렘 중심주의가 단단히 결합되어 있었다면, 이방 회중들을 ἐκκλησία라 명명하는 것도 바울이 기존 입장을 재검토해야 하는 항목에 들어가야 했을 것이다. "한 도시에 하나의 에클레시아"라는 사고는 그리스 전통에서는 당연하게 여겨졌지만, 하나님의 백성 전체의 단일체를 에클레시아로 부르던 히브리 성서의 전통에서는 이방 도시들의 공동체가 저마다 에클레시아라고 주장하고 나서는 현상이 당혹스러웠을 것이다. 무엇보다 유대 전통에서 에클레시아는 민족적 순결성 유지의 교두보로 인식되어오던 터였다.[182] 이 용어를 이방 교회들에 남발하고 예루살렘 중심주의를 약화시키는 행동은 유대 민족 존립 자체에 대한 위협으로 인식될 수 있었다. 로마서를 쓰기 이전의 바울은 예루살렘 중심 ἐκκλησία의 단일성을 지키는 것보다, 이방의 교회들의 ἐκκλησίαι로서의 지위를 확보해내는 데 더 헌신되어 있

(Tübingen: Mohr Siebeck, 2008), 40-60.
182) 참조. 신 23장; 스 10장; 느 13장.

었다. 로마서는 바울이 자신의 기존의 사역 방식과 신학적 표현들을 재검토하는 상황에서 작성되었고, 에클레시아라는 용어의 대담한 사용 역시 이 검토에서 예외가 아니었다.

바울이 자신이 세우거나 목회하지 않은 교회에 보내는 편지의 마지막에 왜 예외적으로 긴 문안 인사를 적고 있는가 하는 것은 중요한 문제다. 많은 학자들은 16장이 본래 로마서의 일부가 아니었다는 주장으로 문제를 해결하려 한다. 이 이론에 따른다면 로마서는 바울이 에클레시아라는 단어를 한 번도 사용하지 않은 유일한 편지가 된다. 그러면 바울이 하나의 에클레시아를 고집하는 예루살렘 중심주의에 완전히 무릎을 꿇은 증거가 될 수도 있다.[183] 내 입장은 로마서 16장이 본래 로마서에 포함되어 있었다는 쪽이다.[184] 우리는 데살로니가전서와 빌레몬서에서 바울이 수신자들과 자신과의 관계, 그리고 자신의 지위를 강화시키는 목적으로 자신이 갖고 있는 기존 관계의 망을 적절히 활용하고 있음을 보았다. 이러한 전략에 대한 이해는 바울이 로마서 말미에 그렇게 많은 사람들의 이름을 언급하고 있는 이유를 이해하도록 돕는다. 켁은 로마서 주석에서 "사람들을 거명할 때 가급적 그 사람의 긍정적인 면을 언급하는 것이 바울의 습관이다. 바울이 단순히 이름만 언급하는 것은 그 사람에 대해서 아는 바가 거의 없다는 말일 수 있다"[185]고 설명한다. 그렇다면 바울이 로마서를

---

183) 로마서가 교회 내의 유대 중심주의에 바울이 전적으로 투항한 결과였다고 보기는 힘들다. 다만 유대 기독교에 좀 더 유화적인 태도를 취한 흔적을 발견할 수 있다고 보는 쪽이 옳을 것이다. 로마서의 진정한 독자가 예루살렘이라는 이론은 유대인들에 대한 바울의 비판적인 언급들(예. 2:17-29)을 온전히 설명하지 못하는 한계에 부닥친다. 참조. Mark A. Seifrid, *Justification by Faith: The Origin and Development of a Central Pauline Theme*, Supplements to Novum Testamentum (Leiden; New York: E. J. Brill, 1992), 195.
184) Cf. Lampe, Johnson, *From Paul to Valentinus: Christians at Rome in the First Two Centuries*, 160-64.
185) Leander E. Keck, *Romans*, Abingdon New Testament Commentaries (Nashville,

쓰면서 자신이 직간접적으로 아는 이름을 총동원하여 로마 교인들과의 관계의 토대를 마련하려 애쓰고 있다고 추정해볼 수 있다.

로마서 16장에 나오는 많은 가정 가운데 브리스가와 아굴라의 가정만 κατά 문구를 사용한 에클레시아로 불리고 있다. 이들의 이름과 κατά 문구 사이에 이 부부에 대한 상세한 묘사가 삽입되어 있다. "너희는 그리스도 예수 안에서 나의 동역자들인 브리스가와 아굴라에게 문안하라. 그들은 내 목숨을 위하여 자기들의 목까지도 내놓았나니 나뿐 아니라 이방인의 모든 교회도 그들에게 감사하느니라. 또 저의 집에 있는 교회에도 문안하라"[186](롬 16:3-5a). 긴 문안 인사 중에서 두 가족이 언급되는데—"아리스도불루의 권속"(τοὺς ἐκ τῶν Ἀριστοβούλου; 10절)과 "나깃수의 가족들 중 주 안에 있는 자들"(τοὺς ἐκ τῶν Ναρκίσσου τοὺς ὄντας ἐν κυρίῳ; 11절)—이들은 ἐκκλησία로 불리지 않는다. 왜 이들이 에클레시아 칭호를 받지 못했는가에 대한 일반적인 견해는 이름이 거명된 가장들은 그리스도인이 아니었고, 그 가솔들 중 일부만 (아마도 노예나 해방 노예들로서) 바울이 알던 그리스도인들이었다는 해석이다.[187] 로마서 16장에 등장하는 이름들에 대한 람프의 연구는 이런 제안의 가능성을 더 높여주었지만, 이 제안이 왜 그들 그룹이 에클레시아로 불리지 않았는가에 대한 대답을 제공하지는 못한다. 한 예배 공동체에서 가부장(*paterfamilias*)의 지도력이 에클레시아로 불리기 위한 필수요건인가?(고전 1:27-29) 이 문제는 바울의 사고 속에서 사회경제적 요소와 신앙적 가치들이 어떤 관계를 맺고 있는가라는, 보

TN: Abingdon Press, 2005), 370. 만약 이런 식의 선별적 인사가 바울이 잘 아는 교회에 주어졌다면, 거명되지 않았던 이들은 소외감을 느꼈을 것이다. Lampe estimates that "at least twelve out of twenty-six persons are known personally by Paul." Lampe and Johnson, *From Paul to Valentinus*, 168.

186) 그리스어 본문에서는 이 동사가 반복되지 않는 것에 주의하라.
187) 많은 주석이(예. Jewett, Keck, Harris, Fitzmyer) 이 부분에 동의한다.

다 큰 문제와 관계되어 있다(참조. 고전 9:11). 바울이 가정 모임을 에클레시아라고 부른 적이 드물다는 점을 감안하면,[188] 우리는 왜 다른 가정들이 에클레시아라고 불리지 못했는가가 아니라 왜 브리스가와 아굴라의 오이코스가 이런 호칭을 받았는가를 물어야 할 것이다. 람페와 다른 많은 학자들이 주장하는 것처럼, 로마에 복수의 회중들이 있었다면, 이 부부의 오이코스를 바울이 특별하게 취급하는 의미는 더욱 중요해진다.

전술한 바와 같이 바울은 로마서를 쓸 때 주위로부터 의심받고 있었고, 자신에 대한 악소문에 신경을 써야 하는 옹색한 상황에 처해 있었다. 다른 편지를 쓸 때는 바울이 개척 목회자로서 자신과 그 수신자들과의 각별한 관계를 되새김으로써 권위의 토대를 마련했지만(고전 9:2; 고후 3:1-3; 갈 4:13-15; 빌 4:15; 살전 1:5), 로마서의 경우는 이런 토대가 없었다. 이러한 상황에서 바울이 오랫동안 잘 알고 지내던 이의 오이코스의 존재는, 특히 그 오이코스가 로마 그리스도인 공동체(들)의 중심 위치를 차지하고 있었다면, 그의 열악한 지위를 만회해줄 수 있는 효과적인 디딤돌이 되었을 것이다. 이 디딤돌이 성공적으로 기능한다면, 바울은 자신이 개척한 교회들에 편지를 쓰던 것과 비슷한 위치에서 로마서를 쓸 수 있게 될 것이었다. 로마서 16장에서 바울은 이 부부에 대해 예외적으로 길게 묘사한다. 이 부부에 대한 칭찬은 바울 자신을 위한 보증과도 같은 역할을 수행한다. 이 부부가 로마 교인들에게 인정받는 사람들이었다면 그들이 바울을 위해 "목까지도 내어놓았다"라는 사실은 바울의 신뢰성에 대한 강력한 증거로서 기능했을 것이다. 이렇게 양면적 목적을 위해 칭찬을 사용하는 전략은 바울의 첫째 편지에서도 발견할 수 있다(살전 1:2-10). 수신자와 자신의 관계를 넓은 초지역적 네트워크 안에 위치시킴으로써 그 관계를 강화

---

188) 예를 들면 고린도 교회의 어떤 가족 모임도 ἡ κατ' οἶκον...ἐκκλησία으로 불리지 않았다.

하는 전략은 데살로니가전서 1장에서 확인된다. 그는 "나뿐 아니라 이방인의 모든 교회도 그들에게 감사하느니라"라고 하면서, 이 부부의 명성을 과장한다. 이 과장은 문안 인사를 사용하는 바울의 수사적 전략의 일부로 이해할 수 있다.

브리스가와 아굴라가 바울의 영향 하에서 그리스도인이 되었기 때문에, 그들의 가정 모임을 에클레시아로 부르는 것은 로마 회중 전체를 에클레시아로 부르는 것보다 덜 공격적으로 들렸을 것이다. 로마서를 쓸 시점에 바울은 에클레시아라는 칭호를 편지 서두에서 제외시킬 만큼 타협적인 자세로 변해 있었지만, 기존의 전략을 완전히 포기한 것은 아니었다. 이방 지역 공동체들을 에클레시아로 세우는 것은 바울의 사역 전략의 핵심에 있었다. 그의 문안 인사 목록의 배열이 브리스가와 아굴라를 맨 처음에 내세운 것처럼 이 부부가 로마 교인들 중 대표적인 지위를 인정받는다면, 바울은 로마 교인들에 대한 자신의 영적인 공헌을 주장할 수 있는 위치에 서게 되는 것이다. 이러한 바울의 전략 속에서 뒤이어 나오는 이름들은 이 부부만큼 중요하지는 않다. 이 긴 문안 인사는 바울이 다른 교회들의 안부를 전하는 것으로 끝이 난다. "그리스도의 모든 에클레시아가 다 너희에게 문안하느니라"(16b절). 인사 전달자로서의 바울의 지위, 곧 모든 교회의 대표자로서의 바울의 지위는 이 긴 문안 인사 목록의 목표가 명확히 드러나는 지점이다. 이 문안 인사에서 에클레시아는 처음과 끝에(4-5절과 16절) 등장하여 인클루지오(*inclusio*)를 이루고 있다.[189] 이로써 로마의 그리스도인들도 하나의 에클레시아로 불리며, 세계적 에클레시아들의 네트워

---

189) 16:1과 16:23에 등장하는 에클레시아가 인클루지오를 이루고 있다고 볼 수도 있다. 로마 회중이 명시적으로 에클레시아라 명명되고 있지는 않지만 에클레시아 간의 외교적 문서의 형태를 띤 이 책의 성격상 로마의 교회도 사실상 하나의 에클레시아로 인정되고 있다고 보는 것이 가능하다.

크에 편입되기를 바라는 바울의 소망이 분명히 드러난다.

"이방의 모든 교회들"(πᾶσαι αἱ ἐκκλησίαι τῶν ἐθνῶν; 롬 16:4)이라는 표현은 여기서만 나타나는 표현으로 주의를 기울일 필요가 있다. 로마서를 쓰기 전에 바울은 자신의 영향 하에 있는 교회들을 습관적으로 모든 교회들이라고 명명했다(예. 고전 7:17). 그러나 여기서는 보다 객관적인 용어인 "이방의"(참조. 11:13)라는 말로 그 대상을 명확히 한다. 이런 주의 깊은 표현은 예루살렘과 로마의 시각으로 자신의 태도를 재검토해야 했던 바울의 상황을 반영한다고 볼 수 있다.

이러한 해석은 바울 사후 에클레시아라는 용어의 수용 상황에 의해 그 적절성을 확인받는다. 바울의 이름으로 전해지는 문서들을 제외한다면, 이 용어에 대한 부정적인 반응은 명백해 보인다. 캠벨은 베드로전서에서 에클레시아라는 단어를 찾아볼 수 없는 것이 충격적이라고 지적한다.

> 아마도 그리스도인들의 공동체가 진정한 하나님의 백성임을 선포하는 가장 두드러진 본문은 베드로전서 2:4-10일 것이다. 이 구절은 구약 인용의 집합체인데, 여기 또는 이 서신 어디에서도 에클레시아라는 단어는 쓰이지 않고 있다.[190]

바울의 이름으로 쓰인 서신들을 제외하면 어떤 서신도 서두에서 에클레시아라는 단어를 사용하지 않는다. 재미있는 것은 야고보서와 베드로전서의 서두다. 여기서는 여격의 에클레시아가 기대되는 위치에 수신자들의 흩어진 상태(διασπορά)를 강조하는 표현이 등장한다. 우리는 베드로와 야고보가 예루살렘 공동체의 주도적 인물이었음을 알고 있다(참조. 갈

---

190) J. Y. Campbell, "The Origin and Meaning of the Christian Use of the Word *Ekklesia*," 53; cf. Schmidt, "ἐκκλησία," *TDNT* 3.517.

2:9; 행 15장). "흩어진 상태"에 대한 강조는 그리스도인들이 예루살렘이라는 도시의 파괴 이후에도 예루살렘 중심주의라는 신학적 자장을 미처 벗어나지 못했음을 보여준다고 풀이할 수 있다.[191] 이방 지역 공동체를 지칭하는 용어로서의 에클레시아에 대한 차가운 반응은 바울 전통과 예루살렘 중심의 구속사 간의 긴장의 결과다. 결국에는 에클레시아가 그리스도인 공동체를 지칭하는 단어들 중에서 주도적인 지위를 획득하지만, 바울의 영향 하에 있던 그룹 밖에서는 이 단어가 냉대를 당하던 시기를 거쳐야 했다.[192]

물리적 예루살렘성의 멸망이 가져온 구속사적 충격을 예루살렘 문제라 명명한다면, 요한계시록은 그리스도교 내에서 이 문제 해결의 획기적인 전환점을 보여준다. 요한계시록 11:8은 예루살렘이라는 폴리스의 멸망을 예언한다. "그들의 시체가 큰 성 길에 있으리니[ἐπὶ τῆς πλατείας τῆς πόλεως τῆς μεγάλης] 그 성은 영적으로 하면 소돔이라고도 하고 애굽이라고도 하니 곧 그들의 주께서 십자가에 못 박히신 곳이라."[193] 구속 역사의 완성은 새예루살렘이 하늘로부터 내려오는 것으로 성취된다(계 3:12; 21:2, 10). 예루살렘에 대한 공격은 초기 그리스도교에서 새로운 현상이 아니다. 이 도시의 비극적 운명은 공관복음의 묵시록(막 13장과 병행장들)의 핵심 주제다. 공관복음서들은 각각의 신학적 구도와 역사 이해에 따라서

---

191) 바울 사후에서 1세기 말 정도의 시기로 설정해볼 수 있다.
192) 바울 사후에 바울 서신들이 보편적으로 수용되기까지, 그의 서신들이 그를 따르는 그룹 내에서만 회람되고 읽히던 시기가 있었던 것으로 보인다. Ernst Käsemann, "Paul and Early Catholicism," in *New Testament Questions Today*, ed. Ernst Käsemann (1967), 239-40.
193) 구약성서에서 시민적 공간으로서의 πλατεία의 중요성에 대해서는 Wright의 글을 참조하라. John W. Wright, "A Tale of Three Cities—Urban Gates, Squares and Power in Iron Age II, Neo-Babylon and Achaemenid Judah," in *Second Temple Studies*, eds. Philip R. Davies and John M. Halligan (Sheffield, UK: JSOT Press, 1991), 28-29.

이 문제와 씨름하고 있다.[194]

바울 스스로도 갈라디아서 4:21-31에서 현재의 예루살렘과 위에 있는 예루살렘을 대비시키면서 이 문제를 다루고 있다. 지상의 예루살렘을 상대화하는 천상의 예루살렘 주제가 바울 서신에서는 갈라디아서에만 나온다. 갈라디아서는 유대적 그리스도인들과 가장 날카롭게 각을 세우는 서신이라는 점에서 주목할 만하다. 로마서를 쓰면서, 예루살렘의 교회 지도자들과의 만남을 준비해야 했던 바울은 지상의 예루살렘에 대한 급진적인 거부 입장을 계속 유지하기 힘들었을 것이다. 그가 이방의 지역 회중들을 에클레시아라고 부르는 이전의 과감한 행동을 자제해야 했던 연유는 예의 예루살렘 중심주의였다. 에클레시아라는 용어가 예루살렘 중심주의로부터 해방되기까지는 그 성읍과 성전이 파괴된 이후에도 상당한 시간이 걸렸다. 마침내 요한계시록이 예루살렘을 하늘로 올려 보내는 일을 감행하고 예루살렘 멸망의 충격을 회복의 기대로 바꾸면서, 그리스도교 종말론 내에서 그 충격을 소화해낼 수 있었다. 이 지상 폴리스의 멸망을 선언하는 대목에서 요한계시록의 저자는 예루살렘을 직접적으로 언급하지 않고 "소돔"과 "이집트"라고 하는 은유를 사용하는 각별한 조심성을 보인다(11:8). 에클레시아라는 칭호 사용 면에서도 요한계시록은 중요한 변곡점으로 기능한다. 예루살렘 문제를 해결한 요한계시록에서 에클레시아라는 용어는 갑자기 넘쳐난다. 요한계시록의 기록 연대를 여기서 상세히 논할 수 없지만, 전통적인 기록 연대에 의존하여 에클레시아의 내력을 추정해볼 수 있다. 이에 더하여 램지는 소아시아 교회들에 편지를 쓴 세 저자들이 주장하는 권위의 정도가 변해가는 것이 시대 추정의 한 기준이 될 수 있다고 보았다. "처음은 바울 서신을 쓴 사람의 이름으로 편지를 쓴

---

194) 참조. Adela Yarbro Collins, *The Beginning of the Gospel: Probings of Mark in Context* (Minneapolis, MN: Fortress Press, 1992).

이, 두 번째는 '아시아 지역에 흩어진 나그네들'(벧전 1:1)에게 편지를 쓴이, 마지막으로 일곱 교회에 편지를 쓴 이다."[195]

그리스도인들 사이에서 예루살렘 중심주의가 극복되는 과정과 에클레시아라는 단어의 사용 역시 역사적 발전 단계를 선명히 보여준다. 이전에는 백안시되던 에클레시아가 요한계시록을 기점으로 그리스도인 공동체를 가리키는 표준용어로 자리 잡는다.[196] 요한계시록은 에클레시아를 집중적으로 사용할 뿐만 아니라 이 도시(πόλις)를 구원사의 핵심적인 이미지로 사용한다.[197] 바울의 에클레시아의 정치적 성격이 바울이 가졌던 천상의 예루살렘 이미지와 함께 요한계시록에 와서 부활한 것이다. 이는 지상의 예루살렘을 희생한 대가로 예루살렘의 상징적 중요성을 수호하게 된 형국이다.

요약하자면 에클레시아는 바울 이전의 예수 운동에 도입된 용어이지만, 그리스도 신앙 공동체의 대표적인 명칭도 아니었고, 빈번히 사용되던 용어도 아니었다. 그것은 아주 제한적인 문맥에서, 예를 들면 외적 박해와 내적인 침해에도 불구하고 침해당할 수 없는 신적 기관의 본질을 강조하는 문맥 등에서 쓰인 것으로 보인다. 이 용어를 그리스도 신앙 운동의 전면에 내세운 것은 바울이었다.

바울의 가장 큰 공헌은 이 용어를 이방인으로 구성된 지역 회중들, 곧 한 폴리스의 하나님 백성 전체를 대표하는 그룹에 적용했다는 점이다. 역사 속의 많은 공헌이 그러하듯이 이는 기존의 관례에 대한 도전으로 여겨졌다. 구약에서 카할과 에클레시아는 철저하게 하나님의 백성 전체를 가리켜야 했으며, 더구나 이 단어 자체가 이스라엘 순혈주의의 보루로 여겨

---

195) Ramsay, *The Letters to the Seven Churches* (Peabody, MA: Hendrickson, 1994), 58.
196) 참조. 이그나티우스, 클레멘스 1세, 폴리카르포스,「헤르마스의 목자」,「디다케」.
197) 계 3:12을 비롯한 여러 곳.

져왔기 때문에, 그 영향의 자장 속에 있던 초기 예루살렘 공동체가 바울의 에클레시아 사용을 받아들이기는 힘들었을 것이다. 에클레시아라는 단어가 1세기 말 이후로 현재까지 그리스도인들 모임의 대표 호칭이 된 점을 생각하면 신약성서의 문서들이, 바울이나 그의 영향 하에 있던 문서들을 제외하고는 이 단어에 이상하리마치 냉담하다는 데서 우리는 그 증거를 찾을 수 있다. 결국에는 그리스도교 주류로 등극하게 될 교회론(ecclesiology)의 기본 틀은 바울의 이름으로 기록된 서신에서 확인할 수 있다. 그것은 다름 아닌 이스라엘의 정치적 결사체에 이방인들도 함께 시민으로 참가하게 되었다는 비전이었다.[198]

> 그때에 너희는 그리스도 밖에 있었고 이스라엘 나라 밖의 사람이라[τῆς πολιτείας τοῦ Ἰσραὴλ], 약속의 언약들에 대하여는 외인이요 세상에서 소망이 없고 하나님도 없는 자이더니(엡 2:12).

---

198) 참조. Schnackenburg, *The Church in the New Testament*, 8.

제4장

고린도 교회의
갈등에 대한
바울의 처방과 에클레시아

앞에서 우리는 바울 서신의 이방인 독자들의 세계뿐 아니라 유대인들의 세계에서도 에클레시아의 사회정치적 함의가 강했으며, 바울이 이런 함의를 충분히 활용하고 있음을 보았다. 바울의 에클레시아의 어의는 순전히 신학적인 것으로, 혹은 완전히 사회적인 것만으로 이해될 수 없다. 바울은 이 사회정치적 용어를 자신의 신학적 세계를—사회학자들이 상징적 세계라 부르는—구축하는 지렛대로 사용했다. 이러한 맥락에서 가장 많은 사회적 자료(social data)를 남기고 있는 서신이 에클레시아라는 단어를 가장 빈번히 사용하고 있는 것은 우연이 아니다. 진정성 논란이 없는 바울 서신 7개에서 에클레시아가 44회 사용되고 있는데, 이 중 31회가 고린도전후서에 등장한다.

고린도전서 11:17-34과 14:23-36은 바울의 에클레시아 용어 이해에 특별한 중요성을 갖는다. 바울이 한 도시 그리스도인들 전체의 집회를 가리키는 말로 에클레시아를 쓰고 있음이 명백한 단락이기 때문이다.[1] 이 두 단락에서 바울이 에클레시아와 오이코스를 선명히 대비하고 있다는 사실도 흥미로운 대목이다.[2] 지난 40여 년 동안 "가정교회"는 학계에서

---

1) 또한 롬 16:23에 온 교회(ὅλη ἐκκλησία) 표현이 나오기도 한다.
2) Barton은 "교회와 가정의 구분을 어디에서 구획해야 하는가에 대해서 바울과 고린도 교인들 사이의 견해 차이가 노정되는 결정적인 본문이 최소한 두 곳 있다. 고전 14:33b-36과 11:17-34이다"; Steven C. Barton, "Paul's Sense of Place: An Anthropological Approach to Community Formation in Corinth," *New Testament Studies* 32, no. 2 (1986), 225.

익숙한 단어가 되었으며, 이 용어가 초기 그리스도인 공동체의 사회적 성격과 신학적 이상을 보여주는 핵심 개념으로 인식되어왔다.³ 그렇지만 우리는 "가정교회"에 해당하는 용어를 바울뿐 아니라 신약성서 전체에 걸쳐서 한 번도 발견할 수 없다.⁴ 바울은 오이코스와 에클레시아의 병립 가능성에 대해 이중적인 태도를 가졌던 것으로 보인다. 바울이 선교를 위해서 오이코스라는 공간을 활용했다는 사실은 부인할 수 없다. 그 공간은 예배를 위한 물리적 환경이었을 뿐 아니라, 공동체의 사회적 환경으로 기능했다. 오이코스는 사회적 모체(matrix)로서 바울 교회들의 사회적 성격에 적지 않은 영향을 끼쳤다.⁵

> 대가족(household)이라는 상황은 공동체 안에서 권력의 배분과 역할의 이해와 관련한 갈등의 장이 되기도 했다. 가족을 중심으로 모이는 교회라면 그 수장이 상당한 권위를 행사하고, 아울러 그 공동체에 대한 법적인 책임까지 지는 것이 당시 사회의 관례였기 때문이다.⁶

이번 장에서는 그리스도 신앙 공동체의 사회적 특성에 오이코스가 미

---

3) 3.3을 보라.
4) 가끔씩 가정교회로 오해되는 *domus ecclesiae* (οἶκος τῆς ἐκκλησίας)는 엄밀한 의미에서 가정교회가 아니다. 이는 주택이었던 공간을 예배 전용으로 개조한 건축물을 가리키는 것으로 기원후 150-313 사이의 현상이다. 구체적인 사항은 다음을 참조하라. Richard Krautheimer, *Early Christian and Byzantine Architecture* (Baltimore: Penguin Books, 1965). 1-15; L. Michael White, *The Social Origins of Christian Architecture* (Valley Forge, PA.: Trinity Press, 1996), 20-22, 111-23. 콘스탄티누스 이전에 이 용어가 전문용어로 사용되었다는 견해에 대한 도전은 다음의 논문을 보라. Kristina Sessa, "Domus Ecclesiae: Rethinking a Category of Ante-Pacem Christian Space," *JTS* 60, no. 1: 90-108.
5) 예. 스데바나, 고전 16:15.
6) Wayne A. Meeks, *The First Urban Christians*, 76.

치는 영향에 대한 바울의 태도를 탐구하고자 한다. 고린도전서 11:17-34의 성찬에 대한 바울의 권면은 이 논의의 좋은 출발점이다. 일단 이 단락이 오이코스(혹은 오이키아)에서 일어난 일을 다루고 있으면서도,[7] "너희가 먹고 마실 집[οἰκίας]이 없느냐?"라는 말로 공동식사 자리에서의 행동은 개별 가정에서의 행동과 달라야 함을 강조하고 있기 때문이다. 이 단락에 대한 연구는 시민 결사체로서의 에클레시아는 오이코스나 자발적 조합 등의 작은 그룹과는 선명히 구별되는 조직이었다는 본고의 논지를 확인해줄 것이다. 또한 그리스도인 공동체에 관한 바울의 이상(理想)에 대한 이해를 증진시켜줄 것이며 고린도 교회의 사회적 상황에 대한 명료한 인식을 가능하게 할 것이다.

4.1 ── 집회의 물리적 환경

고린도전서 11:17-31의 상황은 "여러분이 교회로 함께 모일 때"(συν-ερχομένων ὑμῶν ἐν ἐκκλησίᾳ; 11:18)라는 묘사로, 다른 상황과는 분명히 구별된다. 여기 ἐν ἐκκλησίᾳ는 같은 상황을 묘사하는 11:20의 속격독립구문과 병행을 이룬다. "여러분이 한자리에 함께 모일 때"(συνερχομένων οὖν ὑμῶν ἐπὶ τὸ αὐτο). 이 구문에서 ἐπὶ τὸ αὐτο는 "한 장소에"[8]라는 의미로 쓰이고 있다. 14:23에서 ἡ ἐκκλησία ὅλη ἐπὶ τὸ αὐτὸ을 쓰는 것을 보면 바

---

7) οἶκος와 οἰκία는 의미 영역에서 약간의 차이가 있지만, 이 맥락에서는 동의어로 보아도 좋다. Klauck의 설명이 좋은 참조가 된다. Hans-Josef Klauck, *Hausgemeinde und Hauskirche im frühen Christentum*, 15-20.
8) 행 1:15; 2:1, 44. BDAG *s.v.* ἐπί. Mitchell은 "함께"라는 단어에 "연합하여"라는 어감이 있다고 주장한다. Margaret M. Mitchell, *Paul and the Rhetoric of Reconciliation*, 153-54.

울이 지역 교회의 일부 교인들이 모이는 모임과 전체 집회를 구별하고자 하는 의도를 갖고 있었던 것은 분명하다.[9] ἡ ἐκκλησία ὅλη라는 똑같은 표현이 로마서 16:23에 등장한다. "나와 온 교회를 돌보아주는[ὁ ξένος] 가이오도 너희에게 문안하고." 크세노스(ξένος)는 한글개역에서는 "식주인"으로 번역되었던 단어로, 로마서를 쓸 당시 바울이 가이오의 집에서 묵고 있었고, 또 그 집에서 온 교회가 집회를 가졌다는 말인 것으로 보인다.[10]

그렇다면 한 개별 주택에 모였던 고린도 회중은 몇 명이나 되었을까? 머피-오코너(Murphy-O'Conner)는 당시 전형적인 호화 빌라의 수용 인원을 최대치로 잡고 신약 본문에서 모을 수 있는 자료들로 최소치를 잡아 그 사이에서 결정하는 방법으로 추정을 시도한다. 신약성서에서 16명의

---

9) 가정 모임과 전체 집회의 "공존"은 ἡ ἐκκλησία ὅλη라는 표현에서 추정할 수 있다. 이 두 문단을 고찰한 학자 중에서, 여기서 바울이 전체 집회를 염두에 두고 있다는 사실을 부인하는 이는 없다. 나는 이러한 합의를 받아들이는 것으로 논의를 시작하지만, 이 논의의 결론은 이 공존이라는 것에 대한 현재 학계의 합의에 대한 중요한 도전이 될 것이다.

10) 전체 집회를 위한 주택 제공자로 가능한 다른 인물들을 꼽는다면, 스데바나, 그리스보, 에라스도 정도를 들 수 있다. 브리스가와 아굴라도 고린도에 살 때 집을 제공했을 가능성이 있다. 많은 학자들이 가이오를 고린도 교회를 위한 주택 제공자를 표시하는 하나의 기호처럼 사용하고 있다. 나도 그런 맥락에서 가이오를 사용한다. Jewett은 ξένος를 좁은 의미, 곧 여행하는 그리스도인들을 환대한다는 의미로 이해한다. 그렇게 볼 경우 "온 교회"는 세계 전체의 교회라는 의미가 될 수 있다(Jewett, *Romans*, 981). 그러나 이 표현이 고린도 전체 회중을 가리킨다는 견해가 지배적이다. Origen, Klauck, Jülicher, Althaus, Dunn, Haacker, Schreiner 등을 들 수 있다(cf. Jewett, *Romans*, 980n53); Gerd Theissen, *The Social Setting of Pauline Christianity*, 55-56; Wayne Meeks, "Corinthian Christians as Artificial Aliens," in *Paul Beyond the Judaism/Hellenism Divide*, ed. Troels Engberg-Pedersen (Louisville, KY: Westminster John Knox Press, 2001), 131-32, 137; Roger W. Gehring, *House Church and Mission*, 139. Stuhlmacher combines these two possibilities: Peter Stuhlmacher, *Paul's Letter to the Romans: A Commentary* (Louisville, KY: Westminster John Knox Press, 1994), 255; cf. Gustav Stählin, "ξένος κτλ," *TDNT* 5.20. 이 다수 견해는 ἡ ἐκκλησία ὅλη가 명백하게 한 도시의 전체 교인 집회를 가리키며, 결코 보편교회를 가리킨 적이 없다는 이 연구의 주장에 의해 더 강화될 수 있다.

고린도 교인이 언급되는데,[11] 그중에 14명은 남자다. 그 모두가 결혼을 했다고 가정하면 그 부부들만 28명이 될 것이고, 어린이와 노예를 합한다면 전체 인원은 아마도 50명이 넘을 것이라는 추산이다.[12] 그는 고린도의 아나플로가에 있는 1세기경의 한 호화 빌라를 분석하고 그 결과를 비슷한 시기와 위치의 다른 세 빌라와 비교한다. 그래서 아트리움(atrium)의 평균 크기는 55평방미터, 식당(triclinium)의 평균 크기는 36평방미터 정도라는 결과를 얻어냈다. 그리고 이 식당은 최대 9명 정도만 수용할 수 있을 뿐이지만, 아트리움은 40명까지 수용 가능하다고 추산했다. 이런 계산을 바탕으로 그는 바울 당시 고린도 교인의 숫자를 50명 안팎으로 보고, 성찬에서의 갈등은 식당에 들어가서 기대어 누운 자세로 편안하게 풍성한

폼페이에 있는 상류층 빌라 트리클리니움의 복원도(출처: en.wikipedia.org/wiki/Triclinium)

---

11) Gerd Theissen, *The Social Setting of Pauline Christianity*, 94-95.
12) 유의해야 할 점은 모든 교인이 다 결혼한 상태는 아니었으며, 기혼 교인들 중에서도 배우자가 교회에 속하지 않은 이들이 있었을 것이라는 점이다(고전 7장). 어떤 교인들은 두 번 계산되었을 수도 있다. 예를 들면 가이오(롬 16:23)는 디도 유스도(행 18:7)의 개인명(*praenomen*)이라는 추정도 있다. Edgar J. Goodspeed, "Gaius Titius Justus," *JBL* 69, no. 4 (1950), 382-83.

식사를 즐기던 이들과 바깥 아트리움에서 조악한 음식을 먹어야 했던 이들과의 갈등으로 본다.[13]

페터 람페(Peter Lampe), 캐롤라인 오시에크(Carolyn Osiek), 브래들리 블루(Bradley Blue)는 이 갈등이 공간 배치 문제와 연관이 있다는 점에서 비슷한 견해를 보인다. 블루는 오코너의 호화 빌라 이론에 기본적으로 동의하면서, 고린도전서에서

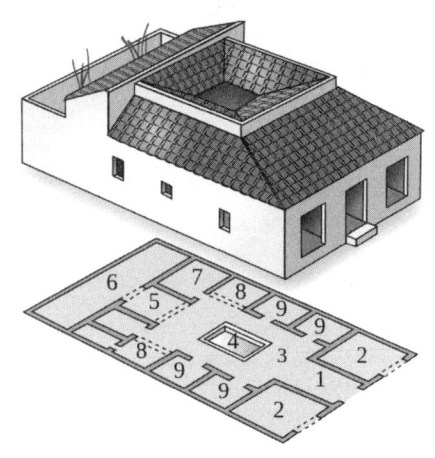

1. fauces 4. impluvium 7. triclinium
2. tabernæ 5. tablinum 8. alæ
3. atrium 6. hortus 9. cubiculum

아트리움이 있는 전형적 로마 도무스(출처: en.wikipedia.org/wiki/Domus)

모든 남자 교인이 다 언급되지는 않았을 것이라는 점을 감안해야 한다고 주장한다. 그러면서 50명은 너무 적은 숫자이며, 100명 정도의 모임이 불가능하지 않다는 제안을 나름의 고고학적 자료와 함께 제시한다.[14] 오시에크와 발치는 그리스의 집들이 어느 정도 일정한 크기를 보이는 데 반해 로마의 집들은 크기에서 많은 편차가 있었음을 지적하면서, 고린도 교인

---

13) J. Murphy-O'Connor, *St. Paul's Corinth: Texts and Archaeology*, Good News Studies (Wilmington, DE: Michael Glazier, 1983), 153-61; cf. J. Wiseman, "Corinth and Rome, I: 228 B.C. to A.D. 267," *ANRW* (1979), 528. 초기 교회 예배의 물리적 환경 일반에 대해서는 다음을 참조하라. White, *The Social Origins of Christian Architecture*, 102-39; Peter Oakes, *Reading Romans in Pompeii: Paul's Letter at Ground Level* (Minneapolis; London: Fortress Press; SPCK, 2009), 46-68.

14) Bradley B. Blue, "Acts and the House Church," in *Book of Acts in its First Century Setting*, Vol. 2 (Grand Rapids, MI; Carlisle, UK: Eerdmans; Paternoster Press, 1994), 175.

들에게 수백 명이 수용 가능한 공간이 있었을 가능성을 제기한다.[15]

고고학적 자료와 관련해서 우리는 자료의 한계를 인정해야 한다. 호렐은 역사적 연구에서 고고학적 자료를 인용하는 작업의 한계에 대해 엄정한 주의를 요하면서, 아트리움이나 주랑식 빌라가 아닌 다른 대안을 제시한다.[16] 그는 고린도의 극장 동편에 있는, 1980년대에 발굴된 상업 지역에 주목한다. 그리고 커다란 화덕이 있는 것으로 보아 식당이나 정육점으로 추정되는 한 건물의 발굴 현장에 주목하면서, 이 건물의 2층은 50명 이상의 인원을 수용할 수 있을 만큼 큰 공간이었다고 추정한다. 이런 공간이라면 굳이 개인집의 좁은 식당(triclinium)과 아트리움에 분산 수용된 구도를 상정할 필요가 없게 된다. 이런 가정은 회중 전체의 집회를 고린도 시의 가장 부유한 지역에 위치시키려 했던 위의 학자들의 시도와는 다르며, 고린도 교인들의 사회적 지위라는 다른 문제와 연관되어 있다.[17]

호렐의 시나리오는 바울의 모든 교회가 큰 규모의 개인 주택을 활용할 수 있었다는 가정에 대한 합리적인 도전이다. 그런 공간은 극소수의

---

15) Carolyn Osiek, David L. Balch, *Families in the New Testament World*, 201. Cf. P. Lampe, "The Eucharist: Identifying with Christ on the Cross," *Interpretation* 48, no.1 (1994), 39; David L. Balch, "Rich Pompeiian Houses, Shops for Rent, and the Huge Apartment Building in Herculaneum as Typical Spaces for Pauline House Churches," *Journal for the Study of the New Testament* 27, no. 1 (2004): 27-46.
16) David Horrell, "Domestic Space and Christian Meetings at Corinth: Imagining New Contexts and the Buildings East of the Theatre," *New Testament Studies* 50, no. 3 (2004): 349-69.
17) 이런 재구성은 또 다른 문제, 곧 고린도 교인들의 사회적 계층 문제와 연결되어 있다. Theissen과 Meeks로 대표되는 새로운 합의는 Meggitt에 의해 도전받고 있다. Justin J. Meggitt in *Paul, Poverty and Survival*, Studies of the New Testament and Its World (Edinburgh, UK: T&T Clark, 1998). Meggitt의 도전은 긴 논쟁을 유발했다. 다음 장에서 이 문제를 다룰 것이다. 간단히 밝히자면 나는 몇몇 바울 교회들에는 큰 아트리움을 가진 부자 교인이 한 명도 없었고, 모두 최소생계비 근처나 그 이하의 수준의 삶을 살던 상황이었을 것으로 본다. 그러나 고린도 교회는 이런 경우에 해당하지 않는다고 보는 입장이다.

부유층에게나 가능했기 때문이다. 머피-오코너의 재구성은 부유한 개인 주택에 한정해서 후보지를 모색해야 하는 구도였지만, 호렐의 제안은 그 범위를 획기적으로 넓혔다. 바울 교회의 일반적인 예배 장소에 대한 연구에서 호렐의 제안이 시사하는 바는 크다. 그렇지만 고린도 교회의 경우 상황이 다를 수 있다. 바울이 고린도전서 11장에서 "빈궁한 자들"(τοὺς μὴ ἔχοντας; 11:22)과 그들을 업신여기는 자들을 대립시키는 구조를 간과해서는 안 된다. 적어도 고린도 교회에 대주택 소유주가 있었을 가능성을 시사하는 구절도 놓쳐서는 안 된다.[18] 아울러 그리스-로마 사회에서 빈곤층의 정기적 공동식사는 상당한 정도의 조직, 규정, 그리고 공적인 행위를 수반하는 것이 보통이라는 점도 감안해야 한다. 고린도의 공동식사가 어떤 공적인 절차나 조직의 흔적을 남기고 있는가 하는 질문이 중요한 이유다. 다음 단락에서는 고린도 회중과 관련하여 주목할 만한 조직화의 증거는 없다는 점을 살펴볼 것이다.

사실 호렐의 중요한 강조점은 머피-오코너의 재구성이나 자신의 추정이 모두 "전적으로 상상에 기초한" 수준을 벗어나지 못하고 있으며,[19] 현재까지의 고고학적 증거는 학자들이 확신을 갖고 고린도 교회의 전체 집회의 상황을 구성하기에는 너무도 빈약하다는 데 있다. 쇼월터는 이런 한계를 강조하면서 언젠가 학회에서 들었던 "고린도의 주택이라는 장소와 관련한 지난 30년간의 탐구는 의미 있는 결과를 산출하지 못했다"는 평을 인용한다. 이에 대한 대안으로 의례의 공간(ritual space)으로서의 에클레시아와 물리적 공간으로서의 오이코스를 구별한 오클랜드(Jorunn Økland)의 구도에 주목할 것을 요청한다. 그녀의 구도는 "고고학적 증거를 진지하게 다루면서도, 자료의 한계와 그 자료들을 해석하는 데서의 한

---

18) 참조. 롬 16:23.
19) Horrell, "Domestic Space," 368.

계를 직시하고" 있기 때문이라는 이유에서다.[20] 오클랜드의 접근, 그리고 그녀와 비슷하게 물리적 공간보다 공간에 대한 해석에 초점을 맞추는 바톤의[21] 시각이 바울의 텍스트와 그 의미를 분석하는 데 도움을 주는 것은 사실이다. 그러나 그 공간에 대한 해석과는 별개로 실제로 고린도 교인들이 어떤 공간에 모였는가 하는 문제는 여전히 숙제로 남는다.

더구나 오클랜드는 성전(ναός)이라는 단어의 의례적 어감을 에클레시아에 대입해 넣으면서, 에클레시아에 본래 내재한 사회적 측면을 배제해 버리고 있다. 그녀는 에클레시아가 사실상 텅 빈 단어, 다른 단어로 대체될 수 있는, 그 자체로 독립적인 중요성이 없는 단어라고 단정한다.[22] 에클레시아를 성전과 연결하기 위해 그녀는 고린도전서에서 성전 이미지가 주도적이라고 주장한 존 란시의 연구에[23] 편중되게 의존하고 있다. 그러나 란시의 연구는 방법론적 한계가 뚜렷하다. 사실 바울은 그리스도인 공동체를 묘사하기 위해 수많은 개념, 은유, 이미지를 사용하고 있으며 성전은 그중 하나일 뿐이다. 성전이 그리스도인 공동체의 중심 이미지라고 볼 근거는 박약하다. 고린도전서에서 성전(ναός)과 에클레시아(ἐκκλησία)가 결코 같은 문단에서 등장하지 않는다는 것도 주목해야 한다. 이 두 단어를 동일시하는 오류는 에클레시아가 그리스도인 공동체의 대표적인 명

---

20) Daniel N. Schowalter, "Seeking Shelter in Roman Corinth," in *Corinth in Context*, ed. Steven J. Friesen, Daniel N. Walters, James C. Schowalter (2010), 338-39: cf. Jorunn Økland, *Women in Their Place: Paul and the Corinthian Discourse of Gender and Sanctuary Space* (London; New York: T&T Clark, 2004).

21) Barton, "Paul's Sense of Place," 225-46.

22) Økland, 135-36.

23) John R. Lanci, *A New Temple for Corinth: Rhetorical and Archaeological Approaches to Pauline Imagery*, Studies in Biblical Literature 1 (New York: Peter Lang, 1997). Lanci의 논문에 대한 Horrell의 서평을 참조하라. David Horrell, "A New Temple for Corinth: Rhetorical and Archaeological Approaches to Pauline Imagery," *JTS* 50, no. 2 (1999), 708-11.

칭이 된 후대의 상황과 바울이 사용한 에클레시아의 제한적 용례를 혼동한 시대착오에서 온 것이다.[24] 위의 제3장에서 우리는 바울 시대의 에클레시아는 그리스도 신앙 공동체의 대표적인 용어가 아니었으며, 바울을 제외한 다른 저자들은 이를 극히 제한적으로만 사용했고, 심지어 바울도 이 용어를 몇몇 특정한 문맥에서만 사용했다는 사실을 확인한 바 있다.

오클랜드의 신성한 공간(sacred space)이라는 용어는 한 가지 문제를 해결하면서, 또 다른 문제를 생성하고 있다. 주의 만찬에 대한 토론에서 바울이 에클레시아라는 용어를 사용함으로써 극복하고자 했던 것은 오이코스라는 장소와 불가피하게 결합되어 있던 사회적 영향력, 공간의 규정성이었다. 그러나 오클랜드는 신성한 공간이라는 말로 공간의 물리적·물질적 성격을 쉽게 초월할 수 있는 것처럼 전제하고 있다. 그의 논지에서는 신성함만 강조되지, 공간 자체가 갖는 사회적 규정성에 대해서는 충분히 주의를 기울이지 못하고 있다. 그래서 사실 바울의 에클레시아가 아니라 오클랜드의 공간(space)이라는 말이 거의 빈 용어(empty term)가 되고 있다. 바울은 공간이 아니라 모임 혹은 사람들을 재규정하려 하고 있다.[25] 성전(ναός)도 마찬가지다. 바울이 "너희가 성전이라"[26]고 한 것은 공간을 규정하려는 것이 아니라, 사람을 규정하는 것이다. 사람과 모임의 성격이 공간의 규정성을 넘어선다는 것이 바울의 생각이다.

바울이 공간의 성격을 그렇게 섬세하게 구분했는지는 의문이다. 오클

---

24) 위의 3.1과 3.2를 보라.
25) 그리스 정치뿐 아니라 70인역과 바울 서신에서도 에클레시아는 기본적으로 장소가 아니라 "모임" 혹은 "사람들"을 의미한다. 위에서 살펴본 대로 συνερχομένων ὑμῶν ἐν ἐκκλησίᾳ가 "여러분이 교회에 모일 때"(in the church)가 아니라 "교회로 모일 때"(as the church)인 것도 같은 이유다. 참조. Anthony C. Thiselton, *The First Epistle to the Corinthians*, 857.
26) 고전 3:17; 6:19.

랜드의 공헌은 공간의 성격에 대한 섬세한 구분이 요청되는 상황을 감지한 것이다. 중요한 것은 무엇이 그런 구분을 요청했는가 하는 점이다. 오클랜드는 물리적 공간의 제한이 주의 성찬 자리에서 사회적 갈등의 원인을 제공했다는 사실에 충분한 주의를 기울이지 못하고 있다.

머피-오코너의 시나리오가 세부적인 사항에서는 비판받을 수 있겠지만 물리적 공간과 사회적 갈등 사이의 상관관계에 대해서 훌륭한 통찰을 제시하고 있는 것은 사실이다. 고린도 교회가 회집한 장소와 관련한 30년간의 연구가 구체적인 결론을 내놓지는 못했지만, 공동체의 상황에 대한 논의를 보다 실제적인 장으로 끌고 간 것은 사실이다.

기존의 연구에 대한 이러한 평가에 기초해서, 본 연구는 고린도 교회에서 벌어진 성찬에서의 갈등 양상을 분석하기 위한 방법론으로 일차적으로 문헌자료에 의지하고, 필요하다고 생각하는 지점에서 고고학적 통찰을 제한적으로 사용할 것이다. 이러한 고찰이 고린도 교회의 사회적 상황에 대한 보다 명확한 이해를 제공할 것으로 기대한다.

4.2 — 갈등의 사회적 성격에 대한 중요한 질문

고린도의 공동식사 현장에서 벌어진 갈등과 관련하여 아래의 네 가지 질문이 논의되어야 한다.

(1) 어떤 종류의 식사인가? 누가 식사비를 지불했는가?
(2) 집 주인(가이오 혹은 다른 이)의 지위와 역할은 무엇인가?
(3) 바울이 고린도를 떠난 후 고린도 교인들의 전체 집회에 무슨 변화가 있었는가?

(4) "배 고픈 채로" 집에 돌아가야 했던 사람들은 누구인가?

4.2.1 —— 어떤 종류의 식사인사? 누가 식사비를 지불했는가?

바울은 성찬에서의 문제를 이렇게 묘사한다. "이는 먹을 때에 각각 자기의 만찬을 먼저 갖다 먹으므로 어떤 사람은 시장하고 어떤 사람은 취함이라"(고전 11:21). 먼저 갖다 먹는다고 번역된 동사는 프로람바네이(προλαμβάνει)로 "~와 함께 진행하다"(go ahead with) 혹은 "먼저 시작하다"[27]의 뜻으로 번역되어왔다. 이 동사의 해석은 33절에 나오는 바울의 해결책인 "그런즉 내 형제들아, 먹으러 모일 때에 서로 기다리라(ἐκδέχεσθε)"고 할 때 엑데케스테(ἐκδέχεσθε)의 해석과 관련되어 있다. 프로람바네이를 먼저 시작한다고 번역하면 엑데케스테를 "서로 기다리라"고 번역하여 늦게까지 노동해야 했기 때문에 공동식사 시간에 늦게 올 수밖에 없었던 가난한 이들에 대한 배려를 말했다는 해석에 부합한다. 그러나 브루스 윈터는 프로람바네이의 프로(προ-)라는 접두어에 "시간적으로 먼저"라는 의미가 없다는 점을 지적하면서, 프로람바네이는 단순히 "먹다" "먹어 치우다" 등으로 해석해야 한다고 주장한다. 그는 엑데케스테에도 시간적인 의미는 없다고 하며 단순히 "기다리라"가 아니라 "받아들이라" "환영하라" 등의 의미로 보아야 한다고 주장한다.[28]

윈터의 프로람바네이 해석은 상당한 지지를 받았지만, 그의 엑데케스

---

27) Lampe는 성찬의 문제를 "성급한 시작"에 있었다고 한다. "The Eucharist," 41. G. Theissen, C. K. Barrett, E. Schweitzer, Murphy-O'Conner, Osiek와 Balch, E. E. Wire 등 대다수의 학자들이, 또 *KJV, NIV, NRSV, ESV* 등 주요 성서 번역이 지지하는 해석이다.
28) Bruce W. Winter, *After Paul Left Corinth: The Influence of Secular Ethics and Social Change* (Grand Rapids, MI: W. B. Eerdmans, 2001), 143-48.

테 해석은 그렇지 못했다.[29] 만약 그의 두 동사 해석이 맞다고 하더라도, 그런 번역이 가난한 자들과 부자들의 도착시간이 다른 것이 갈등의 원인이 되었다는 해석을 배제하지는 않는다. 공동식사 자리에서의 갈등을 도착 시간 문제와 연계시키는 것을 대신하여, 윈터는 식사의 성격에 대해 고린도 교인들 간에 벌어진 이해의 차이로 설명한다. "바울의 언급은 어떤 교인들은 주의 만찬을 평등한 혹은 무료로 제공되는 만찬이 아닌 사적인 만찬(ἀσύμβολον δεῖπνον)으로 이해했음을 보여준다. 사적인 만찬이란 각자 자기 음식을 들고 와서 자신의 것을 먹는 만찬을 말한다."[30] 윈터는 아쉼볼론 데이프논(ἀσύμβολον δεῖπνον)을 "사적인 만찬"으로 이해하면서 이를 "공동 만찬"(ἔρανος)과 대립시킨다. 그러나 에라노스(ἔρανος)는 자발적 조합들의 만찬을 가리키는 이름으로 확립되어 있던 용어인 데 반해,[31] 아쉼볼론 데이프논이 특정한 식사 종류로 인식되었다는 증거는 없다. 만찬에서 음식이 분배되는 방식을 묘사하는 용어 정도로 보는 것이 좋다. LSJ 사전은 이 용어를 "아무도 자신의 음식을 가져오지 않는 식사"로 규정하고 있는데,[32] 윈터의 이해와는 정반대되는 해석이다.

그러므로 이 구절에 대한 윈터의 해석, 그리고 본문에 대한 석의를 특정한 종류의 식사와 연결시키는 방식은 동의하기 힘들다. 바울은 부유한 고린도 교인들을 향해 "주의 만찬"(κυριακὸν δεῖπνον)을 "개인의 만찬"(ἴδιον δεῖπνον)으로 만들어버리고 있다고 질책하고 있다. 고린도전서의 경우 편

---

29) 참조. Richard B. Hays, *First Corinthians*, Interpretation, a Bible Commentary for Teaching and Preaching (Louisville, KY: John Knox Press, 1997), 197. Thiselton (898-99)은 Winter의 προλαμβάνει 번역을 지지하지만, ἐκδέχεσθε는 "기다리라"고 번역한다.
30) Bruce W. Winter, *After Paul Left Corinth*, 157.
31) LSJ, s.v. "ἔρανος."
32) LSJ, s.v. "ἀσύμβολος"; Alex. 257.2; Amphis 39; Plutarch 2.957a; Eustathius Thessalonicensis Philol. et Scr. Eccl. 1.42, 52, 4.196.

지의 작성자와 수신자가 모두 그 식사가 개인의 식사가 아닌 일종의 공적인 성격을 가진 만찬이라는 생각을 공유하고 있는 것이다. 윈터가 위와 같은 주장을 하면서 주로 참고한 자료는 플루타르코스의 "모두에게 각자의 몫을 지급한 옛 풍습이 옳은가, 아니면 다수의 사람들이 같은 접시에서 먹도록 하는 우리가 옳은가" 하는 에세이다.[33] 플루타르코스는 이 글에서 "공적 만찬"(τὰ δημόσια δεῖπνα, 644.B)에 대해 논하고 있고 바울은 개인의 주택에서 일어난 만찬에 대해 말하고 있다. 따라서 윈터가 선택한 플루타르코스의 에세이에 나오는 만찬은 바울의 "주의 만찬"과는 본질적인 차이가 있다. 플루타르코스가 논하는 공적 만찬은 정부가 주최하고 공무원들이 주관하는 행사였다(참조. ἀρχὴν, 관리책임자 642 F; κρεωδαίτην, 왕이 임명한 고기 분배자, 643B). 윈터는 플루타르코스의 글에서 다른 종류의 만찬을 추출해내지만, 이 글에서 플루타르코스가 논하는—아쉼볼론—것은 만찬의 종류가 아니라, 공적 만찬이라는 같은 형식 속에서 음식의 분배 방식에 관한 사소한 차이에 불과하다.

고린도 교회의 만찬은 개인 주택이라는 사적인 공간에서 벌어진 일이지만, 공적 만찬이라는 범주가 바울의 성찬 논의에서 나름의 의미를 갖고 있는 것은 사실이다. 바울이 에클레시아라는 공적인 집회의 용어를 집중적으로 쓰고 있기 때문이다. 주의 만찬(κυριακὸν δεῖπνον, 11:20)과 개인적 식사(ἴδιον δεῖπνον)를 대립시키면서 바울이 고린도 교인들의 만찬의 공적인 성격을 강조하는 수사적 구도를 만들고 있다고 볼 수 있다. 퀴리아코스(κυριακὸς)라는 말이 파피루스나 비문들에서 카이사르의 통치 영역을 가리키는 말로 쓰였음을 감안하면[34] 바울이 퀴리아코스라는 말로 일종의

---

33) Plutarch, *Moralia* 642F-644D (*Table Talk* 2,10).
34) Hans-Josef Klauck, *Herrenmahl und hellenistischer Kult: Religiongeschichtliche Untersuchung zum ersten Korintherbrief*, 291; cf. n33; OGIS 669, 13; James H,

공적인 성격을 강조했을 가능성은 더 높아진다.

윈터의 ἀσύμβολον δεῖπνον이라는 범주는 근거가 희박하지만, 그가 고린도의 만찬을 ἔρανος로 설명한 것은 적지 않은 학계의 지지를 받았다.[35] ἔρανος는 θίασος로도 불리며 "소풍", "클럽 식사" 혹은 "potluck dinner"[36]로도 번역할 수 있는 단어다. 자발적 조합들의 공동식사와 관련해서는 그들의 무질서와 술 취함에 대한 비판이 엘리트 문헌에서 발견되고, 또 그들 자신의 규약에서 이런 행위에 대한 금지 규정을 찾아볼 수 있다는 점이 자주 언급된다.[37] 그러나 비슷한 문제를 경험했다고 해서 사회적으로 같은 상황에 있었다고 보는 것은 비약이다. 술 취함과 무질서는 클럽의 식사에만 있지 않았다. 사실 모든 종류의 심포지엄이 비슷한 비난의 대상이 되었고, 그런 문제를 벗어나기 위한 노력도 다양한 사회 계층에서 발견된다. 무질서와 술 취함의 문제는 그리스-로마 세계의 사교적 식사 모임의 단골 주제였다.[38]

Moulton and George Milligan, *The Vocabulary of the Greek Testament: Illustrated from the Papyri and Other Non-Literary Sources* (Grand Rapids, MI: Eerdmans, 1963), 364; Friedrich Preisigke, *Wörterbuch der griechischen Papyrusurkunden* (Berlin: Selbstverl. der Erben, 1925), s. v. κυριακός.

35) Rachel M. McRae, "Eating with Honor: The Corinthian Lord's Supper in Light of Voluntary Association Meal Practices," *JBL* 130, no. 1 (2011), 165-81; Panayotis Coutsoumpos, *Community, Conflict, and the Eucharist in Roman Corinth: The Social Setting of Paul's Letter* (Lanham, MD: University Press of America, 2006), 14-21; Lampe, "The Eucharist," 37-39; Osiek and Balch, 199-201; David E. Aune, "Septem Sapientium Convivium (*Moralia* 146B-164D)," in *Plutarch's Ethical Writings and Early Christian Literature* (Leiden: Brill, 1978), 72.

36) Cf. Aune, "Septem Sapientium Convivium," 72; Lampe, "The Eucharist," 38; 이 단어를 "feast"나 "banquet"의 의미로 쓰는 용례는 *LSJ, s.v.* θίασος, 801 (III)를 보라.

37) In P. Tebt. 243 (ἐκπαροινήσῃ), line 3; P. Lond. 2710, lines 15-16; cf. Philo, *Flacc.* 136; *Legat.* 312; Varro, *Rust.* 3.2.16; Wendy Cotter, "Our Politeuma Is in Heaven: The Meaning of Philippians 3:17-21," in *Origins and Method*, ed. Bradley H. McLean.

38) Dennis Edwin Smith, *From Symposium to Eucharist: The Banquet in the Early*

에라노스(ἔρανος)라고 불리던 식사 모임은 대개 회원들이 조합의 회비 형식을 통해서 각자가 공평하게 비용을 분담하는 방식으로, 혹은 후원자의 기부를 받는 방식으로 행해졌다. 이렇게 마련된 식사는 조합의 명문화된 규약에 따라 소집되었고, 공식적으로 선출된 임원들이 관장했다.[39] 고린도의 성찬 모임이 전형적인 에라노스와 같은 조직 구성을 가지고 있었는가 하는 것은 그 성격을 밝히는 중요한 질문이 될 수 있다.

우리가 고려해야 할 세 번째 종류는 "손님들이 비용을 부담할 필요 없이 무료로 초청되는"[40] 사적인 식사다. 이러한 식사는 개인 주택에서 진행되며 개인이 주도권을 쥐고 계획하고 초청하고 관장한다. 음식과 여흥도 집주인 부담으로 제공된다. 이러한 파티도 완전히 사적인 것이라고는 할 수 없다. 왜냐하면 집안 식구가 아닌 손님이 존재하고, 참석자들은 공적인 시각과 판단에 노출되며, 공적 기대를 따라 행동하기 때문이다. 타이센은 플리니우스나 마르티알리스의 개인적인 경험에 대한 묘사를 참고하여 고린도의 상황을 재구성하고 있다.[41] 이 예들은 개인의 집에서 개인의 주도하에 행해진 만찬이다. 둘 다 사회의 최상층부 엘리트였기 때문에 그들의 사회적 세계가 고린도 교인들의 그것과는 사뭇 달랐을 것이다. 그러나 이런 만찬도 고린도의 성찬에 대해 힌트를 줄 수 있는데, 바로 개인 파티에서 집주인의 역할에 관한 것이다. 윈터가 공적 식사의 여러 유형에 대해 말하면서 언급하고 있는 플루타르코스의 글과 마찬가지로, 타이센이 예로 든 플리니우스의 개인이 주도한 만찬의 경우에도 상당한 다양성이 있다.

Christian World (Minneapolis: Fortress Press, 2003), 36-37.
39) 많은 파피루스 증거들이 있다. 가장 유명한 예는 "The Gild of *Zeus Hypsistos* (P. Lond 2710)"에서 볼 수 있다.
40) Aune, "Septem Sapientium Convivium," 72n43.
41) Pliny, *Ep.* 2.6; cf. Martial, *Epigrammata*, 3.60, 1.20. Theissen, Murphy-O'Connor, 그리고 많은 다른 학자들이 플리니우스와 마르티알리스를 인용한다.

이러한 관찰은 우리에게 위의 세 가지 유형의 식사 모임이 저마다 고린도의 성찬에 참조가 되며, 고린도의 성찬을 어느 하나의 유형과 동일시할 수는 없다는 사실을 확인해준다. 만약 우리가 고린도 성찬의 식사를 기존의 어떤 유형과 연결시키는 데 성공한다 하더라도, 우리는 여전히 그 유형과 고린도의 경우 간의 차이를 말해야 하고, 특정한 유형 내에서의 다양성도 다루어야 한다. 이는 초기 그리스도인들의 공동식사와 고대 사회의 다른 공동식사를 특정한 유형들에의 의존과 파생으로 파악할 것이 아니라, 하나의 광범위하고 포괄적인 전통에 기독교인들이 참여하고 있다고 보아야 한다는 클링하르트(Klinghardt)의 견해와도 궤를 같이한다.[42] 그는 "단순한 가족 식사"라 불릴 수 있는 것이 있다면 그것조차도 공동체 식사 혹은 공적인 식사와 어느 정도 공통점이 있을 것이라고 강조한다.

여기서 네 번째 유형의 식사, 곧 가족 식사를 고려해야 할 필요가 제기된다. 바울은 공동체 식사를 혼란스럽게 하는 이들의 행동을 지적하면서 "너희들이 먹고 마실 집이 없느냐?"(11:22)라고 하면서 그들의 행동이 개인의 가족 식사에나 어울린다고 말한다. 데니스 스미스의 평생에 걸친 기독교 성찬에 대한 연구 역시 위에서 말한 클링하르트와 같은 결론에 이르렀다. 그는 한두 개의 전통적 만찬 양식 중에서 기독교 성찬의 유래를 찾아보려는 학자들의 시도를 비판하면서,[43] 초기 그리스도인 공동체들은 그리스-로마 세계에서 일반화된 만찬 전통에 각각의 공동체가 나름의 상황에서 나름의 방식으로 참여했다고 주장한다. 다시 말하면 기독교의 가장

---

42) Matthias Klinghardt, "A Typology of the Community Meal," in *Meals in the Greco-Roman World Consultation*, 미간행 논문.

43) 이러한 시도를 한 학자들로 Jeremias나 Lietzmann을 들 수 있다. Joachim Jeremias, *The Eucharistic Words of Jesus* (New York: Scribner, 1966); Hans Lietzmann, *Mass and Lord's Supper: a study in the history of the liturgy* (Leiden: E.J. Brill, 1979); cf. Smith, *From Symposium to Eucharist*, 1-6.

초기에는 성찬이 지역에 따라 다양한 형식으로 행해졌고, 후에 가서야 다양한 전통이 단일화된 의례(liturgy)로 합쳐졌다는 것이다. 스미스는 그리스 전통의 심포지아를 다양한 형태의 만찬을 대표할 수 있는 통합적인 용어로 보고, 하층민들의 조합 식사(에라노스) 역시 범주적으로 심포지엄의 하나로 보아야 한다고 주장했다.

고린도의 성찬을 어느 한 종류의 공동식사와 동일시하기 힘들다는 이상의 결론 위에서, 나는 고린도의 성찬과 유용한 비교점을 제공해줄 그리스-로마의 식사를 아래와 같이 네 가지로 구분해보고자 한다. 공적인 성격이 강한 순서대로 나열한다.

(1) 국가(폴리스) 주최 식사(δημόσιον δεῖπνον): 고린도 교회의 식사는 개인의 식사(τὸ ἴδιον δεῖπνον)와는 분명히 구별되어야 했다. 바울이 성찬의 모임을 에클레시아라고 불렀는데, 에클레시아는 그리스어에서 사실상 데모스와 동의어였다. 문자적으로 데모스의 식사(δημόσιον δεῖπνον)는 폴리스 주최의 식사로서, 적어도 바울의 수사적 전략 안에서 고린도의 성찬과 강한 유비를 이룬다.

(2) 조합의 식사(ἔρανος): 고린도 성찬의 참여자들이 이미 존재하던 어떤 그룹의 정기적인 모임에 참석하는 멤버들이었다는 점은 이 유형을 참고해야 할 이유가 된다.

(3) 개인 주최의 만찬: 어쨌거나 그 식사는 개인의 주택에서 행해졌다.

(4) 개인 집에서의 가족끼리의 식사: 성찬을 어지럽히는 이들에 대한 바울의 질책인 "너희가 먹고 마실 집이 없느냐?"라는 말은 적어도 바울이 보기에 그들의 행위가 사적인 식사에나 어울렸다는 방증이 된다.

요약하자면, 고린도의 만찬은 참석자들에게 기대되는 행동이라는 면에서는 공동체의 식사였으나, 개인 주택에서 모였다는 근본적인 불일치를 갖고 있었다. 만찬의 공적인 성격과 공간의 사적인 성격 간의 불일치는 성찬에서의 혼란과 갈등을 푸는 중요한 열쇠가 되며, 바울의 강조점이 에클레시아의 공적인 성격에 있다는 점을 드러내줄 것이다.

4.2.2 —— 주의 만찬에서 해당 주택 소유자의 지위와 역할

고린도 만찬의 사적인 성격은 만찬이 열린 주택 소유자가 만찬에서 어떤 지위와 역할을 수행했는가 하는 질문으로 접근해볼 수 있다. 이는 가이오[44]와 같은 이들에 대한 당시의 문화적 기대와 연결된 문제다. 가이오를 우연히 그의 집에서 회중이 모이게 된, 평범한 한 멤버로 보는 것은 한쪽 극단에 속하는 견해다. 반대의 극단은 그 만찬을 가이오 개인이 주최한 파티로 본다. 그럴 경우 가이오는 만찬의 주최자로서 혹은 조합 식사의 후원자로서의 권리와 명예를 온전히 누리는 인물이 된다. 호렐은 후자의 견해를 지지한다. "가이오는 그 회중의 호스트 역할을 했을 것이다. 말하자면 그가 회중들을 자신의 집에 초청했다는 것이다. 공동식사의 비용을 충당하는 사람들은 사실상 사적인 (파티의) 호스트처럼, 자신에게 의존하고 있는 피후원자들(clients)을 후원하는 후원자(patron)처럼 행동했을 것이다."[45] 호렐은 여기서 사적인 파티의 주최자와 후원자라는 두 개념을 혼용하고 있다. 만찬의 종류에 대한 논의처럼, 호스트의 역할도 많은 경우에 혼돈되고 서로 겹치는 영역이 있는 것이 사실이다. 그러나 그런 경우에도 개인적 파티의 호스트와 에라노스(ἔρανος)의 후원자 사이에는 분명히 구

---

44) 위에서 설명했듯이, 가이오가 아닌 다른 인물일 수도 있다.
45) Edward Adams, David G. Horrell, *Christianity at Corinth: The Quest for the Pauline Church* (Louisville, KY: Westminster/John Knox Press, 2004), 158.

별되는 특성이 있다.

고린도 교회의 만찬이 개인 집에서 행해졌기 때문에, 가이오의 역할을 먼저 사적인 파티의 주인 역할과 비교해볼 필요가 있다. 고린도전서 11장에 나오는 음식의 공평하지 않은 분배는 참석자들이 음식을 제공한 기여도 차이와 관련이 있었을 것이다. 아마도 가이오는 자신의 주방으로부터 상당한 양의 음식을 제공했을 것이고, 다른 부유한 멤버들은 자신의 집에서 어느 정도의 음식을 들고 왔을 확률이 높다. 이런 구도는 개인의 만찬(τὸ ἴδιον δεῖπνον)이라고 하는 바울의 표현을 잘 설명해준다. 그리고 큰 부엌을 가진 호화 빌라와 취사시설이 전혀 없는 가난한 이들의 인슐라로 이루어진 로마 도시들의 고고학적 증거에도 부합한다.[46]

누가복음 14:7-11에 나오는 만찬은 사적인 만찬에서 주최자(주로 집주인)의 권리와 관련한 문화를 잘 보여준다. 이 비유에서 만찬 참석자들의 사회적 지위가 자동적으로 배석을 결정하지는 않으며, 좌석 배열이 모호해지는 경우는 언제든지 발생할 수 있다. 이 사적 만찬에서 좌석 배열의 권한은 집주인, 즉 초청한 이(ὁ καλέσας)에게 있다. 스미스는 이것이 일반적인 관행이었음을 보여준다. "참석자 명단, 메뉴, 그리고 참석자들에게 무엇을 제공할지를 결정하는 책임은…주인에게 있었다. 어떤 참석자들에게 특별한 대우가 필요하다면 그 역시 주인이 챙겨야 할 일이었다."[47] 플루타르코스의 식탁대화 시리즈 중에 "주인이 손님들의 좌석을 지정해주는 것이 좋은가, 아니면 손님들이 알아서 앉도록 맡겨두는 것이 좋은가" 하는 글이 있는데 여기서도 좌석 배열의 권리와 책임은 파티의 주인에게 있는 관습이 전제되고 있다.[48] 가이오가 고린도 회중의 모임에서 이런 권

---

46) Carolyn Osiek, David L. Balch, *Families in the New Testament World*, 31-32; Oakes, *Reading Romans in Pompeii*, 8.
47) Smith, *From Symposium to Eucharist*, 33.

리를 행사하지 않았다는 것은 거의 확실해 보인다. 아마도 모든 참석자가 그의 개인적인 손님이 아니라, 이미 존재하는 모임의 멤버 자격으로 만찬에 참석했다는 것이 한 이유일 것이다. 이런 점에서 가이오는 자신의 판단으로 참석자를 결정해서 초청하는 전형적인 사적 만찬의 주인과는 다른 자격을 가진 것이 분명하다.

이 문제는 현대 학자들이 가정교회라고 부르는 현상의 본질과 연결되어 있다. 사도행전을 통해서 우리는 가정교회가 시작되는 모습을 상상해 볼 수 있다. 바울이 "강 가에서"(16:13) 여인들에게 복음을 전하고, 그중의 몇이 복음에 마음을 연다. 그중에 루디아라는 여인은 바울에게 자신의 집에 머물라고 간청한다. 바울은 그녀의 집에 머무는 동안 그 집에서 복음을 전했고, 그 식구가 아닌 사람들도 그 집에 와서 함께 바울의 설교를 들었을 것이다. 이는 가정교회가 생기는 전형적인 과정이라 할 수 있다.[49] 사도행전의 이 묘사에서는 교회를 조직하고자 하는 어떤 의도적인 행위가 관찰되지 않는다. 바울이 머물렀던 집의 가장이 자연스레 공동체의 필요, 모임에 필요한 공간과 음식을 부분적으로라도 감당했을 것이다. 로마서 16:23에서 바울은 자신이 가이오의 집에 머무르는 동안에 그 집에서 고린도의 전체 집회가 모였음을 밝힌다. 바울이 머물렀다고 하는 점이 그 집에 특별한 자격을 부여했을 것이고, 바울은 고린도에 머무는 동안에 주의 만찬을 집례했을 것이다.

이런 상황이라면 모임이 행해지던 집의 주인은 세속 조합들의 식사

---

48) Plutarch, *Moralia* 615C-619F.
49) 사도행전에 따르면(19:25) 바울은 브리스길라와 아굴라의 집에 머물렀다. 그들의 직업이 같았기 때문이었다. 다른 경우에 바울은 유대인들에 의해서 회당에서 쫓겨난 후, 한 사람의 집에서 묵을 곳을 발견하기도 했다. 바울이 먼저 회당을 찾은 것은 누가가 설정한 구도일 수 있지만, 우발적인 계기로 개인 주택에서 모임이 시작되는 것은 다른 경우에도 일반적으로 나타나며, 역사적 개연성도 상당히 높다.

를 후원하는 후원자(patron)의 역할과 비슷하게 여겨질 수 있는 위치에 있었다고 볼 수 있다. 후원제(patronage)는 경제적 현상만이 아니라, 호혜(reciprocity)가 고리로 엮인 복합적인 사회 제도(social institution)였다.[50] 이 호혜 관계에서 후원자에 대해 경의를 표하는 것은 핵심적인 사항이었다. 그러나 가이오가 집을 제공한 것에 대해서 특별한 대우나 감사를 받았다는 어떤 실마리도 발견할 수 없다. 웨인 믹스는 그리스도인 공동체에서 "후원자들"이 그들의 재정적 기여에 상응하는 어떤 칭송을 받았던 흔적이 없다고 보았다.[51] 오늘날의 교회로 말하면 거액을 헌금한 사람들을 위해 교회가 특별히 광고하거나 유별나게 대우하지 않았다는 말이다. 세속 조합에서는 가이오처럼 기여했던 이라면 그 만찬의 후원자로 자리매김했을 것이다. 이 문제는 그 식사를 클럽의 공동식사인 에라노스(ἔρανος)로 볼 수 있는가 하는 문제와 관련되어 있으며, 넓게는 고린도 회중을 하나의 자발적 조합으로 볼 수 있는가 하는 문제와 관련되어 있다.

또 하나의 힌트는 누가복음 7:36-50에서 볼 수 있다. 동네에서 죄인으로 알려진 한 여인이 예수를 식사에 초대한 한 바리새인의 집에 들어가는 장면이다. 평소 같으면 이 여인이 그 바리새인의 집에 들어갈 수 있었을까? 어림없다. 그녀가 적대적인 공간인 그 집에 들어갈 수 있었던 것은 예수의 현존 때문이었다. 이 예는 집 주인이 특별한 손님을 모실 때, 그 주인의 일상적인 권리 일부가 그 주빈에게 양도될 수 있음을 보여준다. 바울이 가이오의 집에 머물렀을 때, 온 교회가 함께하는 식탁에서의 바울의 위치도 비슷한 맥락에서 추정할 수 있다.[52] 바울의 현존이 사회적 갈등을

---

50) Richard P. Saller, *Personal Patronage under the Early Empire* (Cambridge; New York: Cambridge University Press, 1982), 7-39, 69-78.
51) Meeks, *The First Urban Christians*, 78. cf. L. W. Countryman, "Patrons and Officers in Club and Church" in P.J. Achtemeier (ed.) *Society of Biblical Literature 1977 Seminar Papers*, SBLASP 11 (Missoula, MT: Scholars Press, 1977), 140.

상당 부분 해소했을 것이다. 바울이 고린도전서 11장에서 성찬 자리에서의 사회적 갈등을 다루면서 그리스도의 현존을 강조하는 이유도 여기에 있다. 그리스도가 그 자리에 계신다면 어떻게 행동할지를 생각해보라는 말이다. 바울의 현존이 성찬 자리의 사회적 갈등을 일정 부분 누그러뜨렸다면, 우리는 바울이 고린도를 떠난 후에 어떤 변화가 일어났는지 질문해보아야 한다.

4.2.3 ── 바울이 고린도를 떠난 후에 무슨 일이 일어났을까?

고린도 회중의 성찬이 무질서한 이유를 탐구하면서, 윈터와 블루는 바울이 고린도를 떠나고 나서 그들에게 어떤 변화가 있었는지를 묻는다. 바울이 그들과 함께 있을 때는 없었던 새로운 문제가 생겼다면, 그 후에 어떤 변화가 있었는지를 묻는 것은 올바른 연구 방향이다. 윈터와 블루는 바울이 떠난 후 기원후 51년의 기근과 성찬에서 일부 교인들이 배고픈 상태에 있을 수밖에 없었던 상황을 연결 짓는다.[53]

그렇지만 외적 증거에 의존하기 이전에 우리는 보다 결정적이고, 사실 더 단순한 내적 증거를 충분히 고려해야 한다. 그것은 바울의 부재 그 자체에서 비롯된 영향이다. 바울이 고린도에 있을 때 직접 성찬을 집례하고 관장했던 것은 분명해 보인다. 그러나 고린도전서 11:17-34에서는 어떤 리더십의 흔적도 보이지 않는다. 바레트(C. K. Barrett)의 관찰은 주목할 만하다. "바울은 그 모임을 진행할 어떤 사람을 혹은 어떤 직책을 가진

---

52) 성찬과 공동체의 집회에서의 불평등과 수용의 문제가 누가 공동체에서도 현안이었을 가능성, 바울의 이러한 문제의식을 누가도 공유하고 있었을 가능성도 배제할 수 없다.
53) Winter, *After Paul Left Corinth*, 157; Bradley B. Blue, "The House Church at Corinth and the Lord's Supper: Famine, Food Supply, and the Present Distress," *Criswell Theological Review* 5 (1991): 234-37.

사람을 기다리라는 식으로 말하지 않고 있다. 이것이 고린도 회중의 혼란에 질서를 부여할 수 있는 가장 쉬운 방법이었음에도 말이다"(참조. 14:34). 바렛은 "그런 직책을 가진 사람이 고린도에 없었음이 분명하다고 단언한다."[54] 앞서 언급한 플루타르코스의 논문 역시 공적 식사에서의 무질서는 무엇보다 적절한 리더십의 수립으로 극복될 수 있다는 인식을 보여준다.[55] 에라노스(ἔρανος) 역시 선출된 리더들에 의해서 관장되었다. 고린도에서는 성찬을 관장할 적절한 리더십이 없었고, 또 바울이 그런 리더들을 세울 생각도 하지 않고 있지만, 다른 바울 교회에서는 상황이 달랐던 것으로 보인다. 예를 들면, 빌립보 교회에는 ἐπίσκοποι와 διάκονοι가 있었다(빌 1:1). 데살로니가 교회에는 προϊστάμενοί("앞에 서 있는 사람들", 살전 5:13)이 있었다.[56] 다음 장에서 이 칭호들을 구체적으로 다루면서, 고린도의 상황과 두 마케도니아 교회의 상황을 비교할 것이다. 여기서는 만약에 빌립보 교회에서 고린도전서 11장과 같은 무질서가 발생했다면, 바울이 "여러분의 ἐπίσκοποι나 διάκονοι의 지시에 순종하시오"라고 말하는 것으로 족했을 것이라는 추정을 확인하고 넘어갈 필요가 있다.

우리가 분명히 알 수 있는 것은 바울의 부재, 또 바울을 대신할 다른 리더십의 부재가 고린도 만찬에서 사적 성격과 공적 성격이 충돌하게 된 배경이 되었다는 점이다.[57] 이 충돌의 핵심은 공간(οἶκος)의 사적 성격과

---

54) Barrett, *First Epistle to the Corinthians*, 276; cf. Antoinette Clark Wire, *The Corinthian Women Prophets: A Reconstruction through Paul's Rhetoric* (Minneapolis: Fortress Press, 1990), 107.
55) Plutarch, *Moralia*, 644A-C.
56) Joseph A. Fitzmeyer, *First Corinthians: A New Translation with Introduction and Commentary*, The Anchor Yale Bible (New Haven; London: Yale University Press, 2008), 431-32.
57) 고전 5:4을 보라. "주 예수의 이름으로 너희가 내 영과 함께 모여서." 바울의 현존과 집회의 기능은 깊이 연관되어 있다.

모임의(ἐκκλησία) 공적 성격의 충돌이다.

이 두 성격의 충돌에서 시간은 중요한 요소가 되었다. 공간의 의미는 언제나 시간이라는 요소와 연동관계에 있다. 예를 들면, 그리스-로마의 주택은 남성의 공간과 여성의 공간이 분리되어 있었다. 그러나 남자들이 밖으로 일하러 나가는 주간에는 집 전체가 여성의 공간이 되었다. 주택의 일부를 공장으로 쓰던 집이 많았는데, 그 공간은 낮에는 공적인 공간이었지만, 밤에는 사적인 공간이 되었다.[58]

개인의 집에서 벌이던 만찬은 모두 이 시간과 공간의 역학에 복속되었다. 모든 손님이 도착하기 전에, 곧 만찬이 공식적으로 시작하기 전에 그 공간은 사적인 것으로 이해되었을 것이다. 그 집의 주인과 그의 가까운 지인들은 개인의 집에서처럼 사사로이 행동했을 것이다. 그러나 만찬이 공식적으로 시작되고 나면 주인의 행동은 공동체의 사회적 관념에 복속된다. 그 식사가 개인의 집에서 행해지는 공동체적인 모임이었다면, 집주인의 역할은 축소될 수밖에 없었을 것이고, 그 공간의 사적 성격과 모임의 공적 성격은 더욱 날카롭게 대립했을 것이다. 이런 경우 모임의 공식적인 시작 시간은 더 중요해진다. 이것이 바울에게는 대단히 잘못되어 보였던 일부 교인들의 행동이 그들 나름대로는 일리가 있는 행동일 수 있었던 이유다. 모임이 공식적으로 시작하기 전에는 사적인 자리로 이해될 수 있는 것이다. 바울은 그런 생각으로 마음대로 먹고 마시는 것은 오이코스(사적인 주택)에나 어울리지, 에클레시아(공적인 집회)와는 배치된다고 규정한다. 바울이 먼저 먹지 말고 기다리라고 권면하는 것과 주의 만찬의

---

58) Ray Laurence, *Roman Pompeii: Space and Society* (London; New York: Routledge, 1994), 122-32; Osiek, Balch, *Families in the New Testament World: Households and House Churches*, 27. 성에 따른 공간의 분할에 대해서는 Philo, *Spec.* 3.169, 171-77; *Flacc.* 2.89를 보라.

공식적 도입의 전승을 강조하는 것은 이런 시간적 구도 하에서 사적인 것으로부터 공적인 것을 구별해내려는 시도로 보인다.

4.2.4 —— 배고파야 했던 사람들?: 갈등의 사회적 양상

주의 만찬에서 누가 배가 고파야 했고(ὃς μὲν πεινᾷ, 21절), 멸시를 당했어야 했는지를(καταισχύνετε τοὺς μὴ ἔχοντας, 22절) 결정하는 것은 간단한 문제가 아니다. 많은 학자들이 이들을 단순히 노예까지를 포함한 "가난한 자들"이라고 추정하고, 고린도 교회의 갈등을 가난한 자들과 부자들의 갈등으로 이해한다.[59] 블루는 다른 해석을 시도한다. "빈궁한 자들(μὴ ἔχοντες)을 가부장의 돌봄 아래에 있는 노예나 해방 노예들과 동일시하는 것은 착오다."[60] 로마 제국에서 살았던 노예들의 경제적 상황에 대해서 그는 저지의 관찰을 인용한다. 저지는 "도시에 있는 대가족의 식솔들은 결코 당시 사회의 최하층이라 볼 수 없다. 자유는 없었을지언정, 그들은 안정된 생활, 심지어 유복하다 할 수 있을 만큼의 생활을 누리기도 했다."[61]

로마의 농업 지침서는 노예 소유주들이 자신의 노예들을 잘 먹이는 것이 노동 생산성을 위해 필수적이라는 사실을 충분히 인지하고 있었음을 보여준다.[62] 더구나 도시에서 주인과 같은 집에서 거주하며 가사 일을 돕

---

59) Theissen, 160-68. Lampe는 "richer"과 "poorer"라는 비교급 형용사로 갈등의 전선을 표현한다. Lampe, "The Eucharist," 44.
60) Blue, "The House Church at Corinth and the Lord's Supper: Famine, Food Supply, and the Present Distress," 233.
61) Edwin Arthur Judge, *The Social Pattern of the Christian Groups in the First Century: Some Prolegomena to the Study of New Testament Ideas of Social Obligation* (London: Tyndale Press, 1960), 60; cf. Peter Garnsey, *Non-Slave Labour in the Greco-Roman World*, Supplementary Volume/Cambridge Philological Society (Cambridge: Cambridge Philological Society, 1980), 34-35.
62) K. R. Bradley, *Slavery and Society at Rome* (Cambridge; New York: Cambridge

는 노예들은 농장이나 목초지에서 일하던 노예들보다 훨씬 안정적인 생활을 했다.[63] 노예들의 복장과 음식은 노예 주인의 재산 및 관대함을 과시하는 수단으로 여겨지기도 했다.[64] 로마 경제학자 브래들리는 노예들의 경제적 생활을 연구한 결과 아래와 같은 결론을 내렸다. "그러므로 가난한 자유인들과 비교해볼 때, 노예들이 경제적으로 유리한 위치에 있기도 했던 것으로 보인다. 그들은 공급받는 위치에 있었고, 많은 경우에 가난한 자유인들이 결코 꿈꾸지 못했던 경제적 안정을 누렸다고 보아야 한다."[65]

윈터와 블루는 고린도가 바울이 떠난 직후인 51년에 심각한 기근을 겪었다고 추정한다.[66] 그랬다면 가난한 자유인들의 경제적 상황은 부유한 가정의 노예들에 비해서 현격히 열악했을 것이다. 탕자의 비유에서 둘째 아들은 집에서 떠나 있는 동안 흉년을 겪었고, 자신의 처지를 아버지 집의 품꾼이 누리는(μίσθιοι, 눅 15:17) 안정된 생활과 비교하며 부러워했다. 품꾼은 대개 노예들보다 더 열악한 지위에 있었던 것을 감안하면, 이런 비교가 추측하게끔 하는 경제 상황은 의미심장하다.[67]

마태복음 20:1-16에 나오는 포도원 품꾼의 비유는 가난한 자유인들의 경제적 처지를 보다 생생하게 묘사해준다. 그들은 자유인이었지만 하루 단위로 삯을 받는 품꾼으로 고용될 가능성을 바라며 부유한 가부장(οἰκοδεσπότης, 20:1)이 자신을 고용해줄 가능성에 목을 맨다. 이 비유에서는

University Press, 1994), 82; Cato, *Agr.* 5; Columella, *Rust.* 1.8.17-18.
(63) K. R. Bradley, *Slavery and Society at Rome*, 84-92.
(64) Bradley, *Slavery and Society at Rome*, 87-88.
(65) Bradley, *Slavery and Society at Rome*, 92.
(66) Blue, "The House Church at Corinth and the Lord's Supper: Famine, Food Supply, and the Present Distress," 234-37; Winter, *After Paul Left Corinth*, 216-55.
(67) 물론 둘째 아들은 객지에서는 외국인으로서 고전적 정치의 용어로 자유민은 아니었다. 그러나 이 논의의 맥락에서 주인의 통제와 공급이 없는 상태라는 점에서 자유로운 상태에 있었다.

주인이 직접 거리에 나와 품꾼을 고르는 것으로 나오지만, 현실에서는 주인의 청지기가 품꾼을 부리는 경우가 많았다. 이런 청지기 중에 노예들도 많았다는 것을 감안하면 단순히 자유인과 노예를 경제적 상하관계로 나누는 것은, 로마 시대의 경우 큰 패착이라는 사실은 분명해진다.

다시 고린도전서 11장의 논의로 돌아오면 부유한 가정의 노예들이 고픈 배를 움켜쥐고 성찬의 자리를 떠나야 했던 이들이었을 가능성은 극히 낮아진다고 할 수 있다. 그들이 과도하게 음식을 먹고 "취한" 그리고 가난한 자들을 "업신여긴" 이들은 아니었겠지만! 바울이 말하는 "각자의 만찬"(τὸ ἴδιον δεῖπνον, 11:21)이라는 말이 개인의 식사 분량을 가리키는 말은 아니었을 것이다. 가부장과, 그 부인 그리고 그 자녀들이 자기 가정 몫의 음식을 먹었을 것이고, 그 가정의 노예나 해방 노예들도 아마 그 음식의 일부를 함께 나누었을 것으로 보는 것이 타당하다.[68] "각자의 만찬"은 개인의 도시락이 아니라, 가족의 음식이었다.

노예와 가난한 자유인들에 대한 논의는 고린도의 갈등을 이해하는 데 중요하다. 고린도의 갈등을 단순히 부자와 빈자의 갈등으로 규정하고, 노예들이 빈자에 속한다고 보는 시각은 정교하지 못하다. 당시 사회의 강고한 가족 제도는 노예가 어떤 사회적·정치적 갈등에서 주인과 반대편에 설 가능성을 원천적으로 배제한다. 그들은 경제적으로 주인에게 속했을 뿐 아니라, 정치적·사회적으로도 주인에게 예속되어 있었다. 교회 안에 어떤 갈등이 있었다면 한 집안의 노예가 주인과 다른 편에 선다는 것은 불가능

---

(68) 플리니우스의 *Ep.* 2.6에서 해방 노예는 초청받은 손님과 연결되어 취급되고 있다. 물론 똑같은 대우는 아니지만, 손님의 해방 노예를 대접하는 것은 그 손님에 대한 대우의 일부로 여겨진 것이 사실이다. 만찬에서 노예들이 아예 제외되었던 것은 아니다. 그들에게도 적절한 대우를 제공한다는 사고는 분명 존재했다. Evans의 글을 보라. Nancy A. Evans, "Did Slaves Ever Recline at Meals?," a paper presented at the SBL *Meals in the Greco-Roman World Seminar*, Boston, November 2008.

한 일이었다. 바울은 고린도 교회의 분쟁에 대하여 이렇게 말한다.

> 내가 이것을 말하거니와 너희가 각각 이르되 "나는 바울에게, 나는 아볼로에게, 나는 게바에게, 나는 그리스도에게 속한 자라" 한다는 것이니, 그리스도께서 어찌 나뉘었느냐? 바울이 너희를 위하여 십자가에 못 박혔으며 바울의 이름으로 너희가 세례를 받았느냐? 나는 그리스보와 가이오 외에는 너희 중 아무에게도 내가 세례를 베풀지 아니한 것을 감사하노니, 이는 아무도 나의 이름으로 세례를 받았다 말하지 못하게 하려 함이라. 내가 또한 스데바나 집 사람에게 세례를 베풀었고 그 외에는 다른 누구에게 세례를 베풀었는지 알지 못하노라(고전 1:12-16).

각 분파들이 신앙의 지도자들과 자신들을 연결시키는 방식으로 분쟁이 형성되었는데, 누구에게 세례를 받았는지가 그 지도자와 자신들을 연결하는 중요한 요소가 되었음을 이 구절에서 알 수 있다.[69] 만약 부자들과 빈자들 간에 다툼이 있었다면 그 전선은 단순히 경제적 수준에 따라 나뉜 것이 아니라, 경제적 수준과 소속 가족이라는 두 가지 요소가 복잡하게 얽힌 갈등으로 보는 것이 옳다. 고린도 교회는 몇몇의 부유한 큰 가정들과 다수의 가난한 소규모 가정들로 이루어졌던 것으로 보인다. 그렇다면 갈등의 주 전선은 이 두 종류의 가정 사이에 있었다고 볼 수 있다. 물론 부유한 가정들 사이에도 경쟁이 있었다.[70] 어떤 경우든 가정(household)은 내적으로는 견고한 사회적 실체였고, 외적으로는 고린도 교회의 갈등 상황에서 주요 단위로 작용했다는 사실은 명백하다.

---

(69) Theissen, *Social Setting*, 55.
(70) 부유한 후원자들 사이의 경쟁에 대해서는 다음을 보라. Theissen, *Social Setting*, 54-57.

1939년에 이미 필슨이 "한 도시에 몇 개의 가정 교회들이 있었다는 사실이 사도 시대 교회의 분파 갈등의 원인을 잘 설명해준다"라고 주장한 바 있다.[71] 그는 고린도 교회의 갈등에 대한 연구가 지나치게 교리적 차이 중심으로 진행되었음을 지적하고, "분리되어 있었던 회집 장소"가 갈등의 주요한 사회적 요인으로 고려되어야 한다고 역설했다. 1980년대 이후에 신약학계는 바울 교회의 사회적 양상에 대해 막대한 연구를 쏟아내었고, 특별히 가정교회에 대한 연구가 활발히 진행되었다.[72] 2011년에 맥레는 명예라는 가치에 강조점을 두면서, 필슨과 비슷한 주장을 했다. "바울은 자신의 사고 속에 있는 긴장을 노정하면서, 고린도 교회의 분파들이 복수의 에클레시아들 사이에서 발생했는데, 그 주된 원인은 명예를 둘러싼 것이었다."[73] 필슨과 맥레는 고린도의 분쟁을 부자와 빈자의 단일한 전선에서 찾지 않고, "가정교회들"이 연루된 보다 복잡한 문제로 보았다는 점에서 문제의 핵심에 근접했다는 평가를 받을 만하다.

나는 한편으로는 분쟁의 기본 성격에 대한 이 두 학자의 견해에 동의하면서, 바울이 정말 맥레가 표현한 대로 가정의 모임들을 에클레시아들로 인정했을까 하는 대목에 의문을 제기하고자 한다. 앞의 제2장에서 우리는 게링이 깔끔하게 정리한 신약학자들 간의 다수 견해를 살펴보았다. "최근 연구에서 학자들은 초기 그리스도교 운동은 두 가지 교회 형태의 공존으로 특징지어진다는 점에 동의하고 있다. 모든 지역에서 가정교회

---

71) Floyd V. Filson, "The Significance of the Early House Churches," *JBL* 58, no. 2 (1939): 110; cf. Gehring, 267; Hans-Josef Klauck, *Hausgemeinde und Hauskirche im frühen Christentum*, Stuttgarter Bibelstudien (Stuttgart: Verlag Katholisches Bibelwerk, 1981). 롬 14-15장에서 다루는 갈등도 다수의 가정 모임 사이의 갈등으로 볼 수 있다. Stuhlmacher, 225.
72) 가정 교회들에 대한 논의는 앞의 3.3을 보라. 바울 교회의 사회사에 대한 최신 논의는 Still and Horrell eds., *After the First Urban Christians*를 참조하라.
73) McRae, "Eating with Honor," 180.

와 전체 교회가 공존했다는 것이다."[74] 나는 이 견해를 바울의 에클레시아 용어 사용을 면밀히 검토함으로써 반박한 바 있다. 여기서는 두 교회 형태의 공존 이론을 고린도 교회의 구체적인 사회적 역학 속에서 점검해보고자 한다. 게링이 "모든 지역"이라고 말하고 있지만, 실제로 두 교회 형태라는 가설을 위한 근거들이 대부분 고린도 교회로부터 취해졌기 때문에 이 가설에 대한 결정적인 점검이 될 것이다.

4.3 ── 고린도 교회에서 가정교회의 문제

고린도 회중의 경우 두 가지 차원의 예배 모임이—전체 에클레시아와 가정 모임—있었던 것은 틀림없다. 그러나 우리는 전체 집회와 가정 모임의 공존(coexistence)이라는 말이 구체적으로 무엇을 의미하는지 물어야 한다.[75] 공존의 구도를 자명한 것으로 여기는 분위기가 학계에 팽배하여, 바울 당시에 고린도에 여섯 개나 그 이상의 가정교회가 있었다는 구체적인 주장까지 제기되고 있다.[76] 그러나 이런 대담한 추측을 뒷받침할 증거는 의외로 빈약하다. 고린도 교회에 한정해서 말한다면 두 형태 교회의 공존을 지지하는 증거는 아래의 세 개에 국한된다.

 (1) 바울이 "전체 집회"(ἡ ἐκκλησία ὅλη; 고전 14:23; 롬 16:23)라고 표현한 것은 작은 모임들이 있었음을 전제한 말이다.

---

74) Gehring, 157n222.
75) Gehring의 정리 중에서 "모든 도시에서"라고 하는 대목의 시비는 다음 장에서 가릴 것이다.
76) White, *Social Origins*, 105-6. Gregory Linton, "House Church Meetings in the New Testament Era," *Stone Campbell Journal* 8, no. 2 (2005): 233.

(2) 개인 주택의 크기가 그리 크지 않았으므로 전체 집회가 자주 모이기는 어려웠을 것이므로, 작은 모임들이 있었을 것으로 추측하기도 한다.

(3) "~의 집에 모이는 교회"(ἡ κατ' οἶκον...ἐκκλησία, 롬 16:5 외)[77]라는 표현이 작은 가정 모임을 지칭할 수 있다.

먼저 (3) ἡ κατ' οἶκον...ἐκκλησία이라는 표현이 한 도시에서 하나 이상의 모임에 사용된 적이 한 번도 없다는 사실과, 나아가서 고린도에 있는 어떤 모임도 이 명칭으로 불린 적이 없다는 사실에 주목해야 한다. (1)과 (2)는 고린도에서 정기적으로 모이는 그룹에 대한 직접적인 증거는 아닌 간접적인 추론의 근거일 뿐이다. 고린도 지역에 전체 집회 외에 작은 예배 그룹이 존재했을 가능성을 원천적으로 배제하자는 것은 아니다. 다만 전체 교회가 몇 개의 "가정교회들"로 질서정연하게 조직되었고, 모든 구성원이 각각 전체 교회와 가정교회 두 군데에 소속되었을 것이라는 가정이 지극히 비현실적임을 지적하고자 한다. 이는 현재 미국교회의 셀 사역의 경험, 즉 하나의 지역 교회를 복수의 셀 그룹으로 조직화한 경험에서 거꾸로 추론해서 그린 그림일 뿐이다. 바울 당시의 전형적인 "가정교회"들은 어떤 전략적인 조직 원리에 의해서 개척된 것이 아니라, 바울의 선포에 대한 즉각적이고 즉흥적인 반응으로 자연발생적으로 시작되었음을 이미 살펴보았다. 따라서 모든 가정교회가 같은 형태를 띠었을 것이라는 가정은 심각한 오류다. "전체 교회"가 그렇게 정연하게 조직화되었을 가능성은 희박하다. 전체 교회가 구성원들을 작은 그룹들에 배분했을 거라든지, 혹은 두 가지 형태의 모임이 일정한 빈도로, 예를 들면 전체 집회는 매달 모이고 소규모 그룹은 매주 모였다는 식의 가정은 어떤 사료의

---

77) 3.3을 보라.

지지도 받지 못한다.[78]

고린도전서 14:23에서 바울은 방언에 대해 권면하면서 전체 집회에 처음 참석하는 사람들의 입장에서 생각해보라는 권면을 한다. "그러므로 온 교회가 함께 모여 다 방언으로 말하면 알지 못하는 자들이나 믿지 아니하는 자들이 들어와서 너희를 미쳤다 하지 아니하겠느냐?" 여기서 추론할 수 있는 것은 새로운 방문객이 집회에 처음 나올 때, 다른 가정 모임에 속해서 전체 집회에 대한 어떤 사전 지식을 전달받을 기회를 갖지 못한 상황이다. 그렇다면 이 방문객이 곧바로 기존의 가정교회에 배정되거나 혹은 자기 집에서 가정교회를 시작했을까? 모든 새 교우들이 그랬으리라고 추정하기는 어렵다. 그렇다면 전체 집회에만 참석하고 가정 모임에는 참석하지 않는 교인이 존재했을 가능성은 대단히 높다. 실제로 정기적으로 모이는 그룹을 형성한다는 것은 쉬운 일이 아니다. 초기 교회가 남긴 사료들은 당시 그리스도인들이 예수를 믿고 나서도 이전의 사회적 지위와 활동들, 관계들을 계속해서 유지하는 경우가 많았음을 증언한다.[79] 특별히 부유하지 않은 도시인들의 경우, 기존의 그룹에서 탈퇴하지 않은 채로 새로운 그룹을 만들고 유지하는 데 드는 재정과 시간은 상당한 부담이 되었을 것으로 보인다.

로마 제국의 자발적 조합들은 매월 정기적으로 모이는 것이 상례였다. 매월이라는 빈도는 일차적으로 법적인 제한으로 인한 것이었지만[80] 사회

---

78) 이는 Wayne Meeks를 비롯한 많은 학자들이 명시적으로 주장하지는 않지만, 추정하고 있는 바다.
79) *Shepherd of Hermas*, Man 10.1.4-5; 5.2.2; Sim 8.9.1-3.
80) "그러나 이러한 (법적) 기준이 일괄적으로 적용되었던 것 같지는 않다"; Wendy J. Cotter, "The Collegia and Roman Law: State Restrictions on Voluntary Associations," in *Voluntary Associations in the Graeco-Roman World*, eds. John S. Kloppenborg and S. G. Wilson, 88.

경제적인 제한 역시 작용한 결과다. 생계 유지선 근처 혹은 그 이하의 경제에서, 정기적인 공동식사를 빈번히 한다는 것은 대다수의 사람에게 감당하기 힘든 사치였다.[81] 만약 어떤 그룹이 전체 집회 외에 작은 가정 예배 모임으로 모였다고 하더라도, 그 크기와 빈도, 그리고 형식성의 정도 등은 제각기 달랐으리라고 추정하는 것이 합리적이다. 고린도전서에서 나오는 사회계층 사이의 강한 긴장과 반감, 그리고 로마 사회에 계층적으로 엄밀히 구분되어 부자와 빈자가 함께 모이는 모임이 드물었던 점을 감안하면 많은 가난한 교인들은 부자들의 가정예배 모임에 참석하는 것이 쉽지 않았을 것이고, 전체 집회를 통해서만 부자들과 함께 어울렸을 것이다. 성찬의 현장에서 부자 교인들의 행태에 분개했던 사람들은 그 부자들 중심의 교제권, 곧 그들의 가정예배 모임에서 소외된 이들이었을 것이다. 노예나 해방 노예까지 포함한 비교적 큰 가정을 기반으로 하는 부자 교인들의 가정예배 모임에 모든 교인이 다 참여했으리라 보기는 힘들다. 어떤 이들은 자신의 핵가족만 모이는 문자 그대로 "가정예배"를 드렸을 것이며,[82] 전체 집회 외에 다른 정기적인 예배에 참여하지 않는 이들도 있었을 것이다.

요약하자면 두 교회 형태의 공존이라는 구도는 고린도 회중에 한해서 기본적으로 타당하다. 그러나 그 공존이라는 것이 전체 모임과 소그룹 모

---

81) William V. Harris, *Rome's Imperial Economy* (Oxford: Oxford University Press, 2011), 27-54; Margaret Osborne, Robin Atkins eds., *Poverty in the Roman World* (Cambridge: Cambridge University Press, 2006).
82) 유대인들과 그리스-로마 세계의 사람들은 공히 집에서 종교적 행위를 하는 것에 익숙했다. 로마의 가족들이 현대인들이 막연히 추정하는 것과는 달리 핵가족의 비율이 높았다는 사실에 대해서는 Saller의 연구를 보라. Richard P. Saller, *Patriarchy, Property, and Death in the Roman Family*, Cambridge Studies in Population, Economy and Society in Past Time (Cambridge; New York: Cambridge University Press, 1994), 74-101; Beryl Rawson, *A Companion to Families in the Greek and Roman Worlds* (Chichester, UK; Malden, MA: Wiley-Blackwell, 2011), 81-83.

임이 일정한 빈도로 질서정연하게 모이는 것을 뜻한다면, 그 그림은 근본적으로 수정되어야 한다. 이러한 분석은 바울이 모든 가정예배 모임을 에클레시아라고 생각했을 가능성을 회의하게 만든다. 이러한 관찰을 토대로 우리는 바울의 에클레시아 개념을 그가 고린도 교회의 성찬의 문제를 다루는 방식과 관련하여 접근해볼 준비가 되었다.

4.4 ── 성찬의 무질서에 대한 바울의 처방

초기 교회 성찬 연구의 권위자인 클라우크는 고린도 교회의 성찬의 무질서를 해결하는 데 바울에게 두 가지 선택이 가능했다고 말한다. 한편으로 바울은 현 상태의 주의 만찬을 유지하면서 공동체의 일치를 지키기 위해 "서로 기다리라"는 처방을 내리기도 했지만, "그는 공동식사와 떡/잔의 의식을 분리하는 방안을 고려하기까지 했다"(후대의 용어로 보면 애찬[Agape]과 성찬[Eucharist]의 분리).[83] 바울에게는 주의 만찬으로 상징되는 교회의 일치가 중요했기 때문에, 그 일치를 지키기 위해서라면 그는 공동식사와 성찬을 분리하는 것조차 감내할 수 있었던 것이다.

또 다른 하나의 가능성은 전체 집회를 중단하는 것이었다. 이는 아주 비극적인 상황이었겠지만, 바울의 입장에서 상상하지 못할 바도 아니었다. 바울 당시 로마 교회가 아마도 그런 모습, 즉 전체 집회 없이 복수의 가정 모임들이 존재하는 방식으로 모였을 것으로 추정된다.[84] 물론 바울이 이런 상황을 원하는 것은 아니었지만, 그는 고린도 공동체 문제의 심각성을 지적하기 위해서 의도적으로 이 가능성을 환기시킨다. "내가 명하

---

83) Klauck, "Lord's Supper," *ABD* 4:364.
84) 3.4.2를 보라.

는 이 일에 너희를 칭찬하지 아니하나니 이는 너희의 모임이 유익이 못되고 도리어 해로움이라"(고전 11:17). 고린도전서 11:17-34에서 바울은 자신이 전체 집회를 문제 삼고 있다는 사실을 명백히 드러낸다. 바울이 전체 집회를 가리키기 위해 쓰는 용어인 쉬네르코마이(συνέρχομαι)가 이 대목에서 빈번히 드러난다. 이 외에 14:23 이하에서 이 표현이 나오며(고전 11:17f, 20, 33; 14:23, 26), 이 두 문단의 인접 본문에는 나오지 않는 것으로 보아, 바울이 이 두 문단을 전체 집회의 문제를 다루는 대목으로 인접 본문과 분명하게 구분하고 있다는 점을 알 수 있다.[85] 예를 들면 11:5에 나오는 여성이 "기도할 때나 예언할 때"(προσευχομένη ἢ προφητεύουσα, 11:5) 머리를 가려야 하는지에 대한 논의는 전체 집회로 모일 때만이 아닌, 포괄적인 상황에서의 권면이다.

고린도전서의 구조와 통일성을 논하면서 11:17 이하는 1:11에서 나왔던 말을 반복하는 것임을 지적하면서, 고린도전서가 본래 하나의 편지가 아니었다고 주장하는 학자들이 있다. 이에 대하여 미첼은 1:11은 일반론이며, 11:17 이하에서 바울은 "공동체가 함께 모였을 때의 분쟁(σχίσματα)"의 양상에 대해서 다루고 있다고 지적한다.[86] 케제만은 쉬네르코마이(συνέρχομαι)라는 동사는 "고대 사회에서 백성들의 공식적인 집회에 사용되던 전문용어"[87]였음을 지적한다. 고대 그리스 문헌에서 에클레시아라는 단어가 쓰인 다양한 예를 섭렵한 다음에 미첼은 συνέρχομαι를 "함께 모인다"는 뜻으로 쓴 것만으로도 폴리스의 정치적 집회를 지칭하기에 충분

---

85) 인접한 본문들에는 이 용어가 등장하지 않는다.
86) Margaret M. Mitchell, *Paul and the Rhetoric*, 151-52; cf. 263-66 (emphasis in original).
87) Ernst Käsemann, "Anliegen und Eigenart der paulischen Abendmahlslehre," in *Exegetische Versuche und Besinnungen* (Göttingen: 1970), 21; Klauck, *Herrenmahl und hellenistischer Kult*, 287-88.

했다는 점을 밝히고 있다.[88]

이런 정치적 함의는 한두 개의 단어에서만 볼 수 있는 것이 아니다. 고린도전서 전체가 권고적(deliberative) 수사학을 적극 도입하고 있다고 보이는데, 이 수사학 장르의 본래적 자리가 정치연설이었기 때문이다. 정치 단위인 폴리스에 무엇이 유익한가(συμφέρον)를 다루는 것이 정치연설의 주요 기능이다. 당시의 정치연설가들은 이런 주제를 논하면서 συμφέρον을 대체할 많은 유의어를 사용했다.[89] 바울은 주의 만찬을 논하는 대목을 이렇게 시작한다. "Τοῦτο δὲ παραγγέλλων οὐκ ἐπαινῶ ὅτι οὐκ εἰς τὸ κρεῖσσον ἀλλὰ εἰς τὸ ἧσσον συνέρχεσθε"(내가 명하는 이 일에 너희를 칭찬하지 아니하나니 이는 너희의 모임이 유익이 못 되고 도리어 해로움이라―11:17). 여기에 나타나는 "유익"(τὸ κρεῖσσον)은 συμφέρον의 유의어로서 이 편지 전체의 수사적 틀을 이해하는 데 결정적인 단어다. 고린도전서는 독자들의 유익을 위해 쓰인 편지다. 그리고 11:17-34은 현재로서는 해로운(ἧσσον) 전체 집회를 어떻게 하면 유익한(κρεῖσσον 또는 συμφέρον) 집회로 바꿀 수 있을까 하는 문제다. 바울은 주의 만찬을 거행할 수 있는 고린도 교인들의 자격 자체를 회의한다. "그런즉 너희가 함께 모여서 주의 만찬을 먹을 수 없으니"(11:20). 여기서 경각에 달린 것은 주의 만찬 자체다. 물론 주의 만찬은 다른 식으로 계속되겠지만("그가 오실 때까지"―11:26), 이런 식으로 만찬을 오용하는 전체 집회는 붕괴될 수도 있다.

34절에서 바울은 "해로운"(εἰς τὸ ἧσσον―11절)이라는 말의 구체적인 의미를 명확히 한다. 주의 만찬에서 부적절한 행동은 그들의 집회 전체를 심판받아야 할 상황으로 몰고 갈 것이다. "이는 너희의 모임이 심판받는 모임이 되지 않게 하려 함이라"(so that when you come together it will not

---

88) Mitchell, *Paul and the Rhetoric*, 156n543.
89) Mitchell, *Paul and the Rhetoric*, 38-39, 25-27.

be for judgment, ESV, ἵνα μὴ εἰς κρίμα συνέρχησθε). 이 대목을 말하는 바울의 의도를 다른 말로 표현하면 고린도의 전체 집회를 심판으로부터 구해내는 것이다. 이 심판은 궁극적으로는 종말론적 심판이지만, 그 결과는 현실에서 나타나기도 한다. "그러므로 너희 중에 약한 자와 병든 자가 많고 잠자는 자도 적지 아니하니, 우리가 우리를 살폈으면 판단을 받지 아니하려니와 우리가 판단을 받는 것은 주께 징계를 받는 것이니"(30-32절).

"이미-아직 아니"의 종말론적 구도는 바울 신학 전체를 관통하는 틀이다. 궁극적으로 그리스도인들은 온 세상을, 심지어 천사들도 심판하게 될 것이다(고전 6:2-3). 이런 심판의 권세는 미래에 한정되어 있지 않고, 현재의 일상사를 세상 재판관보다 더 지혜롭게 판단할 수 있는 능력도 포함한다(고전 5:3-5). 이 사법적 권위는 개인적으로가 아니라 "주 예수의 이름으로 너희가…함께 모이는"(ἐν τῷ ὀνόματι τοῦ κυρίου [ἡμῶν] Ἰησοῦ συναχθέντων ὑμῶν; 5:4) 집회에서 행사된다.

이 집회, 곧 에클레시아에서 한 사람의 지위는 심판자의 자격으로서 세상 어떤 다른 자격보다 더 중요하다(6:4). 공동체가 갖는 심판자로서의 자격은 공동체의 각 구성원의 판단력을 전제로 한다(6:5). 신앙 공동체인 에클레시아가 사법권을 가지고 있다는 바울의 주장은 그리스 민주정치의 맥락에서 가장 잘 이해될 수 있다. 그리스 전통에서 사법적 현안을 판단하고(κρίνειν) 공직자들을 검증하며 분별하는(δοκιμάζειν) 권위는 에클레시아에 있었다.[90] 그래서 민주정치는 에클레시아의 구성원들이 건전한 판단력을 갖고 있다는 전제 위에서 기능할 수 있었던 것이다.

이러한 이해는 주의 만찬에 관한 바울의 권면 전반을 관통하고 있다. 그리스도인들은 주의 재판정 앞에서 세상이 갖지 못한 특권을 가진다

---

90) 앞의 제1장을 보라.

(11:32). 이 특권은 그들의 바른 판단력에 기초한다. "우리가 우리를 살폈으면 판단을 받지 아니하려니와"(11:31). 판단받는 것을 피하기 위해, 그리스도인들은 스스로를 점검할 수 있어야 한다. "사람이 자기를 살피고 (δοκιμαζέτω) 그 후에야 이 떡을 먹고 이 잔을 마실지니"(11:28). 여기서 도키마조(살피다, 점검하다)는 핵심적인 기능을 하고 있다. 19절에서도 도키모스는 중요한 기능을 한다. "너희 중에 파당이 있어야 너희 중에 옳다 인정함을 받은 자들이(δόκιμοι) 나타나게 되리라." 어떤 사람이 그리스도인으로서, 곧 판단의 특권을 가진 사람으로서 적합한지(δόκιμοι) 적합하지 않은지(ἀδόκιμοι) 하는 내적 자질은 파당(αἱρέσεις)이라는 외적 요소에 의해서 명백해진다. 스스로를 살필(도키마조) 수 있는 사람이라야, 자격을 갖춘(도키모스) 자다. 스스로를 살필 수 있는 사람이라면 교회에서 파당을 만드는 일을 하지 않을 것이다. 그렇다면 그들은 "세상과 함께"(32절) 심판받는 것을 피할 수 있는, 에클레시아의 시민다운 판단력을 갖춘 사람들이다.

δοκιμάζειν이라는 단어가 자발적 조합과 그들의 공동식사(ἔρανος)에도 등장하는 것이 사실이다.[91] 그렇지만 이 단어의 본래 맥락은 에클레시아와 평의회(βουλή), 그리고 법정(δικαστήριον)이다. 이 세 기관 모두 그리스 전통에서 백성(δῆμος)의 공적 권력과 관련되어 있다.[92] 사적인 조합들의 δοκιμάζειν 사용은 공적 영역의 언어를 흉내 내는 흐름의 일환으로 보아야 한다. 바울이 에클레시아라는 단어를 명시적으로 쓰는 맥락에서 이 단어를 썼다면 공적·정치적 상황을 염두에 두었다고 보는 것이 합리적이다. 고린도인들의 집회(assembly)에 관한 바울의 논의에서 발견되는 밀도 높은 정치적·사법적 용어들은 동시대 사적인 조합의 문서에서는 유례가

---

91) 조합들의 비문에 나타난 δοκιμάζειν은 McRae "Eating with Honor," 179n73을 보라.
92) Hansen, *The Athenian Assembly in the Age of Demosthenes*, 211-12. 이 세 기관의 상호관계에 대해서는 제1장을 보라.

없는 수준이다. 사적인 조합이 시 정부의 사법적 권한의 일부를 양도받아 행사한 예가 발견되는 것도 사실이다.[93] 그러나 그러한 예는 시 정부의 사법체계 아래서 하위 기능을 담당함으로써, 시 정부의 기능을 행정적으로 보조한 예다. 이러한 사적 조합들은 어떤 경우에도 시 정부의 권한을 능가하는 권한을 주장한 예가 없다. 이런 점에서 바울의 주장은 독특하다.

사적인 그룹들이 시의 공적 기관을 흉내 내는 것은 그리스-로마 사회에서는 보편적인 현상이었다.[94] 그중에서도 공동식사의 관행은 공적 문화의 영향이 가장 두드러진 영역이었다. 위에서 우리는 한 가정 내에서 가족끼리 먹는 "순전히 사적인" 식사 외의 모든 사회적 식사 모임이 근본적으로 같은 유형으로 분류될 수 있음을 보았다. 클링하트(Klinghardt)는 공동식사 자리에서의 평등의 이상은 그리스 정치의 이상에서 연유했다고 주장한다. 참여(κοινωνία), 평등(ἰσότης), 질서 정연(εὐταξία) 등과 같은 그리스 정치의 이상은 에클레시아의 핵심 가치였는데, 이런 가치들이 다양한 사회적 식사 자리에서 나타난다는 것이다.[95] 따라서 사적인 조합들의 문서에서, 특별히 공동식사와 관련하여 이런 가치들이 등장하는 것은 전혀 놀라운 일이 아니다. 그러나 공동식사의 맥락에서 바울처럼 정치적 이미지와 개념들을 집중적으로 사용하는 것은 분명히 예외적인 일이었다.

주의 만찬에 관한 바울의 권면에서 공적 측면과 사적 측면을 감지해 낸 학자들이 있다. "교회의 모임들은 어떤 면에서 사적인 공간에 회집한 공적인 모임이라고 할 수 있다."[96] 그리스도인들의 모임의 공적인 성격을

---

93) 드물기는 하지만, 자발적 조합의 대표가 조합원으로서의 의무를 이행하지 않는 조합원들을 체포하고 구금했던 예가 발견된다(P. Tebt. 244.11-12; P. Tebt. 245.37-42).
94) R. P. Saller, "The Family and Society," in *Epigraphic Evidence: Ancient History from Inscriptions*, ed. John P. Bodel (London; New York: Routledge, 2001), 116.
95) Klinghardt, "A Typology of the Community Meal," 5-7.
96) Barton, "Paul's Sense of Place," 232; Mitchell, *Paul and the Rhetoric*, 264n436.

강조해야 하는 맥락에서 바울은 자신이 견지해온 에클레시아라는 단어의 공적인 성격을 최대한 활용한다. 특별히 하나님 앞에서 한 도시를 대표하는 명예로운 집회라는 의미는 바울의 논지에 중요한 자원으로 작용하고 있다. 궁극적으로 바울은 그리스도인 공동체의 신적인 성격(divine nature)을 확립하는 것이 목적이었지만, 그 목적을 위해서 에클레시아의 시민정치적 함의(civic connotations)를 활용했다고 보아야 한다. 고린도 교회 만찬의 상황은 제3장에서 살펴본 바, 바울이 여태껏 빈번히 사용해오던 에클레시아 용어 사용의 또 다른 강조점, 곧 하나님의 기관에 대한 인간의 오용이라는 점과 상응한다.[97] 공동체의 전례 없는 심각한 위기에 직면하여, 바울은 에클레시아 용어의 공적인 성격의 적용을 한 단계 더 강화한다. 에클레시아의 공적 성격과 오이코스의 사적 성격을 정면으로 대립시키는 것이다. 이러한 적용의 함의와 이와 관련한 문제들을 살펴보자.

4.5 ── 남는 문제: 가정 모임의 지위

바울이 공적(정치적) 모임과 사적인 관행을 깔끔하게 분리했지만, 그것이 고린도 교회가 겪고 있는 모든 문제를 해결하지는 못했다. 타이센은 바울의 해결책이 하나의 타협책이었다고 평가한다. "개인의 집이라는 네 개의 벽 안에서 그들은 자신의 사회적 계층의 규범에 따라 행동할 수 있었다. 그러나 주의 만찬에서는 회중의 규범이 절대적으로 우위를 차지했다. 이것은 명백한 타협이다."[98] 미첼 역시 비슷한 인식을 공유한다. 그는 주의

---

97) 신적 기관에 대한 바울 자신의 박해가 가장 두드러진 예다.
98) Theissen, *Social Setting*, 164. 이것이 타협이었다면 바울의 입장에서는 이런 식의 타협을 원리적으로 인정하거나, 다른 도시에 영향을 미치는 것을 달가워하지 않았을 것

만찬 문제에 대한 바울의 해결책은 "사적인 식사 습관과 공적인 식사 습관을 분리하기 위한" "타협책"이라고 한다.[99]

바울이 이런 타협책으로 후퇴해야 했던 이유는 공동체가 개인 주택을 집회 장소로 사용해야 했던 터였고, 그들의 공동체는 대주택 소유자들인 대가족의 가부장들이 사회적·경제적 권력을 갖는 위계의 문화에 포위되어 있었기 때문이다. 이 타협책의 목적은 분명하다. 삶의 모든 차원을 포괄하는, 그래서 가족제도의 위계성까지도 극복하는 "그리스도 안"의 새로운 관계를 일정 부분 포기하고, 고린도 공동체의 전체 집회를 통해서 (상징적으로) 표현되는 일치라도 지키기 위함이었다. 고린도 공동식사의 위기에 대한 바울의 처방은 아래와 같은 세 가지 상황에 대한 차별적 전략으로 분석할 수 있다.

(1) ἐν ἐκκλησίᾳ — "교회로" 모일 때. 이는 명백히 전체 집회, 따라서 의심의 여지없이 공적인 집회를 말한다. 바울의 에클레시아 용어 사용은 그 구성원들이 공적으로 주님께 속해 있음을 강조하고 있다. 따라서 에클레시아는 공동체의 규율과 사도의 명령을 따라야 한다.

(2) ἐν οἴκῳ — 집에서 일어나는 일은 본질적으로 당시 사회의 관습에 따를 수밖에 없다. 가부장의 권위와 처분 아래 있는 것이다. 그러므로 이 영역에서 일어나는 일은 개인적 일이며 바울의 사도권의 통제 아래 있지 않다. 사도행전에 묘사된 초기 예루살렘 교회의 유무상통하는 공동체적 식사 관습과 비교한다면, 이런 원칙은 분명히 초기 교회의 평등한 모습에

이다. 바울은 고린도의 주의 만찬 이야기를 꺼내면서부터 "내가 너희를 칭찬하지 않는다"(11:17)라고 했으며, 결론에 "그 밖의 일들은 내가 언제든지 갈 때에 바로잡으리라"(11:34)라고 덧붙임으로써 자신의 지침이 갖는 잠정적인 성격을 분명히 하고 있다. Barton, "Paul's Sense of Place," 232.

99) Mitchell, *Paul and the Rhetoric*, 264n436.

서 후퇴한 것이다(2:43-47; 참조. 4:32-37).[100] 부유한 가부장 그리스도인들의 입장에서는 자신들의 사회적 권리를 유지하면서 공동체 생활을 하는 것이 당연하게 느껴졌을 것이다. 바울의 타협은 그들의 입장에서도 어느 정도의 타협을 의미해서, 최소한 전체 집회 자리에서는 사회적으로 용인된 행동을 수정해야 했다. 바울이 빌레몬에게 보낸 편지를 보면, 바울이 자신의 사도적 권위를 유지하고 사회계층이 다른 가족 구성원 사이에서 그리스도 안에서의 형제 됨을 증진시키는 동시에 가부장의 사회적 권리를 존중해주는 것이 얼마나 힘든 일임을 보여준다. 빌레몬서는 로마 사회에서 가부장의 권리가 얼마나 절대적인지, 그 권리에 대해 조금이라도 수정을 요구하는 일이 얼마나 어려운지를 보여주는 수많은 증거 중 하나일 뿐이다.[101]

(3) 모호한 영역—바울이 고린도전서 11:17-33 사이에서 명백하게 전체 집회를 지칭하는 표현들을 집중적으로 사용했기 때문에, 전체 집회가 아닌 가정별 소그룹 예배에서는 어떻게 행동하라는 지침은 이 편지에서 발견할 수 없다. 이 부분은 바울이 의도적으로 모호하게 남겨 놓은 것 같다. 이런 전략적 모호성은 위에서 정리한 바대로, 고린도 지역에서의 두 가지 형태의 교회의 공존이 그렇게 조직적으로 구성되어 있지 않았다는 사실에 비추어서 선명히 이해할 수 있다.[102]

---

100) 이러한 이상은 살전 4:9-12에서 볼 수 있듯이 데살로니가 교회에서는 최소한 부분적으로라도 실천에 옮겨졌던 것으로 보인다. 9절의 필라델피아(Φιλαδελφία)는 막연한 말만의 사랑이 아니라, 바울이 칭찬했던 구체적인 행동이었다. 이 칭찬 뒤에 경제활동과 그 활동이 공동체에 끼치는 영향에 대한 언급이 이어지는 것으로 보아서(10-12절), 여기서 필라델피아는 경제적 상호부조 행위를 가리키는 것으로 보인다.
101) Saller, *Patriarchy*, 102-32.
102) White, *Social Origins*, 109n31. He cites Meeks, *The First Urban Christians*, 76, 221n7.

교회로 모일 때의―곧 전체 집회에서의―행동을 바울이 지시하고 있는데, 그러면 "집에서 모일 때"에 대해서는 어떤 지침이 있는가? 전체 집회가 아닌 소그룹의 예배가 행해진 것은 "에클레시아에서"(ἐν ἐκκλησίᾳ)인가 아니면 "오이코스에서"(ἐν οἴκω)인가? 가정 모임들이 주의 만찬을 거행했다면, 그것은 신성한 의례인가 아니면 일상적 식사인가? 그 식사는 사도 바울의 지시에 따라 행해져야 하는가 아니면 가부장이 전권을 갖는가? 이런 류의 물음이 고린도전서를 받아든 교인들 사이에서 제기될 수밖에 없었을 것이다. 바울은 주의 만찬에 대한 권면을 마치면서 자신의 지침이 불완전하며 임시적이라는 사실을 분명히 한다. "그 밖의 일들은 내가 언제든지 갈 때에 바로잡으리라"(τὰ δὲ λοιπὰ ὡς ἂν ἔλθω διατάξομαι; 고전 11:34). 이는 주의 만찬에 대한 자신의 지침에 대해 여러 의문이 생길 수밖에 없음을 스스로 인정하는 것이다. 바울이 이 편지를 쓰면서 가정 모임들을 에클레시아로 규정해야 할지 말아야 할지를 결정하지 못하고 있었을 가능성이 높다. 그렇다면 현대 학자들이 가정교회의 문제와 관련하여 겪는 혼란은 상당 부분 바울 자신에게서 연유한 셈이 된다.

바울의 대책은 타협적이었고, 그나마도 불완전했으며 임시적이었다. 바울은 고린도 교회가 구체적인 조직과 규정을 확립할 준비가 되어 있지 않았다고 생각했을 수도 있고, 교회의 현황에 대해 자신이 갖고 있는 정보가 충분하지 못하다고 생각했을 수도 있다(μέρος τι πιστεύω; 11:18). 또한 조직과 지위 조정의 문제에서 명시적인 답을 내놓을 만큼 바울의 리더십이 확고하지 못하며, 고린도 교회의 내적 분쟁에 휘말릴 수 있는 가능성도 고려해야 했을 것이다.[103]

이러한 관찰은 바울이 고린도에서 어떤 부자 교인(가이오)의 집에 체류

---

103) 고전 1:12; 3:4-9; 9:1-27.

하면서 공동식사에 참여했을 때, 그의 지위에 대한 인식을 재점검해볼 것을 요청한다. 로날드 혹(Ronald Hock)은 그리스도인 선교사들이 어떤 부자 교인의 집에 들어가서 머무는 것이 당시의 철학자, 웅변가나 문법 교사들이 지역 유력자의 집에 머무는 관행의 일환으로 여겨졌을 것이라고 본다. 지식인들이 이런 식으로 부잣집에 몸을 의탁하는 것은 노예적인 일로 여겨지기도 했다.[104] 고린도전서 9:18의 값(μισθός)은 소피스트들이 부자의 집에 머물면서 받는 사례비를 의미하는 단어였으며, 바울이 천막 만드는 일을 하면서 자비량 선교를 한 것은 이런 돈을 위해 지식을 파는 이들과 비슷한 인상을 주지 않기 위해서라고 분석한다.[105] 초우(Chow)는 이러한 분석을 로마 사회의 후원제(patronage)라는 맥락에서 적용한다. 바울이 고린도 교인들의 재정 지원을 거절한 것은(고전 9장; 고후 11:8-9) 자신이 열등한 피후원자로 인식될 위험을 감지했기 때문이라는 것이다.[106]

이러한 문화적 환경은 바울의 체류 공간으로서의 개인 주택(οἶκος)과 공동체의 회집 장소로서의 에클레시아(ἐκκλησία)의 관계가 그의 주위에 있던 이들에게 어떻게 인식되었을지를 추정하는 열쇠를 제공한다.[107] 만약 바울이 가이오의 집에 머물렀고, 바울이 머물렀다는 이유로 그 집이

---

104) 당시 문서들은 이런 관행에 대한 비난뿐 아니라(예. Lucian, *De Mercede conductis*, 7-30), 이런 비난에 대한 방어 논리까지 남기고 있다. 이런 관행이 당시 문화의 중요한 부분이었음을 보여준다. 참조. Ronald F. Hock, *The Social Context of Paul's Ministry: Tentmaking and Apostleship* (Philadelphia: Fortress Press, 1980), 55nn50-52.
105) Hock, *The Social Context of Paul's Ministry*, 52-55.
106) John K. Chow, *Patronage and Power: A Study of Social Networks in Corinth*, Journal for the Study of the New Testament (Sheffield, UK: JSOT Press, 1992), 101-10; Peter Marshall, *Enmity in Corinth: Social Conventions in Paul's Relations with the Corinthians*, Wissenschaftliche Untersuchungen zum Neuen Testament II. 23 (Tübingen: J. C. B. Mohr, 1987), 165-258.
107) 고전 6:4에서 세속 법관들이 "교회에서 경히 여김을 받는 자들"이라고 표현한 것은 그리스도인들의 상징적 세계와 세속 세계 사이의 불일치를 보여준다. 바울 자신이 이런 지위 불일치의 대표적인 예다.

전체 집회 장소가 되었다면, 주의 만찬을 집례하는 바울의 자격은 문화적으로 상반된 기대가 충돌하는 지점에 놓인다. 한편으로 바울은 에클레시아 전체의 아버지-사도이다.[108] 다른 한편으로 그 오이코스의 주인은 바울을 귀한 손님 중 한 명, 혹은 지식인 피후원자(식객) 정도로 생각하고, 그런 차원에서 바울이 자신의 집에서 거행되는 공동식사를 주관하는 것을 용인했을 수도 있다. 그렇다면 바울이 고린도에 머무는 동안에 부자 교인의 집에서 집례했던 주의 만찬에서 이미 고린도전서 11:14-34이 보도하는, 바울이 떠난 후에 생긴 만찬에서의 갈등의 씨앗이 뿌려졌다고 볼 수 있다.

바울과 부유한 가정 모임의 대표들 간의 이런 긴장이 당시 고린도 공동체의 상황을 결정짓는 중요한 요인이었던 것으로 보인다.[109] 바울이 이들의 재정 지원을 거절한 것은 비슷한 맥락에서 이해할 수 있다. 다음 장에서는 이러한 고린도 지역 공동체의 특성과 다른 바울 교회들의 상황을 비교해볼 것이다. 이 비교 작업은 바울의 에클레시아의 사회적 형태에 대한 논의에 새로운 장을 열 것이다.

---

108) Winter, *After Paul Left Corinth*, 157.
109) Chow, *Patronage and Power*, 107-12; Marshall, *Enmity*, 233-58.

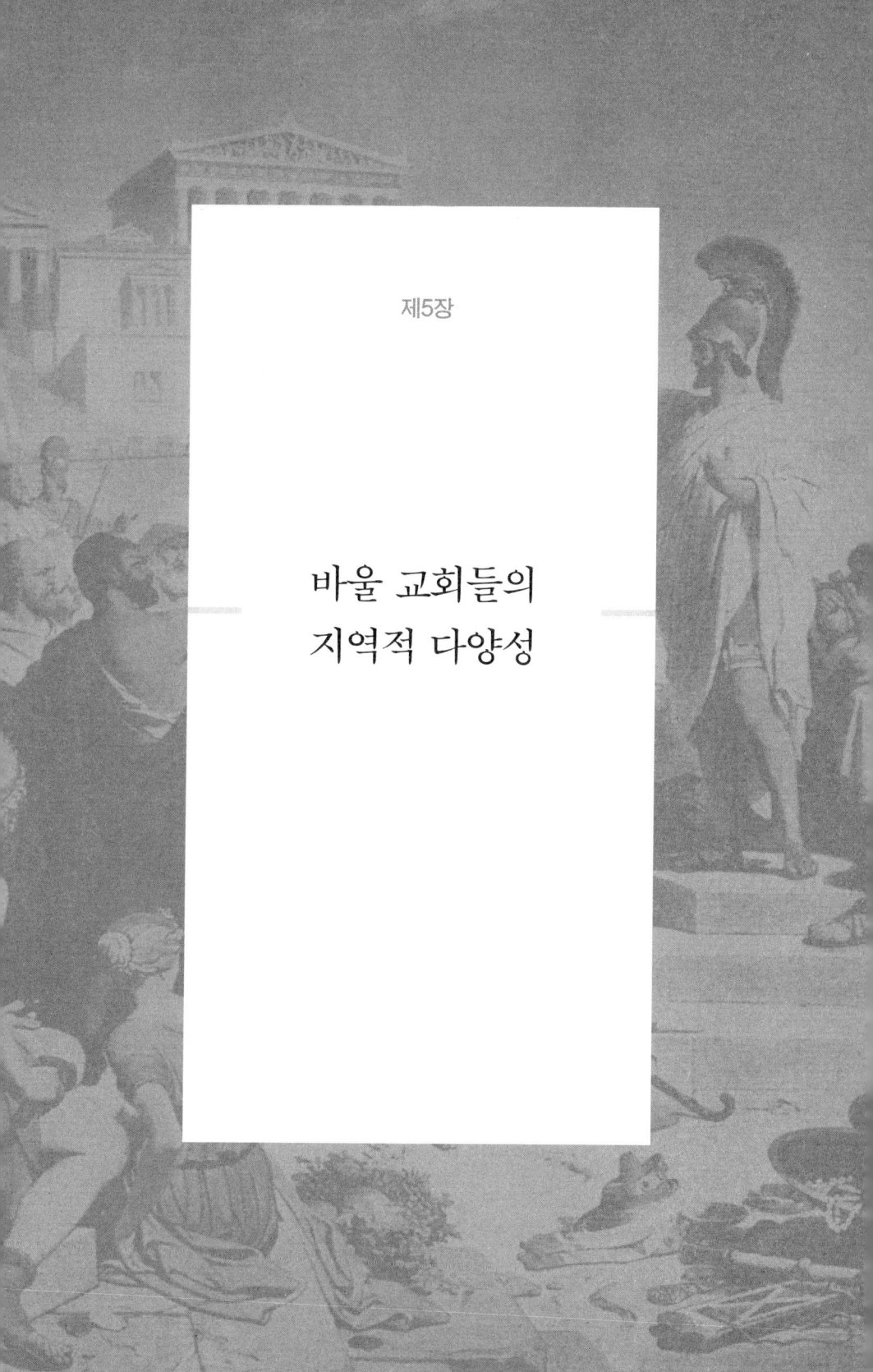

제5장

바울 교회들의 지역적 다양성

5.1 ── 바울 교회들의 사회사와 고린도 교회

바울의 에클레시아를 고린도 교회의 만찬과 관련해 논의하면서, 우리는 에클레시아라는 단어와 초기 교회의 사회상을 엿볼 수 있는 자료들이 고린도 서신에 편중되어 나타나고 있다는 사실을 확인했다. 신약학과 초기 기독교 역사학에서 고린도 교회는 바울 교회의 사회적 양상을 재구성하기 위한 초석 역할을 해왔는데, 그 주원인은 자료의 편중이다. 학자들은 획득 가능한 자료로 연구를 시작할 수밖에 없다. 이번 장에서는 이런 현실을 지적하면서 그 한계를 헤아리고 대안을 모색하고자 한다. 앞서 제4장에서 나는 "두 가지 형태의 교회"의 "공존"(한 도시에 하나의 전체 집회와 복수의 가정 모임)이라는 다수의 견해가 고린도 교회에 대해서는 어느 정도 동의 가능하다는 입장을 밝히면서, 다른 지역에 이런 구도를 적용하는 것에 대한 입장은 유보한 바 있다.

주목할 대목은 두 가지 형태의 교회 공존 이론의 결정적인 증거인 "전체 교회"(ἡ ὅλη ἐκκλησία, 롬 16:23; 고전 14:23)라는 표현이 고린도 교회와 관련해서만 나오고, 다른 교회에 대해서는 쓰이지 않고 있다는 점이다. 반대로 개인의 이름이 등장하면서 "~의 집에 모이는 에클레시아"(ἡ κατ' οἶκον...ἐκκλησία)라는 표현은 고린도 지역의 모임과 관련해서는 한 번도 쓰이지 않는다는 것이 특이하다. 고린도 서신은 개인의 이름이 특별히 많이 언급된 서신이라는 점, "가정교회" 이론 역시 대부분 고린도 서신을 기초로 발전되었다는 점에서 더욱 의외라 할 수 있다.

대부분의 신약학자들은 초기 교회의 사회적 형태를 논하면서 지리적으로 떨어져 있는 "바울 교회들"을 모두 단일한 형태의 교회로 전제하고 있다. 바울 교회들의 지역적 상이성을 주의 깊게 고려했던 학자들은 많지 않은데, 그중 폰 캄펜하우젠(von Campenhausen)이 대표적이다. 그는 바울 교회에 "고정된 직제"가 없었다고 해석하면서, 바울은 지역 교회들에 조직적 규정을 부과하려 하지 않았으며, 각 지역 회중들의 자유를 신장시키려 했다고 주장한다. 바울은 각 교회를 사회적 실체(a social entity)로 보기보다는 성령의 인도하심을 받는 공동체로 보았고, 그래서 바울이 각 지역 회중에게 기대한 것은 영적인 일치였지 사회학적 단일 형태는 아니었다는 것이다.[1] 바울 교회들의 조직에서 다양성을 포착한 것은 폰 캄펜하우젠의 중요한 공헌이다. 그러나 그는 "영적인 일치"와 "사회학적 단일 형태"가 그런 식으로 단순히 대조될 수 없다는 사실을 충분히 인식하지 못하고 있다.

또한 바울의 의도 역시 단순히 "지역의 자유"라는 말로 요약할 수 없는 성질의 것이다. 우리는 앞에서 바울이 지역 교회의 범위를 넘어서는 "공통의 관습"(συνήθεια)을 형성하려는 노력을 기울이고 있음을 살펴보았다. 고린도전서 11:16에서 다루는 여성이 머리에 수건을 쓰는 문제가 대표적인 예다. 바울이 지역 교회의 벽을 넘어 확립하려고 했던 바는 신학적 일치에 국한되지 않고, 사회적 의의를 갖는 구체적인 규정까지 포함한다. 따라서 바울 교회의 사회적 형태의 지역별 다양성은 바울의 목회 원칙과 지역적 특성 간의 대화적(dialectical) 관계로 이해해야 한다.[2] 로버트

---

1) Hans von Campenhausen, *Ecclesiastical Authority and Spiritual Power*, 55-58.
2) Cf. Margaret Y. MacDonald, *The Pauline Churches: a socio-historical study of institutionalization in the Pauline and Deutero-Pauline writings* (Cambridge, UK; New York: Cambridge University Press, 1988), 46-60.

뱅크스는 고린도 교회가 다른 지역과 다른 독특한 구조를 가졌다고 주장한다.

> 고린도는 믿는 이들이 모이는 작은 그룹들("글로에의 사람들", 고전 1:11)도 있었고, 전체 교회의 모임은 아마도 작은 공동체들로부터 온 사람들로 구성되었을 것이다. 이런 점에서 고린도 교회는 유일하다(unique).[3]

뱅크스는 고린도 교회에서의 전체 집회와 작은 모임의 증거를 잘 포착하고 있다. 그러나 그는 이런 현상이 왜 유일한지에 대한 증거는 제대로 제시하지 못하고 있다. 흥미롭게도 그는 고린도 서신들을 로마서와 비교하면서 이런 결론을 이끌어내고 있다. 로마 교회는 "온 교회"가 한 장소에서 모이는 집회가 없었다는 것이다. 로마 교회가 전체 집회가 없는 다수 모임의 형태였을 가능성은 상당히 높다.[4] 그러나 로마 교회는 바울 교회의 특성을 논하는 데 있어 고린도 교회와 적절한 비교의 대상이 아니다. 일단 로마 교회는 바울이 개척해서 목회하던 교회라는 의미에서 "바울 교회"는 아니다. 또한 로마 교회에 대한 바울의 지식은 제한적이었다. 이러한 한계는 차치하고라도, 오로지 한 곳의 교회와만 비교해보고 고린도 교회를 유일하다고 결론 내린 뱅크스의 성급함은 심각한 문제다.

바울 교회들의 지역별 상이성에 관한 좋은 연구는 바클레이(John M. G. Barclay)의 "데살로니가와 고린도"[5]라는 논문에서 발견할 수 있다. 바클

---

3) Robert J. Banks, *Paul's Idea of Community*, 33-34.
4) Peter Lampe, *Die stadtrömischen Christen*; Peter Lampe, *From Paul to Valentinus*, 19-66가 주목할 만하다. 대부분의 주석가들이 이 견해에 동의하고 있다. 이 책의 3.4.2를 보라.
5) John M. G. Barclay, "Thessalonica and Corinth—Social Contrasts in Pauline Christianity," *JSNT* 47 (1992): 49-74.

레이는 데살로니가 교인들은 자신들의 도시에서 외부인들과 심각한 갈등을 겪었는데, 고린도 교인들은 그런 갈등 없이 그들의 동료 시민들과 평화로운 관계를 유지하고 있는 것으로 보인다는 점에 착안한다. 그는 데살로니가전서는 종말론적 기대가 강한 공동체의 모습을 보이고 있는데, 외부인들과의 갈등으로 고난을 겪고 있는 공동체의 삶의 자리(*Sitz im Leben*)가 바울의 종말론적 메시지에 열광적으로 반응하게 만든 것이 아니겠는가 하고 추측한다. 이와 대조적으로 고린도인들에게도 바울이 비슷한 묵시적 메시지를 선포했겠지만, 그들의 삶의 자리가 고난의 현실이 아니었기 때문에 강한 종말론보다는 성령으로 인해 탁월한 지식을 개인적으로 소유하는 쪽의 신앙을 선호했을 것이라는 관찰을 제시한다.

고린도 교회의 유일성에 대한 뱅크스의 주장과 비교하면, 바클레이의 고린도 교회와 데살로니가 교회의 비교는 여러 면에서 적실한 주장이다. 무엇보다 바울 자신이 고린도 교회를 마케도니아 교회들과 수차례 비교하고 있기 때문이다(고후 8:1-2; 11:9-11). 바울은 여행을 계획하면서 이 교회들을 하나의 그룹으로 취급하고 있기도 하며(고전 16:5), 마케도니아 교회와 아가야의 교회들을 소문이 나누어지는 밀접한 관계에 있는 구도로 제시하기도 한다(살전 1:7-8). 바울은 "모든 교회", "다른 교회들", "각 교회" 등의 비한정적 표현을 자주 사용하는데, 이 경우에 아카이아(고린도 포함)의 교회들과 마케도니아(데살로니가 포함) 교회들을 중심에 두고 말하는 경우가 많다(고후 8:19, 23-24; 11:8; 12:13). 고린도 교회와 데살로니가 교회는 지리적으로 근접했을 뿐 아니라, 그들이 바울로부터 복음을 전해 듣고 교회로 모이기 시작한 시점도 서로 가깝다. 바울이 데살로니가를 떠나 고린도에 가서 데살로니가 교인들에게 편지를 쓴 시점의 차이가 불과 수개월, 심지어 수주에 불과할 수도 있다는 점을 되새기면서, 바클레이는 이렇게 짧은 시간차를 두고 개척된 두 "형제 공동체가 현저하게 상이한 기독교 신앙의 내용을 발전시켰다는 것은" 충격적인 일이라고 평가한다. 바클레이의 비교는 사회적 상황의 차이가 어떻게 그리스도교 메시지에 대한 상이한 반응과 수용을 나타낼 수 있는지를 보여주는 탁월한 예다. 우리는 그의 결론에 흔쾌히 동의할 수 있다. "이 연구는 두 바울 교회의 상이한 발전 양상을 통해서 우리가 '바울의 그리스도인들'이라고 쉽게 일반화하는 것이 얼마나 큰 착오인지를 보여준다.'"[6]

아쉽게도 바클레이는 이 논문에서 두 공동체의 사회적 계층과 관련한 논의를 "의도적으로" 배제하고 있다.[7] 그러나 그의 연구는 바울 교회들 내에서 지역적으로 사회계층에 차이가 있을 수 있으며, 그 차이가 신학적 성향과 교회 구성의 차이를 낳았을 수도 있다는 가능성의 문을 열어놓고 있다. 이번 장의 목적은 지금까지 바울 교회들을 하나의 단일체처럼 취급해온 학자들의 가정에 도전하는 것이다. 여기서 다음 두 요소에 집중할 것이다. (1) 각 교회 교인들의 사회적 계층, 보다 정확히 말해서 경제적 수준, (2) 각 교회의 내적인 구조. 아래에서 고린도 교회를 데살로니가와 빌립보 교회와 비교할 텐데, 이 비교는 두 요소가 밀접히 연관되어 있다는 점을 확증해줄 것이다.

쇨겐(G. Schöllgen)은 현대 학자들이 바울 공동체의 사회적 구조를 파악하는 데 실패하고 있음을 지적하면서, 웨인 믹스의 방법론적 오류를 예로 든다. "또 하나의 방법론적 오류는 바울 공동체들이 모두 동일한 혹은 거의 같은 사회 계층의 사람들로 구성되었을 것이라는 강고한 추정이다."[8] 이 오류는 믹스에게서만 발견되는 문제가 아니다. 타이센은 고린도

---

6) J. M. G. Barclay, "Thessalonica and Corinth: Social Contrasts in Pauline Christianity," *JSNT* 47 (1992): 72.
7) Barclay, "Thessalonica and Corinth: Social Contrasts in Pauline Christianity," 56.
8) Gregor Schöllgen, "Was wissen wir über die Sozialstruktur der paulinischen Gemeinden: Kritische Anmerkungen zu einem neuen Buch von W. Meeks," *NTS*

전서에 등장하는 이름들을 하나하나 분석해가며 그들의 사회적 지위에 대한 연구를 토대 삼아 고린도 교회의 사회적 계층에 대해 아래와 같이 단언하고 있다.

> 결론적으로 **그리스적 원시 기독교**는 하층 계급의 프롤레타리아 운동도 아니었고, 상층 계급만의 현상도 아니었다. 반대로 그 구조적 특징은 다양한 층위들이 – 그리고 다양한 관심, 관습, 전제들이 – 망라된 것이었다.[9]

초기 교회의 사회적 특성과 관련해 거의 모든 대목에서 믹스와 타이센에 정면으로 반박하는 메깃조차도 이 부분에서는 같은 경향을 보인다. 학자들의 이런 편향된 견해는 무엇보다 활용 가능한 사회적 자료들(the social data)이 압도적으로 고린도에 편중되어 있기 때문이다. 그렇다면 우리는 이런 질문을 제기할 수 있어야 한다. 왜 유독 고린도 서신에서만 사회적 자료들이 많이 발견될까? 혹시 다른 교회들보다 고린도 교회에 사회적 갈등과 문제가 많기 때문은 아닐까? 바울 서신 중 고린도전서만 주의 만찬에 대해서 다루고 있는데 이는 고린도 교회가 주의 만찬에서 문제가 있었기 때문이다. 이와 비슷한 구도를 사회적 갈등 전체에 적용해 볼 수 있지 않을까? 혹시 이 예외적으로 문제 많은 교회가 예외적으로 다른 구조를 가지고 있었던 것은 아닐까? 이와 관련한 바클레이의 언급에서 중요한 통찰을 접할 수 있다. "바울이 데살로니가 교회보다 월등히 오랜 시간을 보낸 고린도 교회가 **바울의 관점에서 현저히 벗어난** 경향을 보이는 것은 아이러니다."[10] 물론 이런 가능성이 고린도 교회의 사회적 구조

34, no. 1 (1988): 73. Roger W. Gehring, *House Church and Mission*, 169.
9) Gerd Theissen, *The Social Setting of Pauline Christianity*, 106(강조는 덧붙인 것임).
10) Barclay, "Thessalonica and Corinth: Social Contrasts in Pauline Christianity," 72(강

를 바울 교회들 중에서의 변종으로 규정하는 것을 합리화하지는 않는다. 그러나 고린도 교회에서 나온 자료들을 분석한 결과를 다른 바울 교회들에 그대로 적용하는 관행에 강한 제동을 거는 것은 사실이다.

5.2 ── 바울 교회들의 사회적 계층

초기 기독교인들의 사회 계층 문제에 대한 논의를 살펴보기에 가장 좋은 출발점은 "새 합의"(new consensus)라 불리는 주장이다. 바울 교회들의 사회적 층위에 대한 "새 합의"라는 말은 초기 기독교 운동을 프롤레타리아 사이에서 일어난 현상으로 보는 입장을 "옛 합의"로 규정하면서 생긴 용어다.[11] "새 합의"라는 개념은 1983년에 웨인 믹스가 쓴 글에서 명확하게 볼 수 있다. "근래에 형성되고 있는 합의에 대한 맬러비(Malherbe)의 보고가 적절해 보인다. 일반적으로 바울의 회중은 도시 사회의 계층을 상당히 넓게 가로지르는 그룹이었던 것으로 보인다."[12] 막연한 인상 분석에 기초한 옛 합의에 비해 새 합의는 나름대로 과학적 분석 방법을

조는 덧붙인 것임).
11) 편의상 잘 알려진 이 개념을 사용하지만, 이 용어에 전적으로 동의하는 것은 아니다. 새 합의의 대표 논자로 알려진 Theissen도 이 용어에 의혹을 표한다. "'새 합의'는 새롭지도 않고 사실 합의된 것도 아니다"; Gerd Theissen, "The Social Structure of Pauline Communities: Some Critical Remarks on J. J. Meggitt, Paul, Poverty and Survival," *JSNT* 24 (2001): 66. Friesen은 "바울 회중들의 사회적 지위에 관해서는 옛 합의도 없고, 새 합의도 없다"고 말한다. Steven J. Friesen, "Poverty in Pauline Studies: Beyond the So-Called New Consensus," *JSNT* 26, no. 3 (2004): 325.
12) Wayne A. Meeks, *The First Urban Christians*, 73; cf. Abraham J. Malherbe, *Social Aspects of Early Christianity* (Philadelphia: Fortress Press, 1983), 31; Floyd V. Filson, "The Significance of the Early House Churches," *JBL* 58, no. 2 (1939): 105-12.

동원했고, 그 이름대로 학계의 폭넓은 지지를 받기도 했다. 그러나 메깃이 1998년에 『바울, 가난 그리고 생존』(Paul, Poverty, and Survival)이라는 박사학위 논문을 출간한 이래 새 합의는 강력한 도전을 받았고, 이 분야는 초기 기독교의 사회사 연구 분야의 주요 전장이 되었다. 메깃의 주장은 무엇보다 당시 인구의 1% 엘리트를 제외한 나머지 전부는 "가난한" 계층이라 불릴 수 있다고 추산하는 1세기 로마 경제 연구에 기초한다. 그는 "바울 교회의 그리스도인들은 전체적으로 열악한 물질생활, 제국 주민의 99% 이상이 겪었던 생활 상태를 공유하고 있었으며…바울 자신도 그러했다"[13]라고 말한다. 로마 경제사 일반의 결론을 토대로, 바울의 교회들과 관련하여 메깃이 주로 한 작업은 새 관점의 학자들이 주장하는 근거가 되는 증거들을 비평적으로 살펴보고 조목조목 반박하는 데 집중되어 있다. 그 자신이 인정하듯이,[14] 그가 이전에 견고해 보이던 이론의 기반을 효과적으로 흔들어놓은 것은 사실이지만, 그 자신이 증명해낸 것은 별로 없다.

메깃에 의해서 촉발된 이 토론 중에 많은 의견이 제출되었는데, 그중에서도 프리젠이 시도한 "가난의 등급" 분석이 주목할 만하다.[15] 프리젠은 새 합의에 대한 메깃의 비판에 동의하면서, 새 합의 진영과 메깃이 공히 이원적인 구도를 갖고 있음을 지적한다. 전체 인구를 가난과 부의 양

---

13) Justin J. Meggitt, *Paul, Poverty, and Survival*, Studies of the New Testament and Its World (Edinburgh, UK: T&T Clark, 1998), 99.
14) Meggitt 스스로 자신의 연구가 파괴는 하였으나 건설은 못했다고 인정한다. Meggitt, *Paul, Poverty, and Survival*, 179.
15) Steven J. Friesen, "Poverty in Pauline Studies: Beyond the So-Called New Consensus"; W. Scheidel, S. J. Friesen, "The Size of the Economy and the Distribution of Income in the Roman Empire," *Journal of Roman Studies* 99 (2009): 61-91; Cf. Brandon Cline and Trevor Thompson, "A Response to Steve Friesen's 'Nothing Succeeds Like Inequality,'" paper presented to the Early Christian Studies Workshop, University of Chicago, 2006.

자 중 하나로 분류하는 구도라는 것이다. 대신 프리젠은 경제적 수준을 7개의 "빈곤 등급"(poverty scale)으로 나눈다. 롱네커는 이런 시도를 중요한 진전이며 좋은 "발견 도구"(a heuristic device)라고 인정하고, "그리스-로마의 도시 생활 일반과 구체적으로 초기 예수 운동에 대해서" 연구하는 모든 이들이 무시해서는 안 될 접근이라고 평가한다.[16] 롱네커는 용어를 빈곤 등급에서 "경제적 등급"(economic scales, 줄여서 ES)으로 바꾸고 아래와 같이 수정된 추정치를 제시한다. 본서에서도 롱네커의 경제적 등급이라는 용어를 채택한다.

	설명	프리젠이 2004년에 제시한 도시 주민의 퍼센트	롱네커가 2010년에 제시한 도시 주민의 퍼센트
ES 1- ES 3	엘리트 (제국 차원/속주 차원/도시 차원)	3	3
ES 4	약간의 잉여 소득	7	15
ES 5	다소 안정적인 생계유지	22	27
ES 6	생계유지선	40	30
ES 7	생계유지선 이하	28	25

〈로마 제국 초기 도시 인구의 경제적 등급〉

이 추정치에 대한 세부적인 논의는 본서의 범위를 벗어난다.[17] 여기서는 본서의 주제와 관련된 범위 내에서 이 등급표의 의미를 분석하고자 한다.

---

16) Bruce W. Longenecker, *Remember the Poor: Paul, Poverty, and the Greco-Roman World* (Cambridge; Grand Rapids, MI: Eerdmans, 2010).
17) 이 논의에 참여한 모든 학자들이 자신이 제시하는 숫자는 추정일 뿐이라고 전제하는 것에 유념할 필요가 있다.

5.2.1 — 경제적 등급 4의 중요성

바울의 교회와 관련하여 등장하는 많은 이들 가운데 ES 1-ES 3에 속하는 이들은 거의 없다. 유일한 예외는 에라스도 정도를 생각해볼 수 있지만, 그의 경우도 사회 상층부에 속했는지는 불분명하다.[18] ES 5는 "가난한"으로 분류할 수 있는 ES 6, ES 7과 크게 다르지 않은 것이 사실이다. 그렇게 보면 바울 교회 교인들의 사회적 층위와 관련해서 중요성을 갖는 유일한 그룹은 ES 4의 존재 여부다. 그런 점에서 바클레이는 프리젠이 등급별로 나눈 시도의 필요성을 인정하면서도, 기본적으로 메깃의 노선에 서 있는 프리젠의 분석이 결과적으로는 타이센이나 믹스의 주장과 크게 다르지 않은 그림을 산출했음을 지적한다.

> 이런 상황에서는 수입의 적은 차이도 큰 차이를 야기할 수 있다. PS 4[ES 4]를 7% 정도로 산출한 프리젠의 추산은 바울의 교회들 안에서 상당한 정도의 차이가 있었음을 주장하는 셈이 된다. 결국 이 결과는 타이센이나 믹스의 주장과 큰 차이가 없다. 있다면 사용하는 어휘의 차이일 뿐이다.[19]

롱네커가 그의 연구에서 ES 4의 비율을 계산하는 데 많은 노력을 기

---

18) 에라스도는 이 분야 연구에서 뜨거운 감자라고 할 정도로 많은 논란이 되었다. 다음을 참조하라. Edward Adams, David G. Horrell, *Christianity at Corinth*, 220; Steven J. Friesen, "The Wrong Erastus: Ideology, Archaeology, and Exegesis," in *Corinth in Context* (Leiden, Boston: Brill, 2010), 231-56; John K. Goodrich, "Erastus of Corinth (Romans 16.23): Responding to Recent Proposals on His Rank, Status, and Faith," *NTS* 57, no. 4 (2011): 583-93.

19) John Barclay, "Poverty in Pauline Studies: A Response to Steven Friesen," *JSNT* 26, no. 3 (2004): 365; Longenecker, *Remember the Poor: Paul, Poverty, and the Greco-Roman World*, 252-53.

울이는 것도 같은 이유에서인 것 같다. 그는 2009년의 논문에서는 샤이델(Scheidel)의 2006년 추산을 인용하여 이 그룹을 20% 정도로 계산했다.[20] 샤이델의 연구는 로마 치하의 이집트 마을의 토지 소유 현황 자료를 활용하여 전체 인구의 10-25% 정도가 "중간 계급"(middle class)으로 파악될 수 있다고 주장한다. 이 정도의 인구가 어느 정도의 잉여 생산을 향유했고, "공적인 부담"도 나누어 질 수 있었기 때문이다. 후에 샤이델은 프리젠과의 공동연구를 통해서 "중간 계급"에 대한 본인의 추정치를 대폭 하향 조정했을 뿐 아니라, "계급"이라는 용어도 폐기하고, "중간적 영역"(middling sector)이라는 용어로 대체했다.

이들의 결론은 로마 제국 전체에서 중간적 영역(middling sector)은 인구의 6-12% 정도 된다는 것이다. 이들은 "겨우 입에 풀칠하는" 생계유지선의 2.4-10배 정도의 실질 수입이 있는 자들, 혹은 1-4배 사이의 "나름대로 품위 있는" 소비 수준을 가진 자들로 계산했다. 이들은 상위 1.5%의 엘리트 집단과 하위 90% 안팎의 생계유지선 근처의 계층 사이에 존재하는 꽤 협소한 중간 지대를 점하고 있다.[21]

이렇게 하향 조정한 "중간적 영역"에 대한 추산에서도, 세부적인 분포를 보면 대부분은 그중에서도 하위에 속하는 이들로 추정된다. 결국 중간 지대는 그들의 추산치가 제시하는 것보다 훨씬 더 협소하게 보아야 한다

---

20) Walter Scheidel, "Stratification, Deprivation and Quality of Life," in *Poverty in the Roman World*, ed. E. M. Osborne Atkins, Robin (Cambridge: Cambridge University Press, 2006).
21) Scheidel and Friesen, "The Size of the Economy and the Distribution of Income in the Roman Empire," 26-27.

는 결론이다.[22]

5.2.2 ── 전체 집회의 공간 제공자

위에서 살펴본 연구들이 정확한 수치를 산출하고 있다고 주장하지는 않지만, 최소한 두 가지 사실을 주장하는 것은 분명하다. (1) 로마 사회에서 "중간적 영역"(a middling sector)이 존재한다는 사실, (2) 그 영역의 비중이 무시할 만큼은 아니지만 아주 작다는 사실이다. 바울 교회들의 그리스도인들로 범위를 좁혀도 똑같은 판단이 가능하다. 신약성서에 이름이 나타난 사람들 중에 ES 4에 해당하는 이는 소수라는 것이 학자들의 중론이다. 의심의 여지없이 이 범주에 들 수 있는 사람은 가이오밖에 없다. 고린도 교인 전체의 집회를 자신의 집에서 유치할 수 있을 만큼 큰 주택을 소유했을 것이라는 전제에서 그러하다(롬 16:23). "나와 온 교회의 호스트"(ὁ ξένος...ὅλης τῆς ἐκκλησίας)는 고린도의 복수의 가정 모임들이 가이오의 집에서 한꺼번에 모였다는 말로 볼 수 있다. 이를 보면 가이오는 다른 이들보다 큰 집을 갖고 있었으며, 아마도 고린도에 있던 다수의 모임들을 통틀어서 가장 부유한 이 중 하나였을 것으로 추정할 수 있다.[23] 재미있는 것은 이른 바 옛 관점의 대표인 다이스만도 이 점에 대해서는 동의한다는 사실이다.

그러나 성 바울은 몇몇의 부유한 그리스도인들의 이름을 언급하고 있다. "가정교회들"이 건덕을 위해 회집할 수 있었던 큰 방을 소유했던 사람이라면…

---

22) See tables 7-9 in Scheidel and Friesen, "The Size of the Economy and the Distribution of Income in the Roman Empire," 25-26.
23) Friesen, "Poverty in Pauline Studies: Beyond the So-Called New Consensus," 356.

결코 가난하지 않았을 것이다. 그의 집에서 교회 모임을 환대했던 고린도의 가이오가 이런 류에 속한다는 것은 의심의 여지가 없다. 시의 재무관이었던 가이오의 동료 시민 에라스도 역시 중간 계급에 속했을 것이다.[24]

웨인 믹스는 현대 학자들 가운데서 새 합의가 시작된 지점을 필슨의 1939년 논문에서 찾는다. "사도 시대의 교회는 우리가 흔히 생각해온 것보다 훨씬 더 다양한 계층을 포괄하는 교회였다."[25] 필슨의 이 분석은 교회의 물리적 회집 장소 및 개인 주택 소유자가 장소와 환대를 제공했다는 사실을 고찰하면서 나왔다는 사실에 주목할 필요가 있다.

위의 관찰로부터 두 가지 사실이 분명해진다. 첫째는 바울 교회의 사회적 계층에 대한 백가쟁명식 논의 가운데서 대부분의 학자가 동의하는 확실한 (사실상 유일한) 사회적 계층의 표식은 전체 집회가 회집할 수 있는 주택의 소유 여부라는 점이다. 둘째는 로마 제국 인구의 경제적 등급에 관한 연구와 바울 교회 교인들의 경제적 수준에 관한 연구의 명백한 결론은 모든 도시의 교회들에 그런 큰 주택을 소유한 교인이 있었을 것이라고 보기 힘들다는 점이다.

이런 분석은 로마 제국의 주택 상황에 대한 고고학자들의 연구 결과와도 일치한다. 제임스 패커(James E. Packer)는 기원후 1세기 오스티아의 인구를 27,000명 정도로 추정하고, 그중에서 2,000명 정도가 대형 주택이나 빌라에 살았을 것으로 추산한다. 이 인구는 집안에 있는 노예들도 포함한 숫자이기 때문에, 이보다 적은 주택의 소유자에 대비한 대형 주택 소유자의 숫자는 훨씬 적었을 것으로 봐야 한다. 패커는 5,000명 정도를

---

24) Adolf Deissmann, *St. Paul: A Study in Social and Religious History* (London, New York: Hodder & Stoughton, 1912), 216.
25) Filson, "The Significance of the Early House Churches," 111.

무주택자로, 그리고 인구의 대다수는(20,000명 안팎) 인술라(소규모 아파트)나 그와 비슷한 조그마한 공간에서 살았을 것으로 본다.[26] 프라이어는 오스티아에 사는 자유민들의 90-95%가 "이런 협소한 공간에서" 살았을 것으로 계산한다. 제국 내 다른 지역의 상황도 대동소이했다.[27] 카코피오는 1941년에 이미 제국 시대 초기 도시 로마에서 *domus*(단독주택) 거주자를 3.7%로 계산했는데, 최근의 방대한 연구 결과도 이 수치와 근접한 결과를 산출하고 있다.[28]

오우크스는 폼페이와 헤르쿨라네움의 주택 상황에 관한 고고학자 웰리스-하드릴의 연구에 기초하여 이 도시 주민들의 소득 수준에 관한 추정을 시도했다. 모든 증거와 연구는 최소한 한 명의 교인이 공동체 구성원 전체를 수용할 수 있는 주택을 소유한다는 것이 1세기 초반의 그리스-로마 도시에서는 당연히 기대할 수 있는 일이 아니었다고 증언한다. 오우크스는 무조건 사람만 모이면 가정교회가 될 것이라는 생각에 반대한다. 가정에서 교회가 모이려면 최소한 그 인원을 수용할 수 있는 주택이 있는 교인이 있어야 할 것이고, 그런 조건은 교회의 사회-경제적 구성

---

26) James E. Packer, *The Insulae of Imperial Ostia*, Memoirs of the American Academy in Rome 31 (Rome: American Academy in Rome, 1971), 70-72; James E. Packer, "Housing and Population in Imperial Ostia and Rome," *JRS* 57 (1967): 84-86.

27) Bruce W. Frier, *Landlords and Tenants in Imperial Rome* (Princeton: Princeton University Press, 1980), 5.

28) Jérôme Rowell Carcopino, ed. Henry T. Lorimer, trans. Emily Overend, *Daily Life in Ancient Rome; the People and the City at the Height of the Empire* (London: G. Routledge & Sons, 1941), 23-24. Carcopino's sources are *Regionaries* and *Forma Urbis Romae*; 285-86. Cf. Rodney Stark, *The Rise of Christianity: How the Obscure, Marginal Jesus Movement Became the Dominant Religious Force in the Western World in a Few Centuries* (San Francisco: Harper, 1997), 151; John E. Stambaugh, *The Ancient Roman City*, Ancient Society and History (Baltimore: Johns Hopkins University Press, 1988), 178.

과 밀접한 연관이 있을 수밖에 없다.[29] 만약 한 회중 가운데에 그 정도의 부유층 교인이 있었다고 하더라도, 그들이 자신의 가정 공간을 공동체의 모임을 위해서 내어놓을 의지가 있었는지, 또 그 모임의 후원자로 섬길 의지가 있었는지는 별개의 문제다.

이런 상황을 고려하면 전체 교회(ἡ ὅλη ἐκκλησία)가 모일 수 있는 공간을 고린도시의 부유층 지역 이외의 영역에서 찾는 호렐의 주장은 중요한 연구 방향을 제시한다.[30] 굳이 수십 명의 회중이 모일 수 있는 큰 개인 주택을 소유한 교인의 존재를 상정하지 않아도 되기 때문이다. 소유주가 아닌 새로 얻은 공간에서 교회가 모였을 가능성을 상정한다면, 반드시 세입자가 일정한 수준 이상의 사회 계층일 필요는 없다.[31] 그러므로 위의 표1에서 ES 5 이하의 교인, 즉 생계유지선을 겨우 유지하고 사는 상공인이나 노동자라도 50명이나 그 이상의 교인이 한자리에 모일 장소를 제공할 수 있다는 가정이 가능해진다.

호렐의 시나리오는 바울 교회 일반의 예배 장소 문제에 대한 매력적인 해결책임이 분명하다. 그러나 고린도의 경우는 분명히 일부 부유한 계층이 있었고(고전 1:26), 이들이 공동체의 경제적 필요에 대해 무관심하지 않았을 것으로 보인다. 구체적으로 가이오가 전체 회중의 회집 장소를 제공했다는 언급도 있다. 고린도의 부유한 교인들이 교회의 경제적인 필요를 제공했을 뿐 아니라 상당한 영향력을 행사하기도 했던 것 같다. 장소 문제에 대한 연구에서 얻은 이러한 통찰을 바탕으로 아래에서는 공동체의 조직 문제로 관심의 초점을 옮기고자 한다. 만약 호렐이 주장한 대로 50명 안팎의 인원이 특별한 후원자나 음식 제공자 없이 모였다면, 함께

---

29) Peter Oakes, *Reading Romans in Pompeii*, 68.
30) David Horrell, "Domestic Space," 359.
31) Oakes, *Reading Romans in Pompeii*, 44-45, 55-62.

그 모임을 꾸려가기 위한 조직적인 노력이 있었을 것이다. 고린도의 경우 그러한 노력의 증거를 발견할 수 없었다는 것이 아래에서 논의할 내용의 주안점이다.

5.2.3 ── 공동체의 리더십과 가정교회

가정교회와 그 리더십에 대해 필슨은 이렇게 말한다. "교회 정치제도의 발전은 가정교회들에 대한 언급 없이는 결코 제대로 이해할 수 없다. 가정교회가 모였던 집의 소유자들은 상당한 정도의 교육과, 넓은 사회적 배경, 그리고 어느 정도의 행정 능력을 소유한 이들이었을 가능성이 대단히 높다."[32] 믹스는 이 제안에 동의하며 이렇게 말한다. "대가족의 수장은 (가정 단위의) 그룹들에 일정 정도의 권위를 행사하였을 것이며, 또 그 모임에 대한 어느 정도의 법적 책임을 졌을 것이라는 것이 당시 사회의 상식적 기대치였다."[33] 필슨과 믹스의 관찰은 적절해 보인다. 그러나 그런 부유한 가부장이 존재했던 교회에 대해서만 적절하다.

그런 영향력 있는 가정 단위 모임의 "후원자들"은 전체 교회에서도 지도적 역할을 담당했을 것으로 보이며, 그랬다면 전체 교회는 다른 지도력 구조에 대한 필요성을 크게 느끼지 못했을 것이다.[34] 반대로 그런 부유한

---

32) Filson, "The Significance of the Early House Churches," 111-12.
33) Meeks, *The First Urban Christians*, 76; Friedrich August Strobel, "Der Begriff des Hauses im Griechischen und Römischen Privatrecht," *Zeitschrift für die Neutestamentliche Wissenschaft und die Kunde der älteren Kirche* 56, no. 1-2 (1965): 91-100; Robert Jewett, *Romans: A Commentary*, Hermeneia (Minneapolis: Fortress Press, 2007), 65; Vincent P. Branick, *The House Church in the Writings of Paul*, Zacchaeus Studies New Testament (Wilmington, DE: M. Glazier, 1989), 71.
34) 예를 들면 Clarke는 장로들의 회의는 "가정교회 수장들의 모임"으로부터 발전했다고 한다. 비록 구체적인 증거가 없는 추정이기는 하지만, 복수의 가정 모임으로 구성된 공동체의 사회적 역동을 상상해보는 데는 도움이 되는 진술이다. Andrew D. Clarke,

후원자들을 갖지 못한 지역 교회들은 함께 교회의 재정과 지도력을 세워 가야 할 조직의 필요성을 느꼈을 것이다. "필요는 발명의 어머니"라는 유명한 격언은 플라톤의 공화국에 나오는 말로,[35] 어떤 도구나 기계의 발명이 아닌 폴리스라는 사회 조직의 형성과 관련해서 나온 말이었다. 사회적 기관의 발전을 인간의 필요로부터 접근하는 방식은 그 기관의 본래적 상황을 보여주는 자료가 부족할 때 유용하게 사용되는, 아주 오래되었을 뿐만 아니라 보편적인 방법이다. 이번 장에서 나는 이런 필요 중심의 접근법으로서 마케도니아의 두 교회의 조직 구조를 분석하여, 이 교회들은 고린도 교회에 비해 더 발전된 리더십 구조를 갖추었다는 사실을 밝힐 것이다. 고린도의 경우 가정 모임들의 압도적 영향력 때문에 구성원들이 다른 리더십의 필요를 별로 느끼지 못했으며, 이것이 고린도 교회에서는 마케도니아의 교회들보다 공식적인 리더십 구조의 발전이 지체되었다는 사실을 함께 보일 것이다.

5.2.4 ── 사도행전에 있는 자료 사용의 문제

바울의 교회들을 연구하는 데 방법론적으로 중요한 문제 하나는 사도행전에 나오는 자료를 어떻게 다룰 것인가 하는 질문이다. 메깃의 도전에 대한 반박 논문에서 새 합의의 주역 중 한 명인 타이센은 사도행전에 나오는 자료들에 대한 메깃의 회의적인 태도를 지적한다.[36] 사도행전의 역사성에 대한 내 입장은 극단적인 회의주의는 아니다. 사도행전은 많은 역

A Pauline Theology of Church Leadership, Library of New Testament Studies (London; New York: T&T Clark, 2008), 53.
35) Plato, *Resp.* 2. 369C.
36) Gerd Theissen, "The Social Structure of Pauline Communities," 68-69.

사적 전승을 담고 있으며, 역사적 개연성에 대한 예민한 감각을 갖고 있기도 하다. 제3장에서 나는 바울의 서신과 어긋나지 않는 대목에서 사도행전의 자료를 적극적으로 사용했다.[37] 그렇지만 저자의 경향성이 분명해 보이는 부분에서는 비평적으로 사도행전을 읽어야 한다. 예를 들면, 당시의 상류 계층과 로마 관리들이 예수 운동에 대해 호의적이었다는 식으로 묘사하는 경향은 비판적으로 접근해야 한다.[38]

이와 함께 또 다른 도드라진 경향을 볼 수 있다. 사도행전이 그리스도인들의 모임을 가족이라고 하는 안전한 지대 안에 두려는 경향이다. 예를 들면, 사도행전에 기록된 바울의 빌립보 사역은 가부장에 대한 바울의 존중을 묘사하는 데 관심이 많다. 점치는 여성 노예 때문에 바울은 "심히 괴로워"(διαπονηθείς, 16:18) 했음에도 불구하고, 그 귀신을 쫓아내기 전에 수일을 망설이고 지체한다. 그 소녀의 주인이 노예에 대해 갖는 권리를 침해하지 않으려는 의도로 보인다. 그렇다면 사도행전에 나타난 바울의 사회적 태도는 예수 그리스도의 거침없는 기적 행사와 기득권에의 도전, 반가정적인 언술(막 3:1-6)과는 상당한 차이가 있다. 빌립보에서의 사역은 바울이 감옥에서 풀려난 후 자살하려는 간수를 전도하는 대목에서 정점에 이른다. 바울은 말한다. "주 예수를 믿으라. 그러면 너와 네 집이 구원을 받으리라"(16:31). 그 후 가부장인 간수의 결단으로 온 집안이 세례를 받는 장면이 이어진다. 말 그대로 한 "집"이 동시에 그리스도인이 되는 것이다. 가족 단위의 집단적 회심과 세례는 고넬료의 경우에도 그대로 나타난다. 가족 단위의 세례는 바울 서신에서도 볼 수 있으나(고전 1:16-17), 그

---

37) 이 책의 3.4.1을 보라.
38) Richard I. Pervo, *Profit with Delight: The Literary Genre of the Acts of the Apostles* (Philadelphia: Fortress Press, 1987), 77-81. Meeks, *The First Urban Christians*, 61-62. Meek 역시 바울 교회들의 사회 계층 분석을 위한 프로소포그라피 연구에 사도행전의 자료를 사용하고 있긴 하지만, 사도행전의 이런 경향성에 대한 주의는 분명히 하고 있다.

렇지 않은 경우, 예를 들어 남편은 믿지 않는데 부인은 그리스도인이 된 경우, 혹은 불신자 주인의 노예가 그리스도인이 되는 경우도 많았던 것으로 추정된다(고전 7:12-16). 이로 볼 때 사도행전은 가족 단위의 회심과 세례를 이상적인 모델로 제시하는 경향이 있는 것으로 보인다. 빌립보 간수의 가족 단위의 회심은 앞서 점치는 소녀의 축귀 사건에서의 긴장, 즉 가부장의 재산권을 침해하는 바울의 모습이 발생시키는 긴장을 종결하는 문학적 기능을 하고 있다. 사도행전이 묘사하는 전통적 가족 단위를 존중하는 바울의 모습은 외경행전으로 분류되는「바울과 테클라」에서 가족이라는 기초를 쉽게 허물어버리는 바울의 모습과 비교해보면 이념적 편향성이 명백하게 드러난다.[39]

게링은 그의 책에서 가정교회에 대한 모든 근거와 암시들을 면밀히 검토했지만, 빌립보서에서는 가정교회에 대한 어떤 근거도 발견할 수 없음을 인정한다. "자료의 빈약함 때문에 빌립보의 가정교회에 대해서 말할 수 있는 것은 상대적으로 거의 없다고 할 수 있다."[40] 데살로니가의 가정교회에 대해서도 게링은 거의 같은 표현으로 증거의 부족을 고백한다. 이러한 한계를 인정하고서도, 게링은 사도행전의 자료에 근거해 이 두 교회가 가정교회 형태를 전제한다는 방법론적 허술함을 보이고 있다. 예를 들면, 게링은 사도행전에 묘사된 바울의 빌립보 사역은 "루디아의 집에서와 간수의 집에서의 가정교회에 대한 신뢰할 만한 보고를 제공하고 있다"[41]고 한다. 그러나 사도행전은 이 두 집안의 세례에 대해서만 보도하고 있을 뿐이다. 바울의 편지는 루디아나 간수의 집에 대해서는 어떤 기록도

---

39) Dennis Ronald MacDonald, *The Legend and the Apostle: The Battle for Paul in Story and Canon* (Philadelphia: Westminister, 1983).
40) Gehring, *House Church and Mission*, 131.
41) Ibid.

남기고 있지 않다. 이 두 집안의 회심이 곧바로 가정교회 설립으로 이어지지 않았을 가능성은 충분히 있다. 예를 들자면, 루디아와 간수가 게링이 생각하는 것만큼 부자가 아니었을 수도 있고, 혹은 그들이 예수를 믿기는 했지만 자신의 집을 정기적인 예배 처소로 제공하는 데까지는 미치지 못했을 가능성도 있다. 사도행전에서 후원자 후보의 회심을 발견하자마자, 바로 가정교회 설립을 전제해버리는 성급함은 방법론적으로 치명적인 오류다.

5.3 ── 데살로니가 교회의 사회적 구조

5.3.1 ── 재정 후원자 없는 공동체

고린도와 데살로니가의 교회들을 비교하는 논문에서, 바클레이는 데살로니가 교인들의 경우 사회적 수준을 파악하기 힘들다고 토로했다. "바울 기독교 일반의 그리고 구체적으로는 데살로니가 교회의 사회학적 연구에서 중요한 질문으로 여겨지는 사회 계층의 문제를 나는 이 논문에서 의도적으로 다루지 않으려 했다. 데살로니가 교회의 경우 회심자들의 사회적 지위에 관해서 우리는 아는 바가 거의 없다."[42] 그렇지만 우리는 바울이 친히 쓴 글 중에서 최소한 하나의 직접적 증거는 갖고 있다. 고린도 교인들에게 예루살렘을 위한 헌금을 격려하는 대목에서 바울은 고린도 교인들에 비해 현저하게 가난한 마케도니아 교회가 훨씬 많은 헌금을 했다고 전한다. "환난의 많은 시련 가운데서 그들의 넘치는 기쁨과 극심한

---

42) Barclay, "Thessalonica and Corinth: Social Contrasts in Pauline Christianity," 56.

가난이 그들의 풍성한 연보를 넘치도록 하게 하였느니라"(ἡ κατὰ βάθους πτωχεία αὐτῶν ἐπερίσσευσεν εἰς τὸ πλοῦτος τῆς ἁπλότητος αὐτῶν; 고후 8:2). 바클레이는 베츠와 함께 이 언급은 마케도니아의 열성적인 헌금을 강조하기 위한 수사적인 표현일 뿐이라며 그 역사성을 평가절하한다.[43]

그러나 수사적이라는 것이 사실과 반대된다는 말은 아니다. 왜냐하면 "수사가 설득력을 가지려면 최소한 사실과 배치되지 않는 가정들에 기초해야 하기 때문이다."[44] 고린도후서 8장에서 바울은 헌금을 놓고 마케도니아 교인들과 고린도 교인들을 경쟁시키고 있다. 이런 맥락에서 사용한 "극심한 가난"(ἡ κατὰ βάθους πτωχεία)이라는 말을 지리적으로 아주 가까운 공동체에 대해서 쓰고 있는데, 이 말이 사실과 달랐다면 바울의 신뢰성은 큰 상처를 입었을 것이다. 바울이 데살로니가에 있을 때 자신의 손으로 열심히 일했다는 언급으로(살전 4:11) 자신을 근면하게 일하는 이의 모델로 제시하는 것을 볼 때(살전 2:9-12), 데살로니가 교인들 대다수는 노동자들이었을 확률이 높다. 데살로니가후서는 바울 이후의 시대에 기록되었다고 여기는 경우가 많지만, "누구든지 일하기 싫어하거든 먹지도 말게 하라"(살후 3:10)는 강한 명령은 바울 시대에 형성된 육체 노동자 공동체 규범의 영향이 존속해 있다고 볼 수 있다. 데살로니가 공동체에 대한 이런 추정에 대해 학계의 지지가 없는 것은 아니다. 심지어 새 합의의 대표자 중 한 명인 믹스도 바울 교회들 일반의 "전형적" 교인을 "소상공인인 자유민"으로 명명한다.[45] 다시 우리는 데살로니가 그리스도인들의 경제적 상황을 결정하는 중요한 요소가 단순히 그들의 평균수입이 아니라, 그들

---

43) Cf. Hans Dieter Betz, *2 Corinthians 8 and 9: A Commentary on Two Administrative Letters of the Apostle Paul*, Hermeneia (Philadelphia: Fortress Press, 1985).
44) Friesen, "Poverty in Pauline Studies: Beyond the So-Called New Consensus," 29.
45) Meeks, *The First Urban Christians*, 73.

가운데 부유한 후원자들이 있었는가 하는 점이라는 사실을 분명히 해야 한다.[46]

바클레이는 데살로니가 교인들의 경제적 수준과 관련해서 바울의 이런 언급이 갖는 자료로서의 가치를 인정하지 않는다. 이런 권면들은 "바울이 말하는 일이라는 것이 사람의 손으로 하는 일이라는 것 이외에는 말해주지 않는다"는 것이다. 그러나 이 권면은 하나의 고립된 명령이 아니라, 자신을 모델로 제시하면서 공동체의 원칙을 세워가기 위한 바울의 전략 전체에서 핵심적인 위치를 차지하고 있음을 잊어서는 안 된다. "너희 손으로 일하기를 힘쓰라"(살전 4:11)는 권면은 바울이 데살로니가 교인들에게 "형제사랑에 관하여"(περὶ δὲ τῆς φιλαδελφίας; 살전 4:9) 권면하는 대목에서 등장한다. 신약성서에서 형제사랑(φιλαδελφία)은 단순히 정서적인 태도만이 아니라, 삶의 자원을 공유하는 구체적인 나눔이라는 의미로 쓰이고 있다.[47] 일하라는 권면은 지나가는 식으로 던진 명령이 아니라, 바울이 수사적으로 정교하게 배치하고 있는, 중요한 의도가 실린 권면이다. 데살로니가인들의 경제적 상호부조에 대한 바울의 칭찬은 자기 손으로 일해서 자신의 결핍으로 인해 다른 사람의 짐이 되지 말라는 권면과(4:12) 함께 등장한다. 이 권면을 준비하며 바울은 2장에서 자신을 모범으로 제시하는 것이다(2:9). 이런 언급들은 데살로니가 교회가 경제적으로 궁핍한 동료들을 돕는 육체노동자들의 공동체였으며, 일부의 태만은 전체 공동

---

46) Framed by Acts; Robert Jewett, *The Thessalonian Correspondence: Pauline Rhetoric and Millenarian Piety*, Foundations and Facets New Testament (Philadelphia: Fortress Press, 1986), 114-18.

47) Abraham J. Malherbe, *The Letters to the Thessalonians: A New Translation with Introduction and Commentary*, The Anchor Bible (New York: Doubleday, 2000), 255-56; Longenecker, *Remember the Poor: Paul, Poverty, and the Greco-Roman World*, 147-48.

체에 상당한 재정적 부담을 안기는 구조였다는 분석에서 가장 잘 이해될 수 있다. 이러한 배경에서, "게으른 자들을(ἀτάκτους) 권계하며…힘이 없는 자들을(ἀσθενῶν) 붙들어주며"(5:14)라는 권면은 정말로 지원이 필요한 궁핍한 이들과 일을 할 수 있음에도 불구하고 일하지 않는 이들을 구분해내기 위한 바울의 의도가 실려 있다고 볼 수 있다.[48] 여기서 ἀτάκτους와 ἀσθενῶν는 재정적인 함의를 겨냥해서 쓰인 것으로 보인다.

데살로니가후서 3:1-11에서는 공동체의 경제적 지원을 악용하는 이들에 대한 더 강력한 경고를 볼 수 있다. "우리가 너희와 함께 있을 때에도 너희에게 명하기를 누구든지 일하기 싫어하거든 먹지도 말게 하라 하였더니"(10절). 이런 강한 경고는 "게으르게 행하여 도무지 일하지 아니하고 일을 만들기만 하는 자들"(11절)을 향하고 있다. 데살로니가전서 2:9-12에서처럼 여기서 다시 바울과 그의 동역자들의 자비량 선교는 교인들이 본받아야 할 모범으로 제시된다.

데살로니가 교인들이 일하는 데 게을렀던 이유를 임박한 종말을 기대했다거나 노동을 천시하는 철학적 경향에서 찾으려 하는 학자들이 많다.[49] 러셀(R. Russell)은 데살로니가인들의 태만에 대한 종말론적 설명을 거부하고 바울 교회의 사회 계층에 대한 새 합의의 결론을 데살로니가의 상황에 주의 깊게 적용하고 있다. 그는 새 합의의 주장대로 "바울 교회들이 다수의 하층 계급(가난한 자, 노예, 직공, 해방노예)과 소수의 상층 계급으로 구성되었다면", 육체노동에 대한 귀족적인 멸시나 에피쿠로스적 경시는 데

---

48) 이는 딤전 5:3-16에서 교회의 재정적 부담을 줄이기 위해서 "참 과부"를 구분해내려는 의도와 비슷하다.

49) "Nearly all exegetes have taken this view"; R. Russell, "The Idle in 2 Thess 3.6-12: An Eschatological or a Social Problem?," *NTS* 34, no. 1 (1988): 114n11. He lists E. von Dobschütz, B. Rigaux, E. Best, and F. F. Bruce. 철학적 설명에 관해서는, Malherbe, *Social Aspects of Early Christianity*, 24-27을 보라.

살로니가의 경제적 상황과 양립하기 힘들다고 주장한다.[50] 대신 러셀은 태만의 문제에 대해 사회학적 분석을 시도하여 이렇게 결론 내린다. "일단 그리스도인들의 사랑의 관계 속으로 들어오고 난 다음에는, 그들은 외부인들에게 그리스도인 공동체의 관대함을 착취하는 태만한 거지로 비칠 수 있었다. 그들에게는 새로운 시혜자들에게 도움을 되갚는다는 생각 자체가 없었기 때문이다."[51]

되갚는다는 것은 당시 문화의 중추였던 "후원제"(patronage)에서 피후원자가 후원자에게 받았던 도움을 다양한 방법으로 돌려주는 호혜(reciprocity) 문화를 말한다. 그리스도인의 공동체 안에서는 그런 식의 되갚음이 없었다는 것이다. 윈터는 러셀의 제안을 받아들이면서, 그리스도인들 사이에서도 부유층의 지원을 받았다면, 감사를 표한다든지, 공적 문안인사(*salutatio*)를 드린다든지 하는 방법으로 되갚는 관행이 있었을 것이라고 추정한다.[52] 러셀이나 윈터의 주장은 "교회 안에 부유한, 잠재적 시혜자가 있었음이 **분명하다**"[53]는 가정 위에 놓여 있다. 이 가정이 틀리다면, 다시 말해서 공동체에 그런 부유한 시혜자가 없었다면 그들의 논의 자체가 무의미해진다. 그들은 데살로니가 교회의 상황을 논하면서 사도행전과 고린도전서의 자료에만 의존하고 있는데, 데살로니가 교회에서 부유한 후원자의 존재는 전혀 증명해내지 못하고 있다.

---

50) Russell, "The Idle in 2 Thess 3,6-12: An Eschatological or a Social Problem?," 113.
51) Ibid.
52) Bruce W. Winter, "'If a Man Does Not Whish to Work…' A Cultural and Historical Setting for 2 Thessalonians 3:6-16," *Tyndale Bulletin* 40, no. 2 (1989): 303-15; Bruce W. Winter, *Seek the Welfare of the City: Christians as Benefactors and Citizens*, First-Century Christians in the Graeco-Roman World (Grand Rapids, MI; Carlisle, UK: Eerdmans; Paternoster Press, 1994), 42-60.
53) Winter, "'If a Man Does Not Wish to Work…' A Cultural and Historical Setting for 2 Thessalonians 3:6-16," 306(강조는 덧붙인 것임).

위에서 밝힌 표에서 ES 4나 그 이상에 해당하는 계층의 교인이 데살로니가 교회에 한 명 이상이라도 존재했다는 증거는 어디에도 없다. 만약 "생계유지선을 약간 웃도는 정도의 잉여 수입"을 가진 교인이 있었다 하더라도, 그들이 과연 자신의 재산으로 교회를 섬길 여지가, 그것도 게으른 사람들의 착취를 감내하면서 경제적인 지원을 할 의지가 있었겠는가 하는 것은 의문이다. 만약 그런 의지가 있었다고 하더라도 그들에게 상당수의 교인들을 재정적으로 지속해서 도와줄 만한 여유가 있었을 가능성은 대단히 낮다. 열심히 일해서 입에 겨우 풀칠해 먹고 사는 정도의 수준을 약간 상회할 뿐인, 소위 "중간 영역"(middling sector)에 속하는 사람들이 소수 있었다고 하더라도, 그런 사람들이 아침에 문안인사(salutatio)를 받는 명예를 위해서 경제적인 지출을 감수한다는 것이 상상이 되는 일인가?[54] 로마의 경제 규모와 평민들의 경제적 상황에 대한 현실적인 모든 계산은 그런 후원자의 지원 가능 규모를 결정적으로 감소시킨다. 제국의 대부분을 차지하던 하층 계급의 세계에서는 더욱 그러하다.

이는 로마의 후원제가 사실은 사회의 하층부를 착취하는 제도로서의 성격이 강했다는 점을 감안하면 더욱 분명해진다. 후원제는 기본적으로 상하관계인데, 귀족들의 후원관계에서는 지위가 낮은 쪽인 피후원자도 상당한 혜택을 누렸다. 그러나 "모든 증거가 지시하는 바는…로마 사회의 빈곤 계층은 후원제의 혜택을 거의 누리지 못했다는 것이다—전무라고 말할 수는 없을지 몰라도. 왜냐하면 후원제의 기본은 상호호혜인데, 그들은 무엇을 받아도 돌려줄 만한 아무것도 갖고 있지 못했기 때문이다."[55]

---

54) 만약 이런 처지에서 어떤 교인이 다른 교인들을 재정적으로 지원했다면 구체적인 상황은 Oakes가 묘사하는 예와 비슷할 것이다. 그는 배고픈 형제들을 돕기 위해 자신의 소중한 물건을 팔아야 하는 교인의 예를 들고 있다. Oakes, *Reading Romans in Pompeii*, 44-45.
55) Koenraad Verboven, *The Economy of Friends: Economic Aspects of Amicitia*

이는 예전의 후원제 연구가 귀족 중심으로 진행되었고, 사회 최상층의 자료를 하층에 막연하게 적용함으로써 생긴 문제를 교정하는 중요한 통찰이다.

이런 관찰은 생계유지선을 현저히 상회하는 넉넉한 교인들이 거의 없던 소규모 상공인들의 공동체에서 소수의 인원이라도 일하지 않을 경우에 상호 부조의 공동체에 큰 부담이 될 수밖에 없었다는 구도를 상정하는 것을 가능하게 한다. 위에서 언급한 데살로니가 전서와 후서의 구절들에 대한 석의를 바탕으로, 보그와 크로산은 데살로니가 교회가 "공유 경제의 공동체"였다고 결론을 내린다.[56] 그들은 "바울 당시에 '공동체적 생활'이 광범위하게 퍼져 있던 이상이었던 것은" 역사적으로 잘 증명되고 있으며 "기독교 내에서는 이 이상이 현실로 옮겨지는 많은 시점이 있었다"[57]고 주

---

    and Patronage in the Late Republic, Collection Latomus 269 (Bruxelles: Editions Latomus, 2002), 113; Cf. William V. Harris, *Rome's Imperial Economy* (Oxford: Oxford University Press, 2011), 52; Peter Garnsey, *Famine and Food Supply in the Graeco-Roman World: Responses to Risk and Crisis* (Cambridge; New York: Cambridge University Press, 1988), 58; David J. Downs, "Is God Paul's Patron?," in *Engaging Economics: New Testament Scenarios and Early Christian Reception*, ed. Bruce W. Longenecker (Grand Rapids, MI: William B. Eerdmans, 2009), 137-41; Gilbert Highet, *Juvenal the Satirist: A Study* (New York: Oxford University Press, 1961), 7; Paul Millett, "Patronage and Its Avoidance in Classical Athens," in *Patronage in Ancient Society*, ed. Andrew Wallace-Hadrill (London; New York: Routledge, 1989), 25.

56) Marcus J. Borg, John Dominic Crossan, *The First Paul: Reclaiming the Radical Visionary Behind the Church's Conservative Icon*, 1st ed. (New York: HarperOne, 2009), 190; cf. Graydon F. Snyder, Julian Victor Hills, and Richard B. Gardner, *Common Life in the Early Church: Essays Honoring Graydon F. Snyder* (Harrisburg, PA: Trinity Press International, 1998).

57) Hans Dieter Betz, *Galatians: A Commentary on Paul's Letter to the Churches in Galatia*, Hermeneia (Philadelphia: Fortress Press, 1979), 305; cf. Hans-Josef Klauck, "Gütergemeinschaft in der klassischen Antike, in Qumran und in Neuen Testament," *Revue de Qumran* 11, no. 1 (1982): 47-79.

장한다. 데살로니가 그리스도인들이 그들의 모든 소유와 생활비 전체를 공유했는지 여부는 분명하지 않다. 그러나 소규모 상공인들인 교인들이 최소한 그들의 공동식사를 제대로 된 후원자의 지원 없이 자체적으로 꾸려갔던 것은 분명하다. 주윗은 이런 상황을 잘 요약하고 있다. "기독교 커뮨(경제적 공동체)의 시스템, 정기적인 공동식사가 구성원들의 나눔에 의해서 유지되고, 일하지 않는 구성원은 그 시스템에 심각한 위협이 되는 그런 시스템을 상정해야만 한다."[58]

5.3.2 ─ 공동체의 모임 장소 문제

이 논의는 교회의 집회가 어디서 모였는가 하는 장소 문제를 피해갈 수 없다. 주윗은 데살로니가 교인들이 셋집인 인술라에 모였을 가능성을 제시하면서, 이를 "셋집 교회"(tenement church)라 불렀다. 그중 하나의 가능성으로 아파트의 조그마한 생활공간들이 견고한 벽이 아니라 어렵지 않게 제거할 수 있는 허술한 소재로 이웃집과 구획되어 있었다는 점에 주목한다. 그러면서 그 간이벽들을 치우고 몇 집의 공간을 트면, 수십 명이 함께 모일 수 있는 공간을 확보할 수도 있었으리라는 추측을 내놓는다. 게링은 가정교회(house church, 이 맥락에서는 "주택교회")를 바울 교회의 주요 형태로 보는 입장을 변호하면서, 주윗의 주장을 정면으로 반박하고 있다.

> 주윗의 논지는 개인 공간들 사이에 있는 임시적인 칸막이를 제거함으로써 모임을 위한 공간을 만들어내었다고 하는, 아파트의 위층에 세 들어 사는 그리스도인 이웃들이 그런 충분한 공간을 창출해낼 수 있었으리라는 그의 주장

---

58) Jewett, *Romans: A Commentary*, 68.

의 진위에 의해서 서고 넘어질 것이다.[59]

게링은 주윗이 "그의 주장을 지지하는 어떤 고고학적 증거도 제시하지 않는다"고 지적하면서, 주윗이 말한 칸막이의 임시 철거로 인한 공간 창출의 시나리오를 비판하고 셋집 교회라는 주윗의 이론 전체를 거부한다. 그러나 게링의 접근은 많은 문제를 안고 있다. 무엇보다 그는 주윗의 주장을 제대로 독해하지 못하고 있다. 여기서 주윗의 문장 전체를 인용할 수밖에 없겠다.

내가 묻기 시작한 질문은 한 교회의 모든 구성원이 셋집에 살고 교회를 지원해줄 만한 후원자가 없었을 경우에, 그들이 인술라(서민들의 아파트 빌딩) 내에서 예배를 거행할 수 있었을까 하는 의문이다. 건물 1층에 있는 공장 등으로 쓰는 공간을 사용했을 가능성, 혹은 위층이라도 그리스도인들이 이웃으로 공간에 세 들어 살았다면, 개인 집들을 구분하는 허술한 칸막이를 치우고 모임을 위한 공간을 만들어낼 수 있지 않았을까 하는 생각이다.[60]

의심의 여지없이, 주윗은 칸막이 제거를 유일한 해결책으로 내놓지 않는다. 더욱이 그는 위의 두 해결책을 교회 집회의 장소에 대한 논의를 열기 위한 예비 단계의 제안임을 분명히 한다.[61] 더 중요한 것은 주윗이 제기한 "셋집 교회"는 교회의 물리적 장소보다 공동체의 내적 구조에 더 초점을 맞춘 개념이라는 점이다. 그는 셋집 교회를 "전통적 개념의 가정

---

59) Gehring, *House Church and Mission*, 149.
60) Robert Jewett, *Paul the Apostle to America: Cultural Trends and Pauline Scholarship*, 1st ed. (Louisville, KY: Westminster John Knox Press, 1994), 79-80.
61) Gehring's quotation of Jewett does not come with a proper footnote.

교회", 즉 어떤 후원자가(후원자들이) 장소, 음식, 그리고 어느 정도의 리더십을 제공하는 식의 교회에 대한 하나의 대안적 모델로 제시하고 있는 것이다. 여기서 셋집 교회는 "전체가 도시 하층민들", 곧 "비좁은 셋집에 살던 이들"로 구성된 교회를 말한다. 후원자의 지원이 없었기 때문에, 그들은 공동체의 식사를 위해서 "매일 노동의 결과물"의 일부를 내놓을 수밖에 없었고, 이런 필요를 채우기 위해서 가정교회들의 위계적 리더십과는 다른 "집합적" 리더십을 발전시킬 수밖에 없었다.[62]

주윗은 1993년에 발표한 논문에서 로마, 데살로니가, 빌립보, 갈라디아 교회들을 이런 범주에 드는 교회로 제안했고, 2007년에 출간한 로마서 주석에서 같은 확신을 표현하고 있다.[63] 주윗의 논지가 서고 넘어지는 중요한 대목은, 게링이 말한 대로 지금까지 발굴되고 그 결과가 분석 출판된 고고학적 자료를 제시할 수 있느냐가 아니라, 데살로니가후서 3:10의 "일하기 싫거든 먹지도 말게 하라"는 바울의 권면을 데살로니가 교회의 삶의 자리를 보여주는 공동체 규칙으로 해석하는 그의 양식 비평적 분석의 적절성에 있다. 그는 이렇게 주장한다. "이런 규칙을 제정했다면 그 모임은 식사를 함께 나누는 공동체, 구성원이 일을 하고 안 하는 것이 규칙을 제정해야 할 정도로 공동체 생활에 큰 영향을 미쳤던 모임, 그리고 그 구성원의 음식 먹을 권리도 빼앗을 수 있을 정도로 강력한 권력을 보유하고 있는 공동체였음이 틀림없다."[64]

---

62) R. Jewett, "Tenement Churches and Communal Meals in the Early Church: The Implications of a Form-Critical Analysis of 2 Thessalonians 3:10," *Biblical Research* 38 (1993): 32-40.
63) Jewett, "Tenement Churches and Communal Meals in the Early Church: The Implications of a Form-Critical Analysis of 2 Thessalonians 3:10," 32; Jewett, *Romans: A Commentary*, 68-69.
64) Jewett, "Tenement Churches and Communal Meals," 33-39.

이 요약을 보면 게링의 오독이 얼마간은 주윗이 자신의 논지를 잘못 명명한 데 있음을 알 수 있다. 사실 주에게 중요한 것은 인술라라는 물리적 공간 자체가 아니었고, 상층 계층 후원자를 갖지 못한 공동체의 사회적 구성이었다. 영어의 house는 apartment를 배제하는 개념으로서 독립적 주택만을 가리킨다. 라틴어의 *domus*와 *insula*가 대략 이 두 단어에 상응한다고 할 수 있다. 그러나 그리스어의 οἶκος는 독립적인 건물과 아파트 건물 안에 세 들어 사는 작은 공간을 포괄하는 단어다.[65] 게링의 착오는 학자들이 초기 교회의 모임을 역사적으로 재구성하는 안을 내놓으려면 반드시 그에 상응하는 구체적인 물리적 공간을 제시해야 한다는 방법론적 전제에서 연유한 면도 있다. 이러한 기계적인 전제가 고고학적 연구의 현 단계에서는 적절하지 않다는 사실은 앞에서 이미 살펴본 바 있다.[66]

사실 게링이 내놓은 재구성의 취약점을 지적해야 한다. 그의 재구성은 모든 도시의 바울 교회들이 "완전히 가난한 사람들만으로 이루어지지 않았고" "자신의 집을 소유하거나 최소한 자신을 위해서 집을 빌릴 수 있는, 적어도 몇 명의 부유한 교인들은" 있었다는 전제 위에서 서고 넘어진다.[67] 다시 말하자면 데살로니가 교인의 사회적 층위에 대해서 그가 내어놓는 증거라고는 사도행전 17:1-9이 전부다.[68] 이러한 재구성은 로마 제국 전체의 경제적 상황이나 주택 보유 상황을 볼 때 최소한의 설득력도 갖기가 힘들다.

고고학적 연구의 한계를 지적하면서, 내가 공동체의 모임 장소를 물리적으로 규명하는 작업의 무용성을 지적하는 것은 아니다. 다만 모임의 한

---

65) 게다가 이 두 가지가 유일한 선택지는 아니다. 작업실, 관공서, 선술집, 창고가 추가로 포함될 수 있다. Cf. Adams, *The Earliest Christian Meeting Places*.
66) 이 책의 4.1을 보라.
67) Gehring, *House Church and Mission*, 150.
68) Gehring, *House Church and Mission*, 151.

사회적 형태에는 학자들이 흔히 상상하는 것보다 더 많은 물리적 공간의 가능성이 있음을 염두에 두어야 한다는 것이다. 두 차원의 모임이 공존하는 모델이 고린도 교회에서는 어느 정도 적실성이 있지만, 현실적 조직은 학자들이 흔히 생각하는 것만큼 질서 정연하지 않았음을 지적한 바 있다.[69] 데살로니가 교회의 경우 공동체가 회집한 물리적 장소 문제는 좀 더 모호하다. 역사적 자료의 제한 때문에, 우리는 가능한 모든 대안을 꼽아 보아야 한다. 여기서는 세 가지 대표적인 가능성을 제시하고자 한다.

(1) 전체 집회가 없고 소그룹으로만 모였다

내가 아는 한도 내에서, 소그룹 모임만 있고 전체 모임이 없는 형태를 바울 교회의 일반적인 상황으로 보는 학자는 로버트 뱅크스가 유일하다. 만약 뱅크스의 제안을 데살로니가 교회에 적용하여, 복수의 가정교회만 있고 전체 집회가 없는 모임을 상정할 수 있다면, 협소한 인술라의 공간을 바탕으로 하는 "셋집 교회"의 이론에 어떤 공간적인 문제도 없는 셈이 된다. 데살로니가전서에서 바울의 마지막 권면인 "내가 주를 힘입어 너희를 명하노니 모든 형제에게 이 편지를 읽어주라"(5:27)는 말은 이런 구도를 지지해주는 증거일 수 있다. 평소에는 함께 모이는 모임이 없었기 때문에 이런 식의 명령이 필요했다고 보는 것이다. 물론 이 구절의 해석이 반드시 그런 상황을 전제해야 하는 것은 아니다.[70] 전체 집회를 말하는 ἡ ὅλη ἐκκλησία라는 말이 고린도 교회를 대상으로만 쓰였다는 사실도 데살로니가를 포함한 다른 교회에 전체 집회가 없었다는 추정을 가능하게 한다.

---

69) 이 책의 4.3을 보라.
70) 이 절은 어떤 형태로든지 전체 집회가 존재했을 것이라는 가능성에 무게를 더한다. 이 언급은 데살로니가 교회의 집회 형태의 특수성을 보여준다기보다는, 바울이 에클레시아를 향한 자신의 첫 편지에서 그 편지의 수용 방식을 지시했다고 보아야 한다.

그렇지만 우리는 다른 가능성도 고려해야 한다. 이 말을 오로지 고린도 교회에만 전체 집회가 있었을 것이라는 가능성으로 볼 수도 있지만, 반대로 다른 교회들에는 전체 모임만 있었고 정기적 소규모 모임이 없었기 때문에 굳이 "전체"라는 말을 쓸 필요가 없었을 것이라고 보는 것도 충분히 가능하다. 뱅크스의 제안이 여전히 가능한 선택지이기는 하지만, 그럴 경우 이 다수의 모임이 어떻게 하나의 에클레시아로서의 일체감을 유지했을까 하는 점이 해결되어야 한다.

(2) 큰 규모의 임대 공간에서 모였을 수도 있다

전체 집회의 회집 장소 문제가 반드시 부유층의 큰 집과 빈곤층의 작은 아파트 사이에서 양자택일을 해야 하는 문제는 아니며, 빈곤한 상공인이라 하더라도 전형적인 인술라의 한 칸보다는 큰 공간을 임대할 수 있었을 것이라는 가능성에도 열려 있어야 한다. 호렐이 고린도 교회와 관련해 제안했던, 건물 2층에 있는 정육점의 공간은[71] 데살로니가의 상황에 더 잘 들어맞는다. 이런 식의 상업적 임대 공간이 고린도 외의 다른 도시에서도 존재했을 것이기 때문이다.

오우크스는 『폼페이에서 로마서 읽기』(*Reading Romans in Pompeii*)에서, 책의 제목이 시사하듯이 한 도시에서 발굴된 고고학적 증거를 다른 도시의 연구에 적용하는 방법의 타당성을 설득력 있게 개진했다. 그는 폼페이에서 가구를 만드는 한 목공의 집을 모델로 하여 바울 시대 로마의 한 가정에서 모인 예배 모임을 재구성하고 있다.[72] 사실 폼페이에서 산출한 자료는 로마보다 빌립보나 데살로니가의 상황 연구에 더 적절하다. 제

---

71) Horrell, "Domestic Space and Christian Meetings at Corinth: Imagining New Contexts and the Buildings East of the Theatre." 이 책의 4.1을 보라.
72) Oakes, *Reading Romans in Pompeii*, 69-97.

국의 수도인 이 대도시보다 마케도니아의 두 도시가 규모나 경제 수준에서 폼페이에 더 가깝기 때문이다. 오우크스는 한 사람이 소유하고 있는 건물과는 달리, 임대해서 사용하는 건물의 크기는 임대인의 경제적인 수준에 반드시 상응하는 것은 아니라는 점을 증명했다.[73] 빈곤층이라도 큰 공간을 임대해서 사용하는 예가 많았다는 것이다. 이런 통찰은 데살로니가 교회와 같이 교인 중에 대주택(domus) 소유자가 없는 교회들의 전체 집회를 위한 물리적 공간 문제를 추정하는 데 중요한 진전을 가져온다고 볼 수 있다.

(3) 전체 집회 없이도 공동체의 일체감을 유지할 수 있었을 가능성

위의 (1)번의 가능성을 논하면서 우리는 전체 집회 없이 소그룹만으로 구성된 교회의 가능성을 배제하지 않으면서, 이 시나리오가 인정받으려면 전체 집회 없이 어떻게 한 에클레시아로서의 일체감을 유지했을까 하는 문제가 관건이라는 결론을 내렸다. 이 대목에서 우리가 유의해야 할 점은 고대의 인술라 생활은 현대의 아파트와는 전적으로 다르다는 점이다. 현대의 아파트는 완벽하게 독립된 공간이다. 심지어 한 아파트 안에서도 각자의 방에 문 닫고 들어가면 안에서 무슨 일이 일어나는지 모를 정도로 개인의 프라이버시와, 가정의 독립성이 존중되는 공간이다. 그러나 로마 시대의 인술라는 개별 단위가 발생시키는 소리와 냄새를 비롯한 거의 모든 인간 행동의 영향이 조악한 칸막이를 넘어 전해지는, 독립성이라고는 거의 기대할 수 없는 공간이었다.[74] 대다수의 세입자는 상당히 많은 공간과 시설을 공유해야 했다. 예를 들면, 1층에 있는 하나의 물탱크는 그 빌

---

73) Oakes, *Reading Romans in Pompeii*, 55-58.
74) Frier, *Landlords and Tenants in Imperial Rome*, 3-5; Packer, *The Insulae of Imperial Ostia*, 72-79. cf. Carcopino, *Daily Life in Ancient Rome*, 22-51.

딩 안에 있는 모두가 공유하는 식수와 생활용수의 공급처였다.[75] 이런 공유 공간과 생활공간의 근접성은 불가피하게 이웃들 간의 밀접한 관계의 망을 창출했을 것이다.

복수의 아파트는 기본적으로 상업적 관계를 함의한다. 그러나 우리가 그 안에 사는 이웃들이 강한 공동체적 연대를 맺을 것이라는 가능성을 간과해서는 안 된다고 제안한 바 있다. 오스티아에서 한 사업체에 속한 사람들의 이름이 동시에 열거되는 것, 그리고 한 납골당에 유골이 함께 보관되는 것과 마찬가지로, 인술라는 사람들의 거주를 편리하게 하나로 병합해놓았을 것이다.[76]

바울 당시 많은 공동체가 인술라의 이런 특성을 자신의 관계망을 확충하고 유대를 유지하는 데 사용했다. 예를 들면 어떤 직공 조합이나 동업자들이 한 빌딩 안에서 다수의 단위를, 혹은 빌딩 전체를 함께 임대하여 거주하면서 공동생활과 공동 사업을 해나가는 경우가 많았고, 심지어는 도시의 한 블록을 통째로 점유하기도 하였다. 실제로 직업적인 조합뿐 아니라, 가족들이나 민족들의 (이민) 그룹이 그런 식으로 공동생활 공간을 점유하는 예, 그리고 그런 가족/민족 그룹이 그대로 어떤 직업 조합을 형성하는 예가 드물지 않게 발견되기도 한다.[77] 이런 경우 그들은 인술라 건물의 1층을 물건을 만드는 공동 작업장이나 판매장으로 쓰는 경우도 많

---

75) Russell Meiggs, *Roman Ostia*, 2nd ed. (Oxford: Clarendon Press, 1973), 239-40.
76) Andrew Wallace-Hadrill, "Domus and Insulae in Rome: Families and Housefuls," in *Early Christian Families in Context: An Interdisciplinary Dialogue*, ed. Carolyn Osiek and David L. Balch (Grand Rapids, MI: William B. Eerdmans, 2003), 18.
77) Florence Dupont, *Daily Life in Ancient Rome* (Oxford; Cambridge, MA: Blackwell, 1993), 144; Bradly S. Billings, "From House Church to Tenement Church: Domestic Space and the Development of Early Urban Christianity—The Example of Ephesus," *Journal of Theological Studies* 62, no. 2 (2011): 561-62.

왔다. 이런 예는 데살로니가 교회의 사회적 형태와 관련하여 중요한 가능성을 열어준다. 데살로니가의 처음 회심자들은 장인들이었던 것으로 보이며, 심지어 기존에 있던 장인 조합이 한꺼번에 회심하여 그리스도인이 되었을 확률, 그래서 그 조직이 그대로 교회를 이루었을 가능성도 적지 않기 때문이다.[78] 사도행전에 나오는 고넬료의 가정이 집단 회심하여 "가정교회"를 이루는 것이 가능했다면, 서민들의 조합이 집단 회심하여 함께 "조합교회" 혹은 "교회조합"을 이루었을 가능성을 배제할 수 없다.

그렇지 않다 하더라도 분명한 것은 당시의 인술라가 갖는 물리적·문화적 성격이 초기 그리스도인들이 하나의 공간에 다 같이 모일 만큼의 충분한 물적 자원을 갖지 못한 상태에서도 하나의 에클레시아라는 이름으로 불리기에 충분한 수준의 유대와 일체감을 유지할 수 있었을 가능성을 열어준다는 사실이다.

내가 이 세 가지 가능성을 제시하는 것은 어떤 구체적인 물리적 정황을 증명하고자 함이 아니다. 다만 초기 그리스도인들의 회집 형태와 사회적 구조에 대한 제안이 반드시 현 상태에서 활용 가능한 고고학적 자료로 구체적인 뒷받침을 받아야만 유효하다는 방법론적인 전제에 도전하고자 함이다. 이러한 가능성은 바울 교회 연구에서 두 가지 형태의 교회의 공존이라는 틀을 기계적으로 적용하여, 이 틀에 맞는 고고학적 증거를 요구하는 식의 방향에 수정을 요구하며, 훨씬 다양하고 입체적인 재구성을 자극한다. 그리고 바울 교회들의 크기가 한 도시에서 수십 명이었다고 볼 때, 그 정도 인원이 한꺼번에 들어갈 수 있는 공간의 "소유"가 한 에클레시아를 성립시키는 필수 요건은 아니라는 점도 확인해주고 있다. 이제 우리는 물리적 인프라(infrastructure)인 장소에 대한 논의에서 사회적 인프라인 공동

---

78) Cf. Richard S. Ascough, "The Thessalonian Christian Community as a Professional Voluntary Association," *JBL* 119, no. 2 (2000): 323.

체의 조직에 대한 논의로 초점을 옮기고자 한다. 물리적 인프라가 여의치 않은 공동체가 그 한계를 사회적 인프라의 확립으로 극복하는 예를 보게 될 것이다.

5.3.3 ── 공동체의 조직

고린도 교회는 교회 내의 리더십 구조를 발견할 수 있는 여지가 거의 없는 데 반해, 데살로니가 교회는 상당한 조직화가 진행된 것으로 보인다. 앞의 제4장에서 우리는 고린도 교회에서는 주의 만찬을 책임 있게 관장할 리더십 구조가 확립되어 있지 않았음을 살펴보았다. 고린도 교회의 문제에 대한 피츠마이어의 설명은 데살로니가 교회와 비교하기 위한 좋은 출발점을 제공한다.

> 바울의 초기 기록에, 예수가 그의 제자들에게 반복하라고 명한 이 성찬을 누가 주관했는지에 대한 어떤 언급도 없다는 점이 특이하다. 오늘날 종종 묻는 질문이 있다. 초기 교회의 예전을 누가 집례했는가? 이 본문에서 바울은 "교회로 모인"(고전 11:18) 복수의 "너희"(17-22절)를 향해 말하고 있는데, 그가 책망하는 대상은 "각자"(*hekastos*, "each one", 21절)라는 말로 개별화되고 있다. 비슷하게 23-26절에서, 회중 전체를 뜻하는 "너희"가 다시 복수로 등장한다. 우리는 바울의 다른 본문을 통하여, 초기 회중들의 집회를 주관하는─*proïstamenos*, 문자적으로 "앞에 서 있는"(살전 5:12; 참조. 롬 12:8~)─이가 있었다는 점을 알 수 있지만, 성찬에 관한 이 본문에서는 집례자에 대한 어떤 정보도 추론할 수 없다. 안타깝게도 성찬의 집례와 관련해서는 어떤 언급도 찾을 수 없고, 지도력에 관한 언급이 있는 그 모임이 성찬을 위한 것인지도 분명하지 않다. 참조. 딤전 5:17; Justin Martyr, Apology I 65,67(*prestos*).[79]

주관자의 부재가 혼란의 원인이었으며, 데살로니가전서 5:13에서 지도자들의 흔적이 분명히 보인다는 관찰은 적절하다. 그는 일반적인 상황에서는 모임의 주관자가 있었으나, 성찬을 위한 모임에서는 지도력의 흔적을 찾기 힘들다고 보는 것 같다. 그러나 초기 교회의 모임에서 성찬이 필수적이라고 할 만큼 빈번히 행해졌고, 성찬이 다른 활동 등과 긴밀히 연계되어 있었다는 점을 감안하면, 데살로니가 회중의 모임에서 성찬을 배제하기는 힘들다. 오히려 고린도에서는 합의된 지도력 구조가 없었고, 데살로니가에서는 있었다고 보는 것이 합리적인 추론이다. 피츠마이어의 명민한 관찰이 오독에 머문 것은 모든 바울 교회가 같은 수준의 지도력 구조를 갖고 있었을 것이라는 완고한 전제 때문이다.

고린도와 데살로니가가 다른 수준의 지도력 구조를 가지고 있을 수 있었다고 전제하고 본문을 들여다보면, 많은 차이점을 관찰할 수 있다. 바울은 데살로니가 교인들에게 이렇게 권면한다. "형제들아, 우리가 너희에게 구하노니 너희 가운데서 수고하고 주 안에서 너희를 다스리며 권하는 자들을 너희가 알고"(εἰδέναι τοὺς κοπιῶντας ἐν ὑμῖν καὶ προϊσταμένους ὑμῶν ἐν κυρίῳ καὶ νουθετοῦντας ὑμᾶς; 살전 5:12).

여기서 "수고한", "다스리는", "권하는"의 세 개의 분사가 등장하는데 정관사는 첫 번째 분사인 κοπιῶντας(수고하는) 앞에만 나오기 때문에 세 분사가 세 그룹의 사람들을 말하는 것이 아니라 한 그룹의 사람들이 하는 일을 지칭한다고 보아야 한다. "수고하는"은 일반적인 의미에서 포괄적인 섬김을 말한다면, 이어서 나오는 두 개의 분사 προϊσταμένους(다스

---

79) Joseph A. Fitzmyer, *First Corinthians: A New Translation with Introduction and Commentary*, The Anchor Yale Bible (New Haven, CT; London: Yale University Press, 2008), 431-32. "회중주의자 바울"(congregationalist Paul)을 위계적이었던 고린도에서, "위계적인 바울"(hierarchical Paul)을 상당히 평등했던 데살로니가에서 발견할 수 있는 것은 흥미롭다. 물론 이런 개념화는 많은 연구를 요한다.

리는)와 νουθετοῦντας(권하는)는 구체적인 기능을 가리키고 있다. "수고하는"에 해당하는 분사는 디모데전서 5:17의 οἱ κοπιῶντες ἐν λόγῳ καὶ διδασκαλίᾳ라는 구문에서 똑같이 등장하고 있다. 맬러비는 데살로니가전서 5:12에서 이 세 분사들은 기능을 말하는 것이지 확립된 직제를 전제하는 것이 아니라고 주장한다.[80] 데살로니가전서를 해석하면서 후대에 발전된 교회 직제의 의미를 적용하는 것이 옳지 않다는 점에서 동의할 수 있는 언급이다. 그러나 기능과 직제가 그렇게 깔끔하게 분리될 수 있는지에 대해서는 회의적이다.[81] 어떤 이들이 지속적으로 구체적인 기능을 수행한다면, 그들은 교인들에 의해 지도력의 위치에 있는 인물로 인식될 것이다. 마샬은 "그들의 위치는 최소한 바울 자신에 의해서 확언되고 있다"라고 정리한다.[82] 바울이 어떤 사람들의 활동을 이름을 언급하지 않고 지칭하면서 그들에 대한 존중을 요구하는 것은 이미 바울과 이 서신의 독자들이 다 알고 있는, 구체적인 인물들이라는 뜻이다.

몇몇 주석가들은 προϊσταμένους 분사가 로마서 16:2의 προστάτις (patroness, 여후원자)와 같은 어원을 가지고 있는 점에 착안해서 로마서에서의 뵈뵈와 같이 공동체를 재물로 섬기는 후원자를 의미한다고 해석한다.[83] 앞에서도 언급한 대로, 이런 해석은 신약 학자들 간에서 그 영향이

---

80) Malherbe, *The Letters to the Thessalonians: A New Translation with Introduction and Commentary*, 310-11.
81) 제3장에서 살펴보았듯이, 바울은 직분과 은사를 엄밀히 구분하지 않고 있다(고전 12:28).
82) I. Howard Marshall, *1 and 2 Thessalonians: Based on the Revised Standard Version*, New Century Bible Commentary (Grand Rapids, MI: Eerdmans, 1983), 147; E. Earle Ellis, *Prophecy and Hermeneutic in Early Christianity: New Testament Essays*, Wissenschaftliche Untersuchungen zum Neuen Testament 18 (Tübingen: Mohr, 1978), 7n24.
83) Ben Witherington, *1 and 2 Thessalonians: A Socio-Rhetorical Commentary* (Grand Rapids, MI: William B. Eerdmans, 2006), 160; Malherbe, *The Letters to the Thessalonians: A New Translation with Introduction and Commentary*, 312-14.

과대평가된 후원제를 지나치게 의식한 결과다. 우리는 데살로니가 교회에 그런 의미의 후원자가 존재하지 않았음을 이미 살펴보았다. 뿐만 아니라 뵈뵈가 공동체의 부유한 재정 기부자라는 의미에서의 후원자인가 하는 점에 대해서도 의문의 여지가 많다.[84]

만약 뵈뵈가 상당한 정도의 재정적 기여를 했다 하더라도, 로마서 16:2의 명사와 데살로니가전서 5:17의 분사의 차이도 인정되어야 한다. 이 분사를 "후원자들"(patrons)로 번역하는 이들은 주로 디모데전서 5:17의 분사 προεστῶτες와 비교한다. 그러나 디모데전서의 분사는 구체적인 역할인 "말씀과 가르침에" 관련된(οἱ κοπιῶντες ἐν λόγῳ καὶ διδασκαλίᾳ) 교회의 리더들, 직분자라고 할 수 있는 이들을 지칭하는 말이다. 이 προεστῶτε는 자기 주머니의 돈으로 공동체를 지원하는 이들이 아니라 오히려 공동체로부터 재정 지원을 받는 이들이다.[85] 동사 προΐστημι 분사는 데살로니가전서에서도 비슷한 맥락에서 쓰인 듯하다. 물론 리더십 구조 확립의 정도에서는 디모데전서가 훨씬 더 발전된 형태인 것은 분명하다. 데살로니가전서와 디모데전서에서 공히 προΐστημι가 가르침의 기능과 관련되어 있는 것도 주목할 만하다. 가르침의 사역이 갈라디아서 6:6에서 이미 다른 교인들과 구분된 특정인들의 임무로 등장한다는 사실은 데살로니가 교회에 초보적인 수준의 치리(προϊσταμένους)와 교육(νουθετοῦντας)을 담당

---

84) Meggitt, *Paul, Poverty, and Survival*, 143-49. 나는 뵈뵈가 공동체의 후원자 역할을 했을 것이라는 가능성에 대해 긍정적이다. 물론 세속의 후원자와는 사뭇 다른 형태의 후원자였을 것이고, 바울의 교회는 이런 후원의 문화를 창출한 것 같다. 그러나 이런 후원의 문화가 있었다면 왜 바울은 이 여성 한 사람에게만 후원자(προστάτις, 여성명사)라는 단어를 쓰고 있는 것일까? 여성이었기 때문에 후원제에 내재해 있는 가부장제의 독소로부터 거리가 있었다고 판단했기 때문은 아닐까? 그렇다면 또 다른 흥미로운 현상 ἡ κατ' οἶκον...ἐκκλησία이라는 표현이 여성이 포함된 가정모임에만 주어졌다는 사실과 함께 이해할 수 있을 것이다. 앞의 3.3을 보라.

85) Διπλῆς τιμῆς (5:17)은 문맥을 고려할 때, 갑절의 재정 지원을 말하는 것이 분명하다.

하는 직분자가 있었을 가능성을 높여준다.

이렇게 본다면, προϊστάμενοι의 지도력은 고린도 교회의 만찬 상황이라면 문제 해결을 요긴하게 해줄 수 있는 지도력이었다고 할 수 있다. 아쉽게도 대부분의 주석가들은 고린도 교회와 데살로니가 교회의 구조의 차이에 적절한 관심을 기울이지 않고 있다. 대표적인 예로 위더링턴을 들 수 있는데, 그는 데살로니가전서 5:12의 προϊσταμένους를 아래와 같이 주석한다.

> 우리는 이 용어가 일반적인 의미에서 "지도자들"(leaders)이라는 의미로 쓰인다고 결론 내릴 수 있다. 동시에 이는 후원자/돌봄제공자/보호자 등의 특별한 의미로 쓰였을 가능성이 더 높다. 아마도 가정교회의 지도자들이 상대적으로 빈곤한 신자들의 후원자나 보호자 역할을 하는 상황을 상상해볼 수 있을 것이다. 고린도전서 16:15-16은 이 구절과 **진정한 병행을** 제공한다. 따라서 우리는 사회적 지위와 상황이 때로 가정교회의 지도자가 될 수 있는 수단과 기회를 제공했을 것이라고 추정할 수 있다.[86]

위더링턴이 두 본문의 맥락을 단도직입적으로 동일시하는 것은 학자들 사이의 두 가지 경향을 반영한다. 곧 대가족 기반의 리더십을 바울 교회 일반에 적용하는 것, 그리고 후원제도의 영향을 기계적으로 적용하는 것이다.[87] "진정한 병행"이라고 하는 그의 단언은 바울이 남긴 본문의 지지를 받지 못한다. 고린도전서 16:15-16을 보자.

---

86) Witherington, *1 and 2 Thessalonians: A Socio-Rhetorical Commentary*, 160 (강조는 덧붙인 것임).

87) 후자의 예는 5.3.1을 보라. 전자의 예는 Clarke, *A Pauline Theology of Church Leadership*, 42-60을 들 수 있다.

형제들아, 스데바나의 집은 곧 아가야의 첫 열매요, 또 성도 섬기기로 작정한 줄을 너희가 아는지라. 내가 너희를 권하노니, 이 같은 사람들과 또 함께 일하며 수고하는 모든 사람에게 순종하라(저자 사역).

이 가족은 εἰς διακονίαν τοῖς ἁγίοις ἔταξαν ἑαυτούς(개역개정에 "성도 섬기기로 작정한", 16:15)한 것으로 칭찬을 받고 있다. τάσσω는 "임명하다" 혹은 "헌신하다"의 의미가 있는데, 어느 쪽으로 해석하든 고린도 교회에 지도자를 선출하는 구조가 부재했음을 보여준다.[88] 티슬턴은 스데바나의 집에 대한 강한 칭찬으로 보이는 이 대목에서 바울의 유보적인 태도를 읽어낸다. "여기서 ἔταξαν ἑαυτούς이 분명히 칭찬받고 있기는 하지만, 문제는 스스로를 임명한다는 말의 뉘앙스가 바울이 줄곧 자신을 괴롭혀오던, 스스로를 내세우는 태도의 뉘앙스를 풍긴다는 것이다."[89] 혹 우리가 티슬턴의 해석에 전적으로 동의하지 못한다 하더라도, 바울이 스데바나의 집을 추천함에 어느 정도의 머뭇거림이 있음은 명백한 사실이다. 그 연유는 아마도 바울이 주의 만찬 자리에서의 문제를 푸는 가장 쉬운 방법, 곧 적절한 대표 선출을 지시하는 방법을 택하지 않았던 이유와 관련되어 있을 것이다. 바울이 지역 교회의 정치를 "주관하려"(고후 1:24)는 인상을 주지 않으려 한 것과도 관련이 있을 수 있다. 바울이 직접적으로 스데바나 집안 사람들을 언급하면서 "그들에게" 순종하라고 하지 않고, "이와 같은 자들에게"(τοῖς τοιούτοις) 순종하라고 일반화시키고 있는 것도 같은 이유에서다. 게다가 그다음에 "또 함께 일하

---

88) C. K. Barrett, *A Commentary on the First Epistle to the Corinthians*, Black's New Testament Commentaries (London: Adam & Charles Black, 1968), 393. 스데바나의 사회적 지위에 관해서는 David W. J. Gill, "In Search of the Social Élite in the Corinthian Church," *Tyndale Bul* 44, no. 2 (1993): 336을 보라.
89) Anthony C. Thiselton, *The First Epistle to the Corinthians*, 1339.

며 수고하는 모든 사람에게"(παντὶ τῷ συνεργοῦντι καὶ κοπιῶντι)라는 말을 덧붙이면서 일반화의 의도를 보이며, 스데바나의 집안만 따로 추켜세워주는 인상을 피하려는 의도를 더욱 분명히 보인다. 바울은 이 말을 추가함으로써 개인적인 칭찬을 일반적인 원리로 전환시키고 있는 것이다.

바울이 고린도전서에서 어떤 지도력 구조를 수립하거나 확고히 하는 것을 피하고 있다는 해석은 고린도의 공동식사 시의 문제에 대해 어떤 지도력을 확립하는 것으로 이를 해결하려 하지 않았다는 제4장의 해석과도 부합한다. 바울은 공동체 문제 해결을 위한 구체적인 로드맵을 갖지 못했던 것으로 보이며, 아마도 그것은 고린도 교회의 구체적인 상황에 대한 정확한 정보를 얻지 못했기 때문이었을 수도 있다(고전 11:18). 스데바나와 그의 식솔들 외에도 고린도에서 스스로를 리더십의 위치에 두기를 원했던 이들이 있었던 것은 분명하다.

> 만일 누구든지 자기를 선지자나 혹은 신령한 자로 생각하거든 내가 너희에게 편지하는 이 글이 주의 명령인 줄 알라. 만일 누구든지 이 글을 무시한다면, 그는 무시될 것이다(고전 14:37-38, 저자 사역).

> 다 사도이겠느냐, 다 선지자이겠느냐, 다 교사이겠느냐, 다 능력을 행하는 자이겠느냐, 다 병 고치는 은사를 가진 자이겠느냐, 다 방언을 말하는 자이겠느냐, 다 통역하는 자이겠느냐(고전 12:29-30).

물론 전체가 모였을 때 모임을 진행하고 예배에서 가르침을 맡는 등 나름의 기능을 담당하는 이들이 없지는 않았을 것이다. 문제가 되는 것은 그런 역할을 고정적으로 맡는 것으로 공동체에 의해서 인식되고 인정된 이들이 따로 존재하지 않았다는 것이다. 고린도전서 5장에는 교회에서 가장 중요한 의사결정, 곧 범죄한 구성원을 징계한 건에 대한 묘사가 나온다. 여기서도 어떤 제도적 리더십이나 의사결정 구조가 존재했다는 힌트는 발견할 수 없다.

> 내가 실로 몸으로는 떠나 있으나 영으로는 함께 있어서 거기 있는 것 같이 이런 일 행한 자를 이미 판단하였노라. 주 예수의 이름으로 너희가 내 영과 함께 모여서 우리 주 예수의 능력으로, 이런 자를 사탄에게 내주었으니 이는 육신은 멸하고 영은 주 예수의 날에 구원을 받게 하려 함이라(고전 5:3-5).

여기서는 전체 교회가 모인 자리에서 모든 교인이 권위를 부여받고 있다. 바울의 영적인 현존에 대한 강조는 이 모임을 대표하고 책임질 만한 지도적 인물의 부재를 반영하는 것 같다(참조. 고전 11:34). 사도는 이 편지에서 어떤 지도자를 세우거나 지도력 구조를 도입하는 시도를 하고 있지 않다. 바울이 추천하는 영향력을 가진 인물로는 스데바나의 집안이 유일하지만, 바울은 단지 그를 "아가야의 처음 익은 열매"(ἀπαρχὴ τῆς Ἀχαΐας)라고만 할 뿐 구체적인 직위를 암시하는 어떤 단어도 붙이지 않고 있다. 이 사람들은 바울이 고린도전서 14:37-38과 12:29-30에서 열거한 역할 중 일부를 맡고 있었을 것이다. 그러나 바울은 이들에게 어떤 직함이나 사역의 기능과 관련한 말을 붙여주지 않고 있다. 스데바나에 대한 바울의 언급과 관련하여 중요한 점은 개인이 아닌 집안 단위로 사람을 언급하고 있다는 점이다.

만약 이 칭찬이 이 집 사람들의 리더십을 세워주거나 강화하기 위한 것이었다면, 이 집이 다른 가정교회들 위에 어떤 공식적인 권위를 행사하는 형국이 되었을 것이다. 고린도 교회의 갈등이 유력한 가정들 사이의 긴장 관계로 인한 것이었음을 고려한다면, 그런 추천은 바울의 공평성을 의심받게 하고 교회의 내적 갈등을 더 악화시켰을 것이다.[90] 고린도전서를 쓰는 바울이 처한 딜레마의 핵심에 이런 상황이 있었다. 한편으로 바울은 고린도 교회가 개별 가정 모임들을 포괄하는, 교회 전체를 대표하는 개별 지도자들을 선출할 충분한 준비가 되어 있지 않다고 보았다. 그래서 그는 보다 항구적인 해결책을 제시하는 것을 자신이 방문했을 때로 연기했다(고전 11:34). 다른 한편으로 바울은 리더십을 필요로 하는 교회의 현실도 전적으로 외면할 수는 없었다. 교회에 현실적으로 영향력을 행사하던 그룹 중에서, 스데바나의 집은 바울의 눈에 상대적으로 신뢰할 만했을 것이다. 스데바나의 집 사람들을 향해 보이는 바울의 이중적인 태도, 즉 한편으로는 칭찬하고 한편으로는 거리를 유지하려는 듯한 태도는 이 집안 사람들에 대한 불만의 표현이라기보다는, 고린도 교회의 대가족 중심의 구조에 대한 염려 때문이라고 보아야 한다.

결론적으로 고린도 교회에 지도자들이 없었고 또한 지도자를 선출하는 체계도 없었다는 것은 그 교회가 유력한 집안들에 의해서 주도되었다는 사실에 의해 가장 잘 설명될 수 있다. 가정교회 주도의 구조는 데살로니가 교회에서 형성되었던 것과 같은 지도력 구조가 고린도에서는 발전되지 않았던 이유이기도 하다. 이제 우리는 이러한 고린도 교회의 특성을 다른 마케도니아 교회, 빌립보 교회와 비교해보고자 한다.

---

90) 참조. Bruce W. Winter, *After Paul Left Corinth*, 199.

5.4 —— 빌립보 교회의 사회적 구성

5.4.1 —— 공동체의 조직

빌립보 교회에 보낸 바울의 편지는 데살로니가 서신들만큼 수신자들의 사회적 상황에 대해서 충분한 자료를 남기고 있지 않다. 그렇지만 마케도니아 교인들의 극심한 가난에 대한 바울의 언급은(고후 8:1-2) 빌립보 교인들에게도 적용되어야 한다. 앞선 논의에서 바울이 개척한 지역 교회들의 경제적 수준과 관련해서 결정적인 사항은 전체 구성원의 평균 수입이 아니라, 부유한 후원자의 존재 여부였다. 드 보스는 빌립보 교회에서 엘리트 교인의 존재를 지지하는 자료로 사용되어왔던 성서 본문들을 비평적으로 고찰한다. 그는 이렇게 결론짓는다. "빌립보서나 사도행전의 본문 중 위에서 언급된 어떤 부분도 엘리트 교인의 존재 여부를 보여주지 않는다. 엘리트 계층뿐 아니라, 약간 부유한 교인도 있었다고 보기 힘들다."[91] 오우크스는 빌립보 교인 중 1%는 "엘리트 지주"라고 볼 여지가 있다고 말한다.[92] 그의 수치는 빌립보 교회에 관한 구체적인 수치에서 나온 것이 아니라, 빌립보 시의 일반적인 경제 수준을 대입한 산술적 결과일 뿐이다. 그는 1%일 수도 있다는 가능성을 일단 인정하면서도, 빌립보 교인들이 50명 안팎이라면 이 수치는 0이거나, 많아야 1명이라고 말한다.

---

91) Craig Steven De Vos, *Church and Community Conflicts: The Relationships of the Thessalonian, Corinthian, and Philippian Churches with Their Wider Civic Communities*, Society of Biblical Literature Dissertation Series 168 (Atlanta, GA: Scholars Press, 1999), 258; 또한 Peter Oakes, *Philippians: From People to Letter*, Society for New Testament Studies Monograph Series (Cambridge; New York: Cambridge University Press, 2001)를 보라.

92) Oakes, *Philippians: From People to Letter*, 60-63.

빌립보서가 교인들의 경제적 수준에 대해서 주는 정보는 빈약하지만 교회의 리더십과 관련해서는 독특하게 풍부한 정보를 남기고 있다. 이 편지에서 바울은 평소에 쓰던 에클레시아라는 수신자 대신에 "빌립보에 사는 모든 성도와 또한 에피스코포이(ἐπίσκοποι)와 디아코노이(διάκονοι)에게"(1:1)라고 적고 있다. 개역개정은 이 두 단어를 "감독들"과 "집사들"이라고 번역하는데, 이는 후대에 발전된 교회 직제의 명칭을 적용한 것이기에, 이 단계의 상황에서 이런 식의 번역은 적절치 않다. 50명도 안 되는 교회에 복수의 감독이 있다니! 우리는 위에서 고린도 교회의 주의 만찬 현장에서 공식적 책임을 맡은 대표가 없었다는 사실을 확인했다. 바렛은 그런 혼란을 잠재우는 가장 쉬운 방법은 단순히 "누구누구를 기다려라. 혹은 어떤 직함을 가진 이를 기다려라"(참조. 고전 14:34)[93]라고 말하는 것이었을 거라고 주장한다. 만약에 빌립보 교회에서 그런 일이 있었다면 바울은 "에피스코포이 또는 디아코노이"를 기다리라 혹은 그들의 지도를 따르라고 말할 수 있었을 것이다.

ἐπίσκοποι와 διάκονοι는 세속 문헌의 여러 집단에서 쓰이던 단어이지만 이 두 단어가 한 집단의 임원으로 나란히 발견되는 경우는 극히 드물다. 이 두 단어가 같이 쓰이는 경우는 대부분 그리스도교 문헌에서이며, 그 첫 번째 사례는 빌립보서다. 이 명칭들이 진정성 논란이 없는 다른 바울 서신에서는 발견되지 않고, 빌립보서에서만 나타난다는 사실, 그리고 바울이 다른 교회들에는 구체적인 직분의 명칭이나 교회 조직을 명한 예가 없다는 사실을 볼 때 이 명칭을 선택한 것은 빌립보 교인들일 확률이 높다. 그렇다고 볼 때에 이 단어는 유대적 색채가 짙은 다른 공동체들을 통해서 빌립보 교인들에게 전달된 것이 아니라, 빌립보 교인들이 자신들

---

93) C. K. Barrett, *A Commentary on the First Epistle to the Corinthians*, Black's New Testament Commentaries (London: Adam & Charles Black, 1968), 276.

의 사회적 세계에서 취한 단어들로 보아야 한다.

에드윈 해치(Edwin Hatch)는 그의 유명한 1880년 강의에서 ἐπίσκοποι 와 διάκονοι가 길드의 임원들의 명칭에서 왔다고 주장했다.[94] 그가 제기한 직업적 길드와 초기 기독교 조직의 유사성은 많은 반대를 받았지만, 이 두 단어에 대한 그의 분석은 광범위한 지지를 받았다.[95] 그러나 ἐπίσκοπος가 당시 자발적 조합의 임원들의 명칭으로 자주 쓰였다는 사실이 조합과 교회의 유사성을 보증하는 것은 아니다. 이런 용례들은 사적인 조합들이 시 정부의 관료의 명칭에서 차용해온 경우가 많았다. 빌립보 교인들이 조합을 흉내 내었을 가능성도 있지만, 교회와 조합이 각각 시 정부의 용어를 흉내 내었을 가능성도 배제할 수 없다. 바울 교회의 자의식과 관련해서 사적 조합과 공적인 시 정부는 구별되어야 할 모델인데, 바울 당시에 ἐπίσκοπος라는 단어에는 이미 두 차원이 섞여서 혼재되어 있었다.[96]

διάκονος 역시 시 정부의 차원과 사적 조합의 차원 양쪽에서 쓰이던 단어였다. 문헌 자료와 비문헌 자료에서, 또 크세노폰으로부터 고대 말기

---

94) Edwin Hatch, *The Organization of the Early Christian Churches*, 26-55.
95) Hans Lietzmann, "Zur altchristlichen Verfassungsgeschichte," *Zeitschrift für die Neutestamentliche Wissenschaft und die Kunde der älteren Kirche* 55 (1914): 97-153; John S. Kloppenborg, "Edwin Hatch, Churches and Collegia," in *Origins and Method:* ed. Bradley H. MeLean, 212-38; John Reumann, "Church Office in Paul, Especially in Philippians," in *Origins and Method*, 82-91; J. Reumann, "Contributions of the Philippian Community to Paul and to Earliest Christianity," *NTS* 39, no. 3 (1993): 449; Gordon D. Fee, *Paul's Letter to the Philippians*, The New International Commentary on the New Testament (Grand Rapids, MI: W. B. Eerdmans, 1995), 69; Richard S. Ascough, "Voluntary Associations and the Formation of Pauline Christian Communities," in *Vereine, Synagogen und Gemeinden im kaiserzeitlichen Kleinasien,* ed. Andreas Gutsfeld, Dietrich-Alex Koch (Tübingen: Mohr Siebeck, 2006), 162-69.
96) 에클레시아는 의미의 구획이 로마 제국 시대까지 유지된 드문 예다. 제1장에서 충분히 논의한 바다.

에 이르는 긴 기간에 걸쳐서 διάκονος라는 단어의 가장 특징적이고 일관된 쓰임새는 "식탁에서 시중을 들다"라는 의미의 동사 διακονέω와 관련되어 있다. 공동식사라는 자리가 διάκονος의 일차적인 용례인데 이 단어가 요리사와 함께 명단에 나오는 예도 많다.[97]

이런 명칭들은 바울이 어떤 신학적 의도를 갖고 공동체에 부과한 것이 아니라, 빌립보 교인들의 현실적인 필요를 해결하기 위해서 채택한 것으로 보이는 이상, 이 단어들의 세속적 배경이 중요하다. 류만은 그의 빌립보서 주석에서 "그리스의 배경에서 에피스코포이와 디아코노이는 재정적인 기능과 관련되었을 확률이 대단히 높다"라고 한다.[98] 이런 해석은 빌립보서가 재정적 용어가 많이 등장하는 서신이라는 점과도 상응한다.[99]

예수님을 따르던 제자들의 그룹도 공동의 경비를 운용하고 있었고, 그 경비의 관리를 가롯 유다가 맡았는데, 사도행전은 그 임무를 ἐπισκοπή(1:2)라고 부른다. 물론 이 그룹이 사역 초기인 갈릴리에서부터 이 용어를 사용했는지는 분명하지 않지만, 에피스코페라는 단어가 예수 운동의 가장 초기 단계를 묘사하는 대목에서 등장한다는 것은 중요한 의미가 있다. 디아코노스와 동일한 어원을 가진 단어들 역시 신약에서 역사적 예수 시대의 활동과 관련하여 자주 등장한다. 일차적으로 "식탁 시중

---

97) Poland, *Vereinswesens*, pr391-93; Beyer, *s.v. TDNT* 2.91-92; cf. Xenophon *Hiero*. 4.1f; Demosthenes 59.33; *IG*, IV 774; *IG*, IX 1, 486, and many other occurrences.

98) John Henry Paul Reumann, *Philippians: A New Translation with Introduction and Commentary*, The Anchor Yale Bible (New Haven, CT: Yale University Press, 2008), 88; Reumann, "Church Office in Paul, Especially in Philippians"; Ernst Lohmeyer, *Die Briefe an die Philipper, an die Kolosser und an Philemon*, Kritisch-exegetischer Kommentar über das Neue Testament (Göttingen: Vandenhoeck & Ruprecht, 1930).

99) Richard S. Ascough, *Paul's Macedonian Associations: The Social Context of Philippians and 1 Thessalonians*, Wissenschaftliche Untersuchungen zum Neuen Testament II. 161 (Tübingen: Mohr Siebeck, 2003), 118-22.

을 들다"(마 22:13; 막 1:31; 눅 10:40; 12:37; 17:8; 요 2:5, 9; 행 6:2), 그리고 여기서 확대된 의미인 "돌봄을 제공하며 도와주다"(마 25:44; 막 1:13; 눅 8:3; 몬 12)라는 의미로, 또 제자들의 일반적인 섬김(마 23:11; 막 9:35; 10:43; 행 1:17, 25; 롬 11:13; 고전 16:15)의 의미로 사용되고 있다.[100]

간단히 말하자면 이 두 단어가 쓰인 본래의 자리는 공동식사에 함께 참여하는 공동체의 재정적인 필요의 맥락이라 할 수 있다. 이러한 조직적인 필요는 그리스-로마 도시들에 존재하던 "전형적인" 자발적 조합들의 필요와 대단히 흡사하다. 이런 조합들의 규약이 파피루스 형태로 많이 보존되어 있는데,[101] 이 규약들의 주요 내용은 회비 모금과 운용, 그리고 조합을 대표하고 이끌어갈 임원들의 선정이다. 정기적으로 공동식사를 하는 모임이 이 조합들의 중추를 이루고 있었다. 빌립보 교회가 과연 이런 조합 중 하나로 인식될 수 있는가 하는 문제는 이 장의 마지막 부분에서 다룰 것이다. 간단히 말하자면, 바울은 그리스도인의 에클레시아가 그 영광과 중요성에서 사적인 조합들뿐 아니라 시 정부의 조직도 훨씬 능가한다고 보았다. 그렇지만 빌립보 교인들의 현실적인 조직의 필요와 운용의 방법 등에서 그들이 시 정부보다 훨씬 더 익숙했던 사적 조합의 경험과

---

100) Cf. A. Weiser, *s.v. EDNT* 1, 302.
101) 예를 들면 *P. Tebtunis* 243, 244, 245, *P. Lond.* 2710 (the Guild of Zeus Hypsistos)를 꼽을 수 있다. 조직의 크기나 형태가 다양하기 때문에 어떤 표준적 조합을 설정하기는 어렵다. 그러나 느슨하게 정의된 "전형적" 조합을 예외적인 조합 형태와 구분할 수 있는 나름의 경계는 존재한다. 예를 들면 디오니시우스라는 사람의 집에서 모인 것으로 추정되는 가정 종교집단은 전형적 조합은 아니다. 그것은 가부장의 리더십 하에서 시작하고 운용되었기 때문에, 다른 조합들의 규약에서 나타나는 조직과 현저히 다른 형태를 보인다. 참조. S. C. Barton, G. H. R. Horsley, "A Hellenistic Cult Group and the New Testament Churches," *Jb Antike Christentum* 24 (1981): 7-42. For the variations and classifications within the voluntary associations, see S. G. Wilson and John S. Kloppenborg, "Collegia and Thiasoi: Issues in Function, Taxonomy and Membership," in *Voluntary Associations in the Graeco-Roman World*. 가능한 약간의 예는, Hans-Josef Klauck, *The Religious Context*, 42-54를 보라.

관행을 빌려올 수밖에 없었다는 판단을 할 수 있을 것이다. 도시의 소규모 상공인들이었던 빌립보 교인들은 콜레기아의 조직적 원리뿐만 아니라 공동식사를 꾸려가는 방법에도 익숙했을 것이다. 빌립보의 그리스도인들이 사적 조합을 결성·유지하면서 공동의 목적을 위하여 돈을 모으는 문화 속에 살면서, 그 조합의 경험으로부터 조직의 원리와 방법을 빌려왔을 가능성은 대단히 높다.

5.4.2 —— 가난했지만 모금에 성공했던 빌립보 교인들

이런 가설은 어떻게 빌립보 교회가 더 부유한 고린도 교회보다 기금을 잘 모을 수 있었는지를 설명해줄 수 있다(고후 8:1-2). 빌립보 도시 전체 교인들의 에클레시아는 ἐπίσκοποι καὶ διάκονοι라고 하는, 고린도보다는 훨씬 조직적인 리더십 체제를 갖추고 있었다. 바울은 빌립보 교인들의 재정적인 지원에 깊은 감사와 만족을 표한 데 반해(빌 4:10-20), 고린도 교회의 지원은 거절했고, 그것이 고린도 교회와의 관계에서 갈등의 요인이 되기도 했다(고전 9장; 고후 11:7-12; 12:14-15).

사실 몇몇 그리스도인들이 바울을 재정적으로 지원한 것과(스데바나, 고전 16:17-18) 바울에게 숙식을 제공한 것은(가이오, 롬 16:23) 사실이다. 고린도 교회의 문제는 그런 재정 지원이 교회의 이름이 아닌 개인의 이름으로 이루어졌다는 사실에 있었다. 고린도전서에 의하면 이 교회는 바울과 제대로 된 공적 의사소통 채널이 없었다(1:11; 11:18; 참조. 16:17). 이와는 대조적으로 빌립보 교회는 공동체의 이름으로 바울에게 재정 지원을 보냈다(빌 2:25). 바울은 이를 바람직한 형태의 지원으로 여겼다.

바울의 이런 평가를 접하면서, 우리는 빌립보 교인들이 어떻게 자신들의 상황에 응답했는지, 어떻게 극심한 가난 속에서도 나눔이라는 그리스도인의 의무에 신실할 수 있었는지, 어떻게 고린도 교회가 하지 못한 방식으로 바울을 도울 수 있었는지를 질문해볼 수 있어야 한다. 나는 이 질문에 두 교회 간의 조직상의 상이성으로 대답할 것이다.

마케도니아 교회들이 공동의 기금을 모으는 습관과 제도가 있던 공동체, 그리고 자발적 조합들과 외견상 비슷한 조직을 갖춘 공동체였던 반면에, 고린도 교회는 복수의 가정 그룹들의 연합체 같은 형태의 구조를 가졌다. 고린도에서 각 가정의 모임은 가부장의 권위 아래서 안정적인 구조를 갖추었다. 그러나 고린도시 전체를 아우르는 집회인 에클레시아는 응집력 있는 리더십 구조를 갖지 못했다. 전체 집회가 모일 때 발생하는 기본적인 필요들은 각 가정 모임의 리더들에 의해 채워질 수 있었다. 바울이 특별히 일치를 강조하는 대목은 온 교회가 함께 모일 때의 상황에서다 (συνερχομένων ὑμῶν ἐν ἐκκλησίᾳ; 고전 11:18).

부유한 교인들이 있었음에도 불구하고, 아니 있었기 때문에 고린도 교인들은 공동의 목적을 위하여 정기적으로 돈을 모으는 실행에 익숙하지 못했다. 그들이 바울의 재정적 곤궁을 돕는 데 무심하기만 했던 것은 아니었다. 그들은 도움을 제공하고자 했지만, 에클레시아의 이름으로서가 아니라 개인 자격으로 하기 원했다(고전 16:15). 후원제의 문화에 살던 바울이 부유한 개인에게서 돈을 받는다는 것은 자신을 후원자의 호의(*beneficia*)에 의존하여 사는 피후원자의 위치로 격하시킬 수도 있는 위험한 일이었다.[102] 사도 바울은 돈을 받는 일이 권력 관계에 연루될 수 있는

---

102) 앞의 장(4.5)을 보라. 참조. Ronald F. Hock, *The Social Context of Paul's Ministry: Tentmaking and Apostleship* (Philadelphia: Fortress Press, 1980), 52-53; John K. Chow, *Patronage and Power: A Study of Social Networks in Corinth*, Journal for the Study of the New Testament (Sheffield, UK: JSOT Press, 1992), 101-10; Peter Marshall, *Enmity in Corinth*, 231-58; David L. Dungan, *The Sayings of Jesus in the Churches of Paul: The Use of the Synoptic Tradition in the Regulation of Early*

가능성에 매우 민감했다(고후 12:14). 이런 위험은 바울이 몇몇 고린도 교인들의 지원을 거절한 이유를 잘 설명해준다(고후 12:13; 고전 9장). 또 하나의 가능성은 바울이 멀리 있는 공동체로부터 온 헌금이나 한 공동체를 떠나는 상황에서 받는 헌금은 비교적 자유롭게 여겼지만, 한 도시에 머무는 동안에 지원을 받는 것에는 부담을 느꼈을 것이라는 추정이다.[103] 그가 현재 머물고 있는 지역의 한두 집안으로부터 돈을 받는다면, 그 공동체 내의 역학관계에 파장이 일 수도 있었을 것이다. 특히 어떤 교인의 집에 머무는 것 자체가 공평성이나 편애의 시비를 불러일으킬 수 있었기 때문에, 한 도시에 체류하는 동안에 돈을 받는 것을 불편해했을 수도 있다.[104] 바울은 고린도의 에클레시아 이름으로 지원 받기를 원했다. 그래서 바울은 관대하게 헌금하라는 말과 함께 적절하게 헌금을 준비하라는 권면을 전한다(고전 16:1-2; 고후 9:4-5).

성도를 위하는 연보에 관하여는 내가 갈라디아 교회들에게 명한 것 같이 너희도 그렇게 하라. 매주 첫날에 너희 각 사람이 수입에 따라 모아두어서 [ἕκαστος ὑμῶν παρ' ἑαυτῷ τιθέτω θησαυρίζων] 내가 갈 때에 연보를 하

Church Life (Philadelphia: Fortress Press, 1971), 7-9.

103) Bengt Holmberg, *Paul and Power: The Structure of Authority in the Primitive Church as Reflected in the Pauline Epistles*, Coniectanea Biblica (Lund: LiberLäromedel/Gleerup, 1978), 94; Dungan, *The Sayings of Jesus in the Churches of Paul: The Use of the Synoptic Tradition in the Regulation of Early Church Life*, 32; Witherington, *1 and 2 Thessalonians: A Socio-Rhetorical Commentary*, 43n139.

104) 바울이 공동체와 함께 머물 때에는 유약한 모습을 보였고 편지를 보낼 때는 담대하다는 평가를 받았던 것을 보라(고후 10:1-11). 이러한 태도의 차이를 보였다는 것은 바울이 공동체에 머물 때와 떨어져 있을 때에 각각 구별된 원칙으로 행동했을 가능성을 높인다. 참조. Margaret M. Mitchell, "New Testament Envoys in the Context of Greco-Roman Diplomatic and Epistolary Conventions: The Example of Timothy and Titus," *JBL* 111, no. 4 (1992): 641-62.

지 않게 하라(고전 16:1-2).

"너희 각 사람이 수입에 따라 모아"두라는 말은 집회로 모일 때마다 헌금을 모으라는 것이 아니라, 미래에 교회가 헌금을 모을 것을 대비해서 개인적으로 저축해두라는 말이다.[105] 여기서 "갈라디아 교회에 명한 것 같이"라고 하는 대목이 이채롭다. 훨씬 가까운 거리에 있고, 고린도 교회와 자주 비교 대상이 되던 마케도니아의 교회들이 아니라 이런 맥락에서 한 번도 등장하지 않은 갈라디아 교회가 등장한 이유는 무엇일까? 더욱이 마케도니아 교회는 헌금에 있어서 모범적인 교회였다.[106] 가능한 해석은 당시 마케도니아 교회들이 헌금을 모으는 방식은 고린도 교회가 그대로 본받기 힘든 방식이었다는 설명이다. 갈라디아 교회의 사회적 구성과 조직은 갈라디아서 6:6-10에 나오는 권면을 통해 살펴볼 수 있다.

가르침을 받는 자는 말씀을 가르치는 자와 모든 좋은 것을[ἐν πᾶσιν ἀγαθοῖς] 함께 하라.⋯우리가 선을[τὸ καλὸν], 행하되 낙심하지 말지니 포기하지 아니하면 때가 이르매 거두리라. 그러므로 우리는 기회 있는 대로 모든 이에게 착한 일을 하되[ἐργαζώμεθα τὸ ἀγαθόν] 더욱 믿음의 가정들에게 할지니라.

6절과 10절에 나오는 τὸ ἀγαθόν은 물질적 나눔을 가리키는 말임이 거의 분명하다.[107] 이 단어는 갈라디아 교인들에게 물질적으로 궁핍한 이

---

105) Anthony C. Thiselton, *First Corinthians: A Shorter Exegetical and Pastoral Commentary* (Grand Rapids, MI: William B. Eerdmans, 2006), 1322-24.
106) 갈라디아 지역의 헌금 실패 가능성에 대해서는 David J. Downs, *The Offering of the Gentiles*, 40-42을 보라.
107) BDAG, "ἀγαθός" 1,b, β; Betz, *Galatians: A Commentary on Paul's Letter to the Churches in Galatia*, 306; Winter, *Seek the Welfare of the City: Christians as*

를 도우라는 권면과 말씀을 가르치는 교사를 도우라는 권면에 같이 쓰이고 있다. "가르침을 받는 자"(τῷ κατηχοῦντι)와 "말씀을 가르치는 자"(ὁ κατηχούμενος τὸν λόγον)가 따로 구별되어 있었다는 점에서 이 교회는 (교회들은) 고린도 교회보다 데살로니가나 빌립보 교회에 가까웠다고 볼 수 있다.[108] 베츠(H. D. Betz)는 이 명령을 "갈라디아 교회들의 삶의 한부분으로서 일종의 교육기관"이 확립되어 있었음을 보여주는 증거로 읽는다.[109] 펑은 이를 "초기 교회에서 공동체의 재정 지원을 받는 풀타임 혹은 풀타임에 가까운 형태의 사역이 존재했음을 보여주는 최초의 증거"[110]로 받아들인다. 그러나 바울이 권하는 바는 조직적인 급여 혹은 생활비 지급으로 보기보다, 가르침을 받는 개인들의 자발적인 호의에 기초한 나눔으로 보는 것이 적절하다.[111] 우리가 재구성한 고린도 교회의 상황은 부유한 가부장들이 교회의 치리와 가르침을 담당한 구조였다. 그들은 다른 교인들보다 부유했고, 리더십 능력과 시간적·재정적 여유뿐 아니라 지식과 언어 전달력 면에서도 뛰어났기 때문이다. 공동체에 재정적으로 기여하는 이들이 가르침도 맡는 식이었다. 그러나 갈라디아 교회는 교사들이 공동체의 재정 지원을 받아야 하는 구조였다는 점에서 다르다.

     Benefactors and Citizens, 11-40; Longenecker, *Remember the Poor: Paul, Poverty, and the Greco-Roman World*, 141. Longenecker는 τὸ καλόν 역시 τὸ ἀγαθὸν과 같은 의미일 가능성을 제기한다.
108) 이 두 분사가 단수로 쓰이고 있지만, 이는 전체를 대표하는 의미에서의 단수다. Betz, *Galatians: A Commentary on Paul's Letter to the Churches in Galatia*, 306.
109) Betz, *Galatians: A Commentary on Paul's Letter to the Churches in Galatia*, 305-6.
110) Ronald Y. K. Fung, *The Epistle to the Galatians*, The New International Commentary on the New Testament (Grand Rapids, MI: W. B. Eerdmans, 1988), 293.
111) C. K. Barrett, *Freedom and Obligation: A Study of the Epistle to the Galatians*, (Philadelphia: Westminster Press, 1985).

바울이 고린도전서 16장에서 "갈라디아 교회들에 명한 대로"라고 말하지, "갈라디아 교회들이 하고 있는 대로"라고 하지 않는 점에 주목해야 한다. 지시가 반드시 모범적 실행을 보장하지는 않기 때문이다. 우리가 알 수 있는 사실은 갈라디아 교회들에 명한 헌금의 방식을 고린도 교회도 따를 필요가 있다는 바울의 판단뿐이다. 바울이 갈라디아에서 명하는 교사나 가난한 이들을 지원하는 방식은 조직적이거나 정기적인 모금이 아니다. "기회 있을 때마다"(ἄρα οὖν ὡς καιρὸν ἔχομεν; 10절)라는 언급이 이를 분명히 보여준다.[112]

그렇다면 갈라디아 교회들은 정기적으로 헌금을 모으는 제도가 없었다고 볼 수 있으며, 그런 점에서는 고린도 교회와 비슷한 느슨한 조직 구조를 가진 것으로 보인다. 이런 분석은 왜 바울이 고린도전서 16:1-2에서 고린도 교인들에게 헌금을 개인적으로 미리 모아놓으라고 말했는지, 그러면서 왜 일반적인 표현으로 "다른 교회에 명한 바와 같이"라고 하지 않고, 혹은 헌금에 모범적이었던 마케도니아 교회들과 비교하지 않고 굳이 갈라디아 교회들을 거명한 이유를 분명히 설명해준다.

이 비교는 마케도니아 교회들이 고린도 교회보다 더 조직화된 구조를 갖추었다는 본서의 논지를 다시 한번 지지해준다. 고린도 교회의 "전체 에클레시아"는 몇몇 가정모임의 연합이라는 형태로 느슨하게 조직되어 있었고, 이에 반해 데살로니가와 빌립보의 교회들은 보다 긴밀한 조직과 안정적인 리더십을 갖추었다는 것이다.

---

112) 이는 콜레기아의 정기적·의무적·조직적 모금과는 분명히 다르다. 바울이 데살로니가 교회의 φιλαδελφία를 칭찬하는 것도 이런 맥락에서 파악할 수 있다.

5.5 — 마케도니아의 교회들은 자발적 조합이었나?

위의 관찰에서 빌립보와 데살로니가의 그리스도인들이 그들의 교회를 조직하는 데 자발적 조합들의 언어뿐 아니라, 운용의 실제적 지혜를 차용해 왔을 가능성이 상당히 높다는 결론이 도출되었다. 따라서 적어도 외부인들의 눈에 그들의 집회는 일종의 제의적 조합(cultic association)으로 보이는 것은 피하기 힘들었을 것이다. 이런 외부인들의 시각이 공동체 내부의 자의식에 영향을 끼쳤을 가능성도 배제할 수 없다. 이러한 가능성들을 충분히 감안하면서, 아래에서 교회와 사적인 조합 간의 유사성 및 차이점과 관련한 중요한 논점들을 검토하고자 한다. 대상은 바울 교회 전체이지만, 초점은 두 마케도니아 교회들이다.

(1) 초지역적 관계

자발적 조합들은 기본적으로 지역에 한정된 모임들이었으며, 이 조합들이 지역을 넘어서는 활동을 했다는 증거는 극히 빈약하다.[113] 반면에 바울이 에클레시아라는 말을 사용할 때 그 의도의 핵심에는 초지역적인 관계가 있었다. 무엇보다 바울이 한 도시에 머물면서 다른 도시의 교회에 편지를 보내는 것 자체가 초지역적 행동이었다. 편지와 사자(使者)를 보내는 행위는 바울에게만 특별한 것이 아니었고, "신약 문헌 전체를 통해 가장 일관되게 나타나는 관행"이다.[114] 편지를 쓰면서 바울은 공동 발신자나 공

---

113) 이 책의 3.2.1을 보라.
114) Mitchell, "New Testament Envoys in the Context of Greco-Roman Diplomatic and Epistolary Conventions: The Example of Timothy and Titus," 644; cf. Michael B. Thompson, "The Holy Internet: Communication between Churches in the First Christian Generation," in *The Gospels for All Christians*, ed. Richard Bauckham (1998), 49-70.

동 수신자를 언급하고, 수신자들에게 다른 그리스도인들의 문안을 전하거나 부탁하고, 다른 이들의 이름이나 수신자에 대한 소문을 언급하는 등으로 초지역적 관계를 촘촘하게 직조해나간다. 그렇게 함으로써 바울은 편지의 수신인들에게 그들이 멀리 떨어진 도시의 그리스도인들과 유대관계 속에 있음을 상기시킨다. 이러한 초지역적 관계의 강조, 곧 명성의 장을 창출해가는 접근은 바울의 수사적 전략일 뿐 아니라 그리스도인의 실존에 관한 그의 이해가 담긴 핵심적인 가치를 보여주기도 한다.[115] 초기 교회의 이런 특징은 사적 조합에서는 비슷한 예를 발견하기 힘들며, 도시 간의 외교적 교류와 명예의 교환이 주 기능이었던 폴리스의 민회와 밀접한 유비관계에 있다.[116] 바울은 초지역적 관계를 단순히 연락을 주고받는 정도가 아니라 지역을 초월하는 행동의 기준과 규범을 확립하고(고전 11:16; 7:17), 공동의 목표를 위해서 복수의 에클레시아들이 함께 모금을 하고, 이런 사업을 위해서 공동의 대표를 선정하는 데까지 확장 심화시키고 있다.[117]

(2) 용어들

사적 조합과 교회가 어느 정도 선까지 용어들을 공유하고 있었는가 하는 문제는 학계의 치열한 논쟁거리 중 하나다. 여기서 모든 용어의 예를 세부적으로 논할 수 없지만, 교회와 조합이 함께 사용하였다고 주장되는 많은 용어가—ἐπίσκοπος, διάκονος, προστάτις, κοινωνία, πρεσβύτερος[118]—

---

115) DeSilva, "Worthy of His Kingdom," 49-79.
116) 3.2.1을 보라. 제1장과 제2장에서는 그리스와 유대 에클레시아들에 있어서 외교의 중요성을 살펴보았다.
117) 고후 8-9장이 이 예를 잘 보여주고 있다. 위의 제3장에서 데살로니가전서, 빌레몬서, 롬 16장에 나타난 초지역적 관계를 살펴본 바 있다.
118) Kloppenborg, "Edwin Hatch, Churches and Collegia," 231-34; Klauck, The

사실은 조합들에서뿐만 아니라 다른 용례에서도, 특별히 폴리스의 정치의 맥락에서 자주 사용되고 있음을 상기할 필요는 있다. 바울 시대에 조합들과 폴리스의 용어들이 많은 부분에서 혼재되어 있었기 때문에, 어떤 특정 단어를 놓고 어느 쪽의 영향이 주도적인가를 가리기는 쉽지 않다.

따라서 이 연구는 바울의 본문과 사고를 보다 넓은 맥락, 곧 편지의 발신자와 수신자가 함께 공유했던 사회정치적 세계에 놓고 보는 접근을 요구한다.[119] 또한 조합과 교회가 함께 공유하지 않는 용어들에 주목할 필요도 있다. ὀργεών, θίασος, σύνοδος, *factio*, *curia*, *corpus* 등은 당시의 사적 조합들 사이에서는 아주 일반적인 용어들이었는데, 이들이 교회에 쓰인 예는 없다.[120] συναγωγή도 이 목록에 넣을 수 있는데, 이 용어는 유대인들만 쓴 것이 아니라 다양한 조합들에 의해 채택되었기 때문이다. 그리스도인들이 이 용어를 의도적으로 피한 것을 단순히 지역의 유대인 그룹들과 자신들을 분리하려 했다고만 해석해서는 안 된다.[121] 그리스도인들이 쉬나고게 용어를 기피한 데는 사적 조합들과의 거리를 유지하려는 의도도 담겨 있다. 그랬다면 초기 그리스도인들이 동시대의 조합들에 대

Religious Context, 44-47.
119) 예를 들면, Sampley는 코이노니아를 조합들 안에서의 계약 관계를 말하는 라틴어 *societas*와 같은 말로 이해한다. J. Paul Sampley, *Pauline Partnership in Christ: Christian Community and Commitment in Light of Roman Law* (Philadelphia: Fortress Press, 1980). 그러나 우리는 제1장에서 이 단어가 그리스 민주정치의 핵심 용어로, 그리스 인간론의 핵심에 자리하고 있음을 보았다. 이러한 정치적·철학적 특성이 신약성서의 코이노니아 이해에 충분히 고려되어야 한다. 참조. Andrew D. Clarke, *Serve the Community of the Church: Christians as Leaders and Ministers*, First-Century Christians in the Graeco-Roman World (Grand Rapids, MI: W. B. Eerdmans, 2000), 59-77, 159-60.
120) Cf. Klauck, *The Religious Context*, 44-47; Meeks, *The First Urban Christians*, 79-80.
121) Paul Trebilco, "Why Did the Early Christians Call Themselves Ἡ Ἐκκλησία?," *NTS* 57, no. 3 (2011): 440-60; 또한 이 책의 제2장을 보라.

해 설정한 위치는 유대인들이 이방인들의 조합에 대해 갖던 태도보다도 훨씬 더 큰 긴장관계였다고 볼 수 있겠다.[122] 초기 그리스도인들이 콜레기아라는 용어에 결부되어 있던 몇몇 개념과 습관을 차용해온 것은 사실이지만, 이런 차용이 그들이 콜레기아와 비슷한 모임으로 자신들을 이해했기 때문이라고 보기는 힘들다. 그리스도인들은 공동체적 자의식에 있어서 조합들과 분명한 차이가 있었지만, 그런 상이성에도 불구하고 현실적으로 공동체를 꾸려가는 데 그들과 비슷한 방법을 쓰는 것 외에 별 대안이 없었기 때문일 수도 있다. 이제 그들의 자의식을 들여다볼 차례다.

(3) 시민사회보다 높은 자기주장

로마의 콜레기아에 대한 연구는 콜레기아가 당시에 무질서하고 부도덕한 집단으로 악명이 높았으며 시민사회로부터 소외되어 있었다는 견해가 주류였고, 그리스도인들이 자신들의 그룹을 콜레기아로부터 분리하기 원했다면 이런 부정적인 평판 때문이었을 것이라는 추측이 우세하다. 신약학자 필립 할렌드는 이런 견해에 도전한다. 그는 클로펜버그로부터 지도 받은 자신의 박사학위 논문을 수정 출판한 *Associations, Synagogues, and Congregations*에서 그러한 부정적인 이미지는 엘리트 문헌에만 한정되어 연구한 학자들의 편향적인 견해일 뿐이라고 주장한다. 소아시아 지역의 자료들을 금석문들을 중심으로 연구한 결과 그는 많은 콜레기아들이 사회에 주도적으로 참여했고, 그중 다수는 시민사회와 긍정적인 관계를 맺는 데 성공했다는 결론에 이르렀다.[123] 소아시아 지역의 조합들에

---

122) 조합들에 대한 유대인들의 견해는 Philo, *Flacc.* 4, 136f; *Legat.* 10.311-12를 보라. 유대인들의 견해는 조합에 대한 그리스도인들의 견해에 접근하는 좋은 통로를 제공해준다. 참조. Klauck, *The Religious Context*, 54; Wendy Cotter, "Our Politeuma Is in Heaven: The Meaning of Philippians 3:17-21," 92-104 in *Origins and Method*.
123) 여기에 방법론적인 문제가 있다. 금석문들은 기본적으로 관계의 긍정적인 면을 강조하는

대해 자세하게 논의한 뒤에, 그는 교회들이 시민사회와 긍정적인 상호작용을 한 예를 간략하게 스케치한다. 그런데 그가 "상대적으로 긍정적인 시각"이라 내놓은 자료는 목회 서신, 베드로전서, 누가-행전, 그리고 사데의 멜리토다.[124] 사실 이런 문서들은 바울로부터 상당히 떨어진 시대의, 그리스도인의 전체 사회에 대한 문화적 적응이 바울 시대 교인들이 상상하기 힘든 정도로 진행되고 난 이후 시대의 것들이다.[125] 할렌드가 기독교의 특질로 지목하는 이런 문화적 적응은 사실 처음에는 혁신적이었던 종교운동이 제2세대나 제3세대에 가면 나타나는 일반적인 현상이기도 하다. 바울에게 에클레시아는 시정부의 권력자들에게 인정받으려고 노력하는 집단이 아니었다. 그들의 폴리튜마(정부)는 하늘에 있고(빌 3:20), 이 땅에 살지만 복음에 합당한 (천국의) 시민으로 살아가기를(πολιτεύεσθε, 빌 1:27) 요구받는 공동체였다.

그리스도인의 에클레시아는 자신들의 공동체가 어떤 세속 정부보다 더 상위에 있다고 생각했다. "성도가 세상을 판단할 것을 너희가 알지 못하느냐? 세상도 너희에게 판단을 받겠거든 지극히 작은 일 판단하기를 감당하지 못하겠느냐? 우리가 천사를 판단할 것을 너희가 알지 못하느냐? 그러하거든 하물며 세상 일이랴?"(고전 6:2-3)라고 하는 바울의 수사적 질문이 이런 인식을 명징하게 보여준다. 심지어 베드로전서에서도 적응보다는 핍박이 더 자연스러운 일이었다. "사랑하는 자들아, 너희를 연단

장르다. 페이스북에 올리는 사진들이 대체로 행복한 장면 일색이라는 것과 비슷하다. 이런 점에서 금석문들은 일상생활에서 실제 관계의 특성을 반영하는 데는 한계가 있다.

124) Philip Harland, *Associations, Synagogues, and Congregations: Claiming a Place in Ancient Mediterranean Society* (Minneapolis: Fortress Press, 2003), 228-37.

125) 목회 서신의 외부 문화에의 적응에 대해서는 다음을 보라. Reggie M. R. Kidd, *Wealth and Beneficience in the Pastoral Epistles: An Inquiry into a "Bourgeois" Form of Early Christianity* (Atlanta, GA: SBL, 1990).

하려고 오는 불 시험을 이상한 일 당하는 것 같이 이상히 여기지 말고"(벧전 4:12). 목회 서신은 전반적으로 제국에 문화적으로 적응하는 노력을 보이고 있음에도 불구하고, 교회가 세속 권력보다 위에 있다는 비전을 포기하지 않고 있다. "왕 중의 왕"으로 표현되는 하나님의 주권은 본디오 빌라도의 세속 재판정이 궁극적인 권위가 아니라는 강력한 주장의 근거를 이루고 있다(딤전 6:13-16).

초기 그리스도인들은 사적 조합들의 회원들이 가졌던 자의식과는 비교도 안 될 만큼의 고양된 자의식으로 무장하고 있었다. 이렇게 본다면 바울이 에클레시아라는 시민 정치의 용어를 사용하는 것은 폴리스 정치의 유비가 하나님의 백성으로서의 교회의 영광을 충분히 나타내주기 때문이 아니라, 그것 외에 달리 다른 선택이 없었기 때문이었다 할 수 있다.

(4) 전반적 세계관

초기 그리스도인들은 주어진 세계에서 자신들의 특별한 지위를 주장했을 뿐 아니라, 이 세계에 대한 근본적으로 다른 해석을 소유하고 있었다. 그들은 문서를 생산해냈고, 구성원들의 교육에 열심이었는데, 이런 예는 직업적 길드에서는 찾아보기 힘들었다. 기독교의 이런 세계관적·교육적 특징은 당시의 철학 학파들과 유사성이 더 많다.[126] 많은 철학 학파들이 조합의 사회적 형태를 차용하여 조직되었기 때문에, 이런 특징이 바울의 교회들을 콜레기아로부터 완전히 분리시켜주는 것은 아니다.[127] 그러나 이런 특징이 철학 학파/조합에만 있는 것은 아니었다. 그리스 전통의 폴리

---

126) Meeks, *The First Urban Christians*, 81-84.
127) Steve Mason, "Philosophiai: Graeco-Roman, Judean and Christian," in *Voluntary Associations in the Graeco-Roman World*, 31-58. 철학 학파들이 변형된 가족 형태를 취하기도 했다.

스들의 정치 조직은 그 시민들에게 자신의 존재를 이해하는 세계관적 틀을 제공했고, 그 에클레시아에서 연설로 전달되는 지적인 논증이 중심적인 위치를 점하고 있었으며, 시민들과 후세들의 교육은 도시의 민주정치의 유지·발전을 위해 필수적인 요소로 이해되었다(위의 제1, 2장 참조). 이러한 특징은 바울의 교회와 시민사회가 공유하는 중요한 유사성이다.

(5) 모임의 빈도

모임의 빈도는 한 그룹의 역학을 구성하는 중요한 요소다. 매주 모이는 어떤 모임과 매달 모이는 모임은 구성원들의 헌신도와 응집력에서 차이가 나기 마련이다. 콜레기아에서는 월 1회 모임이 표준이었다. 우리가 조합들과의 유사성에 집착하여 자료를 오독하지만 않는다면, 초기 교회는 매주 모이는 모임(계 1:10; 디다케 14:1), 심지어 매일 모이는 모임이었을 수 있다(행 2:42, 46; 5:42; 6:1; 19:9).[128] 로마의 법은 조합들이 정치적인 갈등의 온상이 될 것을 염려했기 때문에 한 달에 한 번 이상 모이는 것은 법으로 금지하였다.[129] 교회가 외부인들의 눈에 콜레기아처럼 보였다면, 그리스도인들이 한 주에 한 번 이상씩 빈번히 모이면서도 어떻게 그런 정치적 의심을 피할 수 있었을까 하는 것은 달리 탐구되어야 할 주제다.[130] 현 단계에서 우리가 확실히 알 수 있는 것은 주 1회 모임이 그리스도인들에게는 표준이었다는 점 정도다. 이 사실 자체만으로도 교회와 콜레기아가 그룹

---

128) Horsley, "A Hellenistic Cult Group and the New Testament Churches," 32.
129) Wendy Cotter, "The Collegia and Roman Law—State Restrictions on Voluntary Associations, 64 BCE-200 CE," 74-89 in *Voluntary Associations in the Graeco-Roman World*; cf. Tertullian, *Apology* 39.
130) 초기 그리스도인들이 조합보다는 의심을 덜 받는 모임의 형태, 곧 가족이나 쉬나고게 등의 범주 아래 자신을 위치시켰던 것이 이런 규정을 비켜갈 수 있었던 이유일 수 있다. 또한 로마법은 모든 규정을 철저하게 강제하기보다, 눈에 띄는 위반이 드러났을 때 조치를 시작한 예가 많았다는 사실 역시 감안해야 한다(참조. Pliny, *Ep.* 10.97).

의 역학에서 판이했을 것이라는 사실은 충분히 예상할 수 있다.

(6) 의무적 회비와 벌금

자발적 조합들의 규약이 적힌 현존하는 파피루스들을 보면 회비와 벌금 제도가 공동체를 유지하는 중추 역할을 하고 있음을 알 수 있다. 이 조합들이 "자발적"인 것은 회원 가입이 자발적이라는 의미 외에는 없다. 입회 이후에는 강제적인 규약의 통제를 받아야 했다. 이와는 대조적으로 바울 교회에서는 의무적인 회비나 벌금 제도가 없었다. 이는 단순히 침묵으로부터의 논증이 아니다. 왜냐하면 바울은 일하지 않고 공동체에 경제적으로 짐을 지우는 이들을 다루면서 공동체의 건전한 태도 확립을 강조할 뿐, 성문화된 규칙을 만드는 것으로 재정 부담을 질 것을 제도화하지 않기 때문이다. 그들은 구성원들의 책임을 강제할 어떤 제도들, 예를 들면 벌금을 징수한다든지, 권리를 박탈한다든지 하는 장치를 마련하려 하지 않았다. 이런 점에서 교회를 이끌어가는 원칙은 자발적 조합들보다 훨씬 더 자발적이었다.[131] 테르툴리아누스는 이렇게 말한다.

> 우리도 공동자금이 있기는 하지만, 그것은 다른 종교들이 돈을 요구하는 것처럼 회비를 모아 만든 것이 아니다. 한 달에 한 번씩, 원하는 사람은 적은 기부금을 낼 수 있다. 그러나 이것은 그가 기꺼이 할 때만, 그리고 그에게 능력이 있을 때만 받는다. 우리 중에는 어떤 강제도 없다. 모든 것이 자발적이다.[132]

그리스도인들의 서로 사랑하는 태도가 전적으로 자발적인 방식으로

---

131) 초기 교회 문서들에 자주 등장하는 "자유" 담론들도 공동체의 이런 원리를 보여준다(고전 9:1ff; 10:23ff; 갈 5:1ff). 참조. Stark, *The Rise of Christianity*, 207-8.
132) Tertullian, *Apology* 39.

공동체를 이끌어가는 것을 가능하게 했다면, 이 태도야말로 당시의 다른 그룹들과 기독교를 차별화하는 본질적인 강점이었을 것이다. 물론 이런 유일한 특징을 성취해가는 것이 쉽지는 않았다. 데살로니가후서에 나오는 "일하기 싫어하거든 먹지도 말게 하라"(3:10)는 언급은 바울 이후 어떤 단계에 이르러 공동체가 바울 시대에는 자발적 헌신에 의해서 가능했던 일이 강력한 제도화를 통해서 유지할 수 있을 것이라는 필요를 느끼던 시기를 반영한다.

(7) 단일한 계층의 조합과 다양한 계층이 섞인 교회?

웨인 믹스는 조합들은 비슷한 사회계층의 모임이었고, 바울의 교회에는 다양한 계층이 섞여 있었다는 관점에서 이 두 기관을 대조한다.[133] 바울 교회들의 사회적 계층에 관한 새 합의의 대표자인 믹스의 이 주장은 새 합의의 논지의 적실성에 따라 서고 넘어질 수밖에 없다. 본 연구에서 앞서 밝힌 바에 따르면 믹스의 단언은 고린도 교회의 경우에는 적절하지만, 데살로니가나 빌립보 교회의 경우에는 적용하기 힘들다. 후자의 두 교회에서는 일정 수준 이상의 부를 소유한 교인의 존재를 증명하기가 힘들기 때문이다. 믹스의 이분법은 자발적 조합들 역시 반드시 빈곤 계층만으로 구성된 것은 아니라는 주장들에 의해 도전받고 있다. 물론 계층적으로 다양한 조합에 대한 증거가 그렇게 풍부하지는 않다.[134]

이 단락에서 우리의 논의는 두 가지로 정리할 수 있다. 바울 교회들의 자의식은 자발적 조합들의 그것과는 근본적으로 달랐다. 또한 동시에 예

---

133) Meeks, *The First Urban Christians*, 79. 교회가 여성들을 적극적으로 포함시킨 것도 조합들과 대조를 이루는 대목이다.
134) Ascough, "Voluntary Associations and the Formation of Pauline Christian Communities," 170-71. Variations within the associations is a subject worth pursuing.

수 추종자들이 외부인들의 눈에는 "동방으로부터 온 신을 섬기는 제의적 조합" 정도로 비취는 측면이 있었던 것도 부인할 수 없다. 정체성이 잘못 알려질 수 있는 이런 상황에 초기 그리스도인들과 동시대 유대인들을 나란히 놓고 보면, 그리스도인들이 유대인들보다 훨씬 더 단호하게 이런 혼동에 대응하여 분명한 자의식을 확립해갔던 것으로 보인다. 자신들의 모임을 에클레시아라는 무게 있는 단어로 부른 것은 그런 노력의 일환으로 볼 수 있다.[135]

(8) 결론적 고찰

앞선 장들에서 보여준 대로 그리스도인들 사이에서 에클레시아라는 단어가 채택되고 수용된 복잡한 과정을 고려하면, 초기 그리스도인들이 에클레시아라는 단어를 사용하여 공동체적 자의식을 표현해나간 과정은 미묘하고 복잡했을 것이다. 어떤 경우이든 에클레시아 용어는 초기 그리스도인들이 자신들의 교회와 비슷한 규모의 다른 모임들에 비해서 월등하게 높은 자기 이해를 견지하는 데 도움을 주었을 것이라는 점은 분명하다. 또한 초기 그리스도인들이 유대인들보다 차별화되고 고양된 자기이해를 더 멀리 밀고 갔고, 유대인들이 이방인들과 자신들을 차별화하는 것보다 더 과격하게 자신들과 외부인들을 차별화했던 것으로 볼 수 있다. 그리스도인들이 자발적 조합의 명칭으로는 좀처럼 사용되지 않던 정치적 명칭인 에클레시아를 채택한 것과, 유대인들이 당시 다른 조합들과 쉬나고게라는 명칭을 공유하기를 택한 것이 선명한 대조가 될 것이다. 제2장에서 살펴본 대로 구약과 유대 문헌에서 에클레시아는 대체로 민족 전체를 대표하는 집회에 독점적으로 쓰였고, 쉬나고게는 지역 공동체를 포함하여

---

135) Klauck, *The Religious Context*, 54.

다양한 규모의 집회에 쓰였다는 점을 감안하면, 바울이 에클레시아 용어를 지역 공동체에 적용한 것은 그리스도인 공동체의 자의식을 현저하게 고양하는 결과를 낳았다고 볼 수 있다.

시민정치의 용어와 개념을 차용해오는 습관은 그리스도인 공동체에만 해당하는 것은 아니었다. 그리스 시대 때부터 자발적 조합들이 폭발적으로 증가한 것은 고전 시대에 폴리스가 담당하던 사회적 기능을 대체하는 면이 있었다는 분석은 광범위한 동의를 얻고 있다.[136] 시민정치의 용어와 관행에 대한 서민들의 열광적인 모방은 바울 당시의 시민정치 전통의 헤게모니를 보여준다.[137] 바울 역시 시민정치의 용어와 심상을 사용함으로써 이 세계에 합류했다. 그러나 바울은 단순히 그의 소규모 그룹과 거대한 시민정치 조직의 차이를 메워 교회를 유사 민회로 만드는 데 그치지 않았다. 그는 그리스도교 공동체의 자의식을 시민정치 집단인 민회가 꿈꾸던 그 어떤 차원보다 더 높은 차원으로 끌어올리고자 했다.

바울 교회들의 사회적 모델 문제와 관련해서 우리는 에클레시아라는 단어를 통해 단순히 이 모델을 따라 바울이 자신의 공동체를 조직했다고 단정할 수는 없다. 문제는 훨씬 복잡하다. 공동체의 실질적인 조직 문제에 있어서는 조합들뿐 아니라 다른 사회단체, 특별히 회당, 대가족, 철학 학파들에도 초기 교회와의 유사성이 있었고, 중요한 차이점도 노정하고 있다. 이 네 모델은 특성이 서로 혼재되고 중첩되어 있다. 예를 들면, 철학 학파와 유대인들의 회당은 하나의 조합이나 대가족의 형태를 띠는 경우가 많았다. 유대인들은 의식적으로 자신들의 모임을 철학 학파와 동

---

136) Kloppenborg, "Collegia and Thiasoi: Issues in Function, Taxonomy and Membership," 17.
137) 제1장을 보라.

일시하기도 했다.[138] 이러한 의식적 동일시는 바울의 에클레시아들 사이에서는 볼 수 없었다. 그리스도인들은 위의 모든 모델과 자신의 공동체를 분리하고 차별화하기를 원했다. 사회적 형태에서나 자기평가에서나 바울의 에클레시아들은 기존의 다른 어떤 모델 하에서 분류되기보다, *sui generis*로 여기는 것이 적합할 것이다.[139]

바울 회중의 자기이해에 접근하기 위해서는 모델을 찾는 것보다 유비(analogy)를 찾는 것이 더 효과적일 것이다. 위에서 언급한 네 개의 모델 모두 초기 그리스도인들의 그룹과 나름의 유사성을 갖고 있다. 그러나 에클레시아라는 용어는 그 어떤 용어보다 중요한, 사실 유일하게 긍정적인 유비를 제공한다. 사회적 형태에서나 자기이해에서 독특한 이 그룹을 규명하기 위해, 바울은 의도적으로 그리고 일관되게 에클레시아라는 단어가 갖고 있는 시민정치적 함의에 의존했고, 그 함의를 활용했다. 사회적 형태와 관련해서는 조합들이 몇몇의 바울 공동체(아마도 데살로니가와 빌립보)에 유용한 유비를 제공한다. 그러나 모든 공동체가 그렇지는 않았다. 고린도의 공동체 같은 경우에는 대가족이라는 사회적 실체가 모델 역할을 했을 뿐 아니라, 소규모 그룹들의 실질적인 모체(matrix) 역할을 했다. 이 경우 전체 집회는 가정 모임들의 연합체 형태의 성격을 띠었다.

고린도 교회와 마케도니아 교회들의 이런 비교를 토대로 우리는 초기 교회들 내에 두 모델을 상정해볼 수 있게 되었다. 하나는 마케도니아 식의 경제적으로 상호의존하는 조합형 모델이고, 다른 하나는 고린도 식의 경제적으로 독립된 가정형 모델이다.

---

138) 예. Josephus, *Vita* 2; Philo, *Spec.* 2.61-63, *Mos.* 2.215-216.
139) 참조. Wayne A. Meeks, *The Moral World of the First Christians*, Library of Early Christianity (Philadelphia: Westminster Press, 1986), 120.

5.6 ── 후대의 발전: 공동 자금이 있는 교회와 없는 교회

이 두 모델은 제안 단계다. 앞으로 그 적실성을 판단하는 연구들이 출현하기를 기대한다. 이 연구를 끝마치기에 앞서, 나는 이 모델들을 바울 이후의 공동체에 적용해봄으로써 이런 연구 방향의 가능성을 (바라기는 필요성을) 간략히 점검해보고자 한다. 이 연구에서 공동 자금을 가지고 있던 공동체와 그것이 없던 공동체로의 구분이 발견을 위한 도구(heuristic tool)로 사용될 것이다.[140]

예를 들면, 요한3서와 디다케 11-13장은 같은 문제를 다루고 있다. 한 지역 공동체가 어떻게 순회 선교사(itinerant missionary)나 교사를 환영하거나 거부할 것인가 하는 문제다. 요한3서에서 지역을 방문한 사역자에 대한 지원은 오로지 한 가장의 개인적 호의(beneficia)에 달려 있다. 어떤 공적인 결정 과정도 없이, 유력한 한 가부장의 순회 선교사에 대한 반응이 그에 대한 영접 혹은 거부라는 결과를 낳고 있다. 이러한 사회적 역학은 바울 당시의 고린도와 닮아 있다. 공식적으로 어떤 지도자도 세워져 있지 않고, 어떤 규정도 확립되어 있지 않다. 여기서 우리는 고린도 교회의 갈등상이 그 교회만의 특수한 문제가 아니라, 가족 단위에 크게 의존해 있는, 그래서 단일한 지도력 체제를 갖출 기회를 갖지 못한 교회들에서 언제든지 일어날 수 있는 종류의 문제라는 것을 확인할 수 있다.

디다케 11-13장 역시 여행하는 사역자들을 대접하는 문제를 다루고 있다. 이 본문은 공동체가 보유한 공동기금의 적절한 사용이라는 맥락에

---

140) 공동체의 자금과 관련해서는 James Albert Harrill, *The Manumission of Slaves in Early Christianity*, Hermeneutische Untersuchungen zur Theologie (Tübingen: J. C. B. Mohr Paul Siebeck, 1995), 129-57, 178-82를 보라; 참조. Ignatius, *Pol.* 4.3; Tertullian, *Apology* 39.

서 구체적인 규정을 마련하는 것으로 이 문제의 해결을 시도하고 있다. 여기서 우리는 마케도니아 모델, 곧 교회가 공동의 기금을 운용했던 모델이 발전한 모습을 발견한다. 이 모델의 발전 양상에 대해서는 더 깊은 연구가 필요하겠지만, 현 단계에서 나는 빌레몬서와 요한3서를 고린도 모델과 가까운 것으로 상정해볼 수 있다. 이와 대조적으로 디다케는 마케도니아 모델에서 한 걸음 더 나아가, 세부적인 규정을 발전시킨 유형으로 상정해볼 수 있을 것이다.

모델을 활용한 연구들에서 흔히 있는 것처럼, 비교를 위한 모델들이 스펙트럼의 양 극단에 위치한다면 현실의 사회적 실체들은 대개 그 양 극단 중간의 어딘가에 위치하기 마련이다. 목회 서신이 좋은 예다. 목회 서신은 교회를 흔히 부유한 가부장들의 주도하에 있는 공동체로 이해한다.[141] 그러나 공동체의 지도자인 "잘 다스리는 장로들"은 공동체를 경제적으로 부양하는 이들이 아니라, 공동체에 의해서 재정적인 지원을 받은 이들이다(딤전 5:17-19). 이 교회는 공동의 자금을 운용하고 있고, 그 자금에 의해서 지원받는 이들의 공식적인 명부까지 갖고 있다(딤전 5:9). 디모데전서의 본문은 이 공적 자금의 남용과 오용 문제로 씨름하는 모습을 보여준다(딤전 5:4, 16). 이는 데살로니가전후서와 비슷한 재정 건전성 문제로 고민하는 것인데, 데살로니가 서신들보다 훨씬 더 구체적·제도적·항구적 해결을 시도하고 있다. 이 교회는 공적 자금을 운용하고 있을 뿐 아니라, 지도자의 구체적인 자격 규정과(딤전 3:1-13) 자체의 사법 절차도 마련하고 있다(딤전 5:19-20). 목회 서신의 교회는 마케도니아 모델이 발전해 나간 공동체의 한 예로 상정해볼 수 있다.

---

141) David C. Verner, *The Household of God: The Social World of the Pastoral Epistles*, Society of Biblical Literature Dissertation Series 71 (Chico, CA: Scholars Press, 1983).

이런 제안을 통해 내가 그 공동체에 몇몇의 부유한 가부장들이 있었으며(딤전 6:17-19) 그들이 중요한 리더십의 상당 부분을 감당하고 있었으리라는 사실을 부정하는 것은 아니다. 그러나 모든 리더가 다 부자는 아니었고, 모든 부유한 교인이 유력한 가부장이라는 이유로 자동적으로 리더십의 반열에 올랐던 것은 아니었다. 그런 점에서 목회 서신에서 오이코스(οἶκος)의 중요성이 지나치게 강요되어서는 안 된다. 여기서 교회가 "하나님의 집"(딤전 3:15)으로 묘사되지만, 이는 은유적인 표현일 뿐이다. 실제로는 목회 서신의 교회는 오이코스와는 명백히 구별되는 실체다. 가정에서의 삶의 태도가 교회 전체의 사회적 원리로 등장할 때도 이 두 그룹의 구분은 명확하다(딤전 3:5). 교회 집회가 아닌 개인의 집에서 모이는 모임은 목회 서신에서 부정적으로 묘사되고 있다.[142] 실제적인 차원에서, 그 교회는 자체의 급여 체계와 사법적 절차까지 갖춘, 가족의 범위를 훨씬 넘어서는 조직화된 실체다. 공동체의 이상이라는 면에서 이 편지가 나타내고 있는 공동체적 자의식은 가정이라는 유비가 담지할 수 없는 수준의 것이다. 많은 학자들이 당대의 가부장 문화에 깊이 영향을 받았다고 하는 디모데전서에서조차도 에클레시아는 시민 정치조직의 유비로서만 표현될 수 있는 차원에 놓여 있다.

---

142) 가정집은 건전한 가르침에서 이탈할 수 있는, 잠재적 위험성을 갖고 있는 공간이다(딤후 3:6). 가정에서의 예배의 자리는(ἐν παντὶ τόπῳ) "분노와 다툼"(딤전 2:8)이라는 이미지를 갖고 있기도 하다.

결론

이 연구는 바울의 용어인 에클레시아를 본래의 정치적·사회적·문화적 맥락에서 이해하기 위한 시도다. 이 작업을 나는 고전 그리스의 정치 제도와 이론을 고찰함으로써 시작했다. 그 과정에서 고대 그리스 사회에서 정치적 참여는 의미 있는 삶, 인간다운 삶을 가능하게 하는 중심적인 가치였음을 확인했다. 이어서 정치적 참여에 대한 시민의 이상은 헬레니즘 시대와 로마 시대에 와서도 전적으로 포기되지 않았음을 보였다. 이 이상은 데모스의 마음속에만 있는 것이 아니라, 현실정치에서도 작동하였다. 데모스(δῆμος)의 집합적 권력은 그리스 땅을 지배했던 어떤 정복자도 무시할 수 없었다는 사실을 살펴보았다. 이데올로기의 측면에서 민주주의, 자유, 자율, 조상들의 법(혹은 정치체제)이라는 단어들은 이 시기에 정치적 구호가 되었고, 로마 제국 시대 그리스 문화권에서는 고전 민주주의 시대 때보다 더 큰 영향을 끼치는 가치가 되기까지 했다. 에클레시아라는 단어는 데모스의 권력과 떼려야 뗄 수 없는 관계에 있었으며, 사적인 조합 같은 작은 모임의 명칭으로 쓰인 예는 극히 드물었다. 이러한 배경에서 본 연구는 바울의 시대에 에클레시아라는 단어는 명예로운 시민의 결사체를 의미하는 경향이 압도적으로 강했다는 판단에 이르렀다(제1장).

이런 관찰을 본격적으로 바울의 본문에 적용하기 전에, 에클레시아 단어의 유대적 용법을 살폈다(제2장). 많은 학자들이 신약성서의 에클레시아가 70인역을 통해서 전달되었음을 강조하면서, 기독교가 이 단어를 사용하는 데 미친 그리스 정치 문화의 영향을 최소화하는 경향이 있다. 일단 이 견해에 대한 일반적인 비판을 소개하였다. 바울은 에클레시아라는 단어를 그의 서신들에서 적극적으로 쓰고 있는데, 그 서신들의 수신자 중 다수가 70인역의 전통보다는 그리스 세계에 더 익숙한 사람들이었다는 관점이다.

이에 더하여, 나는 70인역의 번역과 전승 자체가 헬레니즘 세계에서 이루어졌으며, 이 당시의 유대인들은 팔레스타인 거주자나 디아스포라나 공히 그리스의 정치문화에 충분히 노출되어 있었음을 밝혔다. 바울 당시 유대인들도 그들의 집합적 이익을 쟁취하기 위해 로마 제국을 향해 "민중의 목소리"(vox Populi)로 발할 줄 아는 그리스어권 δῆμος였다. 따라서 제2성전기 유대인의 세계를 헬레니즘과 로마의 정치세계라는 바다에 따로 떠 있는 섬으로 보는 것은 큰 패착이다. 바울 당시 유대인들의 에클레시아라는 단어 이해는 유대인 공동체들이 살아가고 있던 그리스-로마의 정치 현실이라는 맥락에서 접근되어야 한다.

바울 시대에 에클레시아와 쉬나고게(συναγωγή)는 사실상 별 차이가 없는 단어였다는 의견이 최근까지 제출되고 있다. 그러나 쉬나고게는 그리스 세계에서 자발적인 조합들을 포함해서 거의 모든 규모와 형태의 그룹에 다양하게 쓰이는 단어였으며, 유대 문헌에서도 다양한 그룹에 사용되었다. 70인역에서 에클레시아는 이와는 분명히 다른 사용법을 보이는데, 배타적이라고 할 만큼 일관되게 민족 전체를 대표하는 집회를 가리키는 데 사용되었다. 에클레시아 용어가 이런 식으로 유대 문헌에서 사용되었기 때문에 바울과 동시대의 유대인들에게 이 단어는 무엇보다 예루살렘에 있는 기관을 떠올리게 했다. 바울이 이 단어를 각 도시의 이방인 공동체에 적용했을 때, 이러한 예루살렘 중심적 사고와 충돌을 일으킬 수밖에 없었다. 이는 초기 그리스도 운동 내에서 상당한 갈등을 일으킬 수 있는 문제였다. 이 문제는 제3장에서 계속해서 다룬다.

제3장은 신약성서에서 에클레시아가 바울의 색채가 강한 용어라는 점, 그럼에도 맨 처음 이 단어를 그리스도교 운동에 도입한 이는 바울이 아닐 것이라는 학자들의 합의 위에서 시작한다. 우리가 지금은 에클레시아를 교회라고 번역하면서, 그리스도 신앙 공동체가 등장하는 모든 대목에 "에클레시아"라는 용어를 대입하여 이해하기도 하지만, 바울 당시에 이 용어는 신앙 공동체를 가리키는 수많은 용어 중 하나일 뿐이었으며, 바울도 특정한 맥락에서 특정한 목적으로만 이 용어를 사용했다는 점을 밝혔다. 그 특정한 맥락은 다섯 가지 범주로 분류할 수 있으며, 그중에서 가장 특징적인 것은 바울이 편지를 쓰면서 수신자를 에클레시아로 부른 것이다. 나는 상징적 세계라는 사회학적 개념을 빌어, 바울이 자신의 청중을 명예로운 하나님의 집회로 규정했을 뿐 아니라, 시민적 에클레시아 앞에 놓인 명예로운 연단 위에 자신을 세우는 가상적 저자를 창조했음을 밝혔다. 제1장과 제2장에서 폴리스들 간의 외교적 관계는 에클레시아의 필수 활동임을 보았는데, 바울은 이 특성 역시 적극적으로 활용하여 멀리 있는 도시의 에클레시아들 간의 네트워크를 직조해가는 수사적 도구로 활용하고 있음을 보았다. 이러한 분석을 통해서 우리는 바울의 시민적 집회의 함의, 말하자면 한 도시에 하나의 에클레시아가 존재하는 구도속에서 에클레시아 용어를 사용했다는 결론에 도달했다. 우리가 흔히 고린도 교회, 데살로니가 교회라고 할 때의 용법이다. 물론 시민정치의 함의가 중심에 놓이고, 크게는 보편적 교회에서 작게는 가정 모임에까지 확장 가능한 넓은 스펙트럼이 존재하는 것도 사실이다.

보편적 에클레시아 개념은 제2 바울 서신―에베소서, 골로새서―에 가서야 확립되었다는 것이 신약학의 중론이다. 물론 바울 자신에게서도 미약하나마 보편적 교회라는 관념이 보이기 시작했다는 입장이 존재하기는 한다. 이 연구는 하나님의 백성 전체를 지칭하는 단수의 에클레시아가 오히려 가장 초기의 용례로 보이며, 이를 바울 이전의 에클레시아 사용에 대한 흔적으로 볼 수 있다고 제안했다. 물론 이 단계의 보편적 교회는 복수의 도시들에 산재한 복수의 이방인 에클레시아들의 총합으로서의 단일한 에클레시아가 아니라, 예루살렘의 에클레시아가 하나님의 백성 모두를 대표한다는 점에서 보편적 교회였다. 예루살렘 중심의 단일 에클레시아를 다수의 이방인 회중들에 적용한 이는 바울이었다. 유대주의적 색채가 강한 예루살렘 교회가 보기에 이런 시도는 도전적이었고, 바울의 도전적인 에클레시아 용어 사용이 예루살렘의 중심 권력과 바울 간의 갈등의 한 요인을 제공한 것으로 보인다.

"가정교회"와 관련해서 이 연구는 각 지역마다 두 차원의 교회가 있었다는 추정, 가정교회와 전체 교회가 각각 존재했다는 추정의 근거가 대단히 박약함을 논증했다.[1] 고고학적 자료들에 대한 해석과 아울러, 바울의 ἡ κατ' οἶκον [소유격 대명사] ἐκκλησία라는 표현이 소위 가정교회에 대한 결정적 증거로 쓰이지만, 사실은 아주 제한된 경우에 한정되어서 쓰이기 때문에 이 용례로부터 일반적인 결론을 끌어내는 것은 오류임을 지적했다.

제4장은 이 문제를 고린도 교회의 사회적 관계라는 맥락에서 구체적으로 논했다. 특별히 주의 만찬을 둘러싼 공동체의 갈등에 초점을 맞추었으며, 그 갈등을 고린도 회중 집회의 물리적 공간을 추정하는 작업을 통해 분석했다. 고린도 교인 중에 회중 전체가 모일 수 있을 만큼 큰 주택을

---

1) Roger W. Gehring, *House Church and Mission*, 157n222.

가진 교인이 최소한 한 명 이상은 있었을 것이다. 그 주택의 소유주는 모임을 위한 공간을 제공했을 뿐 아니라, 어느 정도의 자금도 제공했을 것이다. 이런 교인이 일정 정도의 지도력을 행사했을 것이라는 사실은 쉽게 추정할 수 있다. 주택 소유주의 이러한 기여는 한편으로는 모임을 돕는 기능을 했겠지만, 다른 한편으로는 공동체 내에 긴장과 갈등을 유발하는 요인이 되기도 했을 것이다. 그들이 개인의 주택에서 갖는 공동식사는 공동체의 공적인 성격과 공간의 사적인 성격이 정면으로 충돌하는 병목점이 되었을 것이다. 이 문제를 해결하기 위해 바울은 오이코스(오이키아)와 에클레시아를 날카롭게 구분했다.

여기서 다시 바울은 에클레시아라는 용어의 정치적 성격을 공동체의 공적 본질, 즉 어느 한 개인의 영향력 아래 복속될 수 없는 본질을 지지하는 지렛대로 활용하고 있다. 이러한 분석을 통해 한 도시의 모든 그리스도인의 일치를 추구하는 이상과, 다수의 가정 모임으로 분산되어 있는 현실의 이중성이라는 고린도 교회의 문제가 선명히 드러났다. 이는 초기 그리스도인들이 가정 주택에서 회집했다는 단순한 사실 하나만으로 초기 교회의 사회적 성격과 윤리, 나아가서 신학까지 규명하려던 학자들의 경향에 대한 중요한 도전이 된다.

초기 교회의 예배를 가정 모임과 전체 집회라는 두 차원의 공존이라는 형태로 보는 시각은 고린도의 경우에는 사실과 부합한다고 볼 수 있다. 그러나 고린도의 상황을 바울의 다른 선교 공동체들에 그대로 적용하는 것에는 심각한 방법론적 문제가 있다. 고린도의 모델은 수십 명에 달하는 전체 회중을 수용할 수 있는 큰 주택과 장소를 제공할 의지를 가진 교인이 존재해야만 가능한 형태이기 때문이다.

고린도 교회의 모델이 다른 지역의 교회에도 적용 가능한가라는 문제는 제5장을 이끌어가는 질문이다. 이 장에서는 고린도 교인들의 사회적 계층 문제와 교회 조직을 빌립보와 데살로니가에 있던 교회들과 비교했다. 이 두 마케도니아 교회가 고린도 교회만큼 사회적인 삶에 관한 정보를 많이 남기고 있지는 않지만, 가용한 자료를 상세히 분석하는 것만으로도 우리는 이들 교회에는 고린도 교회처럼 전 교인을 자신의 집에 받아들일 수 있을 정도의 큰 주택을 가진 부자 교인은 없었다는 결론에 이를 수 있었다. 이 두 마케도니아 교회들에 보내진 서신들에는 유력한 오이코스 중심의 환경에 대한 증거도 거의 없다. 대신에 이 서신들에는 고린도 교회들에서는 보이지 않던 조직적인 지도력이 발전한 흔적이 역력하다. 이 연구는 고린도 교회에서의 지도력 구조의 발달이 더디었던 것은 그 교회가 오이코스 구조를 활용하여 운용되고 있었고, 따라서 다른 행정구조의 필요성을 강하게 느끼지 못했기 때문이었음을 규명했다. 이와는 대조적으로 두 마케도니아 교회들은 유력한 기부자의 도움이 없이 가난한 교인들이 스스로의 힘으로 모임을 운영해나가야 했기 때문에 보다 조직화된 지도력 구조를 갖출 수밖에 없었다는 점을 살펴보았다.

이러한 관찰은 마케도니아의 교회들이 사회적 형태에서 자발적 조합들과 유사하지 않았을까 하는 추측을 가능하게 한다. 그러나 본 연구는 이 추측에 대해 부정적인 대답을 내놓았다. 무엇보다 이 교회들은 그들의 자의식에서 조합들과는 본질적인 차이가 있었다. 초기 그리스도인들의 자신들의 지위에 대한 인식은 세속 조합원들의 자기 인식과는 비교도 안 될 정도로 높았다. 초기 그리스도인들이 조합들의 용어를 빌려 쓰는 일을 경계했던 것도 이 때문이었다. 그러나 일부 교회들은 최소한 외부인들이 보기에 일종의 조합처럼 보였을 개연성이 있다. 빌립보나 데살로니가의 교회들은 가족 중심의 편재를 가졌던 고린도 교회보다 좀 더 조합에 가까운 모임으로 보였을 것이다.

이 연구는 에클레시아 용어의 시민정치적 함의가 고전 그리스 시대,

헬레니즘 시대, 로마 시대, 그리고 유대와 그리스도인들의 세계를 관통하여 일관되게 유지되었다는 사실을 밝혔다. 이러한 이해는 그리스도인들의 공동체적 자의식의 공적인 성격을 재조명해준다. 교회는 비록 생활공간(domestic spaces)에 모였을지라도 사육되기를(domesticated) 거부하는 공적 본질을 갖고 있었던 것이다.

이 연구는 신학적 주제로서의 바울의 교회론에 대한 연구는 아니다. 그러나 이 연구가 규명한 교회의 사회적 성격은 이 세상에서의 그리스도인의 실존에 대한 바울 신학에 새로운 평가를 가능하게 할 것이다. 신앙 공동체의 실제적인 구성은 지역에 따라 다양하게 전개되었지만, 공동체에 대한 바울의 이상이 지역별 다양성을 넘어서는 어떤 일관된 원리를 제공한 것 역시 분명하다. 이는 정치적 참여에 대한 그리스의 이상이 민주주의의 실제적인 제도 이상으로 후대에 영향을 끼친 사실과 유비를 이룬다.

이 연구에서 밝힌 신약성서 안에 내재되어 있는 시민정치 문화에 대한 적절한 인식은 많은 기독교 문서 해석에 신선한 통찰을 제공해줄 것으로 기대한다. 예를 들면, εἰ δὲ καὶ ἰδιώτης τῷ λόγῳ("내가 비록 말에는 부족하나", 고후 11:6)라는 바울의 자기표현은 시민의 에클레시아에서의 지도력을 갖기 위해서 대중 앞에서 연설할 수 있는 능력이 필수적이었으며, 그렇지 못한 사람을 ἰδιώτης라 불렀던 맥락에서 제대로 이해할 수 있다.

또한 이 연구는 현대 교회에서 유행하는 가정교회 운동이나 유사한 사역 방법, 셀 그룹이나 작은 그룹 운동에 대한 신학적 해석에도 상당한 도전을 제공할 것이다. 이런 운동 대다수가 자신의 사역 방식이 성경적 모델(the biblical model)이라고 공언하고 있기 때문이다. 이들 중 상당수는 초기 교회가 초창기의 평등주의적 "가정교회"에서 위계적인 제도교회로 퇴행했다는 고정관념의 틀을 갖고 있다. 이러한 견해는 고대 사회의 가정에 대한 오해, 그리고 현대 가정의 이미지를 고대 가정에 덧씌운 데서 기인한다. 만약 우리가 고대 그리스 사회에서 평등한 공동체를 찾기 원한다면, 시민정치의 에클레시아보다 더 적절한 해답은 없다. 오이코스는 이보다 훨씬 더 위계적인 공간이자 제도였다. 이 연구가 제기한 많은 주제 가운데 가정교회와 여성과의 관계는 특별히 흥미롭다. ἡ κατ᾽ οἶκον [소유격 대명사] ἐκκλησία라는 구가 쓰이는 네 번의 경우 모두가 여성의 이름과 관련되어 있기 때문이다.

또한 이 연구는 바울 교회들의 사회적 구성에 접근함에 있어서 지역적 다양성을 강조한 첫 번째 시도다. 지역적 다양성에 대한 섬세한 고려는 초기 기독교 역사에 관한 많은 연구 분야에 새로운 장을 열 것으로 기대한다. 제5장의 말미에 짧게 언급했던 바울 교회들의 사회적 모델에 대한 토론은 이 연구의 통찰로부터 큰 혜택을 입을 수 있는 분야다. 고린도 모델과 마케도니아 모델이라고 하는 바울 교회의 두 모델은 바울 시대뿐 아니라, 그 이후 교회들의 구성에 접근하는 좋은 발견 도구(a heuristic tool)로 쓰일 수 있을 것이다.

이 연구가 대화를 촉발할 수 있는 또 하나의 영역은 바울을 포함한 초기 그리스도인들의 사회경제적 윤리다. 이 연구의 성과는 대가족 중심의 경제적 독립을 기반으로 하는 고린도 모델과, 경제적 상호의존을 중심으로 하는 마케도니아 모델을 대별할 수 있게 되었다는 점이다. 독립(independence)과 상호의존(interdependence)의 두 방향을 인정하면, 타이센이 주장했던 사랑의 가부장제와 메깃이 제기한 경제적 상호부조의 대립을 대체할 수 있을 것이다.[2] 사랑의 가부장제란 기독교인 중에서 어느 정도의 부를 소유한 계층이 있어야 가능한 논리인데, 이는 그런 교인들이

---

2) Meggitt, *Paul, Poverty and Survival*, 155-78; Theissen, *The Social Setting of Pauline Christianity*, 163-68; Theissen, "The Social Structure of Pauline Communities," 65-84.

전혀 없는 공동체에서는 아예 불가능한 이론이다. 이 연구가 확인한 사회적 구성의 지역적 다양성의 맥락에서 보면, 모든 바울 교회의 경제 윤리를 단일한 지향으로 묶으려는 태도의 한계가 명확해진다. 바울이 각 지역 공동체의 사회적인 문제들에 일방적인 원리를 강요하기보다 대화적으로 접근하고 있는 것을 보면, 섣불리 바울의 사회윤리를 일련의 사회적 프로그램이나 어떤 이즘으로 규정하는 것은 오류임이 명백하다. 그 윤리는 서로 사랑하라는 그리스도의 명령을 다양한 지역적 상황에 적용하는 과정에서 점진적으로 형성되어갔던 것으로 보아야 할 것이다.

참고문헌

Adams, E. *The Earliest Christian Meeting Places: Almost Exclusively Houses?* London: Bloomsbury T&T Clark, 2013.

Adams, E. and D. G. Horrell. *Christianity at Corinth: The Quest for the Pauline Church*. Louisville, KY: Westminster John Knox Press, 2004.

Agamben, G., L. Chiesa, and M. Mandarini. *The Kingdom and the Glory: For a Theological Genealogy of Economy and Government (Homo Sacer II, 2)*. Stanford: Stanford University Press, 2011.

Allen, D. S. *The World of Prometheus: The Politics of Punishing in Democratic Athens*. Princeton, NJ: Princeton University Press, 2000.

Alt, A. *Essays on Old Testament History and Religion*. Oxford: Blackwell, 1966.

Ando, C. *Imperial Ideology and Provincial Loyalty in the Roman Empire*. Classics and Contemporary Thought 6. Berkeley: University of California Press, 2000.

_____. *Law, Language, and Empire in the Roman Tradition*, Empire and After. Philadelphia: University of Pennsylvania Press, 2011.

Arendt, H. *The Human Condition*. Chicago: University of Chicago Press, 1998.

Aristotle and B. Jowett. *The Politics of Aristotle*. Oxford: Claredon, 1885.

Aristotle and W. L. Newman. *The Politics of Aristotle*, Philosophy of Plato and Aristotle. New York: Arno Press, 1973.

Ascough, R. S. "Translocal Relationships among Voluntary Associations and

Early Christianity." *Journal of Early Christian Studies* 5, no. 2 (1997): 223-41.

_____. "The Thessalonian Christian Community as a Professional Voluntary Association." *Journal of Biblical Literature* 119, no. 2 (2000): 311-28.

_____. *Paul's Macedonian Associations: The Social Context of Philippians and 1 Thessalonians*. Wissenschaftliche Untersuchungen zum Neuen Testament II. 161, Tübingen: Mohr Siebeck, 2003.

_____. "Voluntary Associations and the Formation of Pauline Christian Communities." Pages 149-83 in *Vereine, Synagogen und Gemeinden im kaiserzeitlichen Kleinasien*. eds. A. Gutsfeld and D.-A. Koch. Tübingen: Mohr Siebeck, 2006.

Atkins, E. M. and R. Osborne. *Poverty in the Roman World*. Cambridge: Cambridge University Press, 2006.

Aune, D. E. "Septem Sapientium Convivium (Moralia 146b-164d)." Pages 51-105 in *Plutarch's Ethical Writings and Early Christian Literature*. ed. H. D. Betz. Leiden: E. J. Brill, 1978.

Badian, E. "Alexander the Great and the Greeks of Asia." Pages 37-69 in *Ancient Society and Institutions: Studies Presented to Victor Ehrenberg on His 75th Birthday*. eds. Victor Ehrenberg and E. Badian. Oxford: Blackwell, 1966.

Balch, D. L. "Rich Pompeiian Houses, Shops for Rent, and the Huge Apartment Building in Herculaneum as Typical Spaces for Pauline House Churches." *Journal for the Study of the New Testament* 27, no. 1 (2004): 27-46.

Balch, D. L., and C. Osiek. *Early Christian Families in Context: An Interdisciplinary Dialogue*, Religion, Marriage, and Family Series. Grand Rapids, MI: Eerdmans, 2003.

Banks, R. J. *Paul's Idea of Community*. Peabody, MA: Hendrickson, 1994.

Barclay, J. M. G. "Thessalonica and Corinth: Social Contrasts in Pauline Christianity." *Journal for the Study of the New Testament* 47 (1992): 49-74.

_____. *Jews in the Mediterranean Diaspora: From Alexander to Trajan (323 BCE - 117 CE)*. Edinburgh: T&T Clark, 1996.

_____. "Poverty in Pauline Studies: A Response to Steven Friesen." *Journal for the Study of the New Testament* 26, no. 3 (2004): 363-66.

_____. *Negotiating Diaspora: Jewish Strategies in the Roman Empire*. Library of Second Temple Studies. London: T&T Clark International, 2004.

Barr, J. *The Semantics of Biblical Language*. London: Oxford University Press, 1961.

Barrett, C. K. *A Commentary on the First Epistle to the Corinthians*. Black's New Testament Commentaries. London: Adam & Charles Black, 1968.

_____. *Freedom and Obligation: A Study of the Epistle to the Galatians*. Philadelphia: Westminster Press, 1985.

Barton, S. C. "Paul's Sense of Place: An Anthropological Approach to Community Formation in Corinth." *New Testament Studies* 32, no. 2 (1986): 225-46.

Barton S. C. and G. H. R. Horsley. "A Hellenistic Cult Group and the New Testament Churches." *Jahrbuch für Antike und Christentum* 24 (1981): 7-41.

Bauckham, R. "The Early Jerusalem Church, Qumran, and the Essenes." Pages 63-89 in *Dead Sea Scrolls as Background to Postbiblical Judaism and Early Christianity*. ed. James R. Davila. Leiden: E. J. Brill, 2003.

Becker, J. *Paul the Apostle: The Triumph of God in Life and Thought*. Philadelphia: Fortress Press, 1980.

_____. *Paul: Apostle to the Gentiles*. Louisville, KY: Westminster/John Knox Press, 1993.

Bedford, P. R. "On Models and Texts: A Response to Blenkinsopp and

Petersen." Pages 154-162 in *Second Temple Studies I*. ed. P.R. Davies. Journal for the Study of the Old Testament Supplement Series 117. Sheffield: JSOT Press, 1991.

Bengtson, H. *The Greeks and the Persians from the Sixth to the Fourth Centuries*. The Weidenfeld and Nicolson Universal History 5. London: Weidenfeld & Nicolson, 1969.

Béranger, J. *Recherches sur l'aspect idéologique du principat*. Basel: F. Reinhardt, 1953.

Berger, P. L., and T. Luckmann. *The Social Construction of Reality: A Treatise in the Sociology of Knowledge*. Garden City, NY: Doubleday, 1966.

Berger, P. L., L. Woodhead, P. Heelas, and D. Martin. *Peter Berger and the Study of Religion*. London: Routledge, 2001.

Betz, H. D. *Galatians: A Commentary on Paul's Letter to the Churches in Galatia*. Hermeneia - A Critical and Historical Commentary on the Bible. Philadelphia: Fortress Press, 1979.

_____. *2 Corinthians 8 and 9: A Commentary on Two Administrative Letters of the Apostle Paul*. Hermeneia - A Critical and Historical Commentary on the Bible. Philadelphia: Fortress Press, 1985.

Billings, B. S. "From House Church to Tenement Church: Domestic Space and the Development of Early Urban Christianity-The Example of Ephesus." *Journal of Theological Studies* 62, no. 2 (2011): 541.

Binder, D. D. *Into the Temple Courts: The Place of the Synagogues in the Second Temple Period*. SBLDS 169. Atlanta: SBL, 1999.

Blackwell, C. W. "The Assembly." In *Dēmos: Classical Athenian Democracy*, ed. C.W. Blackwell. (A. Mahoney and R. Scaife, eds., *The Stoa: a consortium for electronic publication in the humanities* [www.stoa.org] edition of March 26, 2003).

_____. "Athenian Democracy: a brief overview." In *Dēmos: Classical*

Athenian Democracy, ed. C.W. Blackwell. (A. Mahoney and R. Scaife, eds., *The Stoa* [www.stoa.org]. edition of February 28, 2003).

Blenkinsopp, J. "Temple and Society in Achaemenid Judah." Pages 22-53 in *Second Temple Studies I*. ed. P.R. Davies. Journal for the Study of the Old Testament Supplement Series 117. Sheffield: JSOT Press, 1991.

_____. *Judaism, the First Phase: The Place of Ezra and Nehemiah in the Origins of Judaism*. Grand Rapids, MI: Eerdmans, 2009.

Blidstein, G. J. "Atimia: A Greek Parallel to Ezra X 8 and to Post-Biblical Exclusion from the Community." *Vetus Testamentum* 24, no. 3 (1974): 357-60.

Blue, B. B. "The House Church at Corinth and the Lord's Supper: Famine, Food Supply, and the Present Distress." *Criswell Theological Review* 5 (1991): 221-39.

_____. "Acts and the House Church." Pages 119-222 in *Book of Acts in Its First Century Setting. Vol 2*. eds. D. W. J. Gill. Grand Rapids, Carlisle, Eng: Eerdmans, Paternoster, 1994.

Bodel, J. P. *Epigraphic Evidence: Ancient History from Inscriptions*. Approaching the Ancient World. London: Routledge, 2001.

Borg, M. J. and J. D. Crossan. *The First Paul: Reclaiming the Radical Visionary Behind the Church's Conservative Icon*. New York: Harper One, 2009.

Bornkamm, G. *Paul*. New York: Harper & Row, 1971.

Boulet, B. "Is Numa the Genuine Philosopher King?" Pages 245-56 in *The Statesman in Plutarch's Works*. eds. L. de Blois et al. Leiden: E. J. Brill, 2004.

Bowie, E. L. "Greeks and Their Past in the Second Sophistic." *Past & Present*, no. 46 (1970): 3-41.

Bowra, C. M. *Greek Lyric Poetry from Alcman to Simonides*. Oxford:

Clarendon, 1961.

Bradley, K. R. *Slavery and Society at Rome*. Key Themes in Ancient History. Cambridge: Cambridge University Press, 1994.

Branick, V. P. *The House Church in the Writings of Paul*. Zacchaeus Studies New Testament. Wilmington, DE: M. Glazier, 1989.

Braulik, G. "Conservative Reform: Deuteronomy from the Perspective of the Sociology of Knowledge." *Old Testament Essays: Journal of the Old Testament Society of South Africa* 12, no. 1 (1999): 13-23.

Bremer, J. M. "Plutarch and the 'Liberation of Greece'." Pages 267-69 in *The Statesman in Plutarch's Works*. ed. Lukas de Blois. Leiden: E. J. Brill, 2004.

British Museum. Dept. of Coins and Medals, B. V. Head and R. S. Poole. *Catalogue of the Greek Coins of Ionia*. A Catalogue of the Greek Coins in the British Museum. Bologna: A. Forni, 1964.

Browning, R. "How Democratic was Ancient Athens." Pages 57-70 in *The Good Idea: Democracy and Ancient Greece*. ed. John A. Koumoulides. New Rochelle, NY: A.D. Caratzas, 1995.

Bullard, R. A. and H. Hatton. *A Handbook on the Shorter Books of the Deuterocanon*. UBS Handbook Series. New York: United Bible Societies, 2006.

Bultmann, R. *Theology of the New Testament*. 2 Volumes in 1 Book. Waco, TX: Baylor University Press, 2007.

Burtchaell, J. T. *From Synagogue to Church: Public Services and Offices in the Earliest Christian Communities*. Cambridge: Cambridge University Press, 1992.

Burton, G. P. "The Roman Imperial State (A.D. 14-235): Evidence and Reality." *Chiron* 32 (2002): 249-80.

_____. "The Imperial State and Its Impact on the Role and Status of Local Magistrates and Councillors in the Provinces of the Empire." Pages 202-

15 in *Administration, Prosopography and Appointment Policies in the Roman Empire: Proceedings of the First Workshop of the International Network Impact of Empire*. ed. L. de Blois. Amsterdam: J.C. Gieben, 2001.

———. "The Roman Imperial State, Provincial Governors and the Public Finances of Provincial Cities, 27 B.C.-A.D. 235." *Historia: Zeitschrift für alte Geschichte* 53, no. 3 (2004): 311-42.

Campbell, J. Y. "Κοινωνια and its Cognates in the New Testament." Pages 1-28 in *Three New Testament Studies*. Campbell. Leiden: E. J. Brill, 1965.

———. "The Origin and Meaning of the Christian Use of the Word Ekklesia." Pages 41-54 in *Three New Testament Studies*. Campbell. Leiden: E. J. Brill, 1965.

Campbell, R. A. *The Elders: Seniority within Earliest Christianity*. Studies of the New Testament and Its World. Edinburgh: T&T Clark, 1994.

Campbell, W. S. "Why Did Paul Write Romans?" *The Expository Times* 85, no. 9 (1974): 264-69.

Campenhausen, H. *Ecclesiastical Authority and Spiritual Power in the Church of the First Three Centuries*. London: Black, 1969.

Carcopino, J., H. T. Rowell, and E. O. Lorimer. *Daily Life in Ancient Rome: the People and the City at the Height of the Empire*. London: Routledge, 1941.

Cartledge, P. and A. J. S. Spawforth. *Hellenistic and Roman Sparta, a Tale of Two Cities*. States and Cities of Ancient Greece. London: Routledge, 1989.

Cerfaux, L. *The Church in the Theology of St. Paul*. Freiburg, West Germany: Herder, 1959.

Champion, C. B. *Cultural Politics in Polybius's Histories*. Hellenistic Culture and Society. Berkeley: University of California Press, 2004.

Charlesworth, J. H. *The Old Testament Pseudepigrapha*. Garden City, NY: Doubleday & Company, 1983.

Chow, J. K. *Patronage and Power: A Study of Social Networks in Corinth*.

Journal for the Study of the New Testament. Sheffield: JSOT Press, 1992.

Clarke, A. D. *Serve the Community of the Church: Christians as Leaders and Ministers*. First-Century Christians in the Graeco-Roman World. Grand Rapids, MI: Eerdmans, 2000.

_____. *A Pauline Theology of Church Leadership*. Library of New Testament Studies. London: T&T Clark, 2008.

Cline, B. and T. Thompson. "A Response to Steve Friesen's 'Nothing Succeeds Like Inequality'." Early Christian Studies Workshop. University of Chicago, 2006.

Collins, A. Y. *The Beginning of the Gospel: Probings of Mark in Context*. Minneapolis: Fortress Press, 1992.

Collins, J. J. and G. E. Sterling. *Hellenism in the Land of Israel*. Christianity and Judaism in Antiquity Series. Notre Dame, IN: University of Notre Dame, 2001.

Congrès international d'épigraphie grecque et latine. *XI Congresso internazionale di epigrafia greca e latina*: atti: Roma, 18-24 settembre 1997. Roma: Edizioni Quasar, 1999.

Conzelmann, H. *1 Corinthians: A Commentary on the First Epistle to the Corinthians*. Hermeneia - A Critical and Historical Commentary on the Bible. Philadelphia: Fortress Press, 1975.

Cotter, W. J. "Our Politeuma Is in Heaven: The Meaning of Philippians 3:17-21." Pages 92-104 in *Oringins and Method*. ed. B. H. MeLean. Sheffield: JSOT Press, 1993.

_____. "The Collegia and Roman Law - State Restrictions on Voluntary Associations, 64 BCE-200CE." Pages 74-89 in *Voluntary Associations in the Graeco-Roman World*. eds. S. G. Wilson and J. S. Kloppenborg, London: Routledge, 1996.

_____. "The Collegia and Roman Law: State Restrictions on Voluntary

Associations." Pages 74–89 in *Voluntary Associations in the Graeco-Roman World*. eds. S. G. Wilson J. S. Kloppenborg. London: Routledge, 1996.

Coutsoumpos, P. *Community, Conflict, and the Eucharist in Roman Corinth: The Social Setting of Paul's Letter*. Lanham, MD: University Press of America, 2006.

Cronin, T. E. *Direct Democracy: The Politics of Initiative, Referendum, and Recall*. Cambridge, MA: Harvard University Press, 1989.

Danker, F. W. *Benefactor: Epigraphic Study of a Graeco-Roman and New Testament Semantic Field*. St. Louis, MO: Clayton Pub. House, 1982.

Das, A. A. *Solving the Romans Debate*. Minneapolis: Fortress Press, 2007.

Davies, P. R. and J. M. Halligan. *Second Temple Studies*. Journal for the Study of the Old Testament Supplement Series. Vols 117, 175, 340. Sheffield: JSOT Press, 1991, 1994, 2002.

de Blois, L. *The Statesman in Plutarch's Works*. Mnemosyne, Bibliotheca Classica Batava. Leiden: E. J. Brill, 2004.

de Laix, R. A. *Probouleusis at Athens: A Study of Political Decision-Making*. University of California Publications in History. Berkeley: University of California Press, 1973.

de Vos, C. S. *Church and Community Conflicts: The Relationships of the Thessalonian, Corinthian, and Philippian Churches with Their Wider Civic Communities*. Society of Biblical Literature Dissertation Series 168. Atlanta, GA: Scholars, 1999.

Deissmann, A. *St. Paul: A Study in Social and Religious History*. tr. L. R. M. Strachan. London: Hodder and Stoughton, 1912.

deSilva, D. A. "'Worthy of His Kingdom': Honor Discourse and Social Engineering in 1 Thessalonians." *Journal for the Study of the New Testament*, no. 64 (1996): 49–79.

Dix, G. *The Shape of the Liturgy*. London: Dacre, 1945.

Dmitriev, S. *City Government in Hellenistic and Roman Asia Minor*. Oxford: Oxford University Press, 2005.

Donfried, K. P. *Paul, Thessalonica, and Early Christianity*. Grand Rapids, MI: Eerdmans, 2002.

Downs, D. J. *The Offering of the Gentiles: Paul's Collection for Jerusalem in Its Chronological, Cultural, and Cultic Contexts*. Wissenschaftliche Untersuchungen zum Neuen Testament II. 248. Tübingen: Mohr Siebeck, 2008.

_____. "Is God Paul's Patron?" Pages 129-56 in *Engaging Economics: New Testament Scenarios and Early Christian Reception*. ed. Bruce W. Longenecker. Grand Rapids, MI: Eerdmans, 2009.

Driver, S. R. *A Critical and Exegetical Commentary on Deuteronomy*. The International Critical Commentary. Edinburgh: T&T Clark, 1895.

Dungan, D. L. *The Sayings of Jesus in the Churches of Paul: The Use of the Synoptic Tradition in the Regulation of Early Church Life*. Philadelphia: Fortress Press, 1971.

Dunn, J. D. G. *The Theology of Paul the Apostle*. Grand Rapids, MI: Eerdmans, 1998.

_____. *Romans*. Daily Bible Commentary. Peabody, MA: Hendrickson, 2007.

_____. *Beginning from Jerusalem*. Christianity in the Making 2. Grand Rapids, MI: Eerdmans, 2009.

Dupont, F. *Daily Life in Ancient Rome*. Oxford: Blackwell, 1993.

Ehrenberg, V. and E. Badian. *Ancient Society and Institutions: Studies Presented to Victor Ehrenberg on His 75th Birthday*. Oxford: Blackwell, 1966.

Ellis, E. E. *Prophecy and Hermeneutic in Early Christianity: New Testament Essays*. Wissenschaftliche Untersuchungen zum Neuen Testament 18.

Tübingen: Mohr Siebeck, 1978.

Engberg-Pedersen, T. *Paul Beyond the Judaism/Hellenism Divide*. Louisville, KY: Westminster/John Knox, 2001.

Engels, D. W. *Roman Corinth: An Alternative Model for the Classical City*. Chicago: University of Chicago, 1990.

Evans, N. A. "Did Slaves Ever Recline at Meals?": paper presented to the Meals in the Greco-Roman World Seminar. SBL annual meeting, 2008.

Fee, G. D. *Paul's Letter to the Philippians*. The New International Commentary on the New Testament. Grand Rapids, MI: Eerdmans, 1995.

Feldman, L. H. "Hengel's Judaism and Hellenism in Retrospect." *Journal of Biblical Literature* 96, no. 3 (1977): 371-82.

_____. *Judaism and Hellenism Reconsidered*. Supplements to the Journal for the Study of Judaism 107. Leiden: E. J. Brill, 2006.

_____. "The Importance of Jerusalem as Viewed." Pages 661-77 in *Judaism and Hellenism Reconsidered*, ed. L. Feldman. Leiden: E. J. Brill, 2010.

Filson, F. V. "The Significance of the Early House Churches." *Journal of Biblical Literature* 58, no. 2 (1939): 105-12.

Fiorenza, E. S. *In Memory of Her: A Feminist Theological Reconstruction of Christian Origins*. New York: Crossroad, 1983.

Fisher, N. R. E. *Hybris: A Study in the Values of Honour and Shame in Ancient Greece*. Warminster, UK: Aris & Phillips, 1992.

Fitzmyer, J. A. "The Designations of Christians in Acts and Their Significance." Pages 223-36 in *Unité et diversité dans l'Eglise*. Vatican City: Libreria Editrice Vaticana, 1989.

_____. *Romans: A New Translation with Introduction and Commentary*. The Anchor Bible. New York: Doubleday, 1993.

_____. *First Corinthians: A New Translation with Introduction and Commentary*. The Anchor Yale Bible. New Haven; London: Yale

University Press, 2008.

Frede, D. "Citizenship in Aristotle's Politics." Pages 167-84 in *Aristotle's Politics*. eds. R. Kraut & S. Skultety. Lanham: Rowman & Littlefield, 2005.

Frier, B. W. *Landlords and Tenants in Imperial Rome*. Princeton, NJ: Princeton University Press, 1980.

Friesen, S. J. *Twice Neokoros: Ephesus, Asia, and the Cult of the Flavian Imperial Family*. Religions in the Graeco-Roman World. Leiden: E. J. Brill, 1993.

_____. "Poverty in Pauline Studies: Beyond the So-Called New Consensus." *Journal for the Study of the New Testament* 26, no. 3 (2004): 323-61.

_____. "The Wrong Erastus: Ideology, Archaeology, and Exegesis." Pages 231-56 in *Corinth in Context*. eds. S. J. Friesen, D. N. Schowalter and J. C. Walters. Leiden: E. J. Brill, 2010.

Frey, J., D. R. Schwartz, and S. Gripentrog. *Jewish Identity in the Greco-Roman World (Jüdische Identität in der Griechisch-Römischen Welt)*. Ancient Judaism and Early Christianity. Leiden: E. J. Brill, 2007.

Fuchs, E. *Hermeneutik*. Tübingen: Mohr Siebeck, 1970.

Fuks, A. "The Bellum Achaicum and Its Social Aspect." *The Journal of Hellenic Studies* 90 (1970): 78-89.

Fung, R. Y. K. *The Epistle to the Galatians*. The New International Commentary on the New Testament. Grand Rapids, MI: Eerdmans, 1988.

Garnsey, P. *Famine and Food Supply in the Graeco-Roman World: Responses to Risk and Crisis*. Cambridge: Cambridge University Press, 1988.

_____. *Non-Slave Labour in the Greco-Roman World*. Supplementary Volume / Cambridge Philological Society. Cambridge: Cambridge Philological Society, 1980.

Garnsey, P. and R. P. Saller. *The Roman Empire: Economy, Society, and Culture*. Berkeley: University of California Press, 1987.

Gehring, R. W. *House Church and Mission: The Importance of Household Structures in Early Christianity*. Peabody, MA: Hendrickson, 2004.

Gielen, M. "Zur Interpretation der paulinischen Formel Hē Kat' Oikon Ekklēsia." *Zeitschrift für die neutestamentliche Wissenschaft und die Kunde der älteren Kirche* 77, no. 1-2 (1986): 109-25.

Gill, D. W. J. "In Search of the Social Elite in the Corinthian Church." *Tyndale Bulletin* 44, no. 2 (1993): 323-37.

Goguel, M. *The Primitive Church*. New York: Macmillan, 1964.

Goldhill, S. *Being Greek under Rome: Cultural Identity, the Second Sophistic and the Development of Empire*. Cambridge: Cambridge University Press, 2001.

Goldstein, J. A. *I Maccabees: A New Translation, with Introduction and Commentary*. The Anchor Bible. Garden City, NY: Doubleday, 1976.

Goodblatt, D. M. *The Monarchic Principle: Studies in Jewish Self-Government in Antiquity*. Texte und Studien zum antiken Judentum. Tübingen: Mohr Siebeck, 1994.

Goodrich, J. K. "Erastus of Corinth (Romans 16.23): Responding to Recent Proposals on His Rank, Status, and Faith." *New Testament Studies* 57, no. 04 (2011): 583-93.

Goodspeed, E. J. "Gaius Titius Justus." *Journal of Biblical Literature* 69, no. 4 (1950): 382-83.

Grabbe, L. L. "The Jews and Hellenization: Hengel and His Critics." Pages 52-73 *Second Temple Studies III*. eds. Philip R. Davies and John M. Halligan. Journal for the Study of the Old Testament Supplement Series 340. Sheffield: JSOT Press, 2002

Grant, M. *Greek and Latin Authors, 800 B.C.-A.D. 1000*. Wilson Authors Series. New York: Wilson, 1980.

Grabbe, L. L. *A History of the Jews and Judaism in the Second Temple Period*.

Vols. I and II in the Four-volume Project. Library of Second Temple Studies (London; New York: T&T Clark International, 2004).

Greeven, Heinrich. "Propheten, Lehrer, Vorsteher bei Paulus: Zur Frage der 'Ämter' im Urchristentum." *Zeitschrift für die Neutestamentliche Wissenschaft und die Kunde der älteren Kirche* 44, no. 1-2 (1953): 1-43.

Griffith, G. T. "Isegoria in the Assembly at Athens." Pages 115-38 in *Ancient Society and Institutions, Studies Presented to V. Ehrenberg on His 75th Birthday*. ed. E Badian. Oxford: Blackwell, 1966.

Gruen, E. S. "The Origins of the Achaean War." *The Journal of Hellenic Studies* 96 (1976): 46-69.

_____. *Hellenistic World and the Coming of Rome*. 2 vols. Berkeley: University of California Press, 1984.

Hainz, J. *Ekklesia: Strukturen paulinischer Gemeinde-Theologie und Gemeinde-Ordnung*. Regensburg: F. Pustet, 1972.

Hansen, M. H. *The Sovereignty of the People's Court in Athens in the Fourth Century B.C. And the Impeachment of Generals and Politicians*. Odense University Classical Studies. Odense: Odense University Press, 1975.

_____. "Eisangelia in Athens: A Reply." *The Journal of Hellenic Studies* 100 (1980): 89-95.

_____. "The Number of 'Rhetores' in the Athenian 'Ecclesia' 355-322 B.C." *Greek, Roman and Byzantine Studies* 25, no. 2 (1984): 123-56.

_____. *The Athenian Assembly in the Age of Demosthenes*. Blackwell's Classical Studies. Oxford: Blackwell, 1987.

_____. *The Athenian Democracy in the Age of Demosthenes: Structure, Principles, and Ideology*. Blackwell's Classical Studies. Oxford: Blackwell, 1991.

Harland, P. *Associations, Synagogues, and Congregations: Claiming a Place in Ancient Mediterranean Society*. Minneapolis: Fortress Press, 2003.

Harnack, A. v. *The Mission and Expansion of Christianity in the First Three Centuries*. tr. James Moffatt. New York: Harper, 1962.

Harrill, J. A. *The Manumission of Slaves in Early Christianity*. Hermeneutische Untersuchungen zur Theologie 32. Tübingen: Mohr Siebeck, 1995.

Harris, M. J. *The Second Epistle to the Corinthians: A Commentary on the Greek Text*. Grand Rapids, MI: Eerdmans, 2005.

Harris, W. V. *Rome's Imperial Economy*. Oxford: Oxford University Press, 2011.

Hatch, E. *The Organization of the Early Christian Churches: Eight Lectures Delivered before the University of Oxford*. London: Rivingtons, 1881.

Hays, R. B. *First Corinthians*, Interpretation - a Bible Commentary for Teaching and Preaching. Louisville, KY: John Knox, 1997.

Heltzer, M. "The Story of Susanna and the Self-Government of the Jewish Community in Achaemenid Babylonia." Pages 25-30 in *The Province Judah and Jews in Persian Times*. ed. Michael Heltzer. Tel Aviv: Archaeological Center Publications, 2008.

_____. *The Province Judah and Jews in Persian Times: Some Connected Questions of the Persian Empire*. Tel Aviv: Archaeological Center Publications, 2008.

Hengel, M. *Jews, Greeks, and Barbarians: Aspects of the Hellenization of Judaism in the Pre-Christian Period*. Philadelphia: Fortress Press, 1980.

_____. *Judaism and Hellenism: Studies in Their Encounter in Palestine During the Early Hellenistic Period*. 2 vols. Philadelphia: Fortress Press, 1974.

Henten, J. W. van. "The Honorary Decree for Simon the Maccabee (1 Macc 14:25-49) in Its Hellenistic Context." Pages 116-45 in *Hellenism in the Land of Israel*. eds. G. E. Sterling and J. J. S. Collins. Notre Dame, IN: University of Notre Dame, 2001.

Highet, G. *Juvenal the Satirist: A Study*. Oxford: Clarendon, 1961.

Hock, R. F. *The Social Context of Paul's Ministry: Tentmaking and Apostleship*. Philadelphia: Fortress Press, 1980.

Hoenig, S. B. *The Great Sanhedrin: A Study of the Origin, Development, Composition, and Functions of the Bet Din Ha-Gadol During the Second Jewish Commonwealth*. Dropsie College for Hebrew and Cognate Learning. New York: Bloch, 1953.

Holl, K. "Der Kirchenbegriff des Paulus in seinem Verhältnis zu dem der Urgemeinde." Pages 44-67 in idem, *Gesammelte Aufsätze zur Kirchengeschichte*. Tübingen: Mohr Siebeck, 1928.

Holleaux, M. and L. Robert. *Études d'épigraphie et d'histoire grecques*. Paris: E. de Boccard, 1938.

Holmberg, B. *Paul and Power: The Structure of Authority in the Primitive Church as Reflected in the Pauline Epistles*. Philadelphia: Fortress, 1980.

Horrell, D. G. "A New Temple for Corinth: Rhetorical and Archaeological Approaches to Pauline Imagery." *Journal of Theological Studies* 50, no. 2 (1999): 708-11.

_____. "Berger and New Testament Studies." Pages 142-53 in *Peter Berger and the Study of Religion*. ed. L. Woodhead. London: Routledge, 2001.

_____. "From Adelpoi to Oikos Theou: Social Transformation in Pauline Christianity." *Journal of Biblical Literature* 120, no. 2 (2001): 293-311.

_____. "Domestic Space and Christian Meetings at Corinth: Imagining New Contexts and the Buildings East of the Theatre." *New Testament Studies* 50, no. 3 (2004): 349-69.

Horsley, R. A. and K. Stendahl. eds. *Paul and Politics: Ekklesia, Israel, Imperium, Interpretation: Essays in Honor of Krister Stendahl*. Harrisburg, PA: Trinity Press, 2004.

Jeremias, J. *The Eucharistic Words of Jesus*. New York: Scribner, 1966.

Jervell, J. "The Letter to Jerusalem." Pages 61-74 in *The Romans Debate*. ed. Karl P. Donfried. Minneapolis: Augsburg, 1977.

Jewett, R. "Tenement Churches and Communal Meals in the Early Church: The Implications of a Form-Critical Analysis of 2 Thessalonians 3:10." *Biblical Research* 38 (1993): 23-43.

_____. *Paul the Apostle to America: Cultural Trends and Pauline Scholarship*. Louisville, KY: Westminster/John Knox, 1994.

_____. "Paul, Shame, and Honor." Pages 551-74 in *Paul in the Greco-Roman World*, ed. J. P. Sampley. Harrisburg, PA: Trinity Press International, 2003.

_____. *The Thessalonian Correspondence: Pauline Rhetoric and Millenarian Piety*, Foundations & Facets. New Testament. Philadelphia: Fortress, 1986.

Jewett, R., R. D. Kotansky and E. J. Epp. *Romans: A Commentary*. Hermeneia - A Critical and Historical Commentary on the Bible. Minneapolis: Fortress, 2007.

Jobes, K. H. and M. Silva. *Invitation to the Septuagint*. Grand Rapids, MI: Baker Academic, 2000.

Jones, A. H. M. *The Greek City from Alexander to Justinian*. Oxford: Clarendon, 1940.

_____. "The Athenian Democracy and Its Critics." *Cambridge Historical Journal* 11, no. 1 (1953): 1-26.

_____. "The Greeks under the Roman Empire." *Dumbarton Oaks Papers* 17 (1963): 1-19.

Jones, C. P. *Plutarch and Rome*. Oxford: Clarendon, 1971.

_____. *The Roman World of Dio Chrysostom*. Loeb Classical Monographs. Cambridge, MA: Harvard University Press, 1978.

Judge, E. A. *The Social Pattern of the Christian Groups in the First Century: Some Prolegomena to the Study of New Testament Ideas of Social Obligation*. London: Tyndale, 1960.

Käsemann, E. "Paul and Early Catholicism." Pages 236-51 in *New Testament Questions Today*. ed. E. Käsemann. Philadelphia: Fortress Press, 1967.

_____. "Anliegen und Eigenart der paulischen Abendmahlslehre." Pages 11-35 in *Exegetische Versuche und Besinnungen*. Göttingen: Vandenhoeck & Ruprecht, 1970.

_____. *Commentary on Romans*. tr. G. W. Bromiley. Grand Rapids, MI: Eerdmans, 1980.

Keck, L. E. *Romans*. Abingdon New Testament Commentaries. Nashville: Abingdon, 2005.

Kennard, J. S. "The Jewish Provincial Assembly." *Zeitschrift für die Neutestamentliche Wissenschaft und Kunde der Älteren Kirche* 53, no. 1-2 (1962): 25-51.

Kidd, R. M. *Wealth and Beneficience in the Pastoral Epistles: An Inquiry into a "Bourgeois" Form of Early Christianity*. SBLDS 122. Atlanta, GA: Society of Biblical Literature, 1990.

Klauck, H.-J. *Hausgemeinde und Hauskirche im frühen Christentum*. Stuttgarter Bibelstudien. Stuttgart: Verlag Katholisches Bibelwerk, 1981.

_____. *Herrenmahl und hellenistischer Kult: Eine religionsgeschichtliche Untersuchung zum ersten Korintherbrief*. Neutestamentliche Abhandlungen. NF 15. Münster: Aschen-dorff, 1982.

_____. "Gütergemeinschaft in der klassischen Antike, in Qumran und im Neuen Testament." *Revue de Qumran* 11, no. 1 (1982): 47-79.

_____. "Die heilige Stadt. Jerusalem bei Philo und Lukas." *Kairos* 28 (1986): 129-36.

_____. *Alte Welt und neuer Glaube: Beiträge zur Religionsgeschichte, Forschungsgeschichte und Theologie des Neuen Testaments*. Novum Testamentum Et Orbis Antiquus 29. Freiburg, Schweiz; Göttingen: Universitätsverlag; Vandenhoeck & Ruprecht, 1994.

_____. *The Religious Context of Early Christianity: A Guide to Graeco-Roman Religions*. Studies of the New Testament and Its World. Edinburgh: T&T Clark, 2000.

Klein, G. "Paul's Purpose in Writing the Epistle to the Romans." Pages 32-49 in *Romans Debate*. ed. Karl P. Donfried. Minneapolis: Augsburg, 1977.

Klinghardt, M. "A Typology of the Community Meal." In *Meals in the Greco-Roman World Consultation*: AAR/SBL Meeting, 2003.

Kloppenborg, J. S. "Edwin Hatch, Churches and Collegia." Pages 212-38 in *Origins and Method: Towards a New Understanding of Judaism and Christianity: Essays in Honour of John C. Hurd*. ed. Bradley H. McLean, Journal for the Study of the New Testament Supplement Series 86, Sheffield, UK: JSOT Press, 1993.

_____. "Collegia and Thiasoi: Issues in Function, Taxonomy and Membership." Pages 16-30 in *Voluntary Associations in the Graeco-Roman World*. eds. J. S. Kloppenborg and S. G. Wilson. London: Routledge, 1996.

_____. "Greco-Roman Thiasoi, the Ekklēsia at Corinth, and Conflict Management," Pages 187-218 in *Redescribing Paul and the Corinthians*. eds. Merrill P. Miller and Ron Cameron. Atlanta: Society of Biblical Literature, 2011.

Kloppenborg, J. S., S. G. Wilson, and Canadian Society of Biblical Studies. *Voluntary Associations in the Graeco-Roman World*. London: Routledge, 1996.

Kloppenborg, J. S. and R. S. Ascough. *Greco-Roman Associations: Texts, Translations, and Commentary: Attica, Central Greece, Macedonia, Thrace*. Beihefte zur Zeitschrift für die neutestamentliche Wissenschaft und die Kunde der älteren Kirche. Berlin; New York: De Gruyter, 2011.

Knox, J., W. R. Farmer, C. F. D. Moule, and R. R. Niebuhr. *Christian History* and Interpretation: Studies Presented to John Knox. Cambridge: Cambridge University Press, 1967.

Koester, H. "One Thessalonians: Experiment in Christian Writing." Pages 31-44 in *Continuity and Discontinuity in Church History*. Leiden: E. J. Brill, 1979.

_____. *Ephesos Metropolis of Asia: An Interdisciplinary Approach to Its Archaeology, Religion, and Culture*. Harvard Theological Studies 41. Valley Forge, PA: Trinity Press International, 1995.

Koumoulides, J. T. A. *The Good Idea: Democracy and Ancient Greece: Essays in Celebration of the 2500th Anniversary of its Birth in Athens*. New York: New Rochelle, 1995.

Krautheimer, R. and S. Ćurčić. *Early Christian and Byzantine Architecture*. Harmonds-worth, Middlesex, Eng.: Penguin, 1986.

Krentz, E. "The Honorary Decree for Simon the Maccabee." Pages 146-53 in *Hellenism in the Land of Israel*. eds. E. Gregory Sterling and J. J. S. Collins. Notre Dame, IN: University of Notre Dame. 2001.

Lampe, P. *Die stadtrömischen Christen in den ersten beiden Jahrhunderten: Unter-suchungen zur Sozialgeschichte*. Wissenschaftliche Untersuchungen zum Neuen Testament II. 18. Tübingen: Mohr Siebeck, 1987.

_____. "The Eucharist: Identifying with Christ on the Cross." *Interpretation* 48, no. 1 (1994): 36-49.

Lampe, P. and M. D. Johnson. *From Paul to Valentinus: Christians at Rome in the First Two Centuries*. Minneapolis: Fortress Press, 2003.

Lanci, J. R. *A New Temple for Corinth: Rhetorical and Archaeological Approaches to Pauline Imagery*. Studies in Biblical Literature 1. New York: Peter Lang, 1997.

Larsen, J. A. O. *Representative Government in Greek and Roman History*. Berkeley: University of California Press, 1976.

_____. *Greek Federal States: Their Institutions and History*. Oxford: Clarendon, 1968.

Laurence, R. *Roman Pompeii: Space and Society*. London: Routledge, 1994.

Lendon, J. E. *Empire of Honour: The Art of Government in the Roman World*. Oxford: Clarendon, 1997.

Leonhardt-Balzer, J. *Jewish Worship in Philo of Alexandria*. Texts and Studies in Ancient Judaism. Tübingen: Mohr Siebeck, 2001.

_____. "Jewish Worship and Universal Identity in Philo of Alexandria." Pages 29-53 in *Jewish Identity in the Greco-Roman World*. eds. J. Frey, D. R. Schwartz and Stephanie Gripentrog. Leiden: E. J. Brill, 2007.

Levine, L. I. "Review: The Monarchic Principle." *The Jewish Quarterly Review* 88, no. 3/4 (1998): 317-24.

_____. *Judaism and Hellenism in Antiquity: Conflict or Confluence?*. Peabody, MA: Hend-rickson, 1998.

_____. *Jerusalem: Its Sanctity and Centrality to Judaism, Christianity, and Islam*. New York: Continuum, 1999.

Lewis, J. D. "Isegoria at Athens: When Did It Begin?" *Historia: Zeitschrift für alte Geschichte* 20, no. 2/3 (1971): 129-40.

Lietzmann, H. "Zur altchristlichen Verfassungsgeschichte." *Zeitschrift für wissenschaftliche Theologie* 55 (1914): 97-153.

_____. *An die Korinther I-II*. Handbuch Zum Neuen Testament 9. Tübingen: Mohr Siebeck, 1931.

_____. *Mass and Lord's Supper: a Study in the History of the Liturgy*. Leiden: E.J. Brill. 1979.

Linton, G. "House Church Meetings in the New Testament Era." *Stone-Campbell Journal* 8, no. 2 (2005): 229-44.

Lintott, A. "What Was the 'Imperium Romanum'?" *Greece & Rome* 28, no. 1 (1981): 53-67.

Lohmeyer, E. *Die Briefe an die Philipper, an die Kolosser und an Philemon*. Kritisch-exegetischer Kommentar über das Neue Testament. Göttingen: Vandenhoeck & Ruprecht, 1930.

Longenecker, B. W. *Remember the Poor: Paul, Poverty, and the Greco-Roman World*. Cambridge, U.K.; Grand Rapids, MI: Eerdmans, 2010.

Lotz, J. P. "The Homonoia Coins of Asia Minor and Ephesians 1:21." *Tyndale Bulletin* 50, no. 2 (1999): 173-88.

MacDonald, D. R. *The Legend and the Apostle: The Battle for Paul in Story and Canon*. Philadelphia: Westminister, 1983.

MacMullen, R. "Judicial Savagery in the Roman Empire." *Chiron* (1986): 141-66.

_____. *Enemies of the Roman Order: Treason, Unrest, and Alienation in the Empire*. London: Routledge, 1992.

_____. *Romanization in the Time of Augustus*. New Haven, CT: Yale University Press, 2000.

Magie, D. *Roman Rule in Asia Minor, to the End of the Third Century after Christ*. Princeton, NJ: Princeton University Press, 1950.

Malherbe, A. J. *Social Aspects of Early Christianity*. Philadelphia: Fortress Press, 1983.

_____. *The Letters to the Thessalonians: A New Translation with Introduction and Commentary*. The Anchor Bible. New York: Doubleday, 2000.

Mantel, H. *Studies in the History of the Sanhedrin*. Harvard Semitic Series. Cambridge, MA: Harvard University Press, 1961.

Marshall, I. H. "New Wine in Old Wine Skins V. Biblical Use of the Word Ekklēsia." *Expository Time*, no. 84 (1972-73): 359-64.

_____. *1 and 2 Thessalonians: Based on the Revised Standard Version*. New Century Bible Commentary. Grand Rapids, MI: Eerdmans, 1983.

Marshall, P. *Enmity in Corinth: Social Conventions in Paul's Relations with the Corinthians*. Wissenschaftliche Untersuchungen zum Neuen Testament II. 23. Tübingen: Mohr Siebeck, 1987.

Martin, R. *Understanding Local Autonomy in Judaea between 6 and 66 CE*. Lewiston, NY: Edwin Mellen Press, 2006.

Mason, H. J. *Greek Terms for Roman Institutions: A Lexicon and Analysis*. American Studies in Papyrology. Toronto: Hakkert, 1974.

Mason, S. "Philosophiai: Graeco-Roman, Judean and Christian." Pages 31-58 in *Voluntary Associations in the Graeco-Roman World*. eds. S. G. Wilson and J. S. Kloppenborg, London: Routledge, 1996.

Mayes, A. D. H. "On Describing the Purpose of Deuteronomy." *Journal for the Study of the Old Testament*, no. 58 (1993): 13-33.

McBride, S. D., J. T. Strong and S. S. Tuell. *Constituting the Community: Studies on the Polity of Ancient Israel in Honor of S. Dean Mcbride Jr*. Winona Lake, IN: Eisenbrauns, 2005.

McLaren, J. S. *Power and Politics in Palestine: The Jews and the Governing of Their Land, 100 BC-AD 70*. Journal for the Study of the New Testament Supplement Series 63. Sheffield: JSOT Press, 1991.

McLean, B. H. *Origins and Method: Towards a New Understanding of Judaism and Christianity: Essays in Honour of John C. Hurd*. Journal for the Study of the New Testament Supplement Series 86. Sheffield: JSOT Press, 1993.

McRae, R. M. "Eating with Honor: The Corinthian Lord's Supper in Light of Voluntary Association Meal Practices." *Journal of Biblical Literature* 130, no. 1 (2011): 165-81.

Meeks, W. "The Man from Heaven in Johannine Sectarianism." *Journal of Biblical Literature* 91, no. 1 (1972): 44-72.

_____. "Corinthian Christians as Artificial Aliens." Pages 129-38 in *Paul Beyond the Judaism/Hellenism Divide*. ed. Troels Engberg-Pedersen.

Louisville: Westminster /John Knox, 2001.

_____. *The First Urban Christians: The Social World of the Apostle Paul*. New Haven: Yale University Press, 1983.

_____. *The Moral World of the First Christians*. Library of Early Christianity. Philadelphia: Westminster, 1986.

Meggitt, J. J. *Paul, Poverty and Survival*. Studies of the New Testament and Its World. Edinburgh: T&T Clark, 1998.

Meiggs, R. *Roman Ostia*. Oxford: Clarendon, 1973.

Merklein, H. "Die Ekklesia Gottes: Der Kirchenbegriff bei Paulus und in Jerusalem." *Biblische Zeitschrift* 23, no. 1 (1979). 48-70.

Mill, J. S. *On Representative Government*. World's Classics (1859). Oxford: Oxford University Press, 1991.

Milgrom, J. "Priestly Terminology and the Political and Social Structure of Pre-Monarchic." *The Jewish Quarterly Review*. New Series 69, No. 2 (Oct., 1978), 65-81.

Miller, F. D. "Aristotle on the Ideal Constitution." Pages 540-54 in *A Companion to Aristotle*. ed. G. Anagnostopoulos. Chichester, U.K.: Wiley-Blackwell, 2009.

Miller, J. C. *The Obedience of Faith, the Eschatological People of God, and the Purpose of Romans*. SBLDS 177. Atlanta, GA: Society of Biblical Literature, 2000.

Miller, P. D. "Constitution of Instruction? The Purpose of Deuteronomy." Pages 125-44 in *Constituting the Community: Studies on the Polity of Ancient Israel in Honor of S. Dean Mcbride, Jr.* eds. J. T. Strong, S. D. McBride and S. S. Tuell. Winona Lake, IN: Eisenbrauns, 2005.

Millett, P. "Patronage and Its Avoidance in Classical Athens." Pages 15-47 in *Patronage in Ancient Society*. ed. Andrew Wallace-Hadrill. London: Routledge, 1989.

Minear, P. S. *Images of the Church in the New Testament*. Philadelphia: Westminster Press, 1960.

Mitchell, M. M. *Paul and the Rhetoric of Reconciliation: An Exegetical Investigation of the Language and Composition of 1 Corinthians*. Hermeneutische Untersuchungen zur Theologie 28. Tübingen: Mohr Siebeck, 1991.

_____. "New Testament Envoys in the Context of Greco-Roman Diplomatic and Epistolary Conventions: The Example of Timothy and Titus." *Journal of Biblical Literature* 111, no. 4 (1992): 641-62.

_____. *The Heavenly Trumpet: John Chrysostom and the Art of Pauline Interpretation*. Louisville, KY: Westminster John Knox Press. 2002.

Mitchell, S. *Anatolia: Land, Men, and Gods in Asia Minor*. Oxford: Clarendon, 1993.

_____. "Review: Festivals, Games, and Civic Life in Roman Asia Minor." *The Journal of Roman Studies* 80 (1990): 183-93.

Mommsen, T. and W. P. Dickson. *The History of Rome*. New York: Scribner, Armstrong, 1873.

Moore, C. A. *Esther*. The Anchor Bible. Garden City, NY: Doubleday, 1971.

Moulton, J. H. and G. Milligan. *The Vocabulary of the Greek Testament: Illustrated from the Papyri and Other Non-Literary Sources*. Grand Rapids, MI: Eerdmans, 1963.

Mullins, T. Y. "Greeting as a New Testament Form." *Journal of Biblical Literature* 87, no. 4 (1968): 418-26.

Murphy-O'Connor, J. *St. Paul's Corinth: Texts and Archaeology*. Good News Studies. Wilmington, DE: Michael Glazier, 1983.

Murray, O. "Liberty and the Ancient Greeks." Pages 35-55 in *The Good Idea: Democracy and Ancient Greece: Essays in Celebration of the 2500th Anniversary of Its Birth in Athens*. ed. J. T. A. Koumoulides, 1995.

Nagle, D. B. *The Household as the Foundation of Aristotle's Polis*. Cambridge: Cambridge University Press, 2006.

Oakes, P. *Philippians: From People to Letter*. Society for New Testament Studies Monograph Series. Cambridge. New York: Cambridge University Press, 2001.

_____. *Reading Romans in Pompeii: Paul's Letter at Ground Level*. Minneapolis: Fortress Press; SPCK, 2009.

Oates, J. F. *Checklist of Editions of Greek, Latin, Demotic, and Coptic Papyri, Ostraca, and Tablets*. 5th ed. Bulletin of the American Society of Papyrologists Supplements. Oakville, CT: American Society of Papyrologists, 2001.

Ober, J. *Mass and Elite in Democratic Athens: Rhetoric, Ideology and the Power of the People*. Princeton, NJ: Princeton University Press, 1989.

Økland, J. *Women in Their Place: Paul and the Corinthian Discourse of Gender and Sanctuary Space*. Journal for the Study of the New Testament Supplement Series 269. London; New York: T&T Clark International, 2004.

Olson, D. T. *Deuteronomy and the Death of Moses: A Theological Reading*. Overtures to Biblical Theology. Minneapolis: Fortress Press, 1994.

Osiek, C. and D. L. Balch. *Families in the New Testament World: Households and House Churches*. The Family, Religion, and Culture. Louisville, KY: Westminster John Knox Press, 1997.

Ostwald, M. *Autonomia, Its Genesis and Early History*. American Classical Studies. Chico, CA: Scholars Press, 1982.

Packer, J. E. "Housing and Population in Imperial Ostia and Rome." *JRS* 57 (1967): 80-95.

_____. *The Insulae of Imperial Ostia*. Memoirs of the American Academy in Rome 31. Rome: American Academy in Rome, 1971.

Pearce, S. "Jerusalem as Mother City in the Writings of Philo of Alexandria." Pages 19-36 in *Negotiating Diaspora: Jewish Strategies in the Roman Empire*, ed. J. M. G. Barclay. London: T&T Clark, 2004.

Pelling, C. B. R. "Plutarch and Roman Politics." Pages 159-87 in *Past Perspectives: Studies in Greek and Roman Historical Writing*, eds. I. S. Moxon et al. Cambridge, Eng.: Cambridge University Press, 1986.

Perrin, N., D. C. Duling and R. L. Ferm. *The New Testament, an Introduction: Proclamation and Parenesis, Myth and History*. 2nd ed. New York: Harcourt Brace Jovanovich, 1982.

Pervo, R. I. *Profit with Delight: The Literary Genre of the Acts of the Apostles*. Philadelphia: Fortress Press, 1987.

Petersen, N. R. *Rediscovering Paul: Philemon and the Sociology of Paul's Narrative World*. Philadelphia: Fortress Press, 1985.

Poland, F. *Geschichte des griechischen Vereinswesens*. Leipzig: B. G. Teubner, 1909.

Polin, R. *Plato and Aristotle on Constitutionalism: An Exposition and Reference Source*, Avebury Series in Philosophy. Aldershot, Eng.: Ashgate, 1998.

Preisigke, F. *Wörterbuch der griechischen Papyrusurkunden*. Berlin: Frl. Grete Preisigke, 1925.

Quass, F. "Zur Verfassung der griechischen Städte im Hellenismus." *Chiron* 9 (1979), 37-52.

Rad, G. von. *Old Testament Theology*. 2 vols. New York: Harper, 1962.

Rahe, P. A. "The Primacy of Politics in Classical Greece." *The American Historical Review* 89, no. 2 (1984): pp. 265-93.

Ramsay, W. M. and M. W. Wilson. *The Letters to the Seven Churches*. Peabody, MA: Hendrickson, 1994.

Rawson, B. *A Companion to Families in the Greek and Roman Worlds*.

Blackwell Companions to the Ancient World. Literature and Culture. Chichester, U.K.: Wiley-Blackwell, 2011.

Reichert, A. *Der Römerbrief als Gratwanderung: eine Untersuchung zur Abfas-sungsproblematik.* Forschungen zur Religion und Literatur des Alten und Neuen Testaments 194. Göttingen: Vandenhoeck & Ruprecht, 2001.

Reicke, B. *The New Testament Era: The World of the Bible from 500 B.C. To A.D. 100.* London: Black, 1969.

Reumann, J. H. P. "Contributions of the Philippian Community to Paul and to Earliest Christianity." *New Testament Studies* 39, no. 3 (1993): 438-57.

_____. "Church Office in Paul, Especially in Philippians." Pages 82-91 in *Origins and Method.* ed. B. H. McLean. Sheffield: JSOT Press, 1993.

_____. *Philippians: A New Translation with Introduction and Commentary.* The Anchor Yale Bible. New Haven: Yale University Press, 2008.

Rhodes, P. J. *The Athenian Boule.* Oxford: Clarendon, 1985.

Richardson, P. "Architectural Transitions from Synagogues and House Churches to Purpose-Built Churches." Pages 373-89 in *Common Life in the Early Church.* eds. G. F. Snyder, J. V. Hills and R. B. Gardner. Harrisburg, PA: Trinity, 1998.

Robert, L. *Hellenica. Recueil d'épigraphie de numismatique et d'antiquitiés Grecques.* Amsterdam: A. M. Hakkert, 1972.

Rogers, G. M. "The Assembly of Imperial Ephesos." *Zeitschrift für Papyrologie und Epigraphik* 94 (1992): 224-28.

_____. "Demosthenes of Oenoanda and Models of Euergetism." *The Journal of Roman Studies* 81 (1991): 91-100.

_____. *The Sacred Identity of Ephesos: Foundation Myths of a Roman City.* London: Routledge, 1991.

Rost, L. *Die Vorstufen von Kirche und Synagoge im Alten Testament: Eine wortge-schlichtliche Untersuchung*. Darmstadt: Wissenschaftliche Buchgesellschaft, 1967.

Russell, R. "The Idle in 2 Thess 3.6-12: An Eschatological or a Social Problem?" *New Testament Studies* 34, no. 1 (1988): 105-19.

Said, S. "Plutarch and the People in the Parallel Lives." Pages 7-26 in *The Statesman in Plutarch's Works*. eds. L. de Blois et al. Leiden: E. J. Brill, 2004.

Sakellariou, M. V. *Macedonia, 4000 Years of Greek History and Civilization*. Greek Lands in History. Athens, Greece: Ekdotike Athenon, 1983.

_____. *The Polis-State: Definition and Origin*. Meletēmata 4. Athens; Paris: Research Centre for Greek and Roman Antiquity, National Hellenic Research Foundation; Diffusion de Boccard, 1989.

Saller, R. P. "The Family and Society." Pages 95-117 in *Epigraphic Evidence: Ancient History from Inscriptions*. ed. John P. Bodel. London: Routledge, 2001.

_____. *Patriarchy, Property, and Death in the Roman Family*. Cambridge Studies in Population, Economy and Society in Past Time. Cambridge, Cambridge University Press, 1994.

_____. *Personal Patronage under the Early Empire*. Cambridge: Cambridge University Press, 1982.

Salmeri, G. "Dio, Rome and the Civic Life of Asia Minor." Pages 53-93 in *Dio Chrysostom. Politics, Letters and Philosophy*. ed. S. Swain. Oxford: Oxford University Press, 2000.

Sampley, J. Paul. *Pauline Partnership in Christ: Christian Community and Commitment in Light of Roman Law*. Philadelphia: Fortress Press, 1980.

Schöllgen, G. "Was wissen wir über die Sozialstruktur der paulinischen Gemeinden: Kritische Anmerkungen zu einem neuen Buch von W. A. Meeks." *New Testament Studies* 34, no. 1 (1988): 71-82.

Schürer, E., G. Vermès and F. Millar. *The History of the Jewish People in the Age of Jesus Christ (175 B.C.-A.D. 135)*. Edinburgh: Clark, 1973.

Scheidel, W. "Stratification, Deprivation and Quality of Life." Pages 40-59 in *Poverty in the Roman World*. ed. E. M. Atkins and Robin Osborne. Cambridge: Cambridge University Press, 2006.

Scheidel, W. and S. J. Friesen. "The Size of the Economy and the Distribution of Income in the Roman Empire." *Journal of Roman Studies* 99 (2009): 61-91.

Schnackenburg, R. *The Church in the New Testament*. Freiburg: Herder, 1965.

Schofield, M. *The Stoic Idea of the City*. Chicago: University of Chicago Press, 1999.

Schowalter, D. N. "Seeking Shelter in Roman Corinth." Pages 327-41 in *Corinth in Context*. eds. S. J. Friesen, D. N. Schowalter and J. C. Walters. Leiden: E. J. Brill, 2010.

Schrage, W. "'Ekklesia' und 'Synagoge' - zum Ursprung des urchristlichen Kirchen-begriffs," *Zeitschrift für Theologie und Kirche*, 60 (1963): 178-202.

Schutz, A. *Collected Papers*. 3 vols, Phaenomenologica. The Hague: M. Nijhoff, 1962.

Schwartz, D. R. *Agrippa I: The Last King of Judaea*. Texte und Studien zum antiken Judentum 23. Tübingen: Mohr Siebeck, 1990.

Seifrid, M. A. *Justification by Faith: The Origin and Development of a Central Pauline Theme*. Supplements to Novum Testamentum 68. Leiden: E.J. Brill, 1992.

Sessa, K. "Domus Ecclesiae: Rethinking a Category of Ante-Pacem Christian Space." *Journal of Theological Studies*, 60 no. 1 (2009): 90-108.

Sherwin-White, A. N. *The Letters of Pliny: A Historical and Social Commentary*. Oxford: Clarendon, 1966.

Simmel, G. *The Sociology of Georg Simmel*. edited and translated by K. H.

Wolff. Glencoe, IL: Free Press, 1950.

Sinclair, R. K. *Democracy and Participation in Athens*. Cambridge: Cambridge University Press, 1988.

Smith, D. E. *From Symposium to Eucharist: The Banquet in the Early Christian World*. Minneapolis: Fortress, 2003.

Snyder, G. F., J. V. Hills and R. B. Gardner. *Common Life in the Early Church: Essays Honoring Graydon F. Snyder*. Harrisburg, PA: Trinity Press International, 1998.

Spolsky, E. *The Judgment of Susanna: Authority and Witness*. Early Judaism and Its Literature. Atlanta, GA: Scholars Press, 1996.

Stambaugh, J. E. *The Ancient Roman City*. Ancient Society and History. Baltimore: Johns Hopkins University Press, 1988.

Stark, R. *The Rise of Christianity: How the Obscure, Marginal Jesus Movement Became the Dominant Religious Force in the Western World in a Few Centuries*. SanFrancisco: Harper 1997.

Stegemann, E. and W. Stegemann. *The Jesus Movement: A Social History of Its First Century*. Minneapolis, MN: Fortress Press, 1999.

Stern, M. *Greek and Latin Authors on Jews and Judaism*. 3 vols. Fontes Ad Res Judaicas Spectantes. Jerusalem: Israel Academy of Sciences and Humanities, 1974.

Still, T. D. ed. *After the First Urban Christians: The Social-Scientific Study of Pauline Christianity Twenty-Five Years Later*. London; New York: T&T Clark, 2010.

Strobel, F. A. "Der Begriff des Hauses im griechischen und römischen Privatrecht." *Zeitschrift für die Neutestamentliche Wissenschaft und die Kunde der älteren Kirche* 56, no. 1-2 (1965): 91-100.

Stuhlmacher, P. *Paul's Letter to the Romans: A Commentary*. Louisville, Ky.: Westminster/John Knox Press, 1994.

Suggs, M. J. "'The Word Is near You': Romans 10:6-10 within the Perspective of the Letter." Pages 289-312 in *Christian History and Interpretation*. eds. John Knox et al. Cambridge: Cambridge University Press, 1967.

Swete, H. B., H. St. J. Thackeray and R. R. Ottley. *An Introduction to the Old Testament in Greek*. Cambridge: Cambridge University Press, 1914.

Tcherikover, V. "Was Jerusalem a 'Polis'?" *Israel Exploration Journal* 14 (1964): 61-78.

Theissen, G. *The Social Setting of Pauline Christianity: Essays on Corinth*. Philadelphia: Fortress Press, 1982.

_____. *Social Reality and the Early Christians: Theology, Ethics, and the World of the New Testament*. Minneapolis: Fortress Press, 1992.

_____. "The Social Structure of Pauline Communities: Some Critical Remarks on J. J. Meggitt, Paul, Poverty and Survival." *Journal for the Study of the New Testament* 84, no. 03 (2001): 65-84.

Thiselton, A. C. *First Corinthians: A Shorter Exegetical and Pastoral Commentary*. Grand Rapids, MI: Eerdmans, 2006.

_____. *The First Epistle to the Corinthians: A Commentary on the Greek Text*. The New International Greek Testament Commentary. Grand Rapids, MI: Eerdmans, 2000.

Thompson, M. B. "The Holy Internet: Communication between Churches in the First Christian Generation." Pages 49-70 in *The Gospels for All Christians*. ed. R. Bauckham. Grand Rapids, MI: Eerdmans, 1998.

Thornton, L. S. *The Common Life in the Body of Christ*. 3rd ed. London: Dacre, 1950.

Tod, M. N. *Sidelights on Greek History: Three Lectures on the Light Thrown by Greek Inscriptions on the Life and Thought of the Ancient World*. Oxford: Blackwell, 1932.

Trebilco, P. "Why Did the Early Christians Call Themselves Ἡ Ἐκκλησία?"

New Testament Studies 57, no. 03 (2011): 440-60.

van Kooten, G. H. "Ἐκκλησία τοῦ θεοῦ: The 'Church of God' and the Civic Assemblies (ἐκκλησίαι) of the Greek Cities in the Roman Empire: A Response to Paul Trebilco and Richard A. Horsley," *New Testament Studies* 58, no 04 (2012), 522-548.

Verboven, K. *The Economy of Friends: Economic Aspects of Amicitia and Patronage in the Late Republic*. Collection Latomus 269. Bruxelles: Editions Latomus, 2002.

Vermès, G. *The Complete Dead Sea Scrolls in English*. New York: Allen Lane/Penguin, 1997.

Verner, D. C. *The Household of God: The Social World of the Pastoral Epistles*. SBLDS 71. Chico, CA: Scholars Press, 1983.

Veyne, P. and O. Murray. *Bread and Circuses: Historical Sociology and Political Pluralism*. London: Penguin, 1992.

Waltzing, J. P. *Etude historique sur les corporations professionnelles chez les Romains depuis les origines jusqu'à la chute de l'Empire d' Occident*. 4 vols. Bologna: Forni, 1968.

Walbank, F. W. *Philip V of Macedon*. Hamden, CT: Archon Books, 1967.

Wallace-Hadrill, A. "Domus and Insulae in Rome: Families and Housefuls." Pages 3-18 in *Early Christian Families in Context: An Interdisciplinary Dialogue*. eds. D. L. Balch and C. Osiek. Grand Rapids, MI: Eerdmans, 2003.

Wallace, R., and W. Williams. *The Three Worlds of Paul of Tarsus*. London: Routledge, 1998.

Wedderburn, A. J. M. *The Reasons for Romans*. Studies of the New Testament and Its World. Edinburgh: T&T Clark, 1988.

Weima, J. A. D. "Preaching the Gospel in Rome: A Study of the Epistolray Framework of Romans." Pages 337-66 in *Gospel in Paul: Studies on*

Corinthians, Galatians and Romans for Richard N. Longenecker. eds. L. A. Jervis and P. Richardson. Sheffield: Sheffield, 1994.

Weinberg, J. *The Citizen-Temple Community.* Journal for the Study of the Old Testament Supplement Series 151. Sheffield: JSOT Press, 1992.

Weinfeld, M. *Deuteronomy and the Deuteronomic School.* Oxford: Clarendon, 1972.

White, L. M. *Building God's House in the Roman World: Architectural Adaptation among Pagans, Jews, and Christians.* Asor Library of Biblical and Near Eastern Archaeology. Baltimore, MD: Published for the American Schools of Oriental Research by Johns Hopkins University Press, 1990.

_____. *The Social Origins of Christian Architecture.* Harvard Theological Studies 42. Valley Forge, PA: Trinity, 1996.

_____. "Urban Development and Social Change in Imperial *Ephesos*," Pages 27-79 in *Ephesos: Metropolis of Asia.* ed. H. Koester. Valley Forge, PA: Trinity, 1995.

Wilken, R. L. "Collegia, Philosophical Schools, and Theology." Pages 268-91 in *Catacombs and Colosseum.* eds. S. Benko and J. J. O'Rourke. Valley Forge, PA: Judson, 1971.

_____. *The Christians as the Romans Saw Them.* New Haven, CT: Yale University Press, 2003.

Winter, B. W. *Seek the Welfare of the City: Christians as Benefactors and Citizens.* First-Century Christians in the Graeco-Roman World. Grand Rapids, MI: Eerdmans, 1994.

_____. *After Paul Left Corinth: The Influence of Secular Ethics and Social Change.* Grand Rapids, MI: Eerdmans, 2001.

_____. "'If a Man Does Not Wish to Work...' A Cultural and Historical Setting for 2 Thessalonians 3:6-16." *Tyndale Bulletin* 40, no. 2 (1989): 303-

15.

Wire, A. C. *The Corinthian Women Prophets: A Reconstruction through Paul's Rhetoric*. Minneapolis: Fortress, 1990.

Wiseman, J. "Corinth and Rome, I: 228 B.C. To A.D. 267." *Aufstieg und Niedergang der römischen Welt II*. 7.1 (1979), 438–548.

Witherington, B. *1 and 2 Thessalonians: A Socio-Rhetorical Commentary*. Grand Rapids, MI: Eerdmans, 2006.

Wörrle, M. *Stadt und Fest im kaiserzeitlichen Kleinasien: Studien zu einer agonistischen Stiftung aus Oinoanda*. Vestigia. München: C.H. Beck, 1988.

Wolff, C. *Der zweite Brief des Paulus an die Korinther*. Theologischer Handkommentar zum Neuen Testament. Berlin: Evangelische Verlagsanstalt, 1989.

Woodhead, A. G. "Ishgoria and the Council of 500." *Historia: Zeitschrift für alte Geschichte* 16, no. 2 (1967): 129–40.

Wright, J. W. "A Tale of Three Cities: Urban Gates, Squares and Power in Iron Age II, Neo-Babylon and Achaemenid Judah." Pages 19–50 in *Second Temple Studies III*. eds. P. R. Davies and J. M. Halligan. Journal for the Study of the Old Testament Supplement Series 340. Sheffield: JSOT Press, 2002.

Zucker, H. *Studien zur jüdischen Selbstverwaltung im Altertum*. Berlin: Schocken Verlag, 1936.

에클레시아
에클레시아에 담긴 시민공동체의 유산과 바울의 비전

Copyright ⓒ 새물결플러스 2018

1쇄 발행 2018년 10월 31일
2쇄 발행 2019년 1월 11일

지은이	박영호
펴낸이	김요한
펴낸곳	새물결플러스
편 집	왕희광 정인철 박규준 노재현 한바울 신준호 정혜인 이형일 서종원
디자인	이성아 이재희 박슬기 이새봄
마케팅	박성민 이윤범
총 무	김명화 이성순
영 상	최정호 조용석 곽상원
아카데미	유영성 차상희
홈페이지	www.holywaveplus.com
이메일	hwpbooks@hwpbooks.com
출판등록	2008년 8월 21일 제2008-24호
주 소	(우) 07214 서울특별시 영등포구 양평로 11, 4층 (당산동5가)
전 화	02) 2652-3161
팩 스	02) 2652-3191

ISBN 979-11-6129-081-2 93230

책값은 뒤표지에 있습니다.

이 도서의 국립중앙도서관 출판예정도서목록(CIP)은 서지정보유통지원시스템
홈페이지(seoji.nl.go.kr)와 국가자료공동목록시스템(nl.go.kr/kolisnet)에서
이용하실 수 있습니다. CIP2018033791